ALBERTO MANGUEL

EINE GESCHICHTE DES LESENS

Verlag Volk & Welt
Berlin

Titel der Originalausgabe
A HISTORY OF READING
Erschienen bei Alfred A. Knopf, Canada
Copyright © by Alberto Manguel, 1996

Übersetzt aus dem Englischen

Die Übersetzung erscheint mit Unterstützung
des Canada Council, Ottawa

Die Deutsche Bibliothek – CIP-Einheitsaufnahme

Manguel, Alberto:
Eine Geschichte des Lesens / Alberto Manguel .
Berlin : Verl. Volk und Welt, 1998
ISBN 3-353-01101-3

2. Auflage
Copyright © 1998 der deutschen Ausgabe
by Verlag Volk und Welt GmbH, Berlin.
Alle Rechte der Verbreitung, auch durch Film, Funk und Fernsehen,
fotomechanische Wiedergabe, Ton- und Bildträger jeder Art,
auszugsweisen Nachdruck oder Einspeicherung und Rückgewinnung
in Datenverarbeitungsanlagen aller Art, sind vorbehalten.
Schutzumschlag: Lothar Reher, unter Verwendung eines Gemäldes
von G. A. Hennig (Museum für bildende Künste Leipzig)
Satz: deutsch-türkischer fotosatz, Berlin
Repro: IMKO Press GmbH, Berlin
Druck und Bindearbeiten: Wiener Verlag, Himberg
Printed in Austria
ISBN 3-353-01101-3

FÜR CRAIG STEPHENSON

Als es uns beid' vereinte hier,
Das Schicksal sinnreich sich erwies:
Denn mir die äußre Nacht es ließ,
die innre dir.

NACH ROBERT FROST, *Tree at My Window,*
NACHDICHTUNG HELMUT HEINRICH

FÜR DEN LESER

Das Lesen hat eine Geschichte.

ROBERT DARNTON
The Kiss of Lamourette, 1990

*Denn das Verlangen zu lesen ist wie alle anderen
Sehnsüchte, die unsere unglückliche Seele aufwühlen,
der Analyse fähig.*

VIRGINIA WOOLF
Sir Thomas Browne, 1923

*Aber wer soll der Meister sein? Der Autor oder
der Leser?*

DENIS DIDEROT
Jacques der Fatalist, 1796

DIE LETZTE SEITE

Lies, um zu leben.

Gustave Flaubert
Brief an Mlle. de Chantepie, Juni 1857

✂ DIE LETZTE SEITE ✂

Die rechte Hand schlaff an der Seite, die linke an den Kopf gestützt, liest der junge Aristoteles, mit lässig verschlungenen Beinen auf dem mit einem Kissen gepolsterten Stuhl sitzend, gelangweilt in der Schriftrolle auf seinem Schoß.

Einen Kneifer auf die knochige Nase gedrückt, blättert der bärtige und beturbante Vergil, fünfzehn Jahrhunderte nach seinem Tod porträtiert, in einem mit Lesezeichen versehenen Folianten.

Der heilige Dominikus hat sich, auf einer breiten Stufe sitzend und taub für die Welt, in ein Buch vertieft, das auf seinen Knien ausgebreitet liegt; geziert umspielen die Finger der Rechten sein Kinn.

Ein Liebespaar, Paolo und Francesca, sitzt aneinandergeschmiegt unter einem Baum und blickt hinab auf eine Verszeile, die ihren Untergang bedeutet. Paolo berührt ähnlich wie der heilige Dominikus das Kinn mit der Hand, Francesca hält das Buch geöffnet und markiert mit zwei Fingern eine Stelle weiter hinten, zu der sie nie gelangen werden.

Zwei islamische Studenten des 12. Jahrhunderts auf dem Weg zur Medizinschule sind stehengeblieben und schlagen eine Passage in einem der mitgeführten Bücher nach, bevor sie zur Prüfung weitereilen.

Der Jesusknabe, mit dem Zeigefinger auf die rechte Seite des auf seinem Schoß aufgeschlagenen Buches weisend, deutet die Heilige Schrift für die Gelehrten im Tempel, die erstaunt, ungläubig und ratlos in ihren Folianten nach einer Entgegnung suchen.

In irdischer Schönheit, bewacht von ihrem anschmiegsamen Schoßhund, blättert die mailändische Edelfrau Valentina Balbiani, auf einer Sarkophagplatte liegend, in einem Buch aus Marmor; das Halbrelief an der Seitenwand des Sarkophags zeigt ihren ausgezehrten Leib.

Eine universelle Gemeinschaft von Lesern: Der junge Aristoteles von Charles Degeorge; Vergil von Ludger tom Ring d. Ä.; Der heilige Dominikus von Fra Angelico; Paolo und Francesca von Anselm Feuerbach; Zwei Islamschüler (unbek. Illustrator); Jesus und die Schriftgelehrten (Schongauer-Schule); Grabmal der Valentina Balbiani von Germain Pilon; Der heilige Hieronymus nach Giovanni Bellini, Erasmus in der Studierstube (unbek. Holzschnitzer);

Fern der geschäftigen Stadt sitzt der heilige Hieronymus zwischen Sand und den ausgeglühten Felsen der Wüste wie ein Pendler auf dem Vorortbahnhof und liest ein zeitungsgroßes Manuskript, während ihm der Löwe in der Ecke angespannt lauscht.

Mogul-Dichter von Muhammad Ali; *Die Bibliothek des Haeinsa-Tempels* in Korea; *Izaak Walton* von einem unbekannten Künstler des 19. Jh.; *Maria Magdalena* von Emmanuel Benner; *Dickens bei einer Lesung*; *Junger Mann an der Seine*;

Der große humanistische Gelehrte Erasmus von Rotterdam erheitert seinen Freund Gilbert Cousin mit einem Scherz aus dem Buch, das aufgeschlagen vor ihm auf dem Pult liegt.

Zwischen blühenden Oleanderbüschen kniend, streicht sich der indische Dichter des 17. Jahrhunderts den Bart, während er den Versen im kostbar eingebundenen Buch nachsinnt, die er soeben laut gelesen hat, um ihren vollen Klang zu erfassen.

An einem langen, grobgezimmerten Regal stehend, hat der koreanische Mönch eine von 80 000 Holztafeln der 700 Jahre alten *Tripitaka Koreana* herausgezogen, um sie in stiller Konzentration zu lesen.

»Study to be quiet« – »Erlange Ruhe durch Lesen«, rät die Inschrift auf von einem unbekannten Glaskünstler gefertigten Porträt des Fischers und Essayisten Izaak Walton, der sich am Ufer des Flüßchens Itchen nahe der Kathedrale von Winchester in ein kleines Buch vertieft hat.

Eine splitternackte, wohlfrisierte und offenbar gänzlich unbefangene Maria Magdalena ruht auf einem Tuch, das sie über die Felsen der Wildnis gebreitet hat, und liest in einem großen, bebilderten Band.

Auf seine mimischen Talente zurückgreifend, läßt sich Charles Dickens mit einem seiner Romane fotografieren, als wäre er soeben dabei, einem hingerissenen Publikum daraus vorzulesen.

Auf eine Steinbrüstung am Seine-Ufer gelehnt, hat sich ein junger Mann ein Buch vorgenommen (welches?), dem er seine ganze Aufmerksamkeit widmet.

Mutter, den Sohn das Lesen lehrend, von Gerard ter Borch; *Jorge Luis Borges* von Eduardo Comesaña; *Waldszene* von Hans Thoma

Ungeduldig oder schlicht gelangweilt hält eine Mutter ihrem rothaarigen Sprößling das aufgeschlagene Buch hin, während er mit Hilfe des Zeigefingers die Wörter zu entziffern versucht.

Der blinde Jorge Luis Borges preßt die Lider zusammen, um die Worte eines unsichtbaren Vorlesers besser zu hören.

In der idyllischen Ruhe des durchsonnten Waldes sitzt ein Knabe auf einem moosbewachsenen Baumstamm und umklammert mit beiden Händen ein Büchlein, das ihn zum Herrn über Zeit und Raum werden läßt.

Sie alle sind Leser. Ihre Gesten und Fertigkeiten, das Vergnügen, der Ernst und die Kraft, die ihnen das Lesen bieten, sind mir vertraut.

Ich bin nicht allein.

Ich war vier, als ich entdeckte, daß ich lesen konnte. Überall und immer wieder hatte ich gesehen, daß die Buchstaben, die ich kannte (weil man sie mir erklärt hatte), die Namen der Bilder formten, unter denen sie standen. Der in dicken schwarzen Strichen gezeichnete Junge mit roten Shorts und grünem Hemd (aus demselben roten und grünen Tuch, aus dem alle Bilder des Buches geschnitten waren, die Hunde und Katzen, die Bäume und die gertenschlanken Mütter) war, wie ich feststellte, auch in den strengen schwarzen Zeichen unter dem Bild enthalten, als ob er, der *boy*, in drei klare Teile zerlegt wäre: das *b* ein Torso mit einem Arm, das *o* ein abgetrennter, vollkommen gerundeter Kopf, das *y* die baumelnden Beine. Ich malte Augen in das runde *o*, dazu einen lachenden Mund, und füllte den leeren Torso mit Farbe aus. Aber das war noch nicht alles: Ich wußte, daß diese Zeichen den Jungen im Bild nicht nur einfach wiedergaben, sondern mir auch genau sagen konnten, was der Junge tat, indem er Arme und Beine von sich streckte. *Der Junge rennt*, sagten die Zeichen. Er sprang nicht, wie man hätte vermuten können, und tat nicht so, als wäre er am Fleck erstarrt, er spielte auch kein Spiel. *Der Junge rennt*.

Und doch war dieses Erkennen nur ein gewöhnlicher Akt der Zauberei ohne großen Reiz, weil jemand anders ihn für mich vollführt hatte. Ein anderer Leser, wohl mein Kindermädchen, hatte mir die Zeichen erklärt, und jedesmal, wenn mir das Bild des lebenslustigen Jungen im Buch begegnete, wußte ich, was die Zeichen darunter bedeuteten. Das Vergnügen nutzte sich ab. Die Überraschung blieb aus.

Dann eines Tages sah ich durch das Autofenster (wohin die Fahrt ging, ist vergessen) eine Plakatfläche am Straßenrand. Ich bekam sie nur kurz zu sehen – vielleicht hielt das Auto einen Moment oder bremste nur ein wenig ab –, und dort prangten riesige Zeichen ähnlich denen in meinem Buch, und sie bildeten Folgen, die ich nie zuvor gesehen hatte. Trotzdem: Mit einemmal wußte ich, was sie bedeuteten. Ich hörte sie in meinem Kopf, die schwarzen Zeilen und die weißen Zwischenräume verwandelten sich in klaren, klingenden Sinn. Ich hatte es ganz allein geschafft. Niemand hatte den Zauber für mich vollbracht. Ich war mit den Zeichen allein, und in einem stummen, respektvollen Dialog gaben wir einander zu erkennen. Seit ich die dürren schwarzen Zeichen zu lebendigen Wirklichkeiten zusammenfügen konnte, war ich allmächtig. Ich konnte lesen.

Welches Wort ich da auf jener Plakatfläche entziffert hatte, weiß ich nicht mehr (vage sehe ich ein Gebilde mit vielen A vor mir), aber das Erlebnis, plötzlich verstehen zu können, statt nur auf inhaltsleere Formen zu starren, ist mir heute noch so gegenwärtig wie damals. Es war wie die plötzliche Entdeckung eines neuen Sinnesorgans, so daß nun gewisse Dinge nicht mehr nur das bedeuteten, was die Augen sehen, die Ohren hören, die Zunge schmecken, die Nase riechen und die Finger ertasten konnten, sondern auch das, was mein ganzer Körper entzifferte, sich einverleibte, mit Leben füllte – und zum Sprechen brachte.

Die Leser von Büchern, in deren Familie ich unwissentlich vorgestoßen war (bei jeder Entdeckung denken wir ja, daß wir die einzigen sind, und jede Erfahrung – vom Tod bis zur Geburt – halten wir für eine einzigartige), pflegen eine Fähigkeit, die allen zu eigen ist. Das Lesen von Buchstaben auf einer Seite ist nur eine ihrer Erscheinungsformen. Der Astronom liest am Himmel in Sternen, die längst nicht mehr existieren; japanische Architekten lesen die Beschaffenheit des Grundstücks, auf dem sie ein Haus errichten wollen, um es vor bösen Geistern zu bewahren, Jäger und Naturforscher lesen die Wildfährten im Wald; Kartenspieler lesen die Gesten und Mienen ihrer Partner, bevor sie die entscheidende Karte ziehen. Ballettänzer lesen die Notierungen des Choreographen, und die Zuschauer lesen dann die Figuren des Tanzes auf der Bühne. Teppichweber lesen die verschlungenen Muster eines gewebten Teppichs, Organisten lesen mehrere simultane Stimmen, um sie zu einem orchestralen Klang zusammenzuführen, Eltern lesen im Gesicht ihres Babys, um nach Anzeichen der Freude, der Angst oder des Staunens zu suchen. Chinesische Wahrsager lesen uralte Zeichen, die in den Panzer einer Schildkröte geritzt sind, Liebende lesen den Körper der Geliebten nachts im Dunkeln unter der Decke. Psychologen helfen ihren Patienten, die eigenen befremdlichen Träume zu lesen; hawaiische Fischer lesen die Meeresströmungen, indem sie die Hand ins Wasser halten; der Bauer liest am Himmel, welches Wetter zu erwarten ist, und alle teilen sie mit den Lesern von Büchern die Fähigkeit, Zeichen zu erkennen und mit Bedeutung zu füllen. Manche dieser Lesevorgänge sind durch das Wissen geprägt, daß das Gelesene eigens

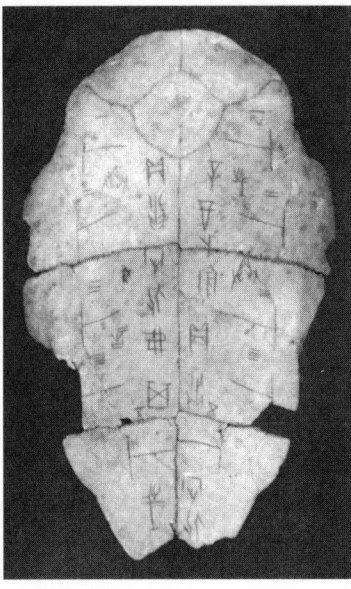

Unterseite eines Schildkrötenpanzers mit *Chia-ku-wen*, einer chinesischen »Knochenschrift«, etwa 14.–12. Jh. v. Chr.

15

zu dem Zweck von anderen Menschen geschaffen wurde – Notenschriften oder Verkehrszeichen zum Beispiel – oder von den Göttern – etwa der Schildkrötenpanzer oder der nächtliche Himmel. Andere sind dem Zufall zuzuschreiben.

Doch in jedem Fall ist es der Leser, der den Sinn in die Zeichen hineinliest, der einem Gegenstand, Ort oder Ereignis die Lesbarkeit abgewinnt. Der Leser ist es, der einem System von Zeichen Bedeutung beimessen muß, um es zu entziffern. Wir alle lesen in uns und der uns umgebenden Welt, um zu begreifen, wer wir sind und wo wir sind. Wir lesen, um zu verstehen oder auf das Verstehen hinzuarbeiten. Wir können gar nicht anders: Das Lesen ist wie das Atmen eine essentielle Lebensfunktion.

Schreiben lernte ich erst viel später, als ich sieben war. Eine Gesellschaft kann ohne Schrift existieren[1] – und tatsächlich gibt es solche Gesellschaften –, aber nicht ohne das Lesen. Dem Ethnologen Philippe Descola[2] zufolge haben schriftlose Gesellschaften einen linearen Zeitbegriff, während in den schriftkundigen Gesellschaften der Zeitsinn ein kumulativer ist. Beide Gesellschaftstypen bewegen sich in diesen unterschiedlichen, aber gleichermaßen komplexen Zeitbegriffen, indem sie die Fülle von Zeichen lesen, die ihnen ihre Umgebung bietet. Selbst in Gesellschaften mit langer Schrifttradition geht das Lesen dem Schreiben voraus; wer schreiben will, muß das gesellschaftlich bedingte System der Zeichen erkennen und entziffern, bevor er das erste Wort aufs Papier setzt. In den meisten Schriftkulturen im Islam, im Judentum und Christentum, aber auch bei den alten Mayas, in den buddhistischen Kulturen steht das Lesen am Anfang der Sozialisierung. Das Lesenlernen war meine Initiation.

Kaum hatte ich gelernt, die Buchstaben zu entziffern, las ich alles: Bücher, Aufschriften, Reklamesprüche, das Kleingedruckte auf den Fahrscheinen, weggeworfene Briefe, Graffitti, verwitterte Zeitungsseiten unter der Parkbank, ich schaute den Fahrgästen im Bus über die Schulter. Als ich las, daß Cervantes in seiner Lesewut selbst die Papierfetzen auf der Straße[3] nicht verschmähte, wußte ich genau, wovon die Rede war. Die Verehrung der Schrift (auf Papyrusrollen, in Büchern oder auf dem Bildschirm) ist allen schriftkundigen Kulturen eigen. Der Islam tut sich darin besonders hervor: Er sieht im Koran nicht nur eine Schöpfung Allahs, sondern eine Seiner Erscheinungsweisen, genauso wie Seine Allgegenwart und Seine Barmherzigkeit.

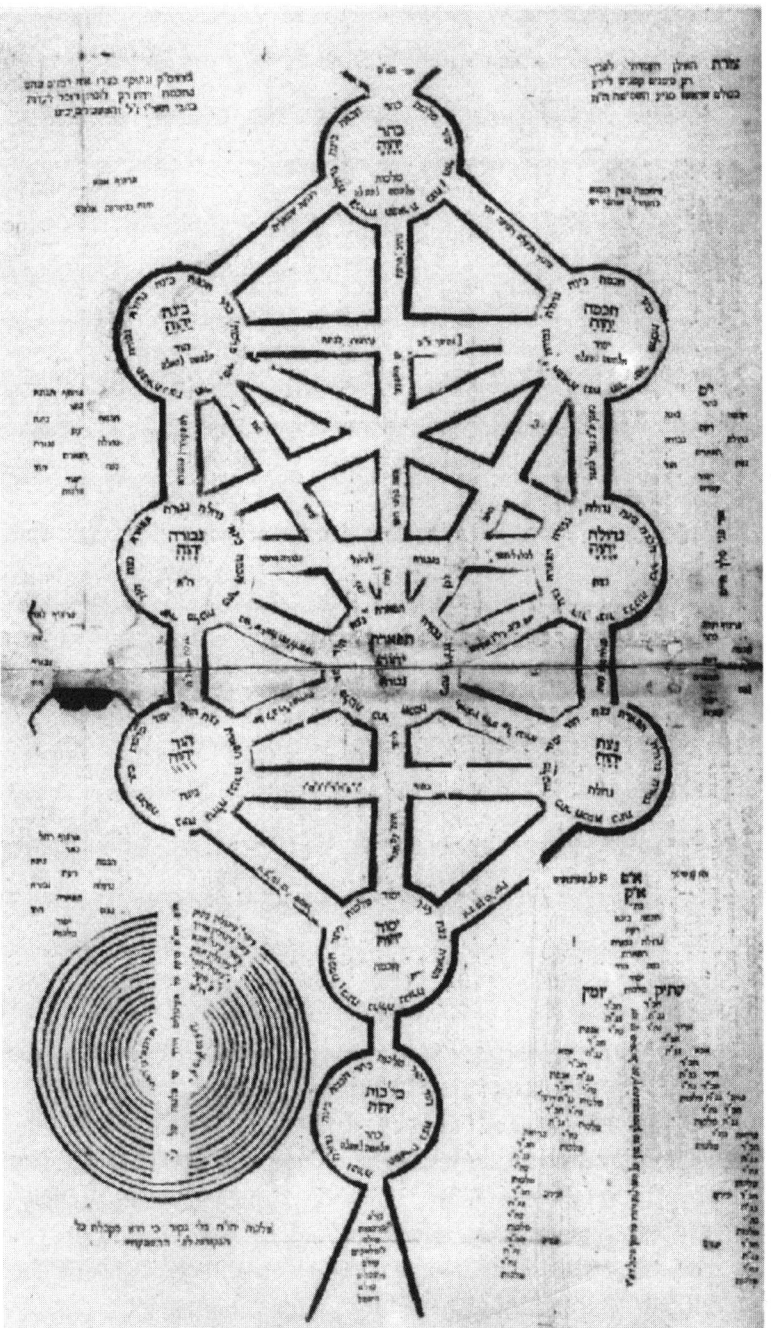

Eine Seite aus
dem kabbalisti-
schen Werk
*Pa'amon ve-
Rimmon* mit der
Darstellung der
zehn *Sefirot*,
gedruckt 1708 in
Amsterdam

Meine ersten Erfahrungen speisten sich aus Büchern. Wenn ich irgendwann später einem Vorfall, einer Szene oder einem Charakter begegnete, die mich an etwas erinnerten, was ich gelesen hatte, stellte sich gewöhnlich das befremdliche und ein wenig enttäuschende Gefühl eines *déjà vu* ein, weil ich meinte, das gegenwärtige Geschehen sei mir – als etwas Gelesenes – schon einmal widerfahren und bereits benannt worden.

Im frühesten erhaltenen hebräischen Dokument systematischen Denkens – *Sefer Yezirah*, entstanden irgendwann im 6. Jahrhundert – wird konstatiert, daß Gott die Welt mit Hilfe von zweiunddreißig geheimen Pfaden der Weisheit erschuf – den zehn *Sefirot* oder Ziffern und zweiundzwanzig Buchstaben.[4]

Aus den *Sefirot* wurden die abstrakten Dinge erschaffen, aus den zweiundzwanzig Buchstaben alle realen Wesen und Dinge in den drei Instanzen des Kosmos – der Welt, der Zeit und dem menschlichen Körper. Das Universum der jüdisch-christlichen Tradition stellt sich als eine Schrift aus Buchstaben und Zahlen dar; der Schlüssel zum Verständnis des Universums liegt in unserer Fähigkeit, die Buchstaben und Zahlen richtig zu lesen, ihre Kombinationen zu beherrschen und somit einen kleinen Teil des gewaltigen Textes zum Leben zu erwecken – in Nachahmung des Schöpfers. (Einer Legende des 4. Jahrhunderts zufolge studierten die Talmud-Gelehrten Hanani und Hoshaiah einmal wöchentlich die *Sefer Yezirah* und erschufen dabei, wenn sie die Buchstaben richtig kombinierten, ein dreijähriges Kalb, das sie anschließend zum Abendessen verspeisten.)

Meine Bücher waren für mich Transkripte oder Ausdeutungen jener einen Großen Schrift. Miguel de Unamuno sagt in einem Sonett[5], daß die Quelle der Zeit in der Zukunft liege, mein Leben als Leser vermittelte mir ebendiesen Eindruck: Ich schwamm gegen den Strom und lebte nach, was ich zuvor gelesen hatte. Die Straße draußen vor dem Haus war voller böser Menschen, die ihren finsteren Geschäften nachgingen; die Wüste – nicht weit von unserem Haus in Tel Aviv entfernt, wo ich bis zum Alter von sechs Jahren lebte – war hingegen voller Zauber, weil ich wußte, daß dort unter dem Sand eine Messingstadt vergraben war, direkt hinter der Asphaltstraße. Gelee war eine rätselhafte Substanz, die ich nie zu sehen bekam, aber aus den Büchern von Enid Blyton kannte. Als ich sie schließlich kosten konnte, büßte sie die Qualität der literarischen Ambrosia auf der

Stelle ein. Ich glaubte an Zauberei und war überzeugt, daß auch ich eines Tages drei Wünsche frei hätte, wußte ich doch aus unzähligen Geschichten, worauf es ankam, wenn man sich sein Glück nicht verpatzen wollte. Ich rüstete mich für Begegnungen mit Geistern, mit dem Tod, mit sprechenden Tieren, ich bereitete mich auf Fehden vor und entwarf komplizierte Reisepläne, um zu den wilden Inseln zu gelangen und Sindbad als Busenfreund zu gewinnen. Erst als ich Jahre später zum erstenmal den Körper meiner Geliebten berührte, erkannte ich, daß die Literatur manchmal hinter der Wirklichkeit zurückbleiben kann.

Der kanadische Essayist Stan Persky sagte mir einmal: »Leser müßten eine Million Autobiographien haben«, da wir in jedem Buch, das wir aufschlagen, Spuren unseres eigenen Lebens finden. »Die Eindrücke aus dem *Hamlet* niederzuschreiben, wenn man ihn Jahr für Jahr liest«, schrieb Virginia Woolf, »kommt dem Schreiben der eigenen Biographie gleich, denn während wir immer mehr über das Leben wissen, liefert Shakespeare den Kommentar zu unserem Wissen.«[6]

Für mich war es anders. Wenn Bücher Autobiographien darstellten, dann nahmen sie das Erfahrene bereits vorweg, und ich erkannte spätere Ereignisse daran wieder, daß ich sie schon bei H. G. Wells, in *Alice im Wunderland*, in Edmondo de Amicis' tränenreichem *Cuore* gelesen hatte oder aus den Abenteuern von Bomba, dem Dschungelknaben, kannte. Sartre bekannte sich in seinen Erinnerungen zur weitgehend gleichen Erfahrung. Als er die Pflanzen- und Tierbilder im Großen Larousse mit ihren realen Vorbildern im Jardin du Luxembourg verglich, stellte er fest: »Die Affen im Zoologischen Garten waren weniger Affe, die Menschen im Luxembourg-Garten waren weniger Mensch. Platoniker meines Zeichens, ging ich den Weg vom Wissen bis zur Sache; ich fand an der Idee mehr Wirklichkeitsgehalt als an der Sache selbst, denn die Idee ergab sich mir zuerst, und sie ergab sich mir wie eine Sache. Ich habe die Welt in den Büchern kennengelernt: dort war sie assimiliert, klassifiziert, etikettiert, durchdacht, aber immer noch ungeheuer.«[7]

Das Lesen lieferte mir einen Vorwand für das Alleinsein, vielleicht gab es auch dem über mich verhängten Alleinsein einen Sinn, denn nach der Rückkehr nach Argentinien im Jahr 1955 verbrachte ich meine ganze Kindheit von der Familie getrennt, betreut vom Kindermädchen in einem abgelegenen Teil des Hauses. Mein bevorzugter Leseplatz war dort der Fußboden meines Zimmers, ich lag auf dem Bauch, die Füße in einen Stuhl verhakt. Dann wurde das Bett der sicherste, abgeschiedenste Ort für meine nächtlichen Leseabenteuer in jener Nebelregion am Rande des Schlafs. Ich kann mich nicht entsinnen, jemals einsam gewesen zu sein. Eher war es so, daß ich die Spiele und Gespräche der Kinder, mit denen ich selten genug zusammentraf, weit weniger aufregend fand als die Abenteuer und Gespräche in meinen Büchern.

Der Psychologe James Hillman vertritt die Ansicht, daß Kinder, die in frühen Jahren gelesen oder Geschichten erzählt bekommen haben, »in einer besseren Verfassung sind und eine bessere Voraussicht entwickeln als diejenigen, denen die Geschichten später erst beigebracht werden müssen ... Treten die Geschichten früh ins Leben, formen sie bereits eine Sicht aufs Leben aus.« Für Hillman werden diese ersten Leseerlebnisse »etwas, in dem man lebt und das man durchlebt, ein Weg, auf dem die Seele zu sich selbst findet.«[8] Zu dieser Art des Lesens bin ich, aus dem von Hillman genannten Grund, immer wieder zurückgekehrt und werde es auch in Zukunft tun.

Da mein Vater im diplomatischen Dienst war, reisten wir viel; meine feste Heimstatt waren die Bücher, und in ihr konnte ich mich jederzeit bewegen, wie mir gerade zumute war, mochte das Zimmer, in dem ich schlief, noch so unheimlich und die Stimmen draußen vor der Tür noch so rätselhaft sein. An vielen Abenden knipste ich die Nachttischlampe an, wenn das Kindermädchen in einem anderen Zimmer an ihrer Strickmaschine arbeitete oder in ihrem Bett an der gegenüberliegenden Wand schnarchte, und versuchte, ans Ende des gelesenen Buches zu kommen und dieses Ende gleichzeitig so weit wie möglich hinauszuzögern, indem ich ein paar Seiten zurückblätterte, eine Passage, die mir gefiel, noch einmal las und nach Einzelheiten suchte, die mir zuvor entgangen waren.

Über das Gelesene sprach ich mit niemandem; der Drang, mich mitzuteilen, entstand erst danach. Zu jener Zeit war ich ganz von hochmütiger Selbstsucht durchdrungen, und ich identifizierte mich restlos mit den Versen von Stevenson:

This was the world and I was king;
For me the bees came by to sing,

For me the swallows flew.[9]

König in meinem Reich war ich,
Die Bienen summten nur für mich,
der Schwalbe Flug galt mir.

Jedes Buch war eine Welt für sich, in der ich Zuflucht fand. Obwohl
ich mich unfähig wußte, solche Geschichten zu erfinden, wie sie
meine Lieblingsautoren schrieben, spürte ich häufig, daß meine
Meinungen mit den ihren übereinstimmten, und (um es mit Montaigne zu sagen), »daß ich ihnen wenigstens von ferne folge und das
sage, was mich wahr dünkt«[10]. Später wurde es mir möglich, mich
von ihren Erfindungen zu lösen, aber in der Kindheit und einem
Großteil meiner Jugend nahm ich alles, was das Buch mir sagte, und
mochte es noch so phantastisch sein, beim Lesen für bare Münze; es
war für mich genauso greifbare Realität wie das Buch selbst, das ich
in den Händen hielt. Walter Benjamin beschrieb dieselbe Erfahrung: »Was mir die ersten Bücher gewesen sind – das zu erinnern,
muß ich jedes andere Wissen um Bücher zuallererst vergessen haben. Gewiß ruht all mein heutiges auf der Bereitschaft, mit der ich
damals mich dem Buch erschloß; wo aber heute Inhalt und Thema,
Gegenstand und Stoff dem Buch als Äußeres gegenübertritt, fand
es sich früher ganz allein in ihm, es war so wenig dem Buch ein
Äußeres, Unabhängiges, wie es ihm heute die Anzahl seiner Seiten
wäre oder sein Papier. Die Welt, die sich im Buch eröffnete, und dieses selbst waren um keinen Preis zu trennen und vollkommen nie.
So war mit einem Buche auch sein Inhalt, seine Welt handgreiflich
da, mit einem Griff zur Stelle. So aber verklärte dieser Inhalt, diese
Welt nun auch das Buch an allen seinen Teilen. Sie brannten in ihm,
strahlten von ihm aus; sie nisteten nicht nur im Einband oder in den
Bildern; Kapitelüberschriften und Anfangsbuchstaben, Absätze
und Kolonnen waren ihr Gehäuse. Man las sie nie aus, nein,
wohnte, hauste zwischen ihren Zeilen, und wenn [man] nach einer
Pause sie wieder aufschlug, so schreckte man sich selber an der
Stelle auf, an der man stehengeblieben war.«[11]
Später als Halbwüchsiger in der weitgehend unbenutzten Bibliothek meines Vaters in Buenos Aires (er hatte seine Sekretärin
mit der Bestückung der Bibliothek beauftragt, sie hatte die Bücher
nach Metern gekauft und beim Buchbinder passend zur Höhe der
Regalfächer binden lassen, so daß manchmal nicht nur die Kolum-

21

nen, sondern auch die ersten Zeilen der Seiten abgeschnitten waren) machte ich eine weitere Entdeckung. Ich hatte damit begonnen, im großen spanischen Lexikon von Espasa-Calpe die Stichwörter nachzuschlagen, die sich in meiner Vorstellung irgendwie mit Sexualität verbanden: »Masturbation«, »Penis«, »Vagina«, »Syphilis«, »Prostitution«. Ich war immer allein in der Bibliothek, da mein Vater sie nur dann betrat, wenn er einen Besucher ausnahmsweise nicht im Büro, sondern zu Hause empfing. Ich war zwölf oder dreizehn, hatte mich in einen der großen Sessel gekauert und gerade in den Artikel über die verheerenden Auswirkungen der Gonorrhöe vertieft, als mein Vater eintrat und sich am Schreibtisch niederließ. Einen Moment war ich wie gelähmt vor Schreck, weil ich dachte, er würde merken, was ich da las, aber dann erkannte ich, daß niemand, nicht einmal der nur wenige Schritte entfernte Vater, in meine Lesewelt eindringen und mir ansehen konnte, welche Schweinereien mir das Buch gerade beibrachte, und daß es einzig von meinem eigenen Willen abhing, ob es überhaupt jemand erfuhr. Dieses kleine Wunder spielte sich im stillen ab, es war nur mir zugänglich. Ich las den Artikel über die Gonorrhöe eher triumphierend als geschockt zu Ende. Später vervollständigte ich in dieser Bibliothek meine sexuelle Aufklärung mit der Lektüre von Alberto Moravias *Konformist*, Guy des Cars' *Beflecktem*, Grace Metalious' *Peyton Place*, Sinclair Lewis' *Hauptstraße* und Vladimir Nabokovs *Lolita*.

Nicht nur die Lektüre, auch die Auswahl des Lesestoffs war mit Heimlichkeiten verbunden, wenn ich in den längst verschwundenen Buchläden von Tel Aviv, Zypern, Garmisch-Partenkirchen, Paris, Buenos Aires stöberte. Sehr oft richtete ich mich dabei nach den Einbänden. Es gibt Momente, an die ich mich noch jetzt erinnere, zum Beispiel an den Anblick der mattfarbenen Umschläge der *Rainbow Classics* (verlegt von der World Publishing Company in Cleveland), an mein Entzücken darüber, daß sich die Fadenbindung auf dem Rücken abzeichnete, und an den Kauf von *Hans Brinker or The Silver Skates*[12] (was mir mißfiel und nie zu Ende gelesen wurde), von *Little Women*[13] und *Huckleberry Finn*. Alle diese Bücher enthielten eine Einleitung von May Lamberton Becker mit dem Titel *Wie dieses Buch entstanden ist*, und ihr Geplauder erscheint mir noch heute als eine der spannendsten Methoden, über Bücher zu reden. »An einem kalten Septembermorgen des Jahres 1880, während der schottische Regen gegen die

Scheiben prasselte, rückte Stevenson näher ans Kaminfeuer und begann mit dem Schreiben«, erklärte Ms. Becker in ihrer Einleitung zur *Schatzinsel*. Der Regen und das Kaminfeuer begleiteten mich durch das ganze Buch.

Ich erinnere mich an einen Buchladen auf Zypern bei einem mehrtägigen Schiffsaufenthalt, wo das Schaufenster voller Noddy-Büchlein mit grellfarbenen Umschlägen lag, und an die Freude bei der Vorstellung, mit Noddy zusammen an seinem Haus aus Bauklötzern zu bauen, die dort abgebildet waren. (Später las ich vergnügt und ohne jede Scham auch die *Wishing-Chair*-Serie von Enid Blyton, von der ich noch nicht wußte, daß englische Bibliothekare sie als »sexistisch und arrogant« gebrandmarkt hatten.) In Buenos Aires stieß ich auf die kartonierte Robin-Hood-Reihe mit der schwarzen Silhouette des jeweiligen Helden auf gelbem Grund, und so las ich denn die Piratenabenteuer von Emilio Salgari – *Die Tiger von Malaysia* –, die Romane von Jules Verne und *Das Geheimnis des Edwin Drood* von Charles Dickens. Ich kann mich nicht entsinnen, jemals die Klappentexte gelesen zu haben, um herauszufinden, wovon die Bücher handelten. Vielleicht besaßen die Bücher meiner Kindheit so etwas nicht.

Gelesen habe ich wohl vorwiegend auf zwei Arten: entweder, indem ich atemlos von Ereignis zu Ereignis hastete, ohne mich um die Feinheiten zu kümmern, so daß ich mit ständig steigendem Lesetempo am Ende über die Ziellinie hinausschoß – etwa bei Rider Haggard, der *Odyssee*, Conan Doyle und Karl May. Oder aber, indem ich den Text sorgfältig erforschte, die losen Enden zusammenfügte, dem Klang der Wörter nachlauschte, nach versteckten Bedeutungen in ihnen suchte oder in der Handlung selbst – nach etwas, was zu schrecklich oder zu schön war, um noch in Worten sagbar zu sein. Diese zweite Art des Lesens, die etwas mit dem Lesen von Kriminalromanen gemein hat, entdeckte ich bei der Lektüre von Lewis Carroll, Dante, Kipling und Borges. Ich richtete mich auch nach den Erwartungen, die ich, von Buchtitel, Aufmachung oder einem anderen Leser beeinflußt, an das Buch herantrug. Mit zwölf las ich *Die Jagd* von Tschechow in einer Krimireihe, und im Glauben, Tschechow sei ein russischer Thriller-Autor, las ich darauf die *Dame mit dem Hündchen*, als wäre diese Novelle in Konkurrenz zu Conan Doyle entstanden, und sie machte mir sogar Freude, obwohl mir der Spannungseffekt ein wenig schwächlich vorkam. Ähnliches erzählte Samuel Butler von einem gewissen William Sefton Moorhouse, »der sich einredete, er wäre durch Burtons *Anatomie der Melancholie* zum christlichen Glauben bekehrt worden, ein Buch, das er mit der von einem Freund empfohlenen *Analogie* von Butler verwechselt hatte. Aber die Sache machte ihm noch lange zu schaffen.«[14] In einer Erzählung aus den vierziger Jahren macht Borges den Vorschlag, die *Imitatio Christi* von Thomas à Kempis so zu lesen, als wäre es ein Text von Joyce: »Hieße das nicht, diese dünnblütigen geistlichen Anweisungen hinlänglich mit Erneuerungskraft zu begaben?«[15]

Bereits 1650 hatte de Spinoza in seinem *Tractatus Theologico-Politicus* (nach dem Verdikt der römisch-katholischen Kirche »von einem abtrünnigen Juden und dem Teufel in der Hölle ausgebrütet«) bemerkt: »Oft kommt es ja vor, daß wir ganz ähnliche Geschichten in verschiedenen Büchern lesen und doch ganz verschieden über sie urteilen, entsprechend den verschiedenen Vorstellungen, die wir von ihren Verfassern haben. So weiß ich, daß ich einmal in einem Buche von einem Manne gelesen habe, welcher der Rasende Roland hieß und auf einem geflügelten Ungeheuer durch die Luft zu reiten pflegte, über alle Länder, wie er wollte, hinwegflog, ganz allein eine ungeheure Zahl von Menschen und Riesen tötete und andere Phantasiegebilde derart, die vom Standpunkt des Verstandes betrachtet völlig unbegreiflich sind. Eine ganz ähnliche Geschichte hatte ich bei Ovid von Perseus gelesen und noch andere in den Büchern der Richter und der Könige von Simson (der allein und ohne Waffen Tausende von Menschen niedermetzelte) und von Elias, der durch die Luft flog und endlich mit feurigen Pferden auf feurigen Wagen gen Himmel fuhr. Diese Geschichten, meine ich, sind untereinander ganz ähnlich, und doch ist unser Urteil über sie völlig verschieden: Der erste wollte nur ein Märchen schreiben, der zweite politische, der dritte heilige Geschichte.«[16]

Auch ich unterlegte den Büchern, die ich las, bestimmte Absichten oder Zwecke. Zum Beispiel erwartete ich von Bunyans *Pilgerreise* eine Predigt, weil sie mir als religiöse Allegorie geschildert worden war – als wäre ich imstande gewesen, den Zeilen zu entnehmen, was den Autor beim Schreiben bewegte, und Beweise dafür zu finden, daß er die Wahrheit sprach. Die Erfahrung und ein gewisses Maß an gesundem Menschenverstand haben mich noch nicht gänzlich von diesem Aberglauben geheilt.

Manchmal waren die Bücher selbst so etwas wie ein Talisman: eine gewisse zweibändige Ausgabe von *Tristram Shandy*, ein Pen-

guin-Buch von Nicholas Blakes *The Beast Must Die*[17] und ein zer-
fleddertes Exemplar von Martin Gardners *Annotated Alice*[18], das
ich auf Kosten eines ganzen Monatsbudgets bei einem zwielichti-
gen Buchhändler binden ließ. Diese Bücher las ich mit einer besonderen Sorgfalt, und ich sparte mir die Lektüre für feierliche Anlässe auf. Thomas à Kempis wies seine Schüler an: »Nehmet ein
Buch in eure Hände, wie Simeon der Gerechte das Jesusknäblein
in den Armen hielt und herzte und küßte. Habt ihr aber geendet,
so schließet das Buch, und danket für jedes Wort, das ihr aus dem
Munde des Herrn empfangen, denn ihr habt gefunden einen verborgenen Schatz im Acker des Herrn.«[19]

Und der heilige Benedikt, der zu einer Zeit lebte und schrieb,
als Bücher noch verhältnismäßig rar und kostbar waren, befahl seinen Mönchen, die Bücher »wenn möglich« beim Lesen in der »linken Hand zu halten, in die Ärmel der Kutte gewickelt und aufs
Knie gelegt. Die rechte Hand soll unbedeckt bleiben, um die Seiten zu fassen und umzublättern«[20].

Meine jugendlichen Lesegewohnheiten waren nicht von solch
tiefer Ehrfurcht oder derartig umständlichen Ritualen geprägt,
aber eine gewisse, heimliche Feierlichkeit war ihnen dennoch zu eigen, das kann ich nicht leugnen.

Ich wollte inmitten von Büchern leben. Als ich sechzehn
war, im Jahr 1964, fand ich einen Job nach der Schule, und zwar
bei Pygmalion, einem der drei englisch-deutschen Buchläden
in Buenos Aires. Er gehörte Lily Lebach, einer deutschen Jüdin,
die vor den Nazis geflohen war und sich am Ende der dreißiger Jahre in Buenos Aires niedergelassen hatte. Sie erteilte mir
den täglichen Auftrag, jedes einzelne Buch in ihrem Laden ab-
zustauben, und sie ging (ganz zu Recht) davon aus, daß ich
auf diese Weise den Bestand und seine Plazierung in den Regalen sehr schnell erfassen würde. Leider reizte mich an vielen
Büchern mehr als die bloße Säuberung, sie wollten herausge-
nommen, aufgeschlagen und durchblättert sein, und manchmal
war auch das nicht genug. Ein paarmal konnte ich nicht widerstehen und stahl ein Buch, ich nahm es in der Manteltasche
versteckt mit nach Hause, weil es mir nicht reichte, es nur
zu lesen. Ich mußte es besitzen, es mußte mein sein. Die Romanautorin Jamaica Kincaid bekannte ein ähnliches Delikt: Sie
stahl Bücher aus ihrer Kindheitsbibliothek in Antigua und erklärte dazu, daß ihre Absicht nicht das Stehlen war: »Es war nur

so, daß ich mich von einem Buch, hatte ich es erst gelesen, nicht mehr trennen konnte.«[21]

Zu bald wurde mir klar, daß man nicht einfach *Schuld und Sühne* oder *Ein Baum wächst in Brooklyn*[22] liest. Man liest eine bestimmte Ausgabe, ein bestimmtes Exemplar, das man an der rauhen oder glatten Beschaffenheit des Papiers erkennt, am Duft, am Riß auf Seite 72 und am Kaffeering rechts oben auf dem Rückendeckel. Die epistemologische Regel aus dem 2. Jahrhundert, die besagt, daß der neuere Text den älteren ersetzt, weil er ihn im Prinzip enthält, hat sich in meinem Fall selten als stimmig erwiesen. Im frühen Mittelalter »korrigierten« die Abschreiber, was sie für fehlerhaft hielten, und stellten auf diese Weise einen »besseren« Text her. Für mich jedoch war die Ausgabe, in der ich den Text zum erstenmal las, die *editio princeps*, an der sich alle anderen messen lassen mußten. Die Erfindung des Buchdrucks hat zu der Illusion geführt, daß alle Leser des *Don Quijote* dasselbe Buch lesen. Mir ist noch heute so, als wäre der Buchdruck nie erfunden worden und jedes Exemplar eines Buches einzigartig, als wäre es mit der Hand gemacht.

Hinzu kommt natürlich, daß Bücher bestimmte Wesenszüge an ihre Leser weitergeben. Wer ein Buch in Besitz nimmt, wird mit dessen Geschichte, mit den Spuren der Vorgänger konfrontiert; das heißt, jeder neue Leser wird beeinflußt von der Vorstellung, was das Buch für den oder die Vorbesitzer bedeutet haben könnte.

Als ich in Buenos Aires ein antiquarisches Exemplar von Rudyard Kiplings Autobiographie *Something of Myself* kaufte, fand ich auf dem Deckblatt ein handgeschriebenes Gedicht, das auf Kiplings Todestag datiert war. War der Gelegenheitsdichter, dem dieses Exemplar gehört hatte, ein feuriger Imperialist? Ein Liebhaber von Kiplings Prosa, der hinter der militanten Patina den Dichter erkannte? Mein erdachter Vorgänger nimmt Einfluß auf meine Lektüre, weil er mich in einen Dialog verwickelt und mich zu Fragen und Einwänden reizt. Ein Buch übermittelt den Lesern auch seine Geschichte.

Fräulein Lebach muß gewußt haben, daß ihre Angestellten Bücher entwendeten, aber ich vermute, daß sie dies tolerierte, solange wir gewisse Grenzen nicht überschritten. Wenn ich mich manchmal zu sehr in die neu eingetroffenen Bücher vertiefte, forderte sie mich auf, weiterzuarbeiten, das Buch mit nach Hause zu nehmen und in meiner Freizeit zu lesen. Wunderbare Werke lernte ich in ihrem Laden kennen: *Joseph und seine Brüder* von Thomas Mann, *Herzog* von Saul Bellow, *Der Zwerg* von Pär Lagerkvist, *Neun Stories* von Salinger, *Der Tod des Vergil* von Hermann Broch, *The Green Child* von Herbert Read, *Zeno Cosini* von Italo Svevo, die Gedichte von Rilke und Dylan Thomas, Emily Dickinson und Gerard Manley Hopkins, die von Ezra Pound übersetzte ägyptische Liebeslyrik, das Gilgamesch-Epos.

Eines Nachmittags kam Jorge Luis Borges in Begleitung seiner achtundachtzigjährigen Mutter in den Buchladen. Er war berühmt, aber ich kannte nur wenige seiner Gedichte und Geschichten und fand sie nicht sonderlich beeindruckend. Er war fast blind, weigerte sich aber, einen Stock zu benutzen, und betastete die Buchrücken in den Regalen, als könnte er die Titel mit den Fingern lesen. Er suchte nach Büchern, die ihm helfen konnten, das Altenglische zu erlernen – seine neueste Leidenschaft. Wir hatten für ihn das Etymologische Wörterbuch von Skeat und eine kommentierte Fassung von *The Battle of Maldon*[23] bestellt. Seine Mutter wurde ungeduldig: »Jorge«, sagte sie, »ich begreife nicht, warum du deine Zeit mit Altenglisch verschwendest, statt etwas Nützliches zu lernen wie Latein oder Griechisch!«

Schließlich wandte er sich an mich und fragte mich nach verschiedenen Büchern. Ein paar von ihnen fand ich, andere merkte ich für ihn vor, und als er schon im Gehen war, fragte er, ob ich abends beschäftigt sei, denn er brauche jemanden zum Vorlesen (das sagte er sehr schuldbewußt), da seine Mutter in letzter Zeit so schnell ermüde. Ich sagte zu.

In den nächsten zwei Jahren las ich Borges vor, wie viele andere seiner Bekannten, die durch Glück oder per Zufall diese Gunst genossen. Meistens las ich abends, wenn die Schule es zuließ, auch am Morgen. Alles vollzog sich nach dem immer gleichen Ritual: Ich verschmähte den Aufzug und stieg die Treppe zu seiner Wohnung hinauf (dieselbe Treppe, die Borges einmal mit einem neuerworbenen Exemplar von *Tausendundeine Nacht* erklommen hatte: Er übersah ein offenes Fenster und zog sich eine tiefe Schnittwunde zu, die sich entzündete; er geriet ins Delirium und glaubte verrückt zu werden). Dann klingelte ich, das Dienstmädchen öffnete und führte mich durch einen Vorhang in das kleine Wohnzimmer. Borges trat ein, begrüßte mich und reichte mir seine weiche Hand. Es wurden keine weiteren Umstände gemacht. Er setzte sich erwartungsvoll auf die Couch, während ich im Sessel Platz nahm,

27

und mit leicht asthmatischer Stimme schlug er mir den Lesestoff
für den Abend vor. »Wie wäre es heute mit Kipling?« Natürlich erwartete er keine Antwort.

In diesem Wohnzimmer, unter einer Radierung von Piranesi,
auf der ein Ring römischer Ruinen zu sehen war, las ich ihm Kipling, Stevenson, Henry James vor, Lexikon-Artikel aus dem
Großen Brockhaus, Verse von Marino, von Enrique Banchs, von
Heine. Heine kannte er auswendig. Kaum hatte ich ein Gedicht
begonnen, fiel er mit zaghafter Stimme ein und sprach die Verse
unfehlbar aus dem Gedächtnis, unsicher war er im Hinblick auf
den Tonfall, nicht auf den Text. Ich hatte viele dieser Autoren vorher noch nicht gelesen, daher war das Ritual für mich interessant.
Ich entdeckte Texte, indem ich sie laut vorlas, und Borges tat mit
den Ohren, was andere mit den Augen tun: Er nahm die Seite in
sich auf, um nach einem Wort, einem Satz oder einer Passage zu suchen, die in seinem Gedächtnis eine Spur hinterlassen hatten. Oft
unterbrach er mich und kommentierte den Text, um, wie ich
glaube, ihn tiefer in sich zu verankern.

Einmal unterbrach er mich nach einer Zeile in Stevensons
Neuen Erzählungen aus 1001 Nacht, die er lachhaft fand (»›Gekleidet und bemalt wie eine Person, die gelegentlich mit der Presse
verkehrte‹ – Wie soll jemand aussehen, der so angezogen ist? He?
Was hat Stevenson sich dabei vorgestellt? Wollte er einfach überge-
nau sein? He?«). Dann sprach er über das Stilmittel, eine Gestalt
oder einen Gegenstand mit Hilfe eines Bildes oder einer Einord-
nung zu erfassen, die Exaktheit vortäuschen, aber den Leser zwingen, seine eigene Definition zu entwickeln. Er und sein Freund
Adolfo Bioy Casares hatten dieses Stilmittel in einer Kurzge-
schichte durchgespielt, die aus nur elf Wörtern bestand: »Der
Fremde erstieg im Dunkeln die Stufen: klick-klack, klick-klack.«

Als ich ihm Kiplings Erzählung *Hinter dem Gitter* vorlas, unterbrach er mich nach einer Szene, in der die Hindu-Witwe eine
Botschaft an ihren Liebhaber sendet, die aus verschiedenen, zu einem Bündel verschnürten Gegenständen besteht. Borges machte
eine Bemerkung über die poetische Stimmigkeit dieser Geste und
fragte sich erstaunt, ob Kipling sich diese konkrete und zugleich
symbolische Sprache selbst ausgedacht hatte.[24] Dann, als durch-
stöberte er eine Bibliothek in seinem Kopf, verglich er das Bündel
mit der »philosophischen Sprache« von John Wilkins, in der jedes
Wort seine eigene Definition darstellt. Borges wählte als Beispiel

das Wort *Lachs*, das uns nichts über den Gegenstand verrät, den es bezeichnet. *Zana*, das entsprechende Wort in Wilkins' Sprache, bedeutet gemäß den vorbestimmten Kategorien *schuppenbedeckter Süßwasserfisch mit rötlichem Fleisch*[25]: Das z steht dabei für *Fisch*, za für *Süßwasserfisch*, zan für *schuppenbedeckter Süßwasserfisch*, zana für *schuppenbedeckter Süßwasserfisch mit rötlichem Fleisch*. Das Vorlesen bei Borges führte immer dazu, daß ich in Gedanken meine Bücher neu ordnete. An jenem Abend standen Kiplings und Wilkins' Bücher einträchtig nebeneinander auf meinem imaginierten Bücherbord.

Ein anderes Mal (ich weiß nicht mehr, was ich ihm vorlesen mußte), begann er aufs Geratewohl, mißratene Verse großer Dichter aufzuzählen, darunter Keats mit »*The owl, for all his feathers, was a-cold*«, Shakespeare mit »*O my prophetic soul! My uncle!*« (Borges fand, daß *Onkel* ein unpoetisches, unpassendes Wort aus Hamlets Mund war – ihm wäre »meines Vater Bruder« oder »meiner Mutter Verwandter« lieber gewesen), ferner John Webster mit »*We are merely the stars' tennis-balls*« aus der Tragödie *Die Herzogin von Malfi*, und Milton mit seinen letzten Zeilen im *Wiedergewonnenen Paradies*: »*he unobserv'd/Home to his Mother's house private return'd*«, die seiner Meinung nach Christus wie einen englischen Gentleman mit Melone erscheinen ließen, der seiner Mutter zum Tee einen Besuch abstattet.

Manches, was ich Borges vorlas, benutzte er für seine eigenen Texte. Die Entdeckung eines Geistertigers in der Kipling-Erzählung *Die Trommler der »Von und Zu«*, die wir kurz vor Weihnachten lasen, regte ihn zu einer seiner letzten Erzählungen an – *Blaue Tiger. Zwei Bilder in einem Teich* von Giovanni Papini inspirierte ihn zu der Erzählung *24. August 1982* – ein Datum, das damals noch in der Zukunft lag. Sein Ärger über die Bücher von Lovecraft (dessen Geschichten er mich sechsmal anfangen und dann abbrechen ließ), trieb ihn dazu, die »korrigierte« Version einer Lovecraft-Geschichte zu schreiben; sie wurde in *Dr. Brodies Report* veröffentlicht. Oft bat er mich, etwas auf das Vorsatzblatt am Ende des Buches zu schreiben, in dem wir gerade lasen – einen Verweis auf ein bestimmtes Kapitel oder einen Gedanken. Ich weiß nicht, welchen Gebrauch er davon machte, aber die Gewohnheit, von einem Buch hinter seinem Rücken zu sprechen, legte ich mir ebenfalls zu.

Es gibt eine Geschichte von Evelyn Waugh: Ein Mann, dem

ein anderer im Amazonas-Dschungel das Leben rettete, wird von seinem Retter gezwungen, ihm bis ans Lebensende Dickens vorzulesen.[26] Wenn ich Borges vorlas, hatte ich nie das Gefühl, lediglich einer Pflicht nachzukommen; eher kam mir diese Erfahrung wie eine glückliche Gefangenschaft vor. Mich fesselten weniger die Texte, die ich durch ihn entdeckte (manche wurden dann auch meine Lieblingstexte), als seine Kommentare, die höchst hellsichtig, von unaufdringlicher Gelehrsamkeit waren, oft sehr lustig, manchmal grausam, fast immer unentbehrlich. Ich hatte das Gefühl, der alleinige Besitzer einer sorgfältig kommentierten Ausgabe zu sein, die nur für mich zusammengestellt worden war. Natürlich stimmte das nicht; ich war (wie viele andere) nichts als sein Notizbuch, das der blinde Mann brauchte, um seine Ideen zusammenzutragen. Ich war mehr als bereit, diese Rolle zu spielen.

Bevor ich Borges begegnete, hatte ich entweder still für mich gelesen, oder jemand anders hatte mir aus einem Buch meiner Wahl vorgelesen. Dem blinden alten Mann vorzulesen war eine sonderbare Erfahrung, denn obwohl es mir vorkam, als bestimmte ich mit einiger Mühe Tonfall und Tempo des Lesens selbst, machte er, der Zuhörer, sich zum Herrn des Textes. Ich war sein Chauffeur, aber der Raum, der sich vor uns entfaltete, gehörte ihm, dem Fahrgast, der nichts weiter zu tun hatte, als die Landschaft in sich aufzunehmen. Borges wählte das Buch aus, Borges gebot mir Halt oder forderte zum Weiterlesen auf, Borges unterbrach mich, um einen Kommentar abzugeben, Borges ließ die Wörter zu sich kommen. Ich war unsichtbar.

Ich lernte schnell, daß Lesen ein kumulativer Vorgang ist, der sich in geometrischer Progression vollzieht: Jede neue Lektüre baut auf der vorangegangenen auf. Am Anfang fällte ich schnelle Urteile über die Erzählungen, die Borges sich aussuchte – Kiplings Prosa kam mir gestelzt vor, die von Stevenson kindisch, die von Joyce unverständlich. Bald aber wurden meine Vorurteile durch Erfahrung abgelöst, und die Entdeckung einer Geschichte machte mich neugierig auf die nächste, die wiederum durch die Erinnerung daran bereichert wurde, wie Borges und ich auf sie reagiert hatten.

Der Fortgang meiner Lektüre vollzog sich nie nach der üblichen Abfolge. Das Vorlesen von Texten, die ich schon kannte, veränderte die frühere einsame Lektüre, erweiterte und belebte meine Erinnerung daran, ließ mich wahrnehmen, was ich damals nicht wahrgenommen hatte, was jetzt aber plötzlich dank seiner Reaktion in mir wachgerufen wurde. »Es gibt Menschen, die, während sie ein Buch lesen, sich erinnern und Vergleiche anstellen, Empfindungen aus früheren Leseerlebnissen heraufbeschwören«, bemerkte der argentinische Schriftsteller Ezequiel Martínez Estrada. »Das ist eine der subtilsten Formen des Ehebruchs.«[27] Borges hielt nichts vom systematischen Lesen nach Bücherlisten und ermunterte zu solch ehebrecherischem Verhalten.

Außer von Borges wurde ich auch durch Freunde, Lehrer oder gelegentlichen Rezensionen zum Lesen bestimmter Texte angeregt, aber meistens beruhte die Begegnung mit Büchern auf Zufall wie die Begegnung mit der Schar der wandernden Seelen bei Dante, die im Siebten Kreis der Hölle »längs dem Ufer kam, und eine jede / Beschaut' uns, wie die Leute oft bei Neumond / Einander abends anzuschauen pflegen«[28] – und dann plötzlich von einer Gestalt, einem Blick oder einem Wort unwiderstehlich angezogen werden.

Ich ordnete meine Bücher anfangs in streng alphabetischer Reihenfolge nach Autorennamen. Dann gruppierte ich sie nach dem Genre: Romane, Essays, Dramen, Lyrik. Darauf versuchte ich sie nach Sprachen zu ordnen, und als ich wegen meiner vielen Reisen nur noch wenige behalten konnte, teilte ich sie ein in solche, die ich kaum jemals las, in andere, die ich immer wieder las, und in jene, die ich eines Tages zu lesen hoffte.

Manchmal richtete sich meine Bibliotheksordnung nach geheimen Regeln, die aus idiosynkratischen Assoziationen hervorgingen. Der spanische Romancier Jorge Semprún stellte Thomas Manns *Lotte in Weimar* neben seine Bücher über das Konzentrationslager Buchenwald. Er war Häftling in diesem Lager gewesen, und das Buch beginnt mit einer Szene im Weimarer Hotel Elephant, in dem Semprún nach seiner Befreiung untergebracht wurde.[29]

Es könnte amüsant sein, dachte ich einmal, aus solchen Gruppierungen eine Literaturgeschichte zu konstruieren und zum Beispiel die Beziehungen zwischen Aristoteles und W. H. Auden, Jane Austen und Marcel Aymé (in meiner alphabetischen Reihenfolge) zu untersuchen – oder die zwischen Chesterton, Sylvia Townsend Warner, Borges, dem heiligen Johann vom Kreuz und Lewis Carroll (den Autoren, die mir das meiste Vergnügen bereiten). Mir schien, daß die Literatur für die Schule – wo Verbindungen zwischen Cervantes und Lope de Vega hergestellt werden, weil sie demselben Jahrhundert angehören, oder die pompöse Geschichte

Platero und ich von Juan Ramón Jiménez (in der sich ein Dichter in einen Esel vernarrt) als Meisterwerk gilt – eine ebenso willkürliche und beliebige Auswahl darstellte wie jene, die ich aus meinen Funden auf den krummen Pfaden meiner eigenen Lektüre und gemäß der Größe meines Bücherregals aufstellen konnte. Die in Schulbüchern und Bibliotheken kanonisierte Literaturgeschichte schien mir kaum mehr zu sein als die Geschichte bestimmter Lesarten. Sie war zwar älter und fundierter als die meine, aber nicht weniger abhängig vom Zufall und anderen Gegebenheiten.

Ein Jahr vor meinem Schulabschluß 1966, als das Militärregime des Generals Onganía an die Macht kam, entdeckte ich noch ein anderes Ordnungssystem für Bücher. Unter dem Vorwurf des Kommunismus oder der Pornographie kamen verschiedene Autoren und Titel auf den Index, und bei den immer häufigeren Razzien in Cafés, Bars und Bahnhöfen oder bei den Personenkontrollen auf der Straße war es gleichermaßen lebenswichtig, die richtigen Papiere bei sich zu haben und sich auf keinen Fall mit einem verdächtigen Buch erwischen zu lassen. Die verbotenen Autoren – Pablo Neruda, J. D. Salinger, Maxim Gorki, Harold Pinter – bildeten einen weiteren, ganz anders gearteten Zweig der Literaturgeschichte, die Verbindung zwischen ihnen war weder sachlich begründet noch dauerhaft, sie wurde lediglich vom pedantischen Auge des Zensors wahrgenommen.

Nicht nur totalitäre Regime fürchten das Lesen. Auch auf Schulhöfen, in Umkleideräumen, in Regierungsämtern und Gefängnissen wird die Gemeinde der Leser mit Mißtrauen betrachtet, weil man ihre Autorität und potentielle Macht spürt. Die Beziehung zwischen Buch und Leser wird zwar als nützlich und fruchtbringend anerkannt, gleichzeitig aber gilt sie als hochmütig und abweisend, vielleicht weil der Anblick eines Lesers, der sich in die Ecke zurückgezogen und die Welt um sich vergessen hat, auf eine undurchdringliche Privatsphäre hinweist, einen selbstbezogenen Blick und einsames, eigensüchtiges Handeln. (»Geh raus und lebe«, sagte meine Mutter immer, wenn sie mich lesend fand, als hätte meine stille Beschäftigung ihrer Vorstellung vom Leben widersprochen.)

Die weitverbreitete Angst vor dem, was ein Leser mit seinem Buch beginnen könnte, entspricht der uralten Angst der Männer vor dem, was Frauen mit ihren verborgenen Körperteilen tun, was Hexen und Alchemisten im Zwielicht ihrer verriegelten Giftküchen treiben. Bei Vergil ist das Tor der Falschen Träume aus Elfenbein gemacht; bei Sainte-Beuve besteht der Turm, in den sich der Leser zurückzieht, aus demselben Material.

Borges erzählte mir einmal von den populistischen Demonstrationen, die die Perón-Regierung 1950 gegen opponierende Intellektuelle organisiert hatte und auf denen die Demonstranten skandierten: »Schuhe ja, Bücher nein!« Die Replik: »Schuhe ja, Bücher auch!« überzeugte niemanden. Die Wirklichkeit, die harte, nüchterne Wirklichkeit, wurde als unvereinbar mit der flüchtigen Traumwelt der Bücher empfunden. Unter diesem Vorwand wird der künstliche Gegensatz zwischen Lesen und Leben von den Mächtigen erfolgreich geschürt. Populistische Regierungen verlangen, daß wir vergessen, und deshalb brandmarken sie Bücher als überflüssigen Luxus; totalitäre Regime verlangen, daß wir nicht denken, und darum verbieten, verfolgen und zensieren sie den Geist; beide wollen uns dumm und unterwürfig machen im großen und ganzen und begünstigen daher den Konsum von TV-Müll. Unter solchen Umständen können Leser gar nichts anderes sein als subversiv.

Und so bewege ich mich voller Ehrgeiz von meiner persönlichen Geschichte als Leser auf die Geschichte des Lesens zu. Oder besser gesagt: auf *eine* Geschichte des Lesens, weil eine jede Geschichte, die sich auf bestimmte Intuitionen und persönliche Lebensumstände stützt, nur eine von vielen sein kann, mag sie auch noch so sehr um Objektivität bemüht sein. Letztlich ist die wahre Geschichte des Lesens wohl die eines jeden Lesers. Auch ihr Ausgangspunkt gründet sich auf Zufälle. Als Borges eine um die Mitte der dreißiger Jahre erschienene Geschichte der Mathematik rezensierte, schrieb er, »sie leidet an einem gravierenden Mangel: Die chronologische Abfolge der Ereignisse entspricht nicht ihrer logischen und natürlichen Ordnung. Die Definition ihrer Elemente kommt häufig erst am Schluß, die Praxis geht der Theorie voraus, die intuitiven Arbeiten der Vorläufer sind für den profanen Leser weniger verständlich als die der modernen Mathematiker.«[30]
Ähnliches kann man von einer Geschichte des Lesens behaupten. Ihre Chronologie kann nicht dieselbe sein wie die der politischen Historie. Ein sumerischer Schreiber, für den das Lesen ein hohes Privileg war, hatte mehr Sinn für seine Verantwortung als heutige Leser in New York oder Santiago, da ein Gesetzesartikel

oder eine Abrechnung allein von seiner Interpretation abhing. Die
Lesevorschriften des Spätmittelalters, nach denen an bestimmten
Orten und zu bestimmten Zeiten zu lesen war und man zwischen
laut und leise zu lesenden Texten unterschied, waren wesentlich
klarer und verbindlicher als die, welche man im Wien oder im England der Jahrhundertwende lehrte. Auch am Kanon der Literaturgeschichte kann sich eine Geschichte des Lesens nicht orientieren.
Das Unbehagen der Anna Katharina Emmerich, einer Mystikerin
des 19. Jahrhunderts (daran, daß der gedruckte Text sich nie völlig
mit ihrer Erfahrung deckte[31]), wurde bereits 2000 Jahre früher
weitaus kraftvoller von Sokrates zum Ausdruck gebracht (er war
der Meinung, daß Bücher am Lernen hindern[32]) und in neuerer
Zeit von Hans Magnus Enzensberger (der den Analphabetismus
pries und vorschlug, zur ursprünglichen Kreativität der mündlichen Überlieferung zurückzukehren[33]). Dieser Meinung widersprach neben vielen anderen auch der amerikanische Essayist Allan
Bloom[34]; völlig aus seiner Zeit fallend, übertraf ihn darin Charles
Lamb, der nämlich schon 1833 bekannte, er liebe es, sich »im Kopf
anderer Menschen zu verlieren. Wenn ich nicht spazierengehe, so
lese ich. Ich kann nicht einfach dasitzen und denken. Die Bücher
denken für mich.«[35]

Auch deshalb deckte sich die Geschichte des Lesens nicht mit
der Chronologie der Literaturgeschichten, weil die Rezeptionsge-
schichte eines Autors oft nicht mit seinem ersten Buch beginnt,
sondern mit dem Buch eines späteren Lesers. So wurden die
Bücher des Marquis de Sade erst vom Bibliophilen Maurice Heine
und den französischen Surrealisten aus dem Giftschrank für por-
nographische Literatur befreit, in dem sie über hundertfünfzig
Jahre lang gestanden hatten. William Blake, zweihundert Jahre unbeachtet, trat erst in diesem Jahrhundert dank dem Eifer von Sir
Geoffrey Keynes und Northrop Frye ins Bewußtsein seiner Leser
und gehört seither zur Pflichtlektüre in jedem College.

Darüber belehrt, daß wir, die heutigen Leser, vom Aussterben
bedroht sind, müssen wir erst noch lernen, was Lesen ist. Unsere
Zukunft – die Zukunft der Geschichte unseres Lesens – wurde von
Augustinus erforscht, der versuchte, zwischen dem Text vor dem
geistigen Auge und dem laut gesprochenen Text zu unterscheiden.
Ebenso von Dante, der sich mit den Grenzen des Verstehbarkeit
befaßte, von Lady Murasaki, die auf die Unterschiede der verschiedenen Lesehaltungen verwies; von Plinius, der den Akt des

Lesens analysierte und die Beziehung zwischen dem lesenden Autor und dem schreibenden Leser untersuchte; von den sumerischen Schreibern, die das Lesen mit der Ausübung politischer Macht verbanden; von den ersten Buchherstellern, denen das Lesen der Schriftrollen (vergleichbar mit dem Lesen auf dem Computer-Bildschirm) zu einschränkend und schwerfällig war und uns die Möglichkeit boten, Seiten umzublättern und Randbemerkungen anzubringen. Die Vergangenheit dieser Geschichte liegt vor uns, auf der letzten Seite jener bedrohlichen Zukunft, die Ray Bradbury in *Fahrenheit 451* beschreibt und in der die Bücher nicht mehr auf dem Papier stehen, sondern im Kopf aufbewahrt werden müssen.

Wie der Akt des Lesens, so springt eine Geschichte des Lesens immer hin und her – zu mir in die Gegenwart, mit meiner Erfahrung als Leser, dann wieder zurück in ein fernes, versunkenes Jahrhundert. Sie überspringt ganze Kapitel, schmökert hier und stöbert dort, kehrt an bestimmte Stellen zurück und verweigert sich der herkömmlichen Ordnung. Paradoxerweise steckt in der Angst, die Lesen und Leben zum Gegensatz erklärt, aus der heraus meine Mutter mich vom Buch hochscheuchte und an die frische Luft schickte, eine ernste Wahrheit: »Man kann das Leben, diese einmalige Kutschfahrt, nicht neu beginnen, wenn es vorüber ist«, schreibt der türkische Romancier Orhan Pamuk in *Die weiße Festung*, »aber wenn man ein Buch in der Hand hält, ganz gleich, wie schwierig es zu verstehen ist, kann man am Schluß zum Anfang zurückkehren, von vorn beginnen, um das Schwierige und damit das ganze Leben zu begreifen.«[36]

AKTE DES LESENS

*Lesen heißt, sich an etwas annähern,
was gerade im Entstehen begriffen ist.*

ITALO CALVINO
Wenn ein Reisender in einer Winternacht, 1979

❧ SCHATTEN LESEN ❧

In einer Islamschule des 16. Jh. werden die Optik und die Gesetze der Wahrnehmung behandelt

1984 wurden zwei Tontäfelchen von annähernd rechteckiger Form im syrischen Tell Brak gefunden, die aus dem 4. Jahrtausend v. Chr. stammen. Ich sah sie im Jahr vor dem Golfkrieg in einer unscheinbaren Vitrine im Archäologischen Museum von Bagdad. Es sind einfache, unauffällige Objekte mit sparsamen Markierungen: eine Einkerbung oben und eine eingeritzte Tiergestalt in der Mitte. Eines der Tiere könnte eine Ziege sein, dann wäre das andere vermutlich ein Schaf. Nach Meinung von Archäologen stellt die Einkerbung die Zahl Zehn dar. Unsere gesamte Geschichte beginnt mit diesen bescheidenen Täfelchen.[1] Sie gehören – falls sie den Krieg überstanden haben – zu den ältesten erhaltenen Schriftzeugnissen.[2]

Zwei Tontäfelchen aus Tell Brak, Syrien, die den Exponaten im Archäologischen Museum Bagdad ähneln

Diese Täfelchen haben etwas Rührendes an sich. Wenn wir die Tongebilde betrachten, die ein längst versiegter Fluß fortgeschwemmt hat, und die zarten Zeichnungen von Tieren betrachten, die vor Jahrtausenden zu Staub zerfallen sind, hören wir vielleicht *eine Botschaft*: »Das hier sind zehn Ziegen, das hier sind zehn Schafe« – gesprochen von einem sorgsamen Viehzüchter aus den Zeiten, als die Wüste noch grün war. Allein das Betrachten dieser Täfelchen macht eine Erinnerung an die Anfänge unserer Zeit lebendig, bewahrt einen Gedanken, obwohl derjenige, der ihn dachte, längst nicht mehr existiert, und läßt uns Teil eines Schöpfungsakts werden, der fortdauert, solange die Bilder gesehen, entziffert, gelesen werden.[3]

Wie mein nebulöser sumerischer Vorfahr, der die beiden Täfel-

39

chen an einem unvorstellbar weit zurückliegenden Nachmittag liest, lese auch ich hier in meinem Zimmer über Jahrhunderte und Meere hinweg. Ich sitze am Schreibtisch, die Ellbogen auf die Buchseiten gestützt, das Kinn in den Händen, ich nehme nicht wahr, wie sich draußen das Licht verändert, und höre nicht den Straßenlärm, sondern sehe, höre, verfolge (diese Wörter können nicht adäquat wiedergeben, was sich wirklich in mir abspielt) eine Geschichte, eine Beschreibung, einen Widerstreit. Nichts außer meinen Augen und meiner Hand, die ab und zu umblättert, bewegt sich, und doch ist da etwas, was durch das Wort »Text« nicht genau beschrieben ist, was sich entfaltet, fortschreitet, wächst, Wurzeln schlägt, während ich lese. Wie aber vollzieht sich dieser Prozeß?

Lesen beginnt mit den Augen. »Der schärfste unserer Sinne ist das Augenlicht«, schrieb Cicero. Er war der Meinung, wenn wir einen Text sehen, können wir ihn besser behalten, als wenn wir ihn nur hören.[4] Augustinus pries die Augen (später verdammte er sie) als die Eingangspforte der Welt[5], Thomas von Aquino nannte das Sehen »den wichtigsten Sinn, durch den wir Wissen erlangen«[6]. Jedem Leser leuchtet ein, daß Buchstaben durch den Gesichtssinn aufgenommen werden. Durch welchen alchemistischen Vorgang aber werden diese Buchstaben zu sinntragenden Wörtern? Was geschieht in uns, wenn wir mit einem Text konfrontiert werden? Wie werden die sichtbaren Dinge, die »Substanzen«, die durch die Augen unser inneres Labor erreichen, die Farben und Formen von Gegenständen und Buchstaben, lesbar? Worin besteht eigentlich der Akt, den wir Lesen nennen?

Im 5. Jahrhundert v. Chr. beschrieb Empedokles das Auge als von der Göttin Aphrodite erschaffen: »So barg sich das urewige Feuer damals [bei der Bildung des Auges] hinter der runden Pupille in Häute und dünne Gewänder eingeschlossen, die mit göttlich eingerichteten, gerade hindurchgehenden Poren durchbohrt waren. Diese hielten die Tiefe des ringsum erflossenen Wassers ab, doch das Feuer ließen sie hinaus, weil es soviel feiner war.«[7] Etwa ein Jahrhundert später stellte sich Epikur dieses Feuer als dünne Folien von Atomen vor, die von der Oberfläche der Dinge wie ein permanent aufsteigender Regen in unsere Augen drang und unseren Geist mit allen Eigenschaften der Dinge durchtränkte.[8] Epikurs Zeitgenosse Euklid schlug eine gegensätzliche Theorie vor: Die Strahlen werden vom Auge des Betrachters ausgesandt, um die

beobachteten Dinge zu erfassen.[9] Beide Theorien brachten scheinbar unüberwindliche Probleme mit sich. Wie sollte im ersten Fall,
der sogenannten »Intromission«, die Folie von Atomen, die ein
großer Gegenstand – ein Elefant oder der Berg Olymp – aus-
sandte, in einen so kleinen Raum passen wie das menschliche
Auge? Und welche Strahlen sollten, der Theorie der »Extromis-
sion« zufolge, von den Augen ausgehen und in Sekundenbruchtei-
len die weit entfernten Sterne erreichen, die wir Abend für Abend
sehen können?

Ein paar Jahrzehnte vorher hatte Aristoteles eine andere Theorie
vorgeschlagen: Er nahm Epikur korrigierend vorweg, indem er
mutmaßte, daß sich die Eigenschaften des betrachteten Gegenstands – und nicht etwa eine Folie von Atomen – durch die Luft
(oder ein anderes Medium) zum Auge des Beobachters bewegten,
so daß das Wahrgenommene nicht den tatsächlichen, sondern nur
den relativen Ausmaßen – eines Berges etwa – entsprach. Das
menschliche Auge war nach Aristoteles einem Chamäleon vergleichbar, das Form und Farbe des betrachteten Gegenstands aufnahm und diese Information durch die Augensäfte in die allmächtigen Eingeweide transportierte, in den *splanchnon*[10], ein Konglomerat aus Organen, zu dem Herz, Leber, Lunge, Gallenblase und
Blutgefäße gehörten und das über die Motorik und die Sinne
herrschte.[11]

Sechs Jahrhunderte später schlug der griechische Arzt Galen
eine vierte Lösung vor, die Epikur widersprach und Euklid folgte.
Galen sprach von einem »visuellen Geist«, der im Gehirn geboren
wird, das Auge auf der Bahn des Sehnervs durchquert und dann in
die Luft entweicht. Dadurch werde die Luft zur Wahrnehmung
fähig und könne die Eigenschaften der wahrgenommenen Dinge
erfassen, ganz gleich, wie weit sie entfernt sind. Diese Eigenschaften werden durch das Auge rücküberfragen ins Gehirn und von
dort aus durch die Wirbelsäule weiter zu den Gefühls- und Bewe-
gungsnerven. Für Aristoteles war der Beobachter eine passive In-
stanz, die den Gegenstand durch die Luft in sich eindringen läßt
bis ins Herz, den Sitz aller Empfindungen, das Sehvermögen eingeschlossen. Für Galen hingegen spielte der Beobachter, der die
Luft wahrnehmungsfähig machte, eine aktive Rolle, und sein Sehvermögen wurzelte tief im Gehirn.

Mittelalterliche Gelehrte, denen Galen und Aristoteles als
höchste wissenschaftliche Autoritäten galten, waren allgemein der

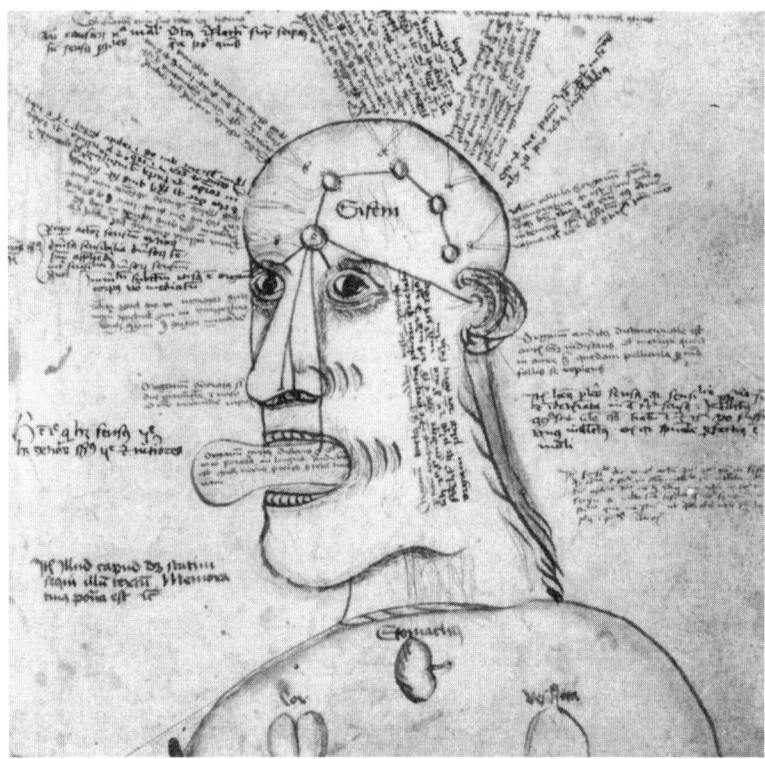

Ansicht, daß zwischen beiden Theorien eine hierarchische Beziehung bestehe, die man nur herausfinden müsse. Es ging ihnen nicht darum, eine Theorie durch die andere zu verdrängen, sondern aus dem Extrakt beider Theorien eine Erklärung dafür abzuleiten, wie die verschiedenen Körperteile mit der Wahrnehmung der Außenwelt zusammenhingen – und auch untereinander korrelierten. Der italienische Arzt Gentile da Foligno, der im 14. Jahrhundert lebte, erklärte, dieses Verständnis zu erlangen, sei »für die Medizin genauso fundamental wie das Alphabet für das Lesen«[12], und er erinnerte daran, daß Augustinus und andere frühe Kirchenväter diese Frage bereits sorgfältig erörtert hätten. Für Augustinus dienten Gehirn und Herz als Hüter alles dessen, was unsere Sinne im Gedächtnis speicherten, und er verwandte das Verb *colligere* (sammeln und zusammenfassen), um zu beschreiben, wie diese Eindrücke aus den verschiedenen Fächern des Gedächtnisses herausgeholt werden.[13]

Das Gedächtnis war nur eine der Funktionen, die aus dieser *Hütung* der Sinne Nutzen zog. Mittelalterliche Gelehrte waren allgemein überzeugt, daß (wie Galen vorgeschlagen hatte) Sehen,

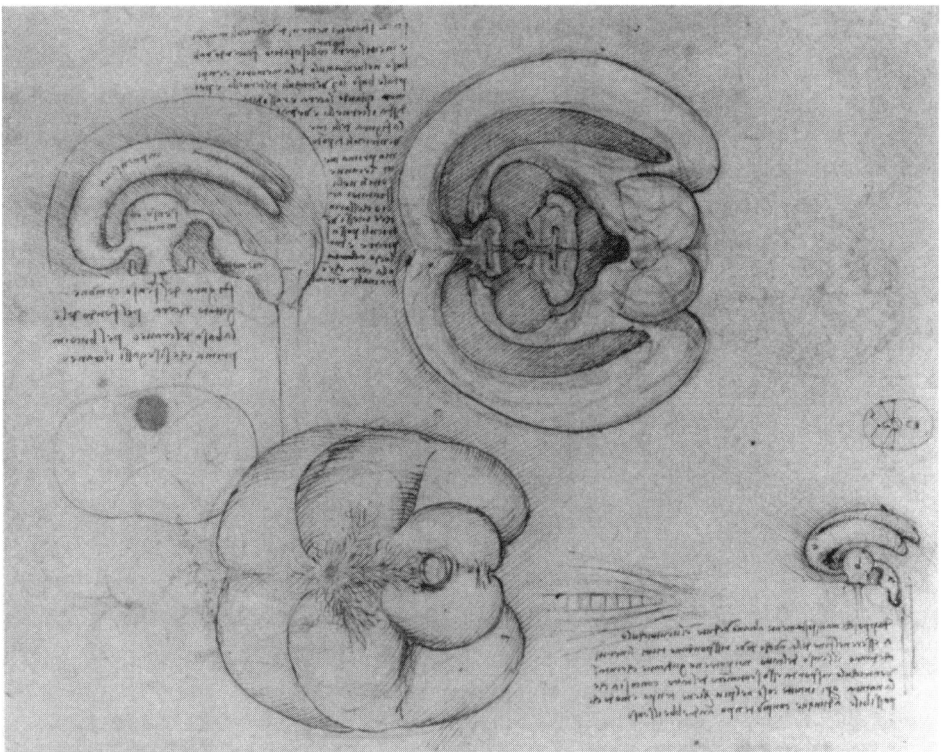

Hören, Riechen, Schmecken und Tasten in einer einzigen Gehirnkammer untergebracht waren, einer Region, die als Sensus communis, »Gemeinsinn«, bezeichnet wurde und von der nicht nur das Gedächtnis, sondern auch das Wissen, die Einbildungskraft und die Träume ausgingen. Diese Region war wiederum mit dem aristotelischen *splanchnon* verbunden, den die mittelalterlichen Gelehrten auf das Herz, das Zentrum allen Empfindens, reduziert hatten. So wurde den Sinnen eine direkte Verwandtschaft mit dem Gehirn zugeschrieben, während das Herz als der oberste Lenker des Körpers galt.[14] Das deutsche Manuskript einer Aristoteles-Abhandlung über Logik und Naturphilosophie, das aus dem späten 15. Jahrhundert stammt, zeigt den Kopf eines Mannes, Augen und Mund weit geöffnet, die Nasenflügel aufgespannt, das lauschende Ohr mit dicken Strichen markiert. Im Gehirn sieht man fünf kleine, miteinander verbundene Kreise, die von links nach rechts den Sitz des Gemeinsinns, dann der Vorstellungskraft, der Phantasie, des Denkvermögens und des Gedächtnisses darstellen. Dem Randkommentar zufolge ist der Gemeinsinn auch mit dem Herzen verbunden, das links unten zu sehen ist. Diese Skizze veranschau-

Leonardo da Vinci, Zeichnung des Gehirns mit einer Darstellung des »Wundernetzes« *rete mirabile*

43

licht sehr schön, wie man sich im Spätmittelalter den Wahrnehmungsprozeß vorstellte – mit einer Ergänzung, die auf der Zeichnung nicht zu erkennen ist: Man ging (unter Berufung auf Galen) davon aus, daß sich an der Gehirnbasis ein »Wundernetz« befinde, ein *rete mirabile*, ein Geflecht aus winzigen Gefäßen also, die als Verbindungskanäle dienten, wenn die Wahrnehmungen, die das Gehirn erreichten, weiterverarbeitet wurden. Dieses Wundernetz taucht in einer Zeichnung auf, die Leonardo da Vinci etwa 1508 anfertigte, um die verschiedenen Hirnkammern deutlich zu sondern und ihnen diverse geistige Fähigkeiten zuzuordnen. Nach Leonardo ist es »der *senso comune* [der Gemeinsinn], welcher die von den anderen Sinnen übermittelten Eindrücke bewertet ... und sein Platz liegt in der Mitte des Kopfes, zwischen der *impresiva* [Wahrnehmungszentrum] und der *memoria* [Sitz des Gedächtnisses]. Die Gegenstände übermitteln ihre Bilder an die Sinne, und diese leiten sie zur *impresiva* weiter. Die *impresiva* ihrerseits übermittelt sie an den *senso comune*, und von dort werden sie in das Gedächtnis eingeschrieben, wo sie sich mehr oder weniger festsetzen, je nach Wichtigkeit oder Macht des betreffenden Gegenstands.«[15] In Leonardos Epoche wurde der menschliche Verstand als kleines Laboratorium gesehen, in dem das Material, das Augen, Ohren und andere Sinnesorgane lieferten, im Hirn zu »Eindrücken« wurde, welche durch das Sinneszentrum geleitet und dann unter dem Einfluß des alles beherrschenden Herzens in eine oder mehrere Fähigkeiten wie zum Beispiel das Gedächtnis umgesetzt wurden. Der Anblick schwarzer Buchstaben wurde (um ein Bild aus der Alchemie zu bemühen) durch diesen Prozeß in das Gold des Wissens verwandelt.

Eine grundlegende Frage jedoch blieb ungelöst: Holten wir, die Leser, uns die Buchstaben von der Seite, wie die Theorien von Galen und Euklid besagten, oder drangen die Buchstaben in unsere Sinne ein, wie Epikur und Aristoteles behauptet hatten? Leonardo und seine Zeitgenossen konnten die Lösung des Rätsels (oder besser: Hinweise auf eine Lösung) in einem ägyptischen Buch aus dem 11. Jahrhundert finden, das ihnen zweihundert Jahre später als Übersetzung zugänglich wurde (so zögerlich ist manchmal der Fortschritt der Gelehrsamkeit). Der Autor war Al Hasan ibn al Haytham, ein Gelehrter aus Basra, im Abendland als Alhazen bekannt.

Im 11. Jahrhundert erlebte Ägypten unter der Herrschaft der Fatimiden eine Blüte, die auf der Fruchtbarkeit des Niltals und dem

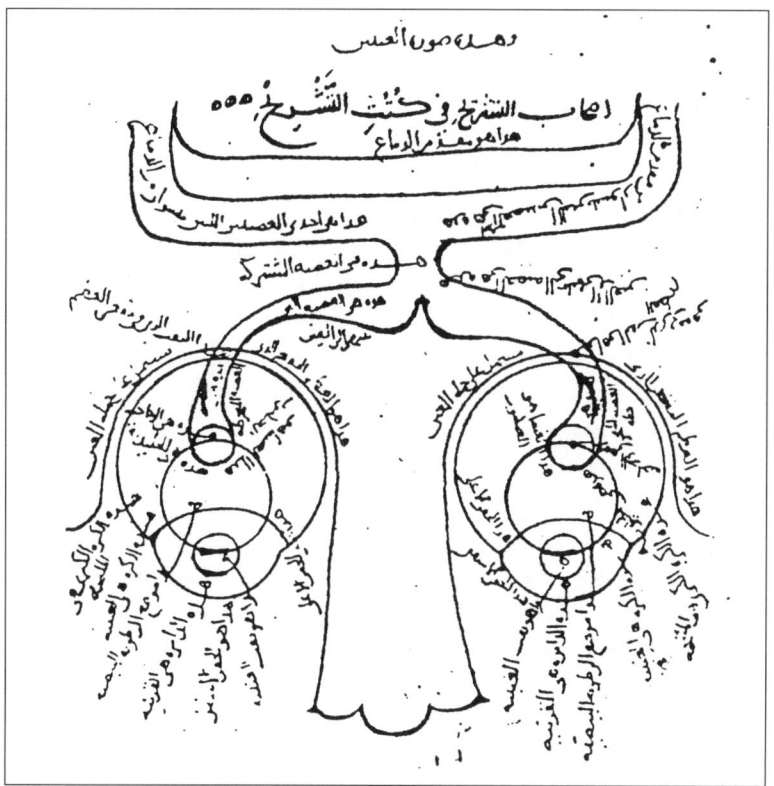

Al Haythams optisches System, wie es im *Kitab al-manazir* aus dem 11. Jahrhundert abgebildet ist, gezeichnet von dem Schwiegersohn des Autors, Achmad ibn Jafar

regen Handel mit anderen Mittelmeerländern basierte. Die Grenzregionen in der Wüste wurden von Söldnern verteidigt – Berbern, Sudanesen und Türken. Diese heterogene Kombination von weltweitem Handel und Kriegführung durch Söldnerheere bescherte dem Fatimidenreich alle Vorteile und geistigen Freiheiten eines kosmopolitischen Staates.[16] Im Jahr 1004 gründete Kalif Hakim (der mit elf Jahren König wurde und fünfundzwanzig Jahre später während eines Spaziergangs auf mysteriöse Weise verschwand) eine große Akademie in Kairo – das Dar al Ilm oder Haus der Wissenschaft – nach dem Vorbild präislamischer Institutionen und überließ dem Volk seine bedeutende Sammlung von Manuskripten mit der Aufforderung, daß »jedermann kommen solle, um zu lesen, abzuschreiben und sich zu bilden«[17]. Hakims exzentrische Erlässe – er verbot das Schachspiel und den Verkauf von Meerestieren außer Fisch – und seine Blutrünstigkeit wurden in der Volksmeinung durch seine Erfolge in der Verwaltung des Reiches aufgewogen.[18]

Sein Ziel war es, das Kairo der Fatimiden nicht nur zum symbolischen Zentrum politischer Macht, sondern auch zur Haupt-

stadt der Künste und Wissenschaften zu machen. Deshalb lud er
viele berühmte Astronomen und Mathematiker an seinen Hof,
darunter auch Al Haytham, dessen dienstlicher Auftrag darin bestand, eine Methode zur Regulierung des Nils zu erforschen.
Darin blieb er zwar erfolglos, aber nebenher widmete er sich dem
Ehrgeiz, das ptolemäische Weltbild zu widerlegen (was in den Augen seiner Kritiker »weniger eine Widerlegung als eine Aufstellung neuer Zweifel war«), und des Nachts schrieb er an einer um-
fangreichen Abhandlung über die Optik, die seinen späteren
Ruhm begründen sollte.

Al Haytham zufolge ist mit jeder Sinneswahrnehmung eine gewisse aktive Mitwirkung verbunden, die sich aus dem Urteilsver-
mögen herleitet. Er folgte damit der Grundthese der aristotelischen Intromissionstheorie – nämlich daß die Seheindrücke durch
die Luft ins Auge eintreten –, und er untermauerte seine Auffassungen mit präzisen physikalischen, mathematischen und physio-
logischen Erläuterungen.[19] Doch Al Haytham ging noch erheblich
weiter, indem er eine Unterscheidung zwischen »einfacher Emp-
findung« und »Wahrnehmung« einführte, wobei erstere unbewußt oder ungewollt ist – so wie ich etwa aus dem Fenster das
Licht und die sich wandelnde Gestalt des Nachmittags registrie-
re – und letztere einen bewußten Akt des Erkennens erfordert –
etwa wenn ich den Text einer Buchseite lese.[20] Die Bedeutung von
Al Haythams Unterscheidung lag darin, daß er zum erstenmal im
Akt der Wahrnehmung eine Steigerung bewußten Verhaltens vom
Sehen zum Entziffern oder »Lesen« erkannte.

Al Haytham starb 1038 in Kairo. Zwei Jahrhunderte später legte
der englische Gelehrte Roger Bacon eine revidierte Zusammenfas-
sung der Theorien Al Haythams vor. Sein Anliegen war es, das Studium der Optik gegenüber Papst Clemens IV. zu rechtfertigen, weil
damals Gruppierungen der katholischen Kirche mit Eifer die Meinung verfochten, daß die wissenschaftliche Forschung gegen das
christliche Dogma verstoße.[21] Bacon folgte Al Haytham (und
spielte zugleich die Bedeutung der islamischen Forschung herun-
ter), als er Seiner Heiligkeit die Intromissionstheorie erklärte. Nach
Bacon bildet sich, wenn wir auf einen Gegenstand blicken (seien es
ein Baum oder die Buchstaben SONNE) eine visuelle Pyramide,
deren Basis der Gegenstand bildet und deren Spitze in der Horn-
hautkrümmung endet. Wir »sehen«, wenn die Pyramide ins Auge
eintritt und sich ihre Strahlen dergestalt im Augapfel abbilden, daß

sie gebrochen werden, aber sich nicht überschneiden. Für Bacon war Sehen ein aktiver Prozeß, bei dem ein Abbild des Gegenstandes in das Auge dringt und von der »Sehkraft« des Auges erfaßt wird.

Wie aber wird aus diesem Erfassen ein Lesen? Wie verbindet sich das Wahrnehmen von Buchstaben mit dem Prozeß, an dem nicht nur Sehen und Wahrnehmung, sondern auch Folgerung, Erinnerung, Erkennen, Wissen, Erfahrung und Praxis beteiligt sind? Al Haytham wußte (und Bacon stimmte ihm zweifellos zu), daß alle diese für den Akt des Lesens notwendigen Elemente diesen Akt zu einem hochkomplexen Vorgang machen, zu dessen erfolgreichem Vollzug die Koordinierung von hundert verschiedenen Fertigkeiten verlangt wird. Und nicht nur diese Fertigkeiten, sondern auch die Zeit, der Ort, der Gegenstand, an dem sich der Leseakt vollzieht, sei es eine Tontafel, eine Schriftrolle, ein Buch oder ein Bildschirm, beeinflussen das Lesen: Beim namenlosen sumerischen Bauern waren es das Dorf, in dessen Nähe er seine Ziegen und Schafe hütete, und die gerundeten Tontäfelchen; bei Al Haytham waren es der neue, weißgekalkte Raum der Kairoer Akademie und die mit Zorn gelesene Handschrift von Ptolemäus; bei Bacon war es die Gefängniszelle, in der er wegen seiner unorthodoxen Lehren und seiner kostbaren wissenschaftlichen Bücher gefangen war; bei Leonardo waren es der Hof Franz' I., an dem er seine letzten Lebensjahre verbrachte, und die Aufzeichnungen, die er in einer Geheimschrift verfaßte, so daß nur er sie lesen konnte. Alle diese Elemente in ihrer verwirrenden Vielfalt fließen im Akt des Lesens zusammen. Das hatte bereits Al Haytham vermutet. Aber wie sich dies vollzog, welche komplizierten, staunenswerten Verbindungen diese Elemente miteinander eingingen, war eine Frage, auf die Al Haytham und seine Leser keine Antwort wußten.

Die moderne Forschung der Neurolinguistik, die die Beziehungen zwischen Gehirn und Sprache untersucht, begann etwa 850 Jahre nach Al Haytham. Im Jahr 1865 nämlich stellten zwei französische Wissenschaftler, Michel Dax und Paul Broca[22], in gleichzeitig verfaßten, aber voneinander unabhängigen Untersuchungen die These auf, daß sich bei den meisten Menschen infolge eines genetischen Prozesses, der mit der Zeugung beginnt, die sprachlichen Fähigkeiten in der linken Hirnhälfte zentrieren, während sich bei einer viel kleineren Gruppe, die vorwiegend aus Linkshändern oder Beidhändern besteht, zumeist bei genetisch mit einer dominanten

linken Hirnhälfte ausgestattete Menschen, diese Fähigkeiten in
der rechten Hirnhälfte entwickeln. In wenigen Fällen führt eine
frühe Schädigung der linken Hirnhälfte zu einer »Umprogram-
mierung« und zur Verlagerung der Sprachfunktionen in die rechte
Hirnhälfte. Aber keine der beiden Hirnhälften kann Sprache erzeugen oder verstehen, wenn der Mensch nicht mit Sprache in
Berührung kommt.

Als der erste Schreiber seine ersten Buchstaben kritzelte und
formte, war der menschliche Körper bereits in der Lage, Akte des
Lesens und Schreibens auszuführen, die noch in der Zukunft lagen; das heißt, der Körper konnte alle möglichen Wahrnehmungen
speichern, aufrufen und ausdeuten, auch die willkürlichen Zeichen
einer Schriftsprache, die noch nicht erfunden war.[23] Die Vorstellung, daß wir schon fähig zum Lesen sind, bevor wir es gelernt haben – ja, bevor wir je eine aufgeschlagene Seite vor uns erblickt haben –, greift zurück auf einen platonischen Begriff des Wissens,
das schon in uns existiert, bevor es durch die äußere Wahrnehmung bestätigt wird. Die Entwicklung des Sprechens bewegt sich
offenbar auf derselben Linie. Wir »entdecken« ein Wort, weil der
Gegenstand oder die Vorstellung, für die es stehen soll, schon im
Bewußtsein vorhanden ist »und darauf wartet, mit einem Wort belegt zu werden«[24]. Es ist so, als würde uns von der äußeren Welt ein
Geschenk dargeboten (von den Eltern oder denen, die als erste mit
uns sprechen), aber die Fähigkeit, das Geschenk zu ergreifen, ist
uns selbst eigen. In diesem Sinn gehören die gesprochenen (und
später auch die gelesenen) Wörter weder uns noch unseren Eltern,
noch den gelesenen Autoren. Sie schweben im Raum einer von allen geteilten Bedeutung, sie bilden die allen gemeinsame Pforte zur
Kunst des Gesprächs und des Lesens.

Professor André Roch Lecours vom Krankenhaus Côte-des-
Neiges in Montreal ist der Meinung, daß es nicht genügt, sich ge-
sprochener Sprache auszusetzen, damit die eine oder die andere
Hirnhälfte die Sprachfunktionen vollständig ausbildet. Damit das
Gehirn sich dahin entwickeln kann, müssen wir auch ein konven-
tionelles System visueller Zeichen erlernen. Mit anderen Worten:
Wir müssen lesen lernen.[25]

In den achtziger Jahren gelangte Professor Lecours, der damals
in Brasilien arbeitete, zu dem Schluß, daß das genetische Pro-
gramm, das zur Dominanz der linken Hirnhälfte führt, bei Anal-
phabeten nicht so weit gediehen war wie bei Menschen, die lesen

gelernt hatten. Das brachte ihn auf die Idee, den Prozeß des Lesens an Patienten zu erforschen, die ihre Lesefähigkeit eingebüßt hatten. (Bereits Galen hat bemerkt, daß eine Krankheit nicht nur eine Funktionsstörung des Organismus anzeigt, sondern auch Licht auf diese Funktion selbst wirft.) Ein paar Jahre später untersuchte Professor Lecours in Montreal Patienten, die an Sprech- oder Lesestörungen litten. Hierbei konnte er eine Reihe von Beobachtungen über den Mechanismus des Lesens anstellen. In Fällen von Aphasie beispielsweise – dem teilweisen oder vollständigen Verlust der aktiven oder passiven Sprachfähigkeit – entdeckte er, daß bestimmte Hirnverletzungen bestimmte, merkwürdig eingegrenzte Sprachstörungen hervorriefen: Bei manchen Patienten begrenzte sich die Lesestörung auf Wörter, die bei unterschiedlicher Aussprache gleich geschrieben werden, andere waren unfähig, Kunstwörter wie »Tooflow« oder »Boojum« zu lesen; wieder andere konnten ungewöhnlich zusammengesetzte oder plazierte Wörter zwar erkennen, aber nicht aussprechen. Manche konnten ganze Wörter, aber keine Silben lesen, manche ersetzten beim Lesen bestimmte Wörter durch andere. Lemuel Gulliver schrieb, als er die Struldbruggs von Laputa schilderte, daß diese würdigen Alten sich mit neunzig Jahren nicht mehr am Lesen erfreuen könnten, »weil ihr Gedächtnis sie nicht vom Anfang eines Satzes zum Ende trägt; und durch diesen Mangel« seien »sie von dem einzigen Vergnügen abgeschnitten, zu dem sie sonst noch fähig wären«[26]. Manche von Professor Lecours' Patienten litten an ebendieser Störung. Noch komplizierter wurde die Sache, als Forscher bei ähnlichen Untersuchungen in China und Japan feststellten, daß Patienten, die an das Lesen von Ideogrammen anstelle von phonetischen Alphabeten gewöhnt sind, auf die Untersuchungen anders reagieren, als sei die Umsetzung der Schriftzeichen in anderen Bereichen des Gehirns lokalisiert.

Übereinstimmend mit Al Haytham folgerte Professor Lecours, daß der Prozeß des Lesens mindestens zwei Stadien umfaßt: dem »Sehen« des Wortes folgt die »Verarbeitung« aufgrund erlernter Regeln. Ich stehe vor den Wörtern wie der sumerische Schreiber vor Tausenden von Jahren. Ich betrachte sie, sehe sie, dann ordnet sich das Gesehene nach einem Code oder System, das ich erlernt habe und das ich mit anderen Lesern meiner Zeit und Umgebung teile – ein Code, der sich in bestimmten Regionen meines Gehirns festgesetzt hat.

»Sie können sich das so vorstellen«, erläuterte Professor Lecours, »daß die Information, die das Auge von der Buchseite auf-
nimmt, im Gehirn eine Serie von Zusammenballungen speziali-
sierter Neuronen durchwandert, wobei jedes Konglomerat einen
bestimmten Bereich des Gehirns besetzt und eine spezifische
Funktion ausübt. Wir wissen noch nicht, wie die einzelnen Funktionen genau aussehen, aber bei manchen Hirnverletzungen werden einzelne Konglomerate sozusagen aus der Kette herausgerissen, und der Patient verliert die Fähigkeit, bestimmte Wörter zu
lesen oder eine bestimmte Art von Sprache zu verstehen, oder er
kann nicht mehr laut lesen, oder er ersetzt bestimmte Wörter
durch andere. Die Vielfalt derartiger Störungen scheint unbegrenzt zu sein.«[27]

Doch auch der Startvorgang des Lesens, das Erfassen des Textes auf der Seite mit den Augen, ist kein fließender, systematischer
Prozeß. Man nimmt allgemein an, daß die Augen beim Lesen glatt
und ohne Unterbrechung den Zeilen folgen, daß sie sich beim Lesen abendländischer Texte also von links nach rechts bewegen.
Aber weit gefehlt. Vor einem Jahrhundert entdeckte der französische Augenarzt Émile Javal, daß der Blick wild auf der Seite um-
herspringt; diese Sprünge vollziehen sich drei- bis viermal pro Se-
kunde mit hoher Geschwindigkeit. Nur das Tempo der Augenbewegungen, nicht aber die Bewegung selbst, beeinträchtigt die
Aufnahme des Textes, und nur in den kurzen Pausen zwischen den
Bewegungen lesen wir wirklich. Warum unser Lesesinn mit der
Kontinuität des Textes auf der Seite oder dem Fließen des Textes
auf dem Bildschirm verbunden ist und ganze Sätze oder Gedanken
aufnehmen kann, aber nicht mit den hüpfenden Bewegungen unserer Augen gekoppelt ist, ist eine Frage, die von der Wissenschaft
noch nicht beantwortet werden konnte.[28]

Bei der Untersuchung zweier Patienten – einer hatte die Sprache verloren, konnte jedoch lange Reden in einem gänzlich
unverständlichen Kauderwelsch halten, der andere war agnostisch
und beherrschte die übliche Sprache, war aber unfähig, seinen
Worten einen Tonfall oder eine Gefühlsfärbung zu verleihen –
stellte Dr. Oliver Sacks fest: »Sprache – natürliche Sprache – besteht nicht nur aus Wörtern – man drückt die Bedeutung dessen,
was man sagen will, mit seinem ganzen Wesen aus –, und das Verständnis dieser Äußerungen erfordert weit mehr als die bloße
Identifizierung von Worten.«[29] Ähnliches kann auch vom Lesen

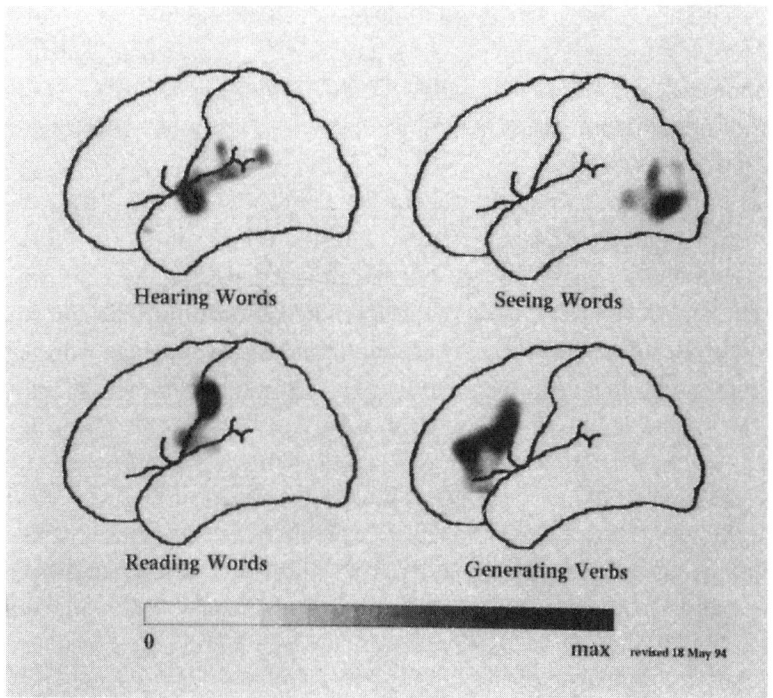

Hearing Words

Seeing Words

Reading Words

Generating Verbs

0

max   revised 18 May 94

Aktivität von Hirnregionen bei Ausübung verschiedener sprachlicher Fähigkeiten (Hören von Wörtern, Sehen von Wörtern, Lesen von Wörtern, Bilden von Verben), fotografisch aufgezeichnet an der Medizinischen Fakultät der Universität Washington

gesagt werden: Indem der Leser dem Text folgt, erschließt er dessen Bedeutung mit Hilfe eines vielfältig verknüpften Netzwerks aus erlernten Bedeutungen, sozialen Konventionen, früheren Lese- und Lebenserfahrungen und dem persönlichen Geschmack.

Al Haytham war nicht allein, als er in der Akademie von Kairo las. Die Schatten der Gelehrten aus Basra, die ihn in der Freitagsmoschee in die heilige Kalligraphie des Korans eingeweiht hatten, schauten ihm über die Schulter, auch der Geist des Aristoteles und seiner scharfsinnigen Kommentatoren, dazu die Zeitgenossen Al Haythams, mit denen er über Aristoteles diskutiert haben mochte, und auch er selbst in all seinen Entwicklungsphasen, bis er zu dem Gelehrten geworden war, den Kalif Al Hakim an den Hof von Kairo berief.

Dies alles scheint zu besagen: Wenn ich vor meinem Buch sitze, nehme ich nicht nur, wie schon Al Hakim vor mir, die schwarzen Buchstaben auf dem weißen Grund in mich auf, aus denen der Text besteht. Um dem Zeichensystem eine Botschaft zu entnehmen, nähere ich mich ihm zunächst in ziemlich sprunghafter Weise, mit wild umherzuckenden Augenbewegungen, dann rekonstruiere ich den Zeichencode, indem ich ihn eine Kette von Neuronengruppen

51

durchlaufen lasse, die sich je nach Art der Lektüre anders zusammensetzt, und ich färbe den so entstehenden Text ein – mit Emotionen, Empfindungen, Eingebungen, Kenntnissen, Seele –, und alles hängt davon ab, wer ich bin und wie ich zu dem wurde, der ich bin.

»Um einen Text zu verstehen«, schrieb Dr. Merlin C. Wittrock in den achtziger Jahren, »lesen wir ihn nicht im einfachen Wortsinn, vielmehr konstruieren wir für ihn eine Bedeutung.« In diesem komplizierten Prozeß »bearbeiten die Leser den Text. Sie erschaffen Bilder und verbale Umwandlungen, um seine Bedeutung zu erfassen. Das Beeindruckende daran ist, daß sie die Bedeutung erst erschaffen, indem sie beim Lesen Beziehungen zwischen ihrem Wissen, ihren Erfahrungen und den geschriebenen Sätzen und Passagen des Textes herstellen.«[30]

Folglich ist das Lesen kein automatischer Prozeß der Texterfassung, vergleichbar der Belichtung von Fotopapier, sondern ein verwirrender, labyrinthischer Reproduktionsprozeß, der bei allen Menschen ähnlich verläuft, aber doch einen höchst persönlichen Charakter behält. Ob sich das Lesen unabhängig vom Hören vollzieht, ob es sich in einer einzigen Gruppierung von psychologischen Vorgängen abspielt oder ob es aus einer Vielzahl solcher Prozesse besteht, wissen die Forscher noch nicht, aber viele vermuten, daß das Lesen ein ebenso komplexer Vorgang ist wie das Denken selbst.[31]

Wittrock zufolge ist das Lesen »kein idiosynkratisches, anarchisches Phänomen. Aber es ist auch kein monolithischer, geschlossener Prozeß, innerhalb dessen nur eine einzige Bedeutung richtig ist. Vielmehr ist das Lesen ein schöpferischer Prozeß, der das disziplinierte Bemühen des Lesers zum Ausdruck bringt, mit den Mitteln der Sprache eine oder mehrere Bedeutungen zu konstruieren.«[32]

»Vollständig zu analysieren, was wir tun, wenn wir lesen«, befand der amerikanische Wissenschaftler E. B. Huey um die Jahrhundertwende, »wäre eine Ruhmestat der psychologischen Forschung, denn das hieße, sehr viele der kompliziertesten Leistungen des menschlichen Geistes zu beschreiben.«[33] Von einer Antwort sind wir noch weit entfernt. Seltsamerweise hören wir nicht auf zu lesen, obwohl wir keine befriedigende Erklärung für das haben, was wir da tun.

Wir wissen, daß das Lesen kein Vorgang ist, den man anhand eines mechanischen Modells erklären kann; wir wissen, daß dieser

Vorgang in bestimmten Regionen des Gehirns stattfindet, aber auch, daß außer diesen Regionen noch viele andere daran beteiligt sind. Wir wissen, daß der Prozeß des Lesens wie der des Denkens an die Fähigkeit gebunden ist, Sprache zu verstehen und zu gebrauchen, jenes Gebilde aus Wörtern, aus dem sich die Texte und unser Denken bilden. Die Forscher scheinen die Befürchtung zu hegen, daß ihre Einblicke in das Wesen der Sprache die Sprache selbst in Frage stellen, mit der sie ihre Erkenntnis äußern: Sprache könnte womöglich eine willkürliche Absurdität sein, die vielleicht nichts anderes mitteilt als gestammelte Ungewißheiten und zu ihrer Existenz vielleicht gar nicht so sehr durch die Sprechenden, sondern hauptsächlich durch Denkenden gelangt. Und daß die Aufgabe des Lesenden nach Al Haythams wunderbarem Satz darin besteht, sichtbar zu machen, »was die Schrift nur in Andeutungen und Schatten zu benennen weiß«[34].

❧ Die stillen Leser ❧

Im Jahre 383 n. Chr., fast ein halbes Jahrhundert nachdem Konstantin der Große, der erste Kaiser der christlichen Welt, auf dem Sterbebett getauft worden war, kam ein 29jähriger Lehrer der lateinischen Rhetorik, in späteren Jahrhunderten als Augustinus bekannt, von einem nordafrikanischen Außenposten des Imperiums nach Rom. Er mietete ein Haus, eröffnete eine Schule und zog eine Zahl von Schülern an, die von den Qualitäten dieses Provinzgelehrten gehört hatten. Es dauerte jedoch nicht lange, bis Augustinus merkte, daß er in der Hauptstadt nicht von seinen Einkünften als Lehrer leben konnte. In seiner Heimatstadt Karthago waren die Schüler randalierende Rowdies gewesen, aber immerhin hatten sie für ihren Unterricht bezahlt; in Rom lauschte die Schülerschaft seinen Ausführungen über Aristoteles und Cicero, bis es Zeit wurde, die Gebühren zu zahlen; dann wechselten sie geschlossen zu einem anderen Lehrer, und Augustinus stand mit leeren Händen da. Als ihm ein Jahr später der Statthalter von Rom die Möglichkeit eröffnete, Literatur und Rhetorik in Mailand zu unterrichten, und auch die Reisekosten übernahm, willigte er dankbar ein.[1]

Er war fremd in der Stadt und suchte geistige Partner, vielleicht befolgte er damit auch den Auftrag seiner Mutter – jedenfalls machte Augustinus dem Bischof der Stadt, dem berühmten Ambrosius, die Aufwartung. Ambrosius, ein Freund und Ratgeber seiner Mutter Monika, der wie Augustinus später heiliggesprochen wurde, ging auf die Fünfzig zu, war streng orthodox und fürchtete auch die höchsten weltlichen Mächte nicht. Ein paar Jahre nach Augustinus' Ankunft in Mailand zwang Ambrosius den Kaiser Theodosius dazu, öffentliche Reue für das von ihm verfügte Massaker an den Aufständischen zu zeigen, die den Statthalter von Saloniki er-

Augustinus am Lesepult; Illustration aus dem 11. Jh.

mordet hatten.[2] Und als Kaiserin Justina forderte, der Bischof möge ihr eine Kirche in der Stadt zur Verfügung stellen, damit sie ihre Andacht nach den Riten des Arianismus verrichten könne, organisierte Ambrosius einen Sitzstreik und hielt die Kirche so lange besetzt, bis die Kaiserin von ihren Forderungen Abstand nahm.

Mosaikporträt des heiligen Ambrosius in der nach ihm benannten Kirche in Mailand

Ein Mosaik aus dem 5. Jahrhundert stellt Ambrosius als kleinen, aufgeweckten Mann mit großen Ohren und einem schmucken schwarzen Bart dar, der sein hageres Gesicht eher noch schmaler erscheinen läßt. Er war ein außerordentlich beliebter Redner; sein Wahrzeichen in der späteren christlichen Ikonographie war der Bienenkorb, das Symbol für Beredsamkeit.[3] Augustinus, der Ambrosius wegen seines hohen Ansehens glücklich schätzte, brachte es nicht über sich, dem alten Mann die Glaubensfragen vorzulegen, die ihn quälten, denn wenn Ambrosius nicht gerade sein kärgliches Mahl zu sich nahm oder sich mit einem seiner vielen Bewunderer unterhielt, zog er sich stets in seine Zelle zurück und las.

Ambrosius war ein außergewöhnlicher Leser. »Wenn er las«, so berichtet Augustinus, »überspannten seine Augen die Seiten, und mit dem Herzen nahm er die Bedeutung auf. Seine Stimme schwieg, und seine Zunge blieb unbewegt. Jeder konnte sich ihm frei nähern, und da die Gäste meist nicht angekündigt wurden, geschah es oft, wenn wir ihn besuchten, daß wir ihn still lesend vorfanden, denn er las niemals laut.«[4]

Den Blick auf die Seite gerichtet, den Mund geschlossen – so würde ich den heutigen Leser beschreiben, der in einem Café gegenüber der St.-Ambrosius-Kirche in Mailand sitzt und möglicherweise Augustinus' *Bekenntnisse* liest. Wie Ambrosius ist der

heutige Leser taub und blind für die Welt, für die vorbeitreibende
Menge, für die fleischfarben getünchten Gebäude ringsum. Niemand scheint einen konzentrierten Leser zu bemerken: Die in sich
gekehrte, in ein Buch vertiefte Gestalt ist eine Alltagserscheinung.

Augustinus indes erschien ein solches Leseverhalten sonderbar
genug, um es in seinen *Bekenntnissen* zu erwähnen. Daraus kann
man den Schluß ziehen, daß das stille Lesen damals etwas Unge-
wöhnliches war, daß also normalerweise laut gelesen wurde. Obwohl auch aus früherer Zeit stille Leser bekannt sind, war diese
Art des Lesens in der westlichen Welt vor dem 10. Jahrhundert
kaum üblich.[5]

Augustinus' Beschreibung des Ambrosius (vor allem mit der
Festellung, daß er *niemals* laut las) ist das erste gesicherte Beispiel
für stilles Lesen in der westlichen Literatur. Frühere Schilderungen
sind weit weniger verläßlich. Im 5. Jahrhundert v. Chr. kommen
stumm lesende Personen in zwei Dramen vor: In *Hippolytos* von
Euripides liest Theseus schweigend einen Brief, der von seiner toten Frau gehalten wird; in den *Rittern* von Aristophanes liest Demosthenes eine Schreibtafel mit einem Orakelspruch und scheint
von ihm getroffen zu sein, ohne auszusprechen, was er enthält.[6]

Nach Plutarchs Bericht hat Alexander der Große (im 4. Jahrhundert v. Chr.) schweigend einen Brief seiner Mutter gelesen und
damit seine Soldaten in Erstaunen versetzt.[7]

Ptolemäus bemerkte im 2. Jahrhundert n. Chr. in seinem Werk
Kriterion (das Augustinus möglicherweise bekannt war), daß
Menschen manchmal leise lesen, wenn sie sich konzentrieren, da
das Aussprechen der Worte vom Gedanken ablenkt.[8] Und 63 v.
Chr. las Julius Caesar, während er neben seinem Gegner Cato im
Senat stand, still eine Liebesbotschaft, die ihm dessen Schwester
gesandt hatte.[9]

Fast vier Jahrhunderte später, in einer katechetischen Lesung,
die wahrscheinlich in der Fastenzeit des Jahres 349 gehalten wurde,
ersuchte der heilige Kyrill von Jerusalem die Frauen in der Kirche,
die Wartezeit zwischen den Zeremonien mit Lesen auszufüllen,
»jedoch im stillen, so daß, wenn die Lippen sprechen, andere Ohren nicht hören, was sie sagen«[10] – ein geflüstertes Lesen also, bei
dem sich die Lippen mitbewegen, aber kaum Laute hervorbringen.

Wenn das laute Lesen seit den Anfängen des geschriebenen
Wortes die Norm darstellte, wie muß es dann in den großen Bibliotheken zugegangen sein? Der assyrische Gelehrte, der eine der

30 000 Tontafeln in der Bibliothek König Assurbanipals im 7. Jahrhundert v. Chr. konsultierte, die Benutzer der Schriftrollen in den Bibliotheken Alexandrias und Pergamons, Augustinus persönlich, wenn er in den Bibliotheken von Karthago und Rom nach einem bestimmten Text suchte – sie alle waren offenbar von ständigem Gemurmel umgeben. Indes herrscht auch heute nicht in allen Bibliotheken die sprichwörtliche Ruhe. In den siebziger Jahren war in Mailands schöner Biblioteca Ambrosiana nichts von der erhabenen Stille zu bemerken, die mir in der British Library in London oder in der Bibliothèque Nationale in Paris aufgefallen war.

In der Biblioteca Ambrosiana unterhielten sich die Leser mit ihren Tischnachbarn, ab und zu rief jemand eine Frage oder Namen aus, schwere Bände wurden zugeschlagen, ein Handwägelchen mit Büchern ratterte vorbei. Heutzutage ist es weder in der British Library noch in der Bibliothèque Nationale vollkommen ruhig: Das stille Lesen wird vom Klicken und Klappern der Laptops untermalt, als ob ganze Schwärme von Spechten an den Bücherwänden der Lesesäle zu Werk gingen. War es damals im alten Athen oder Pergamon anders, als Dutzende Leser, die Tontafeln oder Schriftrollen vor sich ausgebreitet, in unendlichem Redestrom vor sich hin brabbelten? Vielleicht empfand man den Lärm nicht als störend, vielleicht wußte man nicht, daß es auch leise ging. Jedenfalls gibt es in der Literatur keine Belege dafür, daß sich jemand über den Lärm in den griechischen oder römischen Bibliotheken beschwert hätte. Nur Seneca beklagt sich im 1. Jahrhundert darüber, daß es in seiner Wohnung zum Arbeiten zu laut sei.[11]

Augustinus selbst beschreibt an einer Schlüsselstelle der *Bekenntnisse* einen Moment, in dem die zwei Leseweisen, die laute und die leise, fast gleichzeitig stattfinden. Geplagt von Unschlüssigkeit, zerknirscht über seine früheren Sünden und gepeinigt von der Angst, daß für ihn der Tag der Rechenschaft gekommen sei, verläßt er seinen Freund Alypius, mit dem er (laut) im Garten gelesen hatte, und wirft sich weinend unter einen Feigenbaum. Plötzlich vernimmt er aus einem nahegelegenen Haus die Stimme eines Kindes – ob Junge oder Mädchen, vermag er nicht zu sagen –, das ein Lied mit dem Refrain *tolle, lege* – »nimm und lies!« – singt.[12] Im Glauben, die Stimme spreche zu ihm, läuft Augustinus zurück zu Alypius und zu dem Buch, das er dort zurückgelassen hatte – einen Band mit Paulus-Episteln. »Ich nahm es und schlug es auf, schweigend las ich den Abschnitt, auf den mein Blick zufällig fiel.« Die Stelle, die er schweigend liest, findet sich im Kapitel 13 des Römerbriefs und ermahnt dazu, nicht für den Leib zu sorgen, sondern den Herrn Jesus Christus anzuziehen (wie eine Rüstung). Wie vom Donner gerührt, liest er diesen Satz. Das »Licht der Zuversicht« durchflutet sein Herz, und »die Finsternis des Zweifels« ist gebannt.

Überrascht fragt ihn Alypius, was ihn so bewege. Augustinus (er hatte mit einer Geste, die uns über so viele Jahrhunderte hinweg vertraut geblieben ist, die Stelle mit dem Finger markiert und das Buch zugeklappt) zeigt nun seinem Freund den Text. »Ich wies auf die Stelle, und er las [vermutlich laut] unterhalb der Stelle weiter, die ich gelesen hatte. Ich wußte nicht, was folgen würde, und vernahm: »*Des Schwachen im Glauben nehmet Euch an.*« Dieses Gebot, berichtet Augustinus, habe ausgereicht, um Alypius die langersehnte Festigkeit im Glauben zu geben. Dort, in jenem Mailänder Garten, an einem Augusttag des Jahres 386, lasen Augustinus und sein Freund die Episteln des Paulus auf ganz ähnliche Art, wie wir es heute tun würden: der eine leise, um selbst zu lernen; der andere laut, um die Offenbarungen des Textes mit dem Freund zu teilen. Kurioserweise hatte Augustinus die ausgedehnte stille Lektüre des Ambrosius absonderlich gefunden, sein eigenes stummes Lesen jedoch nicht – vielleicht deshalb, weil es sich nur um ein paar entscheidende Worte gehandelt hatte.

Augustinus, der als Professor der Rhetorik in Versmaßen und Prosarhythmen geübt war, das Griechische verabscheute und das Latein liebte, besaß die – vielen Lesern vertraute – Angewohnheit, alles, was er geschrieben fand, aus Freude am Klang zu lesen.[13] Der Lehre des Aristoteles folgend, wußte er, daß die Buchstaben erfunden wurden, »damit wir auch mit dem Abwesenden sprechen können«, daß Buchstaben »Zeichen der Laute« sind und diese wiederum »Zeichen der Dinge sind, die wir denken«.[14] Der geschriebene Text war eine Unterhaltung auf dem Papier, damit der abwesende Partner die für ihn bestimmten Worte aussprechen konnte. Für Augustinus gehörte die Lautgestalt zum innersten Wesen des Textes von entscheidender Bedeutung – eingedenk der Warnung, die Martial drei Jahrhunderte früher ausgesprochen hatte:

Mein ist der Vers; doch, Freund, wenn du ihn sprichst,
Scheint's, es sei deiner, so ist er zugericht'.[15]

Seit den ersten sumerischen Tontafeln waren geschriebene Worte
dazu bestimmt, laut gesprochen zu werden: Jedes Schriftzeichen trug in sich einen bestimmten Klang – wie eine Seele. Der
antike Spruch *scripta manent, verba volant*, der heute soviel bedeutet wie: »Geschriebenes bleibt, Gesagtes verfliegt«, drückte
einst das genaue Gegenteil aus; er war ein Lob des gesprochenen
Worts, das Flügel hat und von Ohr zu Ohr fliegt, während das geschriebene Wort starr und tot auf dem Papier klebt. Mit einem geschriebenen Text konfrontiert, muß der Leser den stummen
Buchstaben, den *scripta*, Stimme verleihen und sie nach der fein-
sinnigen biblischen Unterscheidung in *verba*, in gesprochene
Worte verwandeln – in Geist. Die Ursprachen der Bibel –
Aramäisch und Hebräisch – unterscheiden nicht zwischen dem
Akt des Lesens und dem des Sprechens; beide werden durch das-
selbe Wort ausgedrückt.[16]

Das volle Verständnis der heiligen Schriften, in denen jeder
Buchstabe, ihre Anzahl und Reihenfolge von der Gottheit be-
stimmt waren, erforderte nicht nur den Einsatz der Augen, sondern den des ganzen Körpers: Er mußte sich im Rhythmus der
Sätze wiegen, die heiligen Worte mußten wie ein Getränk an die
Lippen geführt werden, damit nichts von ihrer göttlichen Essenz
verlorenging. Meine Großmutter las das Alte Testament auf diese
Weise; sie formte die Worte mit den Lippen und wippte im Rhythmus des Gebets mit dem Oberkörper. Ich habe noch deutlich vor
Augen, wie sie in ihrer halbdunklen Wohnung im Barrio del Once,
dem jüdischen Viertel von Buenos Aires, die uralten Worte aus ihrer Bibel psalmodiert, dem einzigen Buch in ihrem Haushalt, dessen schwarzer Einband mit der Zeit allmählich die Beschaffenheit
ihrer blassen, runzlig gewordenen Haut annahm.

Auch bei den Muslimen ist der ganze Körper am Lesen der heiligen Texte beteiligt. Im Islam ist die Frage, ob ein Text gehört oder
gelesen wird, von zentraler Bedeutung. Im 9. Jahrhundert formulierte sie der Gelehrte Ahmad ibn Muhammad ibn Hanbal folgendermaßen: Wenn der eigentliche Koran, die Mutter der Heiligen
Schrift und das Wort Gottes, wie es Mohammed durch Allah offenbart wurde, ungeschaffen und ewig ist, gelangt er dann nur im
gesprochenen Gebet zur Existenz oder vervielfältigt er sich, indem
er auf dem Papier steht, über Jahrhunderte von vielen Augen gelesen und von vielen Händen abgeschrieben wird? Wir wissen nicht,
ob er auf seine Frage eine Antwort erhielt, nur, daß sie ihm im

Jahre 833 einen Bannspruch der *mihnah*, der islamischen Inquisition der abbasidischen Kalifen, einbrachte.[17]

Drei Jahrhunderte später führte der Rechtsgelehrte und Theologe Abu Hamid Muhammad Al Ghazali eine Reihe von Regeln für das Studium des Korans ein, in denen das Lesen und Hören des Textes zu Bestandteilen ein und desselben heiligen Vorgangs wurden. Die fünfte Regel schrieb vor, daß der Leser dem Text langsam und genau folgen müsse, um über das Gelesene nachzudenken. Regel sechs betraf das Weinen: »…wenn du nicht auf natürliche Weise weinen kannst, so zwinge dich dazu«, denn mit dem Erfassen der heiligen Worte sollte Trauer einhergehen. Die neunte Regel forderte, der Koran müsse »so laut gelesen werden, daß der Leser sich selbst hören kann, denn Lesen verlangt das Unterscheiden der Laute« und wehrt auf diese Weise Ablenkungen der Außenwelt ab.[18]

Der amerikanische Psychologe Julian Jaynes vertrat in einer umstrittenen Studie über den Ursprung des Bewußtseins die These, daß das bikamerale Gehirn – dessen eine Hemisphäre sich auf das stille Lesen spezialisiert hat – eine späte Entwicklung in der menschlichen Evolution darstelle und dieser Entwicklungsprozeß noch nicht abgeschlossen sei. Er nahm an, daß die Anfänge des Lesens eher auf eine akustische als auf eine optische Wahrnehmung zurückgingen. »Das Lesen im 3. Jahrtausend v. Chr. mag daher im *Hören* der Keilschrift bestanden haben, das heißt in einem Halluzinieren der Sprache durch die Betrachtung ihrer Bildsymbole, im Gegensatz zum visuellen Lesen von Silben in unserem Sinne.«[19]

Diese »akustische Halluzination« dürfte auch für die Zeit des Augustinus eine zutreffende Beschreibung sein, als die Worte auf der Seite nicht Klang *wurden*, sobald das Auge sie wahrnahm, sondern Klang *waren*. Das Kind, das in Augustinus' Nachbargarten das Lied sang, das ihm zur Offenbarung geriet, hatte ohne Zweifel wie Augustinus selbst gelernt, daß Ideen, Beschreibungen, wahre und erfundene Geschichten, alles, was die Vorstellungskraft hervorbringt, eine physische Realität in Lautform besitzt und daß es nur logisch ist, diese Laute, die auf der Tontafel oder Schriftrolle oder Manuskriptseite festgehalten sind, nach der Aufnahme durch das Auge mit der Zunge zu artikulieren. Lesen war eine Form des Denkens und des Sprechens.

Cicero, der den Gehörlosen in einem seiner Moralessays Trost zusprechen wollte, schrieb: »Wenn sie sich an Rezitationen erfreuen, sollten sie gewärtig sein, daß bereits viele weise Männer glücklich lebten, bevor das Dichten erfunden wurde; und zweitens, daß erheblich größeres Vergnügen durch das Lesen dieser Gedichte als durch ihr Hören erlangt werden kann.«[20] Das freilich war ein billiges Trostpflaster, das da ein Philosoph austeilte, der sich selbst am Klang der Dichtungen erfreuen konnte. Für Augustinus war das Lesen ebenso wie für Cicero eine mündliche Fertigkeit – Redekunst im Falle Ciceros, Predigt bei dem Mönch.

Bis weit ins Mittelalter gingen die Schriftsteller davon aus, daß ihre Leser den Text vorrangig hören würden. Schließlich wurden die Worte auch bei der Niederschrift laut mitgesprochen. Da relativ wenige Menschen lesen konnten, waren öffentliche Lesungen üblich, und aus diesem Grunde ergeht in mittelalterlichen Texten wiederholt an den Leser die Bitte, einer Geschichte Gehör zu schenken. Es mag sein, daß ein ererbtes Echo dieser Lesepraktiken in einigen unserer Redewendungen fortbesteht, wenn wir etwa sagen: »Ich habe von Soundso gehört« (was auch bedeuten kann: Ich habe einen Brief erhalten) oder: »Dieser Text hört sich nicht gut an« (wenn er schlecht geschrieben ist).

Da Bücher hauptsächlich laut vorgelesen wurden, mußten die Buchstaben nicht in phonetische Einheiten gegliedert werden, sondern wurden ohne Zwischenräume zu Sätzen aneinandergehängt. Die Laufrichtung, der die Augen folgen mußten, variierte je nach Ort und Zeitalter; die Leserichtung, der wir heute in der abendländischen Welt folgen – von links nach rechts und von oben nach unten –, gilt keineswegs universell. Einige Schriften werden von rechts nach links gelesen (Hebräisch und Arabisch), andere in Kolonnen von oben nach unten (Chinesisch und Japanisch); einige las man in vertikalen Doppelreihen (Schrift der Mayas), bei anderen wechselte die Zeilenrichtung – eine Methode, die im alten Griechenland als *boustrophedon* (»wie man Pflugochsen wendet«) bekannt war. Wieder andere wanden sich über die Seite wie ein Gebilde aus Schlangen und Leitern, wobei die jeweilige Richtung durch Punkte oder Linien angezeigt wurde (so bei den Azteken).[21]

Nicht nur wurden beim Schreiben in der Antike die Lettern ohne Wortzwischenräume aneinandergereiht, auch eine Unterscheidung zwischen Groß- und Kleinbuchstaben gab es nicht, ebensowenig eine Interpunktion. Der Text diente somit als Vorlage für diejenigen, die ihn laut verlesen konnten – erst beim Hören gliederte sich in gestaltete Rede, was sich dem Auge als endlose Textschlange darbot. Den Athenern erschien diese Kontinuität so wichtig, daß sie angeblich einem gewissen Phillatius, dem Erfinder des Klebstoffs, mit dem die Pergament- oder Papyrusstreifen zu Rollen zusammengeklebt wurden, ein Denkmal errichteten.[22] Doch war die lange Rolle, so praktisch sie für den Vorleser war, kaum ein geeignetes Hilfsmittel, die im Text zusammengeballten Sinnknäuel zu entwirren. Die In-terpunktion, die traditionell Aristophanes von Byzanz (ca. 200 v. Chr.) zugeschrieben wird und von Gelehrten der Bibliothek von Alexandria weiterentwickelt wurde, war bestenfalls willkürlich. Augustinus dürfte seine Predigten sorgfältig eingeübt haben (wie es vor ihm wohl auch Cicero mit seinen Reden getan hatte), da das Vom-Blatt-Lesen zu jener Zeit eine ungewöhnliche Fähigkeit war und oft zu Fehlern führte. Im 4. Jahrhundert kritisierte der Grammatiker Servius seinen Kollegen Donat dafür, daß er aus Vergils *Aeneis* anstelle des Verses *collectam ex Ilio pubem* (»ein Volk, zusammengeschart aus Ilion«) die Worte *collectam exilio pubem* (»ein Volk, zusammengeschart fürs Exil«) vorgetragen hatte.[23] Solche Fehler waren beim Lesen einer Textschlange häufig.

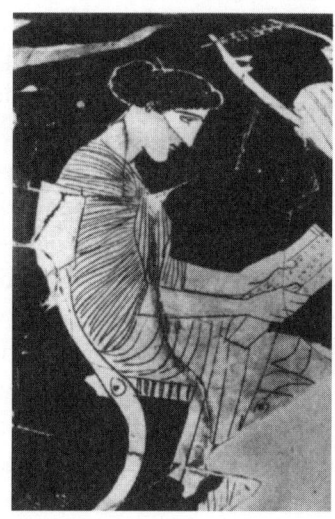

Im 5. Jh. v. Chr. las man laut. Mit einer Hand wurde die Rolle aufgerollt, mit der anderen eingerollt, während der Text Abschnitt für Abschnitt gelesen wurde.

Die Briefe des Apostels Paulus, die Augustinus seinerzeit las, waren nicht auf einer Schriftrolle, sondern in Form eines Kodex festgehalten, als gebundenes Papyrusmanuskript also, und geschrieben waren sie in der neuartigen, wenn auch noch immer ohne Zwischenräume geschriebenen Unzial- oder Halbunzialschrift, die am Ende des 3. Jahrhunderts erstmals in römischen Dokumenten auftauchte.

Der Kodex war eine heidnische Erfindung; laut Sueton[24] war Julius Caesar der erste, der Schriftrollen zu Seiten zusammenfalten ließ, um sie seinen Truppen zuzusenden. Die Frühchristen übernahmen diese praktische Erfindung, denn so konnte man verbotene Texte bequem mit sich herumtragen und in den Gewandfalten verbergen. Die Seiten konnte man numerieren, was das Auffinden von Textstellen erleichterte, und einzelne Texte wie etwa die Paulus-Briefe ließen sich zu einem handlichen Päckchen zusammenbinden.[25]

Die Aufgliederung der Textschlange in Wörter und Sätze entwickelte sich nur sehr langsam. In den meisten alten Schriften wie den ägyptischen Hieroglyphen, der sumerischen Keilschrift und dem Sanskrit waren solche Unterteilungen überflüssig. Die antiken Schreiber waren so vertraut mit den Regeln ihres Handwerks, daß sie offensichtlich kaum optische Hilfsmittel benötigten, und die frühchristlichen Mönche kannten die Texte, die sie abschrieben, oft auswendig.[26]

Um den im Lesen Ungeübten zu helfen, wendeten die Mönche in der Schreibstube eine Methode an, die unter dem Namen *per cola et commata* bekannt ist und durch die der Text in Sinneinheiten von Zeilenlänge eingeteilt wurde – sozusagen eine primitive Form der Interpunktion, die dem ungeübten Leser anzeigte, wo die Stimme zu heben oder zu senken war, aber auch dem Gelehrten die Suche nach bestimmten Stellen erleichterte.[27] Der heilige Hieronymus erklärte im ausgehenden 4. Jahrhundert, nachdem er diese Methode in Abschriften von Demosthenes und Cicero entdeckt hatte, in seiner Einleitung zur Übersetzung des Buches Hesekiel, daß *per cola et commata* geschriebene Texte dem Leser den Sinn faßlicher entgegenbringe.[28]

Die Interpunktion blieb willkürlich, aber diese ersten Hilfsmittel beförderten zweifellos die Fortentwicklung des stillen Lesens. Am Ende des 6. Jahrhunderts pries der heilige Isaak von Syrien die Vorteile der lautlosen Lektüre: »Ich übe mich in Stille, daß die Verse meiner Lektüre und meiner Gebete mich mit Freude erfüllen. Und wenn das Vergnügen des Verstehens meine Zunge verstummen läßt, dann erreiche ich ein traumgleiches Stadium, in dem sich meine Sinne und Gedanken sammeln. Und wenn sich dann bei fortdauernder Stille der Tumult der Erinnerungen in meinem Herzen legt, überschwemmen mich unaufhörlich die Wogen der Freude aus meinem Inneren, die unerwartet in mir aufsteigen, um mein Herz zu entzücken.«[29]

Um die Mitte des 7. Jahrhunderts war der Theologe Isidor von Sevilla mit dem stillen Lesen bereits so vertraut, daß er es als Methode für »ein Lesen ohne Anstrengung« pries, das die Reflexion über das Gelesene ermögliche und so zuverlässiger vor dem Vergessen bewahre.[30] Wie zuvor Augustinus glaubte Isidor, daß das

Lesen eine Konversation über Zeit und Raum hinweg ermögliche, allerdings mit einem wichtigen Unterschied: »Buchstaben haben die Kraft, uns *stumm* die Reden Abwesender zu übermitteln«,[31] schrieb er in seinen *Etymologiae*. Isidors Buchstaben benötigten keine Laute mehr.

Die Interpunktion entwickelte sich langsam weiter. Nach dem 7. Jahrhundert zeigte eine Kombination von Punkten und Strichen ein Satzende an, ein hochgestellter Punkt hatte die Bedeutung unseres heutigen Kommas, und das Semikolon wurde bereits so verwandt wie heute.[32] Im 9. Jahrhundert war das stumme Lesen wahrscheinlich in den Schreibstuben so verbreitet, daß die Schreiber damit begannen, die einzelnen Wörter von ihren zudringlichen Nachbarn zu separieren, um das Lesen eines Textes zu erleichtern, vielleicht aber auch aus ästhetischen Gründen. Ungefähr zur selben Zeit begannen die irischen Schreiber, die in der gesamten christlichen Welt für ihre Kunstfertigkeit gerühmt wurden, nicht nur Teile der Rede, sondern auch die grammatischen Einheiten innerhalb eines Satzes zu trennen, und führten viele der Interpunktionszeichen ein, die wir noch heute benutzen.[33]

Im 10. Jahrhundert wurde zur weiteren Erleichterung des stillen Lesens die erste Zeile eines neuen Textabschnitts (etwa bei den einzelnen Büchern der Bibel) gewöhnlich mit roter Tinte geschrieben, genauso die Anmerkungen, auch Rubriken genannt (von *ruber*, dem lateinischen Wort für rot). Das in der Antike übliche Verfahren, einen neuen Abschnitt mit einem Trennstrich (*paragraphos* im Griechischen) oder einem keilförmigen Schriftzeichen (*diple*) zu beginnen, wurde beibehalten; später wurde der erste Buchstabe eines neuen Abschnitts in einer etwas größeren Schrift oder als Initial geschrieben.

Die ersten Vorschriften, die die Schreiber in den klösterlichen Schreibstuben zur Stille mahnen, stammen aus dem 9. Jahrhundert.[34] Vorher hatten die Schreiber den Text entweder diktiert bekommen oder sich selbst laut vorgelesen. Manchmal diktierte auch der Autor oder der »Herausgeber« des Werks. Ein anonymer Schreiber beendete irgendwann im 8. Jahrhundert seine Schreibarbeit mit der Anmerkung: »Niemand kann ermessen, welche Anstrengungen verlangt werden. Drei Finger schreiben, zwei Augen sehen. Eine Zunge spricht, der ganze Körper arbeitet.«[35] *Eine Zunge spricht*, wenn der Schreiber arbeitet und die Worte ausspricht, die er überträgt.

Als das stille Lesen in der Schreibstube zur Norm geworden war, wurde die Verständigung der Schreiber durch Signale geregelt: Wenn einer ein neues Buch zum Abschreiben verlangte, tat er, als blätterte er Seiten um; wenn er speziell einen Psalter benötigte, bildete er mit den Händen über dem Kopf eine Krone (mit Bezug auf König David); ein Lektionar wurde bestellt, indem man imaginäre Wachstropfen von Kerzen abbrach, ein Meßbuch erforderte das Kreuzzeichen, ein heidnisches Buch verlangte man, indem man sich kratzte wie ein Hund.[36]

Lautes Lesen in Anwesenheit eines anderen bedeutete nun, ob gewollt oder nicht, Vorlesen. Ambrosius' Lektüre hingegen war eine einsame Angelegenheit gewesen.

»Auch fürchtete er vielleicht«, mutmaßte Augustinus, »daß ein eifriger, aufmerksamer Hörer ihn, hätte er laut gelesen, genötigt haben möchte, schwer verständliche Ausführungen des Schriftstellers zu erklären oder über verwickeltere Probleme zu disputieren.«[37]

Auf jeden Fall ermöglichte das stille Lesen dem Leser endlich eine ungestörte Beziehung zum Buch und zum Wort. Die Mühe und die Zeit, die zum Aussprechen der Wörter gebraucht wurde, konnte er sich sparen. Sie breiteten sich in einem inneren Raum aus, strömten durch ihn hindurch oder verharrten dort, und kaum waren sie mit den Augen erfaßt oder nur halb ausgesprochen, boten sie sich schon der stillen Betrachtung dar und setzten die Vorstellungskraft des Lesers in Gang, der das Gelesene mit seinem Wissen vergleichen oder in einem anderen, ebenfalls vor ihm liegenden Buch vertiefen konnte. Der Leser gewann Zeit, den Sinn der Worte auszukosten und ihrem Klang, den er ja kannte, in seinem Inneren nachzulauschen. Der Text, durch die Buchdeckel vor neugierigen Blicken geschützt, wurde zum Alleinbesitz des Lesers, zu seinem geheimen Wissensschatz, egal, ob er in der geschäftigen Schreibstube saß, auf dem Marktplatz oder ungestört in seiner Kammer.

Einige Dogmatiker beobachteten diese neue Entwicklung mit Argwohn; in ihrer Vorstellung begünstigte das stille Lesen Tagträumereien und barg die Gefahr des sündhaften Müßiggangs, »der Seuche, die wütet am Mittag«[38]. Doch erwuchs daraus auch eine Gefahr, die nicht einmal die Kirchenväter vorhergesehen hatten: Ein Buch, das vom einsamen Leser in stiller Lektüre aufgenommen und durchlebt wird, ist nicht länger Gegenstand sofortiger Erklärung oder Anleitung, Verdammung oder Zensur durch einen Mithörer. Das stille Lesen erlaubt eine unüberwachte Kommunikation zwischen Buch und Leser und damit die einzigartige »Stärkung des Geistes«, wie es Augustinus so treffend ausdrückte.[39]

Bevor das stille Lesen in der christlichen Welt zur Norm wurde, waren Häresien auf Einzelpersonen oder kleine Dissidentengemeinden beschränkt geblieben. Die frühen Christen waren vor allem damit beschäftigt, einerseits die Ungläubigen zu verdammen (die Heiden, die Juden, die Manichäer und vom 8. Jahrhundert an die Muslime), zum anderen ein allgemeinverbindliches Dogma zu verankern: Argumente, die vom orthodoxen Glauben abwichen, wurden entweder vehement abgelehnt oder behutsam von den kirchlichen Autoritäten in den Kanon aufgenommen. Aber da diese Häresien wenig Anhänger hatten, wurden sie mit Nachsicht behandelt. Die häretischen Sekten vertraten eine Reihe bemerkenswerter Vorstellungen: Schon im 2. Jahrhundert begehrten die Montanisten, zu den Praktiken und dem Glauben der Urkirche zurückzukehren, und sie behaupteten, die Wiederkehr Christi in Gestalt einer Frau bezeugen zu können; in der zweiten Hälfte desselben Jahrhunderts schlossen die Monarchianisten aus ihrem Verständnis der Dreifaltigkeit, daß Gottvater selbst am Kreuz gelitten hatte; die Pelagianer, Zeitgenossen von Augustinus und Ambrosius, leugneten die Existenz der Erbsünde; die Apollinarier am Ende des 4. Jahrhunderts erklärten, daß die Inkarnation Christi nicht auf einer Vereinigung mit der Menschenseele, sondern auf der Vereinigung mit dem Wort beruhe; im 4. Jahrhundert wandten sich die Arianer gegen das Wort *homoousios* (von gleicher Substanz) als Beschreibung des Stoffes, aus dem Gottes Sohn geschaffen war, und (um einen zeitgenössischen Wortwitz anzuführen) »erschütterten die Kirche durch einen Diphthong«; im 5. Jahrhundert widersprachen die Nestorianer den Apollinariern und bestanden darauf, daß Christus nicht nur göttlicher, sondern auch menschlicher Natur gewesen sei; die Anhänger des Eutyches, Zeitgenossen und Gegner der Nestorianer, bestritten hingegen, daß Christus gelitten habe wie alle Menschen.[40]

Obwohl die Kirche schon im Jahre 382 für Häresie die Todesstrafe einführte, fand erst 1022 die erste Verbrennung eines Häretikers auf dem Scheiterhaufen statt, und zwar in Orléans. Bei dieser Gelegenheit verdammte die Kirche eine Gruppe von Geistlichen und adligen Laien, die dem Glauben anhingen, daß die wahre Lehre nur direkt aus der Erleuchtung durch den Heiligen Geist kommen könne, und die Heilige Schrift als »Erfindungen, von Menschenhand auf Tierhäute geschrieben«,[41] zurückwiesen.

Solch selbständige Leser galten als gefährlich. Die Auffassung, daß Häresie ein todeswürdiges Verbrechen sei, erhielt erst 1231 eine rechtliche Grundlage, als nämlich Kaiser Friedrich II. sie in die Konstitutionen von Melfi aufnahm, aber im 12. Jahrhundert bereits verdammte die Kirche mit Eifer die großen und offensiven ketzerischen Strömungen, die nicht für einen asketischen Rückzug aus der Welt warben (was die früheren Dissidenten gefordert hatten), sondern korrupten Herrschern und Klerikern den Kampf ansagten und auf die Verantwortung des einzelnen vor Gott pochten. Die Bewegungen breiteten sich auf oft verschlungenen Pfaden aus und nahmen im 16. Jahrhundert feste Formen an.

Am 31. Oktober 1517 nagelte ein Mönch, der durch das Studium der Heiligen Schrift zur Überzeugung gelangt war, allein die Gnade Gottes entscheide über das Geschick der Gläubigen, 95 Thesen an die Tür der Schloßkirche zu Wittenberg, in denen er sich gegen den Ablaßhandel, den Verkauf von Schulderlassen für begangene Sünden und andere Mißbräuche in der Kirche wandte. Darauf wurde Martin Luther von den weltlichen Herrschern

Zeitgenössisches Porträt Martin Luthers von Lucas Cranach d. Ä.

für vogelfrei und vom Papst zum Ketzer erklärt. 1529 hob Karl V., Kaiser des Heiligen Römischen Reiches, die Rechte, die Luthers Anhängern zugesichert worden waren, wieder auf und rief damit den Protest von vierzehn freien Städten und sechs lutherischen Fürsten gegen die kaiserliche Verfügung hervor.

»In Angelegenheiten, die Gottes Ehre und die Rettung und das ewige Leben unserer Seelen betreffen, muß jeder für sich vor Gott Rechenschaft ablegen«, argumentierten die Protestierenden oder Protestanten, wie man sie später nannte. Zehn Jahre zuvor hatte der römische Theologe Silvester Prierias verkündet, das Buch, auf dem die Kirche gründe, müsse ein Geheimnis bleiben und dürfe nur vom Papst kraft seiner einzigartigen Autorität und Macht ausgelegt werden.[42] Die Ketzer hingegen behaupteten, daß die Menschen das Recht hätten, Gottes Wort selbst zu lesen, ohne Zeugen oder Vermittler.[43]

Jahrhunderte später und jenseits eines Meeres, das Augustinus noch als die Grenze der Welt betrachtet hatte, zog Ralph Waldo Emerson, der seinen Glauben jenen alten Protestanten verdankte, Nutzen aus der Kunst, die Augustinus einst in solches Erstaunen versetzte. In der Kirche, während der weitschweifigen und ermüdenden Predigten, denen er aus sozialem Pflichtgefühl beiwohnte, las er heimlich Pascals *Gedanken*. Und nachts, in seinem kalten Zimmer in Concord, »bis zum Kinn in Decken gehüllt«, vertiefte er sich in Platons *Dialoge*. (»Seitdem verband er Platon mit dem Geruch von Wolle«, bemerkte ein Historiker.[44])

Obwohl Emerson der Meinung war, daß es zu viele lesenswerte Bücher gebe und die Leser ihre Entdeckungen untereinander austauschen sollten, glaubte er, daß das Bücherlesen eine private und einsame Angelegenheit sei. Eine Liste, auf der er alle ihm »heiligen« Texte zusammenstellte und auf der sich neben den altindischen *Upanischaden* auch Pascals *Gedanken* finden, kommentierte er folgendermaßen: »Alle diese Bücher sind erhabener Ausdruck des Weltgewissens und bedeuten für unseren Alltag mehr als der letzte Jahresalmanach oder die heutige Tageszeitung. Aber sie sind für das stille Kämmerlein bestimmt und sollten auf Knien gelesen werden. Ihre Botschaften dürfen nicht mit den Lippen und der Zungenspitze vermittelt und empfangen werden, sondern mit glühenden Wangen und klopfendem Herzen.«[45] Also in stiller Lektüre.

Augustinus hat wohl angesichts des still lesenden Ambrosius an jenem Nachmittag im Jahre 384 kaum geahnt, was er da vor Augen hatte. Er dachte, er sehe lediglich einen Leser, der versuchte, sich aufdringlicher Besucher zu erwehren und seine Stimme für den Unterricht zu schonen. Tatsächlich aber sah er den Vorboten eines großen Heeres stummer Leser, dem viele Jahrhunderte später Luther, Calvin, Emerson und schließlich wir selbst, die wir ihn heute lesen, nachfolgten.

❧ Das Buch der Erinnerung ❧

Ich stehe auf den Ruinen von Karthago, Tunesien. Die Steine stammen von den Römern: kleine Brocken von den Mauern, die man nach der Zerstörung der Stadt durch Scipio im Jahre 146 v. Chr. errichtete, als das Karthagerreich römische Provinz wurde und die Bezeichnung Africa erhielt. Als junger Mann lehrte Augustinus hier Rhetorik, bis er nach Mailand ging. Als er Ende Dreißig war, überquerte er erneut das Mittelmeer und ließ sich in Hippo, im heutigen Algerien, nieder. Dort starb er 430, als die Vandalen die Stadt belagerten.

Ich habe meine Schulausgabe der *Bekenntnisse* mitgebracht, ein dünnes, orangefarbenes Bändchen der Classiques Roma, die mein Lateinlehrer allen anderen Ausgaben vorzog. Mit dem Buch in der Hand fühle ich eine gewisse Verbundenheit mit dem großen Renaissancedichter Francesco Petrarca, der immer eine Augustinus-Ausgabe im Taschenformat bei sich trug. Beim Lesen der *Bekenntnisse* hörte er Augustinus' Stimme so vertraut sprechen, daß er sich gegen Ende seines Lebens drei Dialoge mit dem heiligen Augustinus ausdachte, die postum als *Secretum meum* erschienen. Eine Bleistiftnotiz auf dem Rand meiner Ausgabe kommentiert Petrarcas Kommentare und scheint auf diese Weise die imaginären Dialoge fortzuführen.

Es ist wahr, daß etwas in Augustinus' Tonfall jene angenehme Vertrautheit hervorruft, die für die Eröffnung von Geheimnissen günstig ist. Wenn ich das Buch aufschlage, erinnern mich meine Randkritzeleien an das geräumige Klassenzimmer des Colegio Nacional de Buenos Aires, dessen Wände in der Farbe des karthagischen Sands gestrichen waren. Die Stimme meines Lehrers, der Augustinus zitiert, sowie unsere hochtrabenden Debatten (wir müssen damals um die Fünfzehn gewesen sein) über politische

71

Verantwortung und Metaphysik werden in mir lebendig. Das Buch bewahrt die Erinnerung an die weit zurückliegende Zeit des Erwachsenwerdens, an meinen mittlerweile verstorbenen Lehrer, an Petrarcas Augustinus-Kommentare, die unser Lehrer mit Wohlgefallen vorlas, aber auch an Augustinus und seine Klassenzimmer, an das Karthago, das auf dem zerstörten Karthago errichtet wurde und seinerseits zerstört wurde. Der Staub dieser Ruinen ist weit älter als das Buch, aber letzteres enthält auch etwas davon. Augustinus stellte Beobachtungen an und schrieb dann auf, was er gesehen hatte. Das Buch in meiner Hand erinnert also auf zweierlei Art.

Vielleicht war es seine ausgeprägte Empfänglichkeit für sinnliche Eindrücke (die er so hartnäckig zu unterdrücken suchte), die Augustinus zu einem so scharfen Beobachter machte. Er scheint die letzten Jahre seines Lebens in einem paradoxen Wechselzustand von Empfänglichkeit und Abwehr verbracht zu haben, voller Erstaunen über die sinnlichen Offenbarungen, die ihm zuteil wurden, dabei immer zu Gott betend, daß Er die Versuchungen der Sinnenlust von ihm fernhalten möge. Das stille Lesen des Ambrosius wurde von Augustinus bemerkt, weil er der Neugier seiner Augen gehorchte, und die Worte im Garten vernahm er, weil er im Duft des Grases und im Gesang unsichtbarer Vögel schwelgte.

Augustinus war nicht nur von den Möglichkeiten des stillen Lesens überrascht. Als er über einen ehemaligen Schulkameraden schrieb, hob er dessen außerordentliches Erinnerungsvermögen hervor, mit welchem er einmal gelesene und auswendig gelernte Texte rekapitulieren konnte. Nach Augustinus' Beschreibung war

er in der Lage, alle vorletzten Verse aus Vergils Büchern zu zitieren, »schnell, in der richtigen Reihenfolge und aus dem Gedächtnis ... Wenn wir ihn dann baten, die jeweils vorangehenden Verse zu zitieren, tat er auch das. Wir nahmen daher an, daß er Vergil auch rückwärts zitieren konnte ... Und wenn wir Prosapassagen aus einer Cicero-Rede hören wollten, die er einmal gelernt hatte, so konnte er auch diese hersagen.«[1] Ob er laut oder leise las, dieser Mensch war in der Lage, den Text »in die Wachstafeln des Gedächtnisses«[2] einzudrücken (um mit Cicero zu sprechen, den Augustinus gern zitierte), von wo er ihn in jeder gewünschten Reihenfolge abrufen und wiedergeben konnte, als blättere er die Seiten eines Buches durch. Wer sich so zuverlässig an einen Text oder ein Buch erinnert, das er einst in Händen gehalten hat, wird selbst zu einem Buch, in dem er und andere lesen können.

Im Jahre 1658 entdeckte der achtzehnjährige Jean Racine, der in der Abtei von Port-Royal unter der strengen Aufsicht der Zisterziensermönche zur Schule ging, zufällig einen frühen griechischen Roman, *Die Liebe von Theogonis und Charikles*, an dessen tragische Handlung er sich Jahre später erinnert haben mag, als er *Andromaque und Bérénice* schrieb. Er ging in den nahegelegenen Wald und vertiefte sich in den Roman, wurde aber vom Küster überrascht, der dem Jungen das Buch wegnahm und ins Feuer warf. Kurz darauf trieb Racine ein zweites Exemplar auf, das aber ebenfalls entdeckt und den Flammen übergeben wurde. Das brachte ihn dazu, ein drittes Exemplar zu besorgen und den ganzen Roman auswendig zu lernen. Anschließend übergab er es

Eine florentinische Schule des 12. Jh. Die Schüler teilen zu dritt die Bank und die Bücher

73

dem grimmigen Küster und sagte: »Jetzt kannst du das auch verbrennen wie die anderen.«[3]

Diese Art des Lesens, bei dem der Leser die Worte nicht einfach überfliegt, sondern wirklich zu einem Teil seiner selbst macht, wurde nicht immer als Segen betrachtet. Vor 2300 Jahren hatte sich ein junger Mann, von dem wir kaum mehr als den Namen Phaidros wissen, vor den Mauern Athens in den Schatten einer großen Platane am Flußufer gesetzt, um Sokrates die Rede eines gewissen Lysias vorzulesen, den Phaidros glühend verehrte. Der junge Mann hatte die Rede (über die Pflichten des Liebhabers) mehrmals gehört, schließlich aber eine Abschrift erworben und so lange studierte, bis er sie auswendig konnte. In dem (unter Lesern verbreiteten) Wunsch, seine Entdeckung mit jemandem zu teilen, hatte er das Gespräch mit Sokrates gesucht. Sokrates, der ahnte, daß Phaidros den Text unter dem Gewand versteckt hielt, bat ihn, die Rede lieber vorzulesen, als sie aus dem Gedächtnis vorzutragen. »Du sollst dein Redetalent nicht an mir ausprobieren«, sagte er dem jungen Enthusiasten, »wenn du Lysias selbst bei dir im Mantel führst.«[4]

Der antike Dialog handelte vor allem vom Wesen der Liebe, aber die Plauderei schweifte vom Thema ab und landete schließlich beim Handwerk des Schreibens. Einst, so erzählte Sokrates dem Phaidros, besuchte der ägyptische Gott Theuth, Erfinder des Würfels, des Brettspiels, der Zahlen, Geometrie, Astronomie und der Schrift, den ägyptischen König und bot ihm diese Erfindungen dar, damit er sie an das Volk weitergebe. Der König erwog die Vor- und Nachteile jeder dieser Gottesgaben, bis Theuth schließlich zur Kunst des Schreibens kam. »Dies«, sprach Theuth, »ist eine Art des Lernens, die das Gedächtnis deines Volkes verbessern wird; meine Entdeckung dient dem Erinnern, aber auch der Weisheit.«

Doch der König blieb unbeeindruckt. »Wenn Menschen sich diese Fähigkeiten aneignen«, entgegnete er dem Gott, »wird sie Vergeßlichkeit in ihre Seelen pflanzen; sie werden aufhören, ihr Gedächtnis zu schulen, weil sie sich auf das verlassen werden, was aufgeschrieben ist, und werden sich die Dinge nicht mehr aus sich selbst in Erinnerung rufen, sondern mit Hilfe eurer Mittel. Was du erfunden hast, ist kein Mittel für das Gedächtnis, sondern für das Erinnern. Und es ist keine wahrhaftige Weisheit, die du deinen Jüngern bietest, sondern nur der Schein derselben, denn indem du ihnen von vielem erzählst, ohne sie wirklich etwas zu lehren, wirst du in ihnen den Anschein erwecken, daß sie viel wüßten, während sie größtenteils nichts wissen. Und als Menschen, die nicht von Weisheit, sondern nur von Einbildung erfüllt sind, werden sie eine Last für ihre Mitmenschen sein.«

Ein Leser, so ermahnte Sokrates darauf seinen Freund Phaidros, »muß von außerordentlicher Einfalt sein, um zu glauben, daß das geschriebene Wort noch etwas anderes kann, als einen an das zu erinnern, was man schon weiß«.

Phaidros stimmte ihm zu, und Sokrates fuhr fort: »Weißt du, Phaidros, das ist das Sonderbare am Schreiben, das es dem Malen wahrhaft ähnlich macht. Die Arbeit des Malers steht vor uns, als ob die Bilder lebendig wären, aber wenn du sie befragst, wahren sie erhabenes Schweigen. So verhält es sich auch mit den geschriebenen Worten; sie scheinen zu dir zu sprechen, als ob sie sehr klug wären, aber wenn du sie in dem Wunsch, mehr zu erfahren, fragst, was sie bedeuten, fahren sie fort, dir immer wieder ein und dasselbe zu sagen.«[5]

Für Sokrates bestand ein Text aus nichts als Worten, in denen Zeichen und Bedeutung mit erstaunlicher Präzision übereinstimmten. Interpretation, Exegese, Anmerkung, Kommentar, Assoziation, Widerlegung, symbolische und allegorische Bedeutungen, all das erwuchs nicht aus dem Text selbst, sondern aus dem Leser. Der Text sagte wie ein gemaltes Bild nur: »Das ist der Mond von Athen.« Es war der Betrachter, der das Bild mit einem runden, elfenbeinernen Gesicht ausstattete, einem dunklen Himmel, einer antiken Ruinenlandschaft, in der einst Sokrates spazierenging.

Gegen Ende des Jahres 1250 widersprach Richard de Fournival, Vorsteher der Kathedrale von Amiens und Verfasser des *Bestiariums der Liebe*, der Ansicht des Sokrates und setzte dagegen, daß die menschliche Natur nach Wissen strebe, die Lebensspanne aber nur kurz sei und man sich notwendig auf das Wissen, das andere gesammelt hätten, stützen müsse, um das eigene zu mehren. Aus diesem Grunde habe Gott der menschlichen Seele die Gabe des Gedächtnisses verliehen, zu dem wir durch den Gesichts- und Hörsinn Zugang haben. De Fournival ging dann ins Detail: Der Weg zum Sehen, sagte er, seien *peintures* oder Bilder; der Weg zum Hören seien *paroles* oder Worte.[6] Doch Bilder und Worte gehen nicht unverändert in die Vorstellung des Lesers ein, sie werden vielmehr neu geschaffen in der inneren Welt des Lesers, die aus bereits früher in Bilder und Worte verwandelten Eindrücken besteht.

»Wenn man ein Historienbild betrachtet, sei es der Kampf um Troja oder etwas anderes«, argumentierte de Fournival, »sieht man die Heldentaten der Vergangenheit genauso, als würden sie eben gerade vollbracht. Just so verhält es sich beim Hören eines Textes, denn wenn man einer Geschichte und ihren Ereignissen lauscht, sieht man sie gegenwärtig vor sich ... Und wenn du liest, was ich schreibe, wird meine *peinture* und *parole* mich dir ins Gedächtnis rufen, auch wenn ich nicht leibhaftig vor dir stehe.«[7] Das Lesen nach Auffassung von de Fournival bereichert die Gegenwart und belebt die Vergangenheit; das Gedächtnis bewahrt diese Eigenschaften für die Zukunft auf. Nach de Fournival ist es nicht der Leser, sondern das Buch, das die Erinnerung bewahrt und weiterträgt.

Geschriebene Texte waren in der Zeit des Sokrates nicht allgemein verbreitet. Zwar gab es im Athen des 5. Jahrhunderts v. Chr. bereits eine stattliche Zahl von Büchern, und der Buchhandel begann sich zu entwickeln, doch die Praxis des privaten Lesens setzte sich frühestens ein Jahrhundert später durch, in der Zeit des Aristoteles: Er zählte zu den ersten Lesern, die eine bedeutende Sammlung von Handschriften für den eigenen Gebrauch anlegten.[8] Man lernte im Gespräch und gab dabei sein Wissen weiter, und Sokrates gehört in die Reihe der großen mündlichen Lehrmeister, zu denen auch Mose, Buddha und Jesus Christus zählen, die, wie uns überliefert ist, nur manchmal ein paar Worte in den Sand schrieben und dann verwischten oder verwehen ließen.[9] Für Sokrates waren Bücher Gedächtnisstütze und Wissensspeicher, doch der wahre Gelehrte sollte auf sie verzichten. Einige Jahre später hielten seine Schüler Platon und Xenophon seine geringschätzige Meinung über Bücher in einem Buch fest, und auf diese Weise wurde ihre Erinnerung an seine Erinnerung für die Nachwelt bewahrt.

Zu de Fournivals Zeiten gebrauchten die Schüler Bücher vor allem als Gedächtnishilfen, die in der Klasse aufgeschlagen vor ihnen lagen, gewöhnlich ein Exemplar für mehrere Schüler.[10] In meiner Schulzeit habe ich auf dieselbe Art gelernt. Das Buch lag vor mir, während der Lehrer vortrug, und ich kreuzte die Passagen an, die ich später auswendig lernen wollte (obwohl es einige Lehrer – Anhänger des Sokrates vermutlich – nicht mochten, wenn wir die Bücher aufgeschlagen hielten).

Es gab jedoch einen interessanten Unterschied zwischen meinen Mitschülern im Gymnasium von Buenos Aires und den Studenten in bildlichen Darstellungen aus der Zeit von de Fournival. Wir markierten die Passagen in unseren Büchern mit dem Füller (wenn wir mutig waren) oder mit Bleistift (wenn wir gewissenhaft waren) und machten Randnotizen, um uns die Kommentare des Lehrers zu merken. Die Schüler des 13. Jahrhunderts werden meist ohne jedes Schreibwerkzeug gezeigt;[11] sie stehen oder sitzen vor den aufgeschlagenen Kodizes, prägen sich die Stellung eines Absatzes ein, die Reihenfolge der Buchstaben, sie lernen eine Abfolge wichtiger Sentenzen auswendig, statt sie dem Papier anzuvertrauen. Anders als meine Zeitgenossen und ich, die wir für eine bestimmte Prüfung auf die markierten Passagen zurückgriffen (die danach größtenteils vergessen wurden, denn für den Bedarfsfall hatten wir ja das Buch), verließen sich de Fournivals Schüler auf die Bibliothek in ihren Köpfen, aus der sie dank der mnemotechnischen Übung, zu der man sie in frühester Jugend erzogen hatte, Textstellen mitsamt ihren Quellen schneller heraussuchen konnten, als es mir heute in einer Bibliothek auf Mikrochips oder Papier gelingt. Sie glaubten sogar, daß das Auswendiglernen eines Textes das körperliche Wohlbefinden fördere, und führten als Autorität den römischen Arzt Antyllus aus dem 2. Jahrhundert an, der schrieb, wer niemals Verse auswendig lerne, sondern auf Bücher zurückgreifen müsse, könne sich seiner giftigen Säfte nur unter großen Mühen und durch übermäßiges Schwitzen entledigen, während Menschen mit einem geschulten Gedächtnis diese Säfte mit dem Atem ausstießen.[12]

Ich hingegen verlasse mich getrost auf den Computer, um Bibliotheken, die weit größer sind als die von Alexandria, nach entlegenen Wissenspartikeln zu durchstöbern, und ich kann mir alle Arten von Büchern auf den Bildschirm »laden«. Unternehmen wie das Projekt Gutenberg in den Vereinigten Staaten speichern alles vom Gesamtwerk Shakespeares bis zum *CIA World Factbook* und *Roget's Thesaurus* auf CD-ROM, und das

Textkritische Ausgabe sämtlicher Werke Shakespeares, das Cover der Diskette ist in Form eines Buches gestaltet

Oxford Text Archive in England bietet digitalisierte Fassungen der griechischen und lateinischen Klassiker, dazu eine Reihe von Autoren in anderen Sprachen. Die mittelalterlichen Gelehrten hingegen verließen sich auf ihr Gedächtnis, und die Seiten der Bücher, die sie gelesen hatten, konnten sie noch Jahre später in sich wachrufen wie ein Gespenst.

Thomas von Aquino war ein Zeitgenosse von de Fournival. Den von Cicero aufgestellten Empfehlungen zur Gedächtnisschulung von Rednern folgend, stellte er eigene Regeln zur Verbesserung der Merkfähigkeit auf: Wichtig sei es, die zu memorierenden Dinge in eine bestimmte Ordnung zu bringen, mit den eigenen Gefühlen auszustatten, Eselsbrücken zu bauen und das Gelernte regelmäßig zu wiederholen.

Die Gelehrten der Renaissance, die Thomas von Aquinos Methode verfeinerten, konstruierten im Geiste Architekturformen – Paläste, Theater, Städte, das Reich des Himmels und der Hölle –, in denen sie alles unterbringen konnten, was sie sich merken wollten.[13] Diese kunstvollen »Erinnerungsgebäude« wurden durch ihren Gebrauch ständig vervollkommnet und zuverlässiger gemacht. Über Jahrhunderte war dies eine höchst effiziente Mnemotechnik.

Ich Jetztzeitleser halte meine Lesenotizen im Ersatzgedächtnis meines Computers fest. Wie der Renaissance-Gelehrte, der durch die Säle seines Gedächtnispalastes wandelt, um ein Zitat oder einen Namen aufzufinden, begebe ich mich, wenn auch blind, in das elektronische Labyrinth, das hinter dem Bildschirm summt. Mit Hilfe dieses Gedächtnisses kann ich mich genauer (falls Genauigkeit gefragt ist) und umfassender (falls Quantität erstrebenswert scheint) als meine erlauchten Vorfahren erinnern, aber die Ordnung für meine Notizen und die Folgerungen daraus muß noch immer ich selbst schaffen. Zudem lebe ich in der Angst, eine gespeicherte Erinnerung zu verlieren – eine Angst, die bei meinen Vorfahren erst mit der Vergeßlichkeit des Alters begann, mich aber ständig begleitet: ein Stromausfall, ein fehlgeleitetes Kennwort, ein Systemfehler, ein Virus, eine defekte Diskette, und alles ist aus meinem externen Gedächtnis gelöscht.

Ungefähr ein Jahrhundert nachdem de Fournival sein *Bestiarium der Liebe* abgeschlossen hatte, erdachte Petrarca, der offensichtlich Thomas von Aquins mnemotechnische Ratschläge beherzigt hatte, um sein gewaltiges Lesepensum besser zu bewältigen, in *Secretum meum* ein Gespräch mit seinem geliebten Augustinus, das sich um Lesen und Gedächtnis dreht. Petrarca hatte wie Augustinus' eine turbulente Jugend hinter sich. Sein Vater war – wie Dante, zu dessen Freunden er sich zählte – aus seiner Heimatstadt Florenz verbannt worden und kurz nach Petrarcas Geburt mit seiner Familie an den Hof von Papst Clemens V. nach Avignon gezogen. Petrarca besuchte die Universitäten von Montpellier und Bologna, und im Alter von zweiundzwanzig Jahren, nach dem Tod seines Vaters, kehrte er als reicher junger Mann nach Avignon zurück. Aber weder Reichtum noch Jugend waren von langer Dauer. In wenigen Jahren der Ausschweifung verschleuderte er das gesamte väterliche Erbe und war gezwungen, in einen Orden einzutreten. Die Entdeckung der Werke Ciceros und Augustinus' weckte in dem frisch geweihten Priester die Liebe zur Literatur, zeitlebens blieb er ein leidenschaftlicher Leser.

Als er Mitte Dreißig war, schuf er seine ersten bedeutenden Werke, die Biographiensammlung *De viris illustribus* (*Von berühmten Männern*) und das Versepos *Africa* – Werke, in denen er seinen antiken Vorbildern Reverenz erwies und für die er vom römischen Senat und Volk mit einem Lorbeerkranz gekrönt wurde. Den Kranz legte er später auf dem Hochaltar der vatikanischen Peterskirche nieder. Bilder Petrarcas aus dieser Zeit zeigen

einen hageren, nervösen Mann mit großer Nase und unruhigem Blick, und man ahnt, daß er auch im Alter noch ruhelos war.

In *Das Geheimnis* sitzen Petrarca (er tritt unter seinem Vornamen Francesco auf) und Augustinus im Garten und unterhalten sich unter dem wachsamen Auge der Frau Wahrheit. Francesco bekennt, daß er des eitlen Getriebes der Stadt müde sei; Augustinus erwidert, Francescos Leben gleiche einem Buch aus der Bibliothek des Dichters,

Petrarca-Porträt in einem Manuskript von *De viris illustribus* aus dem 14. Jh.

aber einem, das er noch nicht zu lesen wisse, und nennt ihm mehrere Schriften über den entfesselten Pöbel, darunter ein eigenes Werk. »Und genützt hat es dir nichts?« fragt er. »Solange ich es las, sehr viel«, antwortet Francesco, »aber kaum legte ich das Buch aus den Händen, so war auch alles wieder vergessen.«

> Augustinus: So pflegen die meisten Menschen zu lesen! Und daher kommt auch jene höchst traurige Tatsache, daß eine ganze Menge jämmerlicher Gelehrter umherläuft ... Du würdest größeren Nutzen aus der Lektüre ziehen, wenn du dir die betreffenden Stellen mit bestimmten Merkzeichen versehen wolltest.
>
> Francesco: Was meinst du damit?
>
> Augustinus: Wenn du beim Lesen auf wertvolle Gedanken stößt, durch die du dich angeregt oder beruhigt fühlst, so vertraue nicht einfach auf dein Verständnis, sondern präge diese Gedanken tief deinem Gedächtnis ein und mache sie dir durch langes Nachdenken vertraut. Du mußt es machen wie kluge und erfahrene Ärzte: Wann und wo immer eine Krankheit dich befällt, die keinen Verzug duldet, mußt du im Geiste gleich das richtige Heilmittel bereithalten. Solche Wahrheiten mußt du dir, wie ich schon vorhin sagte, mit bestimmten Zeichen versehen, damit du sie leichter in das Gedächtnis zurückrufen könnest, wenn sie dir daraus entschwinden wollen.[14]

Was Augustinus (in Petrarcas Vorstellung) vorschwebt, ist eine neue Art des Lesens: weder das Buch als Gedankenstütze zu gebrauchen noch ihm bedingungslos zu trauen wie den Worten eines Weisen, sondern Ideen, Sätze, Bilder zu entnehmen, sie mit anderen Lesefrüchten zu konfrontieren, das Ganze mit eigenen Überlegungen zu verknüpfen und auf diese Weise einen neuen, vom Leser geschaffenen Text hervorzubringen. In der Einleitung zu *De viris illustribus* merkt Petrarca an, daß sein Buch dem Leser als »eine Art künstliches Gedächtnis« zur Aufbewahrung von »verstreuten« und »seltenen« Texten dienen solle und daß er sie nicht nur gesammelt, sondern, was viel wichtiger sei, ihnen eine Ordnung und ein Prinzip gegeben habe.[15]

Für die Leser des 14. Jahrhunderts war Petrarcas Ansinnen sicher erstaunlich, weil ihnen die Autorität des Textes unantastbar erschien und die Aufgabe des Lesers in ihren Augen darin bestand, sich dem Text von außen, als Beobachter, zu nähern. Ein paar Jahrhunderte später erst wurde Petrarcas vergleichende, interpretierende und nachschaffende Lesehaltung zur allgemeinen Norm wissenschaftlichen Denkens in Europa. Petrarca verdankte diese Methode der Erleuchtung durch die »göttliche Wahrheit« – worunter er die sinnliche Begabung verstand, sich den eigenen Weg durch den Text zu bahnen und den Versuchungen der Ablenkung zu widerstehen: eine Gabe, die der Leser besitzen, mit der er gesegnet sein muß. Selbst den mutmaßlichen Intentionen des Verfassers kommt für die Beurteilung eines Textes kein sonderlicher Wert zu. Sie muß sich, so Petrarca, aufgrund der eigenen Lesererfahrungen vollziehen, in die die vom Autor schriftlich fixierte Erinnerung einfließt. In diesem dynamischen Prozeß des Gebens und Nehmens, des Zergliederns und Zusammensetzens, darf der Leser nicht die ethischen Grenzen der Wahrheit überschreiten, was immer ihm das Gewissen (wir würden sagen: die Vernunft) als solche vorschreiben mag. »Das Lesen«, schrieb Petrarca in einem seiner vielen Briefe, »scheut selten die Gefahr, es sei denn, das Licht der göttlichen Wahrheit leuchtet dem Leser und kündet ihm, wonach er streben und was er meiden möge.«[16]

Petrarcas Licht, um bei seinem Bild zu bleiben, scheint uns allen, wenn auch für jeden anders, und auch mit unserem Lebensalter verwandelt es sich. Wir kehren nie zu demselben Buch oder auch nur zur selben Passage zurück, denn im wechselnden Licht verändern wir uns, und auch das Buch verändert sich, unsere einst leuchtenden Erinnerungen verblassen, dann erstrahlen sie von neuem, und wir wissen nie genau, was wir lernen, vergessen oder behalten. Sicher ist nur, daß wir im Lesen die Stimmen der Vergangenheit aufrufen und diese Stimmen manchmal für die Zukunft bewahren, wo sie vielleicht in neuer, ganz unerwarteter Weise zu uns sprechen.

Als ich zehn oder elf Jahre alt war, erteilte mir ein Lehrer in Buenos Aires abends Privatunterricht in deutscher und europäischer Geschichte. Um meine Aussprache zu verbessern, forderte er mich auf, Gedichte von Heine, Goethe und Schiller sowie Gustav Schwabs Ballade *Der Ritt über den Bodensee* auswendig zu lernen, in der ein Reiter, ohne es zu ahnen, über den zugefrorenen und überschneiten Bodensee jagt und, als ihm bewußt wird, was er vollbracht hat, auf dem festen Land vor Entsetzen stirbt. Ich lernte die Gedichte gern auswendig, aber ich wußte nicht, wozu sie mir dienen sollten. »Sie werden dir eines Tages Gesellschaft leisten, wenn du keine Bücher zum Lesen hast«, sagte mein Lehrer. Dann erzählte er mir, sein Vater, in Sachsenhausen ermordet, sei ein bekannter Gelehrter gewesen, er habe viele klassische Werke auswendig gekannt und sei im Konzentrationslager eine Art wandelnde Bibliothek für seine Mitgefangenen gewesen. Ich stellte mir den alten Mann an diesem düsteren, hoffnungslosen und grausamen Ort vor, wo man ihn bat, Vergil oder Euripides vorzutragen, worauf er dann eine bestimmte Seite in seinem Inneren aufschlug und den Mitgefangenen, die keine Bücher hatten, die uralten Verse rezitierte. Jahre später begriff ich, daß er als einer der umherziehenden Bücherretter in Bradburys *Fahrenheit 451* verewigt worden ist.

Ein Gedicht, gelesen und erinnert, wird bei einer solch erlösenden Wiederbegegnung zum gefrorenen Bodensee der Ballade, die ich vor so langer Zeit auswendig gelernt hatte, fest wie Fels trägt es den Leser, und doch existiert es nur in der Vorstellung, flüchtig und verfließend wie Buchstaben, die man ins Wasser schreibt.

✂ LESEN LERNEN ✂

Laut zu lesen, still zu lesen, einen ganz privaten Schatz von
Wörtern in sich zu tragen – all das sind erstaunliche Fähigkeiten, die wir auf weitgehend ungeklärte Weise erlangt haben. Doch bevor diese Fähigkeiten erworben werden, muß sich der
Leser die Zeichen aneignen, mit deren Hilfe die Gesellschaft kom-
muniziert – mit anderen Worten, er muß das Lesen erlernen.

Beatus Rhena-
nus – Wegberei-
ter des Huma-
nismus und des
Buches

Als er, so berichtet Claude Lévi-Strauss, in Brasilien bei den
Nambikwara-Indianern weilte, nahmen ihm seine Gastgeber, als
sie ihn schreiben sahen, Bleistift und Papier weg, malten in Nachahmung seiner Buchstaben schnörkelige Linien und forderten ihn
auf zu lesen, was sie geschrieben hatten. Die Nambikwara glaubten, ihr Gekritzel sei für Lévi-Strauss ebenso bedeutungsvoll wie
das, was er selbst zu Papier brachte.[1] Lévi-Strauss, der in einer europäischen Schule lesen gelernt hatte, erschien die Vorstellung ab-
surd, daß ein Kommunikationssystem direkt und ohne Vorausset-
zungen funktionieren könne. Die Methoden, mit denen wir lesen
lernen, sind nicht nur Ausdruck der jeweiligen gesellschaftlichen
Konventionen in bezug auf das Lesen und Schreiben – der Kanali-
sierung von Informationen, der Hierarchien von Wissen und
Macht –, sie determinieren auch die Freiräume und die Grenzen,
innerhalb deren sich unser Lesevermögen entfaltet.

Ich lebte ein Jahr lang in Sélestat (Schlettstadt), einer kleinen el-
sässischen Stadt dreißig Kilometer südlich von Straßburg, zwischen dem Rhein und den Vogesen. Die dortige Stadtbibliothek
besitzt zwei große handschriftliche Bücher. Eines ist 300 Seiten
dick, das andere 480; beide sind über die Jahrhunderte vergilbt,
aber die Schrift in verschiedenfarbiger Tinte ist immer noch erstaunlich klar. Irgendwann später wurden diese Bücher von ihren
Besitzern eingebunden, aber vorher waren sie kaum mehr als ein

Stoß gehefteter Seiten, wahrscheinlich an einem Buchhändlerstand
auf dem Markt gekauft.

Zur Besichtigung für Besucher lagen beide Bücher aufgeschlagen in einer Vitrine, und dem Erläuterungstext war zu entnehmen,
daß es sich um die Schreibbücher zweier Schüler handelte, die in
den letzten Jahren des 15. Jahrhunderts, von 1477 bis 1501, die Lateinschule von Schlettstadt besuchten: Guillaume Gisenheim, von
dessen Leben weiter nichts bekannt ist als das, was sein Schulheft
uns verrät, und Beatus Rhenanus, der zu einer Leitfigur des Humanismus werden sollte und der viele Werke von Erasmus herausgab.

In Buenos Aires hatten auch wir in den ersten Klassen »Lesehefte«, die wir in sauberer Schrift geschrieben und sorgfältig mit
Buntstiften illustriert hatten. Die Sitze und Pulte der Schulbänke
waren durch Eisenstreben miteinander verbunden und in langen
Zweierreihen angeordnet, die zum Tisch des Lehrers führten (das
Symbolische dieser Hierarchie entging uns nicht). Der Lehrertisch
stand auf einem hölzernen Podest, hinter dem die Wandtafel auf-
ragte. Jedes Pult hatte eine Vertiefung für ein Tintenfaß aus
weißem Porzellan, in das wir die Metallfedern unserer Federhalter
tauchten; bis zur dritten Klasse war es verboten, Füllfederhalter zu
benutzen. Wenn in ein paar Jahrhunderten ein gewissenhafter Bibliothekar diese »Lesehefte« in Glaskästen zur Schau stellen
würde, was könnte ihnen der Betrachter entnehmen? Aus den pa-
triotischen Texten, abgeschrieben in säuberlichen Blöcken, ließe
sich schließen, daß in unserer Erziehung die Schönheiten der Literatur von politischer Rhetorik überwuchert waren; aus unseren
Zeichnungen wäre zu ersehen, daß wir lernten, diese Texte in Pa-
rolen zu verwandeln (»Die Malvinen gehören zu Argentinien« –
daneben zwei Hände, die sich um die zerklüfteten Falklandinseln
legen; der Slogan »Unsere Flagge ist das Wahrzeichen unserer Hei-
mat« wurde durch drei im Wind wehende Farbstreifen verziert).
Den in allen Heften identischen Lesetexten hätte der Betrachter
entnehmen können, daß wir nicht zum Vergnügen lesen lernten
oder um unser Wissen zu mehren, sondern ausschließlich zur Belehrung. In einem Land mit einer Inflationsrate von monatlich
annähernd zweihundert Prozent war das die einzige Art, die Fabel
von der Grille und der Ameise zu deuten.

In Schlettstadt gab es verschiedene Schulen. Eine Lateinschule,
auf Kirchengrund gelegen, existierte seit dem 14. Jahrhundert und

wurde sowohl von der Stadt als auch von der Kirchengemeinde unterhalten. Die Schule, die Gisenheim und Rhenanus besuchten,
war ursprünglich in einem Haus am Marché-Vert untergebracht,
das vor der Kirche St. Fides aus dem 11. Jahrhundert stand. 1530
zog die inzwischen renommierte Schule in ein größeres Gebäude
gegenüber dem Münster St. Georg aus dem 13. Jahrhundert. Die
Fassade des zweistöckigen Gebäudes war mit einem anmutigen
Fresko verziert, das die neun Musen beim Spiel an der heiligen
Quelle Hippokrene auf dem Helikon zeigte.[2] Mit dem Umzug der
Schule wechselte der Name der Straße von Lotten- zu Babilgasse –
in Anspielung auf das »Babbeln« der Schüler. Ich wohnte nur einige Straßen weiter.

Vom Beginn des 14. Jahrhunderts an sind zwei deutsche Schulen in Schlettstadt dokumentiert; 1686 wurde die erste französische Schule eröffnet, dreizehn Jahre nachdem Louis XIV. die Stadt
in Besitz genommen hatte. Diese Schulen unterrichteten Lesen,
Schreiben, Gesang und ein wenig Arithmetik, jeweils in der Volkssprache, und waren jedermann zugänglich. Ein Vertrag einer der
deutschen Schulen um das Jahr 1500 vermerkt, daß der Lehrer
»Mitglieder der Zünfte und andere vom zwölften Lebensjahr an,
wie auch jene Kinder, die nicht die Lateinschule besuchen können,
Jungen wie Mädchen«[3] unterrichtete. Im Unterschied dazu nahm
die Lateinschule sechsjährige Schüler auf, und sie blieben dort, bis
sie mit dreizehn oder vierzehn Jahren die Universitätsreife erlangt
hatten. Einige wurden Hilfslehrer und blieben bis zum zwanzig-
sten Lebensjahr.

Obwohl das Latein in großen Teilen Europas bis ins 17. Jahrhundert Amts-, Kirchen- und Wissenschaftssprache blieb, gewan-
nen die Volkssprachen seit dem Beginn des 16. Jahrhunderts stetig
an Bedeutung. 1521 begann Martin Luther die Veröffentlichung
seiner deutschen Bibelübersetzung; 1526 gab William Tyndale, der
England verlassen mußte, da ihm die Todesstrafe drohte, seine englische Bibelübersetzung in Köln und Worms heraus; 1530 schrieb
ein Regierungsdekret sowohl in Schweden als auch in Dänemark
vor, daß die Bibel beim Gottesdienst in der Landessprache verlesen
werden müsse. Zu Rhenanus' Zeiten jedoch war das Latein nicht
nur in der katholischen Kirche gebräuchlich, wo die Priester die
Messe auf Latein lesen mußten, sondern auch an Universitäten wie
der Sorbonne, die Rhenanus besuchen wollte. Lateinschulen waren
daher noch sehr gefragt.

Schulen, ob lateinische oder andere, sorgten für eine gewisse Ordnung im ansonsten ungeregelten Leben der Schüler des späten Mittelalters. Da die Gelehrtenschaft als eine »dritte Macht« zwischen Kirche und Staat angesehen wurde, genossen Studenten seit dem 12. Jahrhundert eine Reihe von Privilegien. 1158 entzog Kaiser Barbarossa die Studenten dem Zugriff der Justiz, sofern sie keine schweren Verbrechen begingen, und garantierte ihnen sicheres Geleit auf Reisen. Philipp August von Frankreich untersagte in einem 1200 verliehenen Priveg dem Bürgermeister von Paris grundsätzlich die Verhaftung von Gelehrten; und in England garantierte seit Heinrich III. jeder Monarch den Studenten von Oxford weltliche Immunität.[4]

Um die Schule besuchen zu können, mußten die Schüler Gebühren nach Höhe ihrer *bursa* entrichten, dem wöchentlichen Satz für Kost und Logis. Wer kein Geld hatte, mußte schwören, daß er »ohne Mittel zum Lebensunterhalt« sei, und manche erhielten auch Stipendien, die durch Spenden finanziert wurden. Im 15. Jahrhundert zählten achtzehn Prozent der Pariser Studentenschaft von Paris zu den Mittellosen, in Wien waren es fünfundzwanzig, in Leipzig neunzehn Prozent.[5]

Privilegiert, aber bettelarm, ängstlich darauf bedacht, ihre Rechte zu wahren, aber ohne gesicherten Lebensunterhalt, zogen Tausende von Studenten durch die Lande und lebten von Almosen und Diebstahl. Manche schlugen sich als Wahrsager oder Magier durch, verkauften Talismane, sagten Sonnenfinsternisse oder Katastrophen voraus, beschworen Geister, weissagten die Zukunft, lehrten Gebete zur Erlösung der Seelen aus dem Fegefeuer und verkauften den Bauern Rezepte zum Schutz des Viehs vor Krankheit und der Ernte vor Hagel. Einige behaupteten, sie seien Nachfahren der Druiden und hätten ihre geheime Kunst im Venusberg erlernt; zum Beweis trugen sie gelbe, netzartige Umhänge. Viele zogen im Gefolge eines älteren Geistlichen, dem sie dienten und bei dem sie Unterweisung suchten, von Stadt zu Stadt; der Lehrer wurde als *bacchante* bezeichnet (nicht von »Bacchus«, sondern vom Verb *bacchari* – fahren, umherziehen), und seine Schüler hießen *Schützen* im Deutschen oder *bejaunes* (Dummköpfe) in Frankreich. Nur diejenigen, die eine geistliche Laufbahn einschlagen wollten oder irgendeinen Amtsdienst anstrebten, versuchten die Straße zu verlassen und in eine Lehranstalt wie die Lateinschule in Sélestat einzutreten.[6]

Die Schüler der Lateinschule in Schlettstadt kamen aus dem Elsaß und Lothringen, aber auch von weiter her, etwa aus der Schweiz. Die Söhne reicher Bürger- oder Adelsfamilien (wie auch Beatus Rhenanus) konnten wählen, ob sie im Internat wohnen wollten, das der Rektor mit seiner Frau führte, oder als zahlende Gäste im Hause ihres Tutors oder gar in einem der örtlichen Gasthäuser.[7] Wer beeidet hatte, mittellos zu sein, fand nur unter großen Mühen Unterkunft und Verpflegung.

Der Schweizer Thomas Platter, der 1495 mit achtzehn Jahren in die Schule eintrat, »völlig unwissend, sogar unfähig, den Donat zu lesen« (die bekannteste mittelalterliche Grammatik, *Ars de octo partibus orationis* von Aelius Donat), und sich unter den jüngeren Schülern »wie eine Gluckhenne bei ihren Hühnlein« fühlte, beschreibt in seiner Autobiographie, wie er und sein Freund aufgebrochen waren, um Bildung zu erlangen. »Als wir dahin [nach Straßburg] kamen, waren gar viele arme Schüler da, und wie man sagte, keine gute Schule, aber zu Schlettstadt, da sei eine. Da zogen wir Schlettstadt zu. Da begegnet' uns ein Edelmann, fragt' uns: ›Wo aus?‹ Da er hört, daß wir nach Schlettstadt wollten, mißriet er's uns, es wären da gar viel arme Schüler und keine reichen Leute. Da fing mein Gesell an bitterlich zu weinen und sagte: ›Wo aus nun?‹ Ich tröstete ihn und sprach: ›Sei guten Muts! Ist einer zu Schlettstadt, der sich allein ernähren kann, so will ich uns beide ernähren.‹« Es gelang ihnen, einige Monate in Schlettstadt zu bleiben, aber als nach Pfingsten »noch immer mehr Schüler von allenthalben zureisten, konnte ich uns nicht wohl mehr ernähren, und wir zogen weg nach Solothurn«.[8]

In jeder Schriftkultur kommt das Lesenlernen einer Initiation gleich, einem ritualisierten Übergang vom Zustand der Unselbständigkeit und der beschränkten Verständigung zur Fähigkeit, mit Hilfe der Bücher am kollektiven Gedächtnis teilzuhaben und sich mit einer kulturellen Tradition vertraut zu machen, die sich mit jedem Leseakt weiter erschließt.

In der jüdischen Gemeinschaft des Mittelalters zum Beispiel wurde das Ritual des Lesenlernens ausdrücklich gefeiert. Beim Fest des Schawuot, das an den Tag erinnert, da Moses die Thora aus Gottes Händen empfing, wurde der Junge, der in die Gemeinschaft aufgenommen werden sollte, in einen Gebetsschal gehüllt und von seinem Vater zum Lehrer gebracht. Der Lehrer nahm den Jungen auf den Schoß und zeigte ihm eine Schieferplatte, auf der das hebräische Alphabet, ein Vers aus der Heiligen Schrift und die Worte »Möge die Thora dein Beruf sein« geschrieben waren. Der Lehrer las jedes Wort vor, und das Kind wiederholte es. Dann wurde die Tafel mit Honig bestrichen, das Kind leckte sie ab und nahm so die heiligen Worte in sich auf. Desgleichen wurden Bibelsprüche auf hartgekochte Eier und Honigkuchen geschrieben, die das Kind essen durfte, nachdem es dem Lehrer die Sprüche vorgelesen hatte.[9]

Obwohl es schwierig ist, über viele Jahrhunderte und Ländergrenzen hinweg zu verallgemeinern, war das Lesen und Schreiben in der christlichen Gesellschaft des späten Mittelalters und der Frührenaissance – abgesehen von der Kirche – fast ausnahmslos das Privileg des Adels und, nach dem 13. Jahrhundert, der bürgerlichen Oberklasse. Auch wenn es Aristokraten und Patrizier gab, die Lesen und Schreiben als niedere Tätigkeiten betrachteten, für die allein arme Kleriker taugten[10], lernten die meisten Jungen und nicht wenige Mädchen, die in diese Gesellschaftsschicht hineingeboren wurden, das Alphabet sehr früh. Die Amme des Kindes begann, wenn sie selbst lesen konnte, mit dem Unterricht, und sie wurde mit größter Umsicht ausgewählt, da sie nicht nur für die Milch, sondern auch für die richtige Wortwahl und Aussprache der Kinder sorgen mußte.[11]

Der große humanistische Gelehrte Leon Battista Alberti, der zwischen 1435 und 1444 in Italien wirkte, befand, daß »die Pflege von kleinen Kindern Frauenarbeit« sei, »für Ammen oder die Mutter«[12], und daß die Kinder im möglichst frühen Alter das Alphabet erlernen sollten. Kinder lernten das Lesen phonetisch, indem sie die Buchstaben wiederholten, auf die ihre Amme oder Mutter in der Fibel oder auf einer Alphabettafel verwies. (Ich selbst wurde auf diese Weise unterrichtet, meine Amme las mir die fett gedruckten Buchstaben aus einem alten englischen Bilderbuch vor, ich mußte die Laute immer wieder nachsprechen.) Das Bild der unterweisenden Mutterfigur war in der christlichen Ikonographie so verbreitet, wie weibliche Schüler auf Abbildungen von Klassenräumen rar waren. Es gibt zahlreiche Darstellungen von Maria, wie sie dem Jesuskind ein Buch vorhält, und von Anna, die Maria unterrichtet, aber weder Christus noch seine Mutter wurden beim Schreibenlernen oder Schreiben dargestellt. Um die Kontinuität der Heiligen Schrift zu betonen, war es wichtiger, Jesus beim *Lesen* des Alten Testaments abzubilden.

Zwei Mütter aus dem 15. Jh. bei der Unterweisung ihrer Kinder: links Madonna mit Kind, rechts: die heilige Anna mit der jungen Maria

Im 1. Jahrhundert n. Chr. schrieb Quintilian, ein römischer Anwalt aus Nordspanien, der zum Lehrer von Kaiser Domitians Großneffen wurde, ein zwölfbändiges pädagogisches Handbuch, die *Institutio oratoria*, die während der Renaissance von größtem Einfluß war. Darin rät er: »Einige meinen, daß Jungen nicht lesen lernen sollen, bevor sie sieben Jahre alt sind, da dies das Alter sei, in dem sie Nutzen aus dem Unterricht ziehen und die Anstrengung des Lernens ertragen könnten. Jene aber, die meinen, daß der Geist eines Kindes nicht einen Moment lang brachliegen sollte, sind weiser. Chrysippos zum Beispiel hält, obwohl er der Amme eine dreijährige Herrschaft einräumt, dennoch die Entwicklung des kindlichen Geistes prinzipiell für einen Teil ihrer Pflicht. Warum sollten Kinder, wenn sie moralischer Unterweisung zugänglich sind, nicht auch zu literarischer Erziehung taugen?«[13]

Nachdem das Alphabet gelernt war, wurden männliche Hauslehrer für die Jungen eingestellt (sofern die Familie sich das leisten konnte), während sich die Mutter mit der Erziehung der Mädchen befaßte. Obwohl im 15. Jahrhundert die meisten reichen Häuser ausreichend Platz für einen Unterricht im Hause boten und auch für die erforderliche Ruhe und die Ausrüstungen sorgen konnten, empfahlen die Gelehrten gewöhnlich, daß die Jungen außerhalb der Familie, in der Gesellschaft anderer Jungen erzogen werden sollten; andererseits debattierten die mittelalterlichen Moralisten hitzig über den Nutzen der privaten oder öffentlichen Erziehung von Mädchen. »Es schickt sich nicht für Mädchen, lesen und

schreiben zu lernen, falls sie nicht Nonnen werden wollen, da sie
sonst von einem bestimmten Alter an Liebesbriefe schreiben und
empfangen könnten«[14], warnte der Adlige Philippe de Novare,
aber manche Zeitgenossen widersprachen ihm. »Mädchen sollten
lesen lernen, um den wahren Glauben zu erwerben und sich vor
den Gefahren zu schützen, die ihre Seelen bedrohen«, argumentierte der Chevalier de la Tour Landry.[15] Mädchen aus reicheren Fa-
milien wurden oft in Schulen geschickt, um das Lesen und Schreiben zu erlernen, gewöhnlich aber diente der Schulbesuch der Vor-
bereitung auf das Kloster. In den Adelshäusern Europas waren
jedoch durchaus belesene Frauen anzutreffen.

Zwei Schulsze-
nen aus dem
frühen 15. Jh.
demonstrieren
die hierarchische
Beziehung
zwischen Lehrer
und Schülern:
links: Aristote-
les und seine
Schüler, rechts:
namenloser
Lehrer mit
Schülern

Vor der Mitte des 15. Jahrhunderts war der Unterricht an der
Lateinschule von Schlettstadt – der scholastischen Methode folgend – rudimentär und ungegliedert gewesen. Hauptsächlich im
12. und 13. Jahrhundert von Philosophen entwickelt, für die »Denken eine Kunst mit genauestens festgelegten Regeln«[16] war, erwies
sich die Scholastik als eine sinnvolle Methode, die religiösen Dog-
men mit menschlichen Vernunftgründen zu verbinden, woraus
dann die *concordia discordantium* oder »Harmonie der gegensätz-
lichen Meinungen« wurde, die ihrerseits für weitere Dispute
diente. Bald jedoch wurde aus der Scholastik eine Methode, Gedanken zu konservieren, statt zu produzieren. Im Islam diente sie
dazu, das offizielle Dogma zu etablieren; da es keine islamischen
Konzile oder Synoden gab, die zu diesem Zwecke einberufen wer-

den konnten, wurde die *concordia discordantium*, die Meinung, die allen Einwänden widerstand, zur verbindlichen Lehre.[17]

In der christlichen Welt folgte die Scholastik hartnäckig, wenn auch mit beträchtlichen Schwankungen von Universität zu Universität, den Lehren des Aristoteles in der Vermittlung durch die frühen christlichen Philosophen, wie zum Beispiel des Boethius aus dem 5. Jahrhundert, dessen *De consolatione philosophiae* (die Alfred der Große ins Englische übersetzte) das ganze Mittelalter hindurch sehr beliebt war. Im wesentlichen bestand die scholastische Lehrmethode in der Behandlung der Lehrtexte nach feststehenden, offiziell beglaubigten Kriterien, die den Schülern gründlich und schmerzhaft eingepaukt wurden. Beim Lesenlernen hing der Erfolg der Methode mehr von der Ausdauer als von der Intelligenz der Schüler ab.

In der Mitte des 13. Jahrhunderts befaßte sich der spanische König Alfons der Weise mit diesem Problem: »Gut und wahrhaftig sollen die Lehrer ihr Wissen den Schülern zeigen, indem sie ihnen Bücher vorlesen und nach Kräften zu deren Verständnis beitragen; und haben sie einmal zu lesen begonnen, so müssen sie mit dem Unterricht fortfahren, bis sie am Ende des Buches angelangt sind, das sie begonnen haben. Und wenn sie bei Gesundheit sind, sollen sie niemand anderen zum Lesen vorschicken, es sei denn, um ihm Ehre zu erweisen, aber nicht, um sich der Aufgabe des Lesens zu entziehen.«[18]

Bis weit ins 16. Jahrhundert war die scholastische Methode tonangebend in den Universitäten und Gemeinde- und Klosterschulen Europas. Diese Schulen, Vorformen der Lateinschule von Schlettstadt, hatten sich im 4. und 5. Jahrhundert nach dem Niedergang des römischen Bildungssystems herausgebildet und erlebten ihre Blütezeit im 9. Jahrhundert, als Karl der Große allen Kathedralen und Kirchen befahl, Schulen zur Ausbildung der Geistlichen im Lesen, Schreiben, Singen und Rechnen einzurichten. Im 10. Jahrhundert, als der Aufschwung der Städte Einrichtungen zur Vermittlung von Elementarwissen erforderlich machte, bildeten sich Schulen, deren Fortbestand und Ruhm von der Begabung des Schulmeisters abhing.

Äußerlich hatten sich die Schulen seit der Zeit Karls des Großen kaum verändert. Der Unterricht wurde in großen Räumen abgehalten, und gewöhnlich saß der Lehrer an einem erhöhten Katheder, manchmal auch an einem Tisch oder auf einer einfa-

Französische
Schulszene des
frühen 16. Jh.

Französische
Schulszene des
frühen 16. Jh.

Ein Lehrer
wirkt noch über
seinen Tod
hinaus; auf einer
Bologneser
Grabskulptur
aus der Mitte
des 4. Jh. ist
seine Mission
verewigt.

chen Bank (Stühle waren im christlichen Europa vor dem 15. Jahrhundert nicht gebräuchlich). Die Marmorskulptur eines Bologneser Grabes aus der Mitte des 14. Jahrhunderts zeigt einen Lehrer auf einer Bank, das geöffnete Buch vor sich auf dem Pult, den Blick auf die Schüler gerichtet. Mit der Linken hält er das Buch aufgeschlagen, während die Rechte eine erläuternde Geste macht. Auf den meisten Illustrationen sitzen die Schüler auf Bänken, vor sich liniierte Blätter oder Wachstafeln zum Schreiben, oder sie stehen mit geöffneten Büchern um den Lehrer herum. Ein Aushängeschild, das für eine Schule im Jahre 1516 wirbt, zeigt zwei Halbwüchsige, die sich über ihre Texte beugen, während rechts eine Frau am Katheder mit ausgestrecktem Finger ein viel kleineres Kind im Lesen unterweist. Links im Bild steht ein Schüler, wahrscheinlich knapp über zehn, und liest am Lehrerpult in einem Buch, während der Lehrer seiner Autorität mit einem Reisigbündel Nachdruck verleiht. Die Rute und das Buch blieben über Jahrhunderte die Wahrzeichen des Lehrers.

In der Lateinschule von Sélestat brachte man den Schülern zu-

Aushängeschild
für eine Schule,
gemalt 1516 von
Ambrosius
Holbein

erst Lesen und Schreiben bei; später lernten sie die Bestandteile des *Trivium*: vor allem Grammatik, außerdem Rhetorik und Dialektik. Da nicht alle Schüler schon lesen konnten, wenn sie in die Lateinschule eintraten, begann der Unterricht mit einem Abc oder einer Fibel und Sammlungen einfacher Gebete wie dem Vaterunser, dem Ave-Maria und dem apostolischen Glaubensbekenntnis. Nach diesem Grundkurs wurden die Schüler mit verschiedenen Lesebüchern vertraut gemacht, die in den meisten Schulen des Mittelalters verbreitet waren: der *Ars de octo partibus orationis* von Donatus, dem *Doctrinale puerorum* des Franziskanermönchs Alexandre de Villedieu und den *Summulae logicales* von Petrus Hispanus.

Die wenigsten Studenten konnten sich Bücher leisten,[19] und oft besaß nur der Lehrer die teuren Bände. Er schrieb die komplizierten Grammatikregeln an die Tafel – gewöhnlich ohne sie zu erklären, da gemäß der scholastischen Pädagogik das Verständnis kein unerläßlicher Bestandteil des Wissens war. Die Schüler waren dann gezwungen, die Regeln auswendig zu lernen. Wie zu erwarten, waren die Ergebnisse oft enttäuschend.[20]

Jakob Wimpfeling, der die Lateinschule von Schlettstadt zu Beginn der fünfziger Jahre des 15. Jahrhunderts besuchte (und sich wie Rhenanus zu einem der bekanntesten Humanisten seiner Epoche entwickelte), berichtete später, daß diejenigen, die nach dem alten System gelernt hatten, »weder Latein sprechen noch einen Brief oder ein Gedicht verfassen oder eines der Gebete erläutern konnten, die während der Messe üblich waren«[21].

Daß den Novizen das Lesen schwerfiel, hatte mehrere Gründe. Die Interpunktion war, wie schon erwähnt, im 15. Jahrhundert noch willkürlich, und Großbuchstaben wurden nur gelegentlich gebraucht. Viele Wörter waren abgekürzt, manchmal vom Schüler selbst, der sich beim Notieren beeilt hatte, aber oft entsprach es auch dem – vielleicht der Papierersparnis dienenden – Brauch, so daß der Leser nicht nur die Laute lesen können mußte, sondern die zusätzliche Mühe hatte, die Abkürzungen zu entschlüsseln. Schließlich gab es keine einheitliche Schreibung für die Wörter, ein und dasselbe Wort konnte in allen möglichen Schreibweisen auftauchen.[22]

Der scholastischen Methode folgend, erlernten die Schüler das Lesen der orthodoxen Kommentare, die das Äquivalent der heutigen Erläuterungen zum Text darstellten. Die Studenten durften sich die Originaltexte – ob die der Kirchenväter oder, weit seltener, der antiken Dichter – nicht direkt aneignen, sondern mußten sie sich nach einem festgelegten Schema erschließen. Zuerst kam die *lectio*, eine grammatische Analyse, in der jeder einzelne Satz in seine Bestandteile zerlegt wurde; das führte zur *littera* oder zum Wortlaut des Textes. Der *littera* folgte der *sensus*, die Deutung des Textes gemäß den verschiedenen kanonisierten Interpretationen. Der Vorgang endete mit einer Exegese, der *sententia*, in der die Meinungen der maßgeblichen Kommentatoren erörtert wurden.[23] Ein solches Lesen sollte nicht zu einem individuellen Verständnis führen, sondern zur Fähigkeit, die Kommentare der Autoritäten wiederzugeben und zu vergleichen und auf diese Weise »ein besserer Mensch« zu werden.

Ein Lehrer mit erhobener Zuchtrute; Farbminiatur aus einer französischen Übersetzung der *Politik* von Aristoteles des späten 15. Jhs.

Der Rhetorikprofessor Lorenzo Guidetti aus dem 15. Jahrhundert definierte seinen Lehrauftrag folgendermaßen: »Denn wenn ein guter Lehrer es unternimmt, eine Passage zu erläutern, ist er darauf bedacht, seine Schüler zur flüssigen Rede und zu einem tugendhaften Lebenswandel zu erziehen. Wenn ein dunkler Satz auftritt, der keinem dieser beiden Zwecke dient, aber leicht erschließbar ist, ziehe ich es vor, ihn vom Schüler erläutern zu lassen. Ist der Sinn nicht ohne weiteres erkennbar, werde ich den Schüler nicht tadeln, der an ihm versagt. Wer aber darauf besteht, sich in Nebensächlichkeiten zu ergehen, deren Erörterung eine Verschwendung von Mühe und Zeit bedeutet, den werde ich pedantisch nennen.«[24]

1441 beschloß Jean de Westhus, Priester der Schlettstädter Gemeinde und örtlicher Friedensrichter, einen Absolventen der Heidelberger Universität, Louis Dringenberg, in das Amt des Schuldirektors zu berufen. Angeregt durch die humanistischen Gelehrten, die in Italien und den Niederlanden die alten Unterrichtsmethoden in Frage stellten und deren Einfluß allmählich auch auf Frankreich und Deutschland übergriff, führte Dringenberg grundlegende Änderungen ein.

Er behielt die alten Lesebücher von Donat und Alexandre bei, behandelte aber nur noch Auszüge davon, die er mit den Schülern diskutierte; er erläuterte die Grammatikregeln, statt sie lediglich auswendig lernen zu lassen, er verwarf die alten Kommentare und Lehrtexte, die »dem Schüler nicht helfen, eine elegante Sprache zu erwerben«[25], und arbeitete statt dessen mit den klassischen Texten der Kirchenväter selbst. Indem er das überkommene Lehrschema der Scholastiker verwarf und den Schülern erlaubte, die vorgelegten Texte zu diskutieren (ohne dabei seine strenge Führung zu vernachlässigen), gewährte er ihnen ein Maß an Lesefreiheit, das sie vorher nicht gekannt hatten. Er fürchtete sich nicht vor dem, was Guidetti als »Nebensächlichkeiten« abgetan hatte. Als er 1477 starb, war in Schlettstadt das Fundament für eine neue Schulmethodik gelegt.[26]

Dringenbergs Nachfolger wurde der siebenundzwanzigjährige Crato Hofman, ebenfalls ein Heidelberger Absolvent, der, wie seine Schüler sagten, »mit Vergnügen streng und mit Strenge vergnügt«[27] war. Wer sich dem Studium der Literatur nicht ausreichend widmete, bekam den Rohrstock zu spüren. Während Dringenberg die Schüler vornehmlich mit den Texten der Kirchenväter vertraut gemacht hatte, zog Hofman die römischen und griechischen Klassiker vor.[28]

Ein Schüler bezeugte, daß Hofman wie schon Dringenberg »die alten Kommentare und Glossen aus tiefster Seele gehaßt«[29] habe. Statt die Klasse durch einen Morast grammatischer Regeln zu zerren, ging er sehr schnell zum Lesen der Texte selbst über und ließ sie außerdem an seinem Schatz archäologischer, geographischer und historischer Anekdoten teilhaben. Ein anderer Schüler erinnerte sich, daß sie, nachdem Hofman sie durch die Werke von

Ovid, Cicero, Sueton, Valerius Maximus, Antonius Sabellicus und anderen geleitet hatte, beim Beziehen der Universität »fließend Latein sprachen« und »profunde Kenntnisse der Grammatik«[30] besaßen. Obwohl die Kalligraphie, die Kunst des Schönschreibens, nie vernachlässigt wurde, galt Hofman die Fähigkeit, fließend, genau und bewußt zu lesen und dem Text geschickt »jeden Tropfen Gehalts abzupressen«, als oberstes Ziel.

Aber auch in Hofmans Unterricht waren die Texte nie ganz der zufälligen Interpretation der Schüler überlassen. Im Gegenteil wurden sie nach der Abschrift systematisch und rigoros zergliedert, bis sich eine Moral aus ihnen ableiten ließ – die Regeln der Höflichkeit, des Anstands und des Glaubens sowie die Warnungen vor dem Laster: alles eben, was ein Schüler lernen mußte, von den Tischmanieren bis zu den Fallstricken der sieben Todsünden. »Ein Lehrer«, so schrieb ein Zeitgenosse Hofmans, »darf nicht nur das Lesen und Schreiben lehren, sondern auch christliche Tugenden und Moral; er muß danach streben, in die kindliche Seele den Samen der Tugend einzupflanzen; das ist wichtig, weil, wie Aristoteles sagt, ein Mensch sich später entsprechend seiner Erziehung verhält; alle Gewohnheiten, vor allem gute Gewohnheiten, die in der Jugend Wurzeln geschlagen haben, können später nicht mehr ausgerissen werden.«[31]

Die Schlettstädter Schreibbücher von Rhenanus und Gisenheim beginnen mit Sonntagsgebeten und Sprüchen aus dem Psalter, die am ersten Unterrichtstag von der Tafel abgeschrieben worden waren. Die beiden Schüler kannten sie wahrscheinlich schon auswendig, ohne sie lesen zu können, und beim Abschreiben sollten sie die Wortfolgen mit dem Klang der ihnen vertrauten Verse in Verbindung bringen. Zwei Jahrhunderte später wurde diese »globale« Methode des Lesenlernens von Nicolas Adam in seiner *Verläßlichen Methode zur Erlernung einer jeden Sprache* dargelegt: »Wenn man einem Kind einen Gegenstand zeigt, etwa ein Kleid, ist man je auf die Idee gekommen, ihm zuerst die Rüschen, dann die Ärmel, dann das Vorderteil und dann die Taschen und Knöpfe zu zeigen? Natürlich nicht. Man zeigt ihm das Ganze und sagt: ›Dies ist ein Kleid.‹ So lernen Kinder von ihren Ammen das Sprechen. Warum soll man, wenn man das Lesen unterrichtet, nicht ähnlich verfahren? Man soll alle Alphabete verstecken und alle Latein- und Französischbücher; man soll sie mit ganzen Wörtern unterhalten, die sie verstehen und die sie sich viel leichter und mit mehr Freuden merken als gedruckte Buchstaben und Silben.«[32]

Heutzutage lernen Blinde auf ähnliche Weise lesen, indem sie das ganze Wort – das sie schon kennen – »erfühlen«, anstatt es Buchstabe für Buchstabe zu entziffern. In Erinnerung an ihre Erziehung sagte die blinde und taubstumme Helen Keller, daß die Lehrerin ihr, sobald sie buchstabieren konnte, Pappstreifen gab, auf denen ganze Worte in erhabenen Lettern gedruckt waren. »Ich lernte bald begreifen, daß jedes gedruckte Wort einen Gegenstand, eine Tätigkeit oder eine Eigenschaft bedeutete. Ich hatte einen Rahmen, in dem ich die Wörter zu kurzen Sätzen aneinanderreihen konnte; ehe ich aber Sätze in den Rahmen spannte, pflegte ich die Gegenstände darzustellen. Ich fand zum Beispiel die Streifen mit den Wörtern *doll, is, on, bed* und legte jedes Substantiv auf den betreffenden Gegenstand; dann legte ich meine Puppe ins Bett und neben sie die Wörter *is, on, bed,* indem ich so einen Satz aus den Wörtern bildete und zur gleichen Zeit den Inhalt des Satzes mit Hilfe der Gegenstände selbst darstellte.«[33]

Da für das blinde Kind Worte konkrete Objekte waren, die man wirklich berühren konnte, konnten sie als Sprachzeichen durch die Objekte ersetzt werden, die sie repräsentierten. Das war natürlich für die Schlettstädter Schüler nicht der Fall, für sie blieben die Wörter auf der Seite abstrakte Zeichen.

Dasselbe Schreibbuch wurde über mehrere Jahre benutzt, wahrscheinlich aus ökonomischen Gründen, etwa wegen der Papierkosten, aber auch deshalb, weil Hofman wollte, daß die Schüler ihre Fortschritte verfolgen und memorieren konnten. Die Handschrift des Rhenanus zeigt im Verlauf der Jahre kaum eine Veränderung. Die Zeilen stehen in der Seitenmitte und lassen breite Ränder und große Zwischenräume für spätere Anmerkungen und Kommentare frei. Die Schrift hält sich an den gotischen Stil deutscher Manuskripte des

Helen Keller beim Lesen eines Buches in Blindenschrift

15. Jahrhunderts, an jene elegante Handschrift, die auch Gutenberg zur Vorlage nahm, als er die Lettern für seine Bibel schnitt. Die kräftige und klare Schrift in violetter Tinte machte es Rhenanus leicht, den Text mit dem Blick zu erfassen. Auf mehreren Seiten finden sich Schmuckinitialen (sie erinnern mich an die kunstvollen Anfangsbuchstaben, die ich verwandte, um meine Hausaufgaben in Erwartung besserer Zensuren aufzuwerten). Nach den Andachten und kurzen Zitaten aus den Kirchenvätern – alle an den Rändern und zwischen den Zeilen mit grammatikalischen oder etymologischen Bemerkungen und manchmal kritischen Kommenta-

Das Schreibbuch des jungen Beatus Rhenanus, das in der Humanistischen Bibliothek von Sélestat (Schlettstadt) aufbewahrt wird

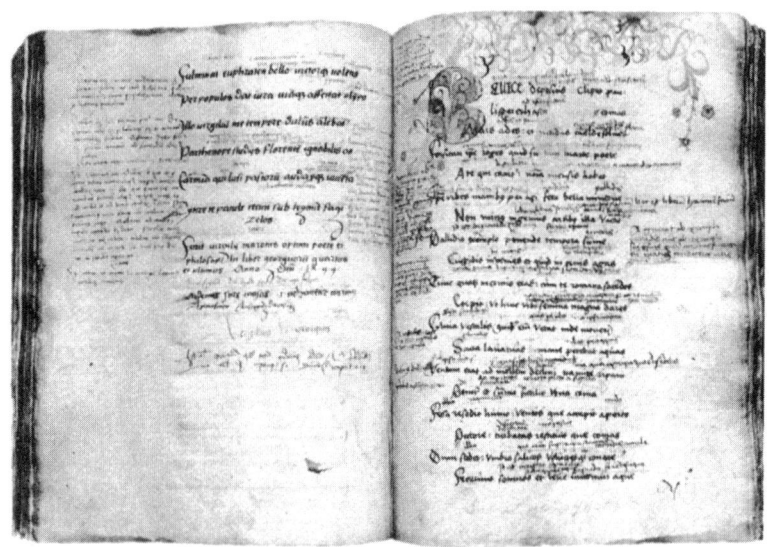

ren in schwarzer Tinte versehen, die wahrscheinlich später hinzugefügt wurden – schreitet das Schreibbuch zum Studium der klassischen Autoren fort.

Hofman legte Wert auf die grammatische Stimmigkeit dieser Texte, aber von Zeit zu Zeit erinnerte er seine Schüler daran, daß ihre Lektüre nicht nur dem Studium und der Analyse, sondern auch der Herzensbildung zu dienen habe. Weil er selbst Schönheit und Weisheit in den antiken Texten gefunden hatte, ermutigte er seine Schüler, den Dichtungen jener längst entschwundenen Seelen Eindrücke abzugewinnen, die sie persönlich, in ihrer Zeit und an ihrem Ort, ansprachen.

1498 zum Beispiel, als sie das vierte, fünfte und sechste Buch von Ovids *Fasti* lasen, oder im Jahr darauf die Anfangsabschnitte von Vergils *Bucolica* und dann alle vier Bücher der *Georgica* abschrieben, läßt ein hier und da notiertes Wort des Lobes, eine enthusiastische Randbemerkung darauf schließen, daß Hofman seine Schüler an solchen Stellen dazu anhielt, seine Begeisterung und sein Vergnügen mit ihm zu teilen.

Betrachtet man Gisenheims Notizen, die den Texten sowohl auf lateinisch als auch auf deutsch hinzugefügt sind, können wir das analytische Lesen nachvollziehen, das in Hofmans Unterricht praktiziert wurde. Viele der Wörter, die Gisenheim an die Ränder seiner lateinischen Abschriften schrieb, sind Synonyme oder Übersetzungen; manchmal folgt auch eine Erklärung. Über das Wort *prognatos* zum Beispiel hat der Schüler das Synonym *progenitos* geschrieben und dann auf deutsch erklärt: »die von dir selbst geboren werden«. Andere Anmerkungen klären die Etymologie eines Wortes und die Beziehung zum deutschen Äquivalent. Isidor von Sevilla, ein Theologe des 7. Jahrhunderts, dessen *Etymologien*, ein umfangreiches Werk von zwanzig Bänden, die Bedeutung und den Gebrauch von Wörtern erläuterte, war ein beliebter Autor in Schlettstadt.

Hofman scheint besonders daran interessiert gewesen zu sein, den Schülern den richtigen Gebrauch der Wörter beizubringen, auf ihre Bedeutung und ihre Konnotationen zu achten, so daß sie mit Sachverstand interpretieren oder übersetzen konnten. Am Ende des Schreibbuchs ließ er die Schüler einen *Index rerum et verborum* (ein Sach- und Wörterverzeichnis) anfertigen, in dem die behandelten Gegenstände definiert wurden – ein Schritt, der ihnen zweifellos ihre Fortschritte vor Augen führte und die jahrelangen Aufzeichnungen in ein gelehrtes Buch verwandelte, von dem sie ein Leben lang profitieren konnten.

Manche Passagen enthalten Hofmans Kommentare zu den Texten. Nirgends aber finden sich Hinweise auf die Aussprache der Wörter, was vermuten läßt, daß Gisenheim, Rhenanus und ihre Mitschüler die Texte oft genug laut gesprochen hatten, um sich die richtige Aussprache einzuprägen. Auch Betonungszeichen fehlen, und so wissen wir nicht, ob Hofman eine bestimmte Sprachmelodie beim Lesen verlangte oder dies dem Zufall überließ. Die dichterischen Passagen verlangten zweifellos eine regelmäßige Kadenz, und so dürfen wir uns einen Schulmeister Hofman vorstellen, der mit getragener Stimme die alten, klangvollen Verse deklamiert.

Die Schreibbücher sind ein Beleg dafür, daß in der Mitte des

15. Jahrhunderts das Lesen, zumindest in dieser humanistischen Schule, allmählich der Verantwortung des einzelnen Lesers übertragen wurde. Die früheren Autoritäten – Übersetzer, Kommentatoren und Kompilatoren, Exegeten, Zensoren und Dogmatiker – hatten alle Schriftwerke in ihre offiziellen Rangstufen eingeordnet und ihnen Intentionen zugeschrieben. Jetzt wurde von den Lesern verlangt, selbständig zu lesen und bisweilen auch den Sinn und Wert ihrer Lektüre im Lichte dieser Autoritäten einzuschätzen. Der Wandel vollzog sich natürlich nicht mit einemmal, und er läßt sich auch nicht präzise auf eine Zeit und einen Ort festlegen. Schon im 13. Jahrhundert hatte ein anonymer Schreiber an den Rand einer Klosterchronik geschrieben: »Man sollte es sich beim Lesen von Büchern zur Gewohnheit machen, mehr auf den Sinn als auf die Wörter zu achten, sich an die Früchte zu halten und nicht an das Laub.«[34] Diese Gedanken fanden ihren Widerhall in Hofmans Unterricht. In Oxford, Bologna, Bagdad, sogar in Paris, wurden die scholastischen Lehrmethoden in Frage gestellt und nach und nach überwunden. Unterstützt wurde dies durch die plötzliche Verfügbarkeit von Büchern nach der Erfindung des Buchdrucks, aber auch durch die Tatsache, daß die erheblich einfachere Sozialstruktur vergangener Jahrhunderte, des Europas Karls des Großen und der spätmittelalterlichen Welt, ökonomisch, politisch und geistig auseinandergebrochen war. Für die neuen Gelehrten – etwa einen Beatus Rhenanus – hatte die Welt scheinbar ihre Stabilität verloren und eine verstörende Komplexität angenommen.

Wie zur Bestätigung dafür erschien im Jahr 1543 Kopernikus' umstrittene Abhandlung *De revolutionibus orbium coelestium* (*Von der Bewegung der Himmelskörper*), welche die Sonne in den Mittelpunkt des Universums stellte und damit den *Almagest* des Ptolemäus widerlegte, demzufolge die Erde und die Menschheit das Zentrum der gesamten Schöpfung bilden.[35]

Der Übergang von der Scholastik zu freieren Denksystemen brachte noch eine weitere Entwicklung mit sich: Bislang hatte die Aufgabe eines Gelehrten – oder auch Lehrers – im Streben nach Wissen bestanden, das nach festen Regeln und Kanons und erprobten Lernmethoden verlief; der Lehrer hatte eine öffentliche Funktion inne: Er sollte die Texte und ihre verschiedenen Bedeutungsebenen einem möglichst großen Publikum zugänglich machen und eine gemeinsame Sozialgeschichte in allen politischen, philosophischen und Glaubensdingen vermitteln. Nach dem Wirken von Dringenberg, Hofman und der übrigen Lehrer verließen ihre Zöglinge, die neuen Humanisten, das Klassenzimmer und das öffentliche Forum und zogen sich wie Rhenanus in die abgeschlossenen Räume von Studierzimmern und Bibliotheken zurück, um ungestört zu lesen und zu denken. Die Lehrer der Lateinschule zu Schlettstadt hatten ihnen die orthodoxen Lehren vermittelt, die eine festgelegte gemeinsame und »richtige« Lesart einschloß, ihren Schülern aber auch den Keim der aufgeschlosseneren und persönlichen humanistischen Weltsicht eingepflanzt. Diese zogen späterhin daraus Konsequenzen, sie machten das Lesen zum Bestandteil ihrer privaten Welt und Erfahrung und pochten bei jedem Text auf ihre persönliche Autorität als individuelle Leser.

❧ DIE FEHLENDE ERSTE SEITE ❧

I n meinem letzten Schuljahr am Colegio Nacional de Buenos Aires stand ein Lehrer, dessen Namen ich lieber verschweige, vor der Klasse und las uns das Folgende vor:

Franz Kafka als Gymnasiast, etwa 1898

Alle diese Gleichnisse wollen eigentlich nur sagen, daß das Unfaßbare unfaßbar ist, und das haben wir gewußt. Aber das, womit wir uns jeden Tag abmühen, sind andere Dinge.

Darauf sagte einer: »Warum wehrt ihr euch? Würdet ihr den Gleichnissen folgen, dann wäret ihr selbst Gleichnisse geworden und damit schon der täglichen Mühe frei.«

Ein anderer sagte: »Ich wette, daß auch das ein Gleichnis ist.«

Der erste sagte: »Du hast gewonnen.«

Der zweite sagte: »Aber leider nur im Gleichnis.«

Der erste sagte: »Nein, in Wirklichkeit; im Gleichnis hast du verloren.«[1]

Der kurze Text, den unser Lehrer nie zu erklären versuchte, beunruhigte uns und war die Ursache vieler Diskussionen im verräucherten Café La Puerto Rico, das sich unweit der Schule befand. Franz Kafka schrieb ihn im Jahre 1922 in Prag, zwei Jahre vor seinem Tod. Fünfundvierzig Jahre später konfrontierte er uns wißbegierige Jugendliche mit dem beängstigenden Gefühl, daß jede unserer Deutungen und Folgerungen, jeder Glaube, ihn und seine Allegorien »verstanden« zu haben, falsch war.

Was jene wenigen Zeilen nahelegten, war nicht bloß, daß jeder Text als Gleichnis gelesen werden kann (und hier verschwimmt die Unterscheidung zwischen »Gleichnis« und dem weniger lehrhaften »Symbol«[2]), da er über sich hinausweist, sondern auch, daß jede Deutung selbst ein Gleichnis und damit Gegenstand anderer Deutungen ist. Ohne von dem Literaturwissenschaftler Paul de Man gehört zu haben, für den »das gleichnishafte Erzählen die Geschichte des Scheiterns der Interpretation erzählt«[3], stimmten wir mit ihm darin überein, daß eine Interpretation niemals endgültig sein kann. Mit einem wichtigen Unterschied: Was de Man als anarchisches Scheitern ansah, nahmen wir als Beweis für unsere Freiheit als Leser. Wenn es bei der Deutung so etwas wie »das letzte Wort« nicht gab, dann konnte keine Autorität uns eine »richtige« Lesart aufzwingen. Mit der Zeit merkten wir, daß einige Interpretationen besser waren als anderer – fundierter, hellsichtiger, herausfordernder, vergnüglicher, verstörender. Aber das neu entdeckte Gefühl der Freiheit verließ uns nicht mehr, und selbst jetzt noch, wenn ich mich an einem Buch erfreue, das ein Kritiker verdammt hat, oder ein anderes, heiß gepriesenes zur Seite lege, steigt dieses rebellische Gefühl von damals wieder in mir hoch.

Sokrates war der festen Überzeugung, daß nur das, was der Leser bereits weiß, durch Lektüre in ihm wachgerufen werden kann, und aus toten Buchstaben keine Weisheit zu erlangen ist. Die frühen mittelalterlichen Gelehrten verfolgten beim Studium der Schriften eine Vielzahl von Stimmen, die letztlich eine einzige wiedergaben, das Wort Gottes. Die humanistischen Gelehrten des ausgehenden Mittelalters bereiteten dann der Erkenntnis den Boden, daß der Text (auch Platons Dialoge über die Thesen des Sokrates) und alle nachfolgenden Kommentare wechselnder Lesegenerationen nicht nur eine einzige Deutung, sondern eine nicht endende Kette von Deutungen ermöglichte. Die Rede des Lysias war, als wir sie in der Schule lasen, geprägt von Jahrhunderten der Deutung, von denen Lysias nicht das geringste geahnt hatte, konnte er doch nicht einmal die Begeisterung des Phaidros und die gewitzten Kommentare des Sokrates voraussahnen. Die Bücher in meinen Regalen kennen mich nicht, bis ich sie aufschlage, trotzdem bin ich überzeugt, daß sie sich namentlich an mich – und jeden anderen Leser – wenden; sie erwarten unseren Kommentar und unsere Meinung. Platon rechnete auf mich als Leser, so wie es jedes andere Buch tut, selbst diejenigen, die ich niemals lesen werde.

Um das Jahr 1316 schrieb Dante in einem berühmten Brief an den kaiserlichen Statthalter Can Grande della Scala, daß ein Text mindestens zwei Lesearten zuläßt, »denn wir erhalten eine Bedeutung aus den Buchstaben und eine andere aus dem, was die Buchstaben bezeichnen; die erste wird *wörtlich* genannt, aber die zweite *allegorisch* oder *mystisch*«. Dante fährt fort, daß die allegorische Bedeutung drei weitere Lesearten umfasse. Als Beispiel nannte er den Bibelvers: »Als Israel aus Ägypten auszog, das Haus Jakob aus dem fremden Volk, da wurde Juda sein Heiligtum, Israel sein Reich« und erklärte: »Denn wenn wir allein den *Wortlaut* betrachten, so haben wir vor uns den Auszug der Kinder Israels aus Ägypten zur Zeit Moses; betrachten wir die *Allegorie*, haben wir unsere Erlösung durch Christus; im *analogischen* Sinn wird uns die Rettung der Seele aus der Ver-

Dante mit der *Göttlichen Komödie* in der Hand; Fresko von Domenico di Michelino im Dom zu Florenz (15. Jh.)

dammnis und die Gnade vorge-
führt; beim *anagogischen* wird
uns der Aufbruch der heiligen
Seele aus den Fesseln der Ver-
derbtheit in die Freiheit der ewigen Herrlichkeit gezeigt. Obwohl diese mystischen Bedeutungen verschiedene Namen haben,
können sie alle *allegorisch* genannt werden, da sie sich vom
wörtlichen und vom historischen
Sinn unterscheiden.«[4]

All dies sind mögliche Lesarten. Manche Leser mögen die
eine oder andere für falsch halten: vielleicht mißtrauen sie einer »historischen« Interpretation, wenn ihnen der entsprechende Kontext fehlt; sie mögen
der »allegorischen« Lesart widersprechen, weil sie den Bezug auf
Jesus Christus für anachroni-
stisch halten; sie mögen die »ana-
logische« (durch Analogie) und
»anagogische« (durch Bibeldeutung gewonnene) Lesart für abstrus und hergeholt erachten. Sogar die »wörtliche« Bedeutung erscheint zweifelhaft. Was genau bedeutet »auszogen«? Oder »Haus«? Oder »Reich«?

Es scheint, daß ein Leser, um einen Text auch nur ansatzweise zu verstehen, orientiert sein muß über dessen Entstehung, den historischen Hintergrund, die besondere Wortwahl und sogar über jenes rätselhafte Etwas, das Thomas von Aquin als *quem auctor intendit* bezeichnete: die Absicht des Autors. Und dennoch kann jeder Leser jedem beliebigen Text, wenn er nur in seiner Sprache geschrieben ist, *irgendeinen* Sinn entnehmen, ob es sich dabei um Dada-Poesie, Horoskope, hermetische Dichtung, Computerhandbücher handelt oder gar um politischen Schwulst.

1782, etwa 450 Jahre nach Dantes Tod, erließ Kaiser Joseph II. ein Edikt, das *Toleranzpatent*, das zumindest theoretisch die meisten Barrieren zwischen Juden und Nichtjuden im Heiligen Römischen Reich Deutscher Nation beseitigte, und zwar mit der Absicht, die Juden der christlichen Bevölkerung zu assimilieren. Das neue Gesetz verpflichtete die Juden dazu, für alle amtlichen Papiere deutsche Vor- und Nachnamen anzunehmen, sich zum Militärdienst zu melden (von dem sie bis dahin ausgeschlossen waren) und weltliche Schulen zu besuchen. Ein Jahrhundert später, am 15. September 1889, wurde in der Stadt Prag der sechsjährige Franz Kafka von der Köchin der Familie in die »Deutsche Volks- und Bürgerschule« am Fleischmarkt gebracht[5] (eine deutschsprachige Schule, die inmitten eines tschechisch-nationalistischen Umfelds überwiegend von Juden geführt wurde).

Kafka haßte die Grundschule wie später das Altstädter Gymnasium. Ihm war, als wäre es ihm ungeachtet seiner Erfolge (er bestand alle Prüfungen mit Leichtigkeit) lediglich gelungen, die Großen zu betrügen, und malte sich deshalb aus, »wie sie [die Professoren], wenn ich die Prima überstanden hatte, also in der Sekunda, wenn ich diese überstanden hatte, also in der Tertia und so weiter, zusammenkommen würden, um diesen einzigartigen, himmelschreienden Fall zu untersuchen, wie es mir, dem Unfähigsten und jedenfalls Unwissendsten gelungen war, mich bis hinauf in diese Klasse zu schleichen, die mich, da nun die allgemeine Aufmerksamkeit auf mich gelenkt war, natürlich sofort ausspeien würde, zum Jubel aller von diesem Alpdruck befreiten Gerechten«[6].

Am Gymnasium war ein Drittel des Unterrichts den klassischen Sprachen gewidmet, der Rest galt den Fächern Deutsch, Geographie und Geschichte. Arithmetik wurde eher als unbedeutend erachtet, Tschechisch, Französisch und Leibesübungen waren wahlfrei. Von den Schülern wurde erwartet, daß sie ihre Lektionen auswendig lernten und auf Verlangen wiederkäuten. Der Philologe Fritz Mauthner, Kafkas Zeitgenosse, schrieb: »Von den vierzig Schülern in meiner Klasse erreichten vielleicht drei oder vier die Stufe, daß sie unter größter Mühe einen klassischen Text Wort für Wort übersetzen konnten … Dadurch wurde ihnen gewiß nicht die geringste Ahnung vom Geist der Antike vermittelt, von seiner unvergleichlichen und unnachahmbaren Besonderheit … Was den Rest, die verbleibenden 90 Prozent betrifft, so schafften sie es, das Abschlußexamen zu bestehen, ohne von ihren minimalen Griechisch- und Lateinkenntnissen jemals das geringste Vergnügen zu empfangen. Nach dem Examen wurden diese Kenntnisse von jedem prompt vergessen.«[7]

Die Lehrer ihrerseits scheinen den Schülern die mangelnde Dankbarkeit verübelt zu haben und behandelten sie überwiegend mit Verachtung. In einem Brief an seine Verlobte Felice Bauer schrieb Kafka Jahre später: »Ich denke dabei an einen Professor, der während der Lesung der *Ilias* oft sagte: ›Sehr schade, daß man das mit euch lesen muß. Ihr könnt es ja nicht verstehen, selbst wenn ihr glaubt, daß ihr es versteht, versteht ihr es gar nicht. Man muß viel erfahren haben, ehe man auch nur einen Zipfel davon versteht.‹«[8]

Zeitlebens las Kafka mit dem Gefühl, daß ihm die Erfahrung und das Wissen fehlten, um wenigstens zu den Anfangsgründen des Verstehens vorzustoßen.

Kafkas Freund und Biograph Max Brod empfand den Religionsunterricht am Gymnasium als mangelhaft. Weil die jüdischen Schüler gegenüber den Protestanten und Katholiken in der Mehrheit waren, blieben sie in der Klasse, wo sie auf deutsch in jüdischer Geschichte unterrichtet wurden und Gebete auf hebräisch aufsagten, in einer Sprache, von der die meisten nichts wußten. Erst später entdeckte Kafka in sich eine verborgene Verwandtschaft mit den alten Talmudisten. Diese sahen die Bibel als ein Buch voller verschlüsselter Bedeutungen, denen nachzuspüren der Zweck unseres Erdenwandels war. »Man liest, um Fragen zu stellen«, sagte Kafka einst zu einem Freund.[9]

Den Midraschim zufolge, einer Sammlung von gelehrten Kommentaren zur Auslegung der heiligen Schriften, bestand die Thora, die Mose von Gott auf dem Berg Sinai empfing, aus einem geschriebenen Text und einer mündlichen Erläuterung. In den vierzig Tagen, die Mose in der Wüste verbrachte, bevor er zu seinem

Volk zurückkehrte, las er am Tag das geschriebene Wort und studierte nachts die mündliche Auslegung. Das Konzept eines doppelten Textes – des geschriebenen Wortes und seiner Kommentierung – besagte, daß die Bibel einen nicht versiegenden Quell der Offenbarung darstellte, der zwar der Heiligen Schrift entsprang, aber nicht auf diese beschränkt war.

Der Talmud, bestehend aus der Mischna (einer Sammlung von sogenannten mündlichen Gesetzen, die den Pentateuch, die fünf Bücher Mosis des Alten Testaments ergänzen) und der Gemara, ihrer Auslegung in Form einer Diskussion, wurde geschaffen, um die verschiedenen Schichten von Deutungen über viele Jahrhunderte zu bewahren, ausgehend vom 5. und 6. Jahrhundert (in Palästina bzw. Babylonien) bis in die moderne Zeit, als die wissenschaftliche Standardausgabe des Talmud im ausgehenden 19. Jahrhundert in Wilna herausgegeben wurde.

Unter den jüdischen Gelehrten entwickelten sich im 16. Jahrhundert zwei verschiedene Arten der Bibelinterpretation. Die eine, die in den sephardischen Schulen Spaniens und Nordafrikas vorherrschend war, faßte vorzugsweise den Inhalt eines Abschnitts mit kurzer Besprechung der Details zusammen und konzentrierte sich dabei auf die wörtliche und grammatikalische Bedeutung. Die aschkenasische Richtung in Frankreich, Polen und den deutschen Ländern hingegen analysierte jede Zeile und jedes Wort, um ihre Bedeutung möglichst umfassend auszuschöpfen. Der letzteren Tradition gehörte Kafka an.

Weil es das Ziel der aschkenasischen Talmudgelehrten war, den Text auf jeder denkbaren Bedeutungsebene zu erschließen und auch alle Kommentare bis zurück zum Ursprungstext in die Auslegung einzubeziehen, wurde aus der Talmudliteratur eine sich selbst regenerierende Textsammlung, die sich unter der fortschreitenden Auslegung ständig weiterentwickelte, aber dabei die alten Deutungen nicht verdrängte, sondern in sich aufnahm. Die aschkenasischen Talmudgelehrten bewegten sich bei der Auslegung gewöhnlich auf vier Bedeutungsebenen, die allerdings mit den von Dante vorgeschlagenen Lesarten wenig gemein hatten. Die vier Ebenen waren in dem Akronym *PaRDeS* enthalten: *Pschat* oder wörtliche Bedeutung, *Remez* oder eingegrenzte Bedeutung, *Drasch* oder rationale Auslegung und *Sod* oder okkulte, geheime, mystische Bedeutung. So wurde das Lesen zu einem unendlichen Prozeß. Rabbi Levi Yitzhak von Berditschew, einer der großen chassidischen Lehrer des 18. Jahrhunderts, wurde gefragt, warum allen Traktaten im babylonischen Talmud die erste Seite fehle, so daß der Leser gezwungen sei, mit der zweiten Seite zu beginnen. Er antwortete: »Wie viele Seiten ein tüchtiger Mann auch immer gelesen hat, er soll nie vergessen, daß er noch nicht zur ersten Seite gelangt ist.«[10]

Für den Talmudgelehrten vollzieht sich die Lektüre eines Textes mit Hilfe einer Reihe von möglichen Methoden. Betrachten wir ein kleines Beispiel: Unter Anwendung eines Systems, das als *Gematria* bekannt ist und in dem die Buchstaben eines heiligen Textes in Zahlenäquivalente übersetzt werden, erklärte einer der berühmtesten Talmudkommentatoren, der im 11. Jahrhundert lebende und als Raschi bekannte Rabbi Schelomo Jizchahi, die Bedeutung der Genesis, Kapitel 17, wo Gott Abraham verkündet, daß seine betagte Frau Sarah einen Sohn namens Isaak gebären wird. Die hebräische Schreibweise von »Isaak« besteht aus den Buchstaben Y, tz, h und q. Rashi versah jeden Buchstaben mit einer Zahl:

Y: 10, die zehn Male, die Abraham und Sarah erfolglos versuchten, ein Kind zu bekommen.
TZ: 90, Sarahs Alter bei Isaaks Geburt.
H: 8, der achte Tag, an dem der Knabe beschnitten werden muß.
Q: 100, Abrahams Alter bei Isaaks Geburt.

Eine der Ebenen, auf der der Text gedeutet werden kann, offenbart nach der Entschlüsselung Abrahams Antwort an Gott:

Werden wir ein Kind haben nach zehn Jahren des Wartens?
Wie denn? Sie ist neunzig Jahre alt!
Ein Kind, das nach acht Tagen beschnitten werden muß?
Das mir, der ich schon hundert Jahre alt bin?[11]

Viele Jahrhunderte nach Raschi, am Vorabend des Holocaust, der mit den Juden auch alle jüdische Weisheit aus der Welt schaffen wollte, entwickelte Kafka in Prag, dem Treffpunkt deutscher, tschechischer und jüdischer Kultur und einstigen Zentrum des Chassidismus, eine Art des Lesens, die ihm ermöglichte, Worte zu entschlüsseln und gleichzeitig seine Fähigkeit des Entschlüsselns in Zweifel zu ziehen, Texte zu verstehen und doch nicht mit den Umständen seiner eigenen Existenz zu verwechseln – ganz so, als reagierte er damit auf den hochmütigen Griechischlehrer, der ihm seine mangelnde Lebenserfahrung vorhielt, und zugleich auf seine rabbinischen Vorfahren, für die ein Text ein ständig lockender Schatz von Offenbarungen war.

Was hat Kafka gelesen? Als Kind, so wird bezeugt,[12] waren es Märchen, Sherlock-Holmes-Geschichten, Reiseberichte aus fremden Ländern; später kamen Goethe, Thomas Mann, Hermann Hesse, Dickens, Flaubert, Kierkegaard und Dostojewski. In seinem Zimmer, vom Lärm der Familie umtost, oder in seinem Büro im zweiten Stock der Arbeiter-Unfallversicherungsanstalt brütete er oft heimlich über irgendwelchen Büchern, ständig auf der Suche nach Bedeutungen, von denen keine schwerer oder leichter wog als die andere. Er erschuf sich eine ganze Bibliothek von Texten, die sich wie eine Schriftrolle auf dem leeren Blatt, das er vor sich hatte, abwickelte; wie ein Talmudgelehrter, der sich von Auslegung zu Auslegung arbeitet, träumte er sich vom Urtext fort, um sich immer tiefer in ihn zu versenken.

Eines Tages, bei einem Spaziergang durch Prag mit Gustav Janouch, dem Sohn eines Kollegen, blieb er vor dem Schaufenster eines Buchladens stehen. Als er sah, wie sein junger Begleiter beim Versuch, die Titel der aufgereihten Bücher zu lesen, den Kopf nach rechts und links neigte, lachte er.

»Sie sind wohl auch ein Büchernarr, dem die Lektüre den Kopf hin und her reißt.«

»Ja, so ist es. Ich glaube, daß ich ohne Bücher nicht existieren könnte. Für mich sind sie die Welt.«

Dr. Kafka zog die Augenbrauen zusammen.

»Das ist ein Irrtum. Das Buch kann die Welt nicht ersetzen. Das ist unmöglich. Im Leben hat alles seinen Sinn und seine Aufgabe, die von etwas anderem nicht restlos erfüllt werden kann. Man kann – zum Beispiel – sein Erleben nicht mittels eines Ersatzmannes bewältigen. So ist es auch mit der Welt und dem Buch. Man versucht das Leben in Bücher wie Singvögel in Käfige einzusperren. Doch das gelingt nicht.«[13]

Kafkas Eindruck, daß man die Welt, falls sie ein zusammenhängendes Ganzes bilde, niemals als solches begreifen könne, daß es keine Hoffnung gebe – es gebe »unendlich viel Hoffnung – nur nicht für uns«, sagte er einmal zu Max Brod[14] –, führte ihn dazu, gerade in dieser Unfaßbarkeit den Reichtum der Welt zu erblicken.

Walter Benjamin schrieb in einem berühmten Essay: »Man muß sich Kafkas Eigenart zu lesen vor Augen halten«,[15] um seine Sicht der Welt zu verstehen, die Benjamin mit der des Großinquisitors der allegorischen Geschichte in den *Brüdern Karamosow* von Dostojewski vergleicht: »So haben wir denn ein Mysterium vor uns«, sagt der Inquisitor zu Christus, der auf die Erde zurückgekehrt ist, »das wir nicht begreifen können. Und eben weil es ein Rätsel ist, so hatten wir das Recht, es zu predigen, die Menschen zu lehren, daß das, woran gelegen ist, weder die Freiheit noch die Liebe, sondern das Rätsel, das Geheimnis, das Mysterium ist, dem sie sich unterwerfen müssen – ohne Nachdenken und auch gegen ihr Gewissen.«[16]

Ein Leser Dostojewskis; Gemälde von Emil Filla

Gustav Janouch, der Kafka an seinem Büroschreibtisch lesen sah, bezeugte, daß er ihn an den Mann erinnert habe, der auf dem Gemälde *Dostojewskis Leser* des tschechischen Expressionisten Emil Filla dargestellt ist[17] und der beim Lesen des Buchs, das er noch immer in seiner grauen Hand hält, in Trance verfallen zu sein scheint.

Bekanntlich hatte Kafka seinen Freund Max Brod gebeten, seine Schriften nach seinem Tod zu verbrennen, ohne daß Brod ihm diesen Wunsch erfüllte. Kafkas Bitte ist als Geste der Selbsterniedrigung gedeutet worden, als das obligatorische »Ich bin es nicht wert« des Schriftstellers, der von der Nachwelt erwartet, daß sie mit »O doch, du bist es!« antwortet.

Vielleicht gibt es eine andere Erklärung. Weil Kafka wußte, daß jeder Text für den Leser zwangsläufig unvollendet bleibt (oder aufgegeben wird, wie es Paul Valéry ausdrückte) und tatsächlich nur gelesen werden kann, *weil* er unvollendet ist, da er auf diese Weise Platz läßt für die Arbeit des Lesers, wünschte er sich vielleicht für sein Werk jene Unsterblichkeit, die Generationen von Lesern den in der Bibliothek von Alexandria verbrannten Schriften verliehen, den dreiundachtzig verlorenen Dramen des Aischylos, den verlorenen Büchern des Livius, dem ersten Entwurf von Carlyles *Französischer Revolution*, den das Hausmädchen eines Freundes aus Versehen ins Feuer warf, und dem zweiten Band von Gogols *Toten Seelen*, den ein fanatischer Pope den Flammen übergab. Vielleicht ist das ein Grund, weshalb Kafka viele seiner Schriften nicht vollendete. *Das Schloß* muß auf den Schluß verzichten, weil der Landvermesser K. es nicht erreichen darf, und so kann auch der Leser immer tiefer in den vielschichtigen Text eindringen, ohne je zum Ziel zu kommen.

Ein Roman von Judith Krantz[18] oder Elinor Glyn[19] bleibt in seiner einen, zwingend festgelegten Lesart gefangen, der man nicht entfliehen kann, ohne die Regeln der Vernunft zu verletzen. (Manche freilich lesen *Prinzessin Daisy* als Gleichnis der Seelenwanderung oder *Three Weeks* als ein *Pilgrim's Progress* des 19. Jahrhunderts). Auch das erkannten wir damals in Buenos Aires, als wir die Freiheit des Lesers entdeckten: Sie ist niemals unbegrenzt. »Die Grenzen der Interpretation«, hat Umberto Eco in einem sinnreichen Epigramm bemerkt, »fallen zusammen mit den Rechten des Textes.«[20]

Ernst Pawel bemerkt am Ende seiner scharfsichtigen Kafka-Biographie[21] aus dem Jahre 1984, daß die Literatur über Kafka und sein Werk sich derzeit auf etwa 15 000 Titel in fast allen großen Weltsprachen belaufe. Kafka ist wörtlich, allegorisch, politisch und psychologisch interpretiert worden. Daß Deutungen ihren Gegenstand immer überwuchern, ist eine banale Feststellung, doch zugleich liegt darin ein Hinweis auf die kreative Natur des Lesens, die sich auch daran erweist, daß ein und dieselbe Buchseite den einen Leser zur Verzweiflung treiben und den anderen zum Lachen bringen kann. Meine Tochter Rachel las Kafkas *Verwandlung* mit dreizehn Jahren und fand die Erzählung lustig; Gustav Janouch las sie als eine religiöse und ethische Parabel[22]; Bertolt Brecht sah in ihr das Werk »des einzig wahren bolschewistischen Schriftstellers«[23]; der ungarische Literaturwissenschaftler Georg Lukács nannte sie das typische Produkt eines dekadenten Bourgeois[24]; Borges verstand sie als eine Fortsetzung der Paradoxien des Zenon[25]; die französische Literaturwissenschaftlerin Marthe Robert pries an ihr die Klarheit der deutschen Sprache[26]; Vladimir Nabokov erschien sie (teilweise) als eine Allegorie pubertärer Angst[27]. Soviel scheint sicher, daß Kafkas Erzählungen, genährt von seinen Leseerfahrungen, die Illusion des Verstehens gleichzeitig erzeugen und zerstören; sie untergraben, so scheint es, die Erzählkunst Kafkas, um den Leser Kafka zufriedenzustellen.

»Ich glaube«, schrieb Kafka 1904 an seinen Freund Oscar Pollak, »man sollte überhaupt nur solche Bücher lesen, die einen beißen und stechen. Wenn das Buch, das wir lesen, uns nicht mit einem Faustschlag auf den Schädel weckt, wozu lesen wir dann das Buch? Damit es uns glücklich macht, wie Du schreibst? Mein Gott, glücklich wären wir eben auch, wenn wir keine Bücher hätten, und solche Bücher, die uns glücklich machen, könnten wir zur Not selber schreiben. Wir brauchen aber die Bücher, die auf uns wirken wie ein Unglück, das uns sehr schmerzt, wie der Tod eines, den wir lieber hatten als uns, wie wenn wir in Wälder verstoßen würden, von allen Menschen weg, wie ein Selbstmord, ein Buch muß die Axt sein für das gefrorene Meer in uns. Das glaube ich.«[28]

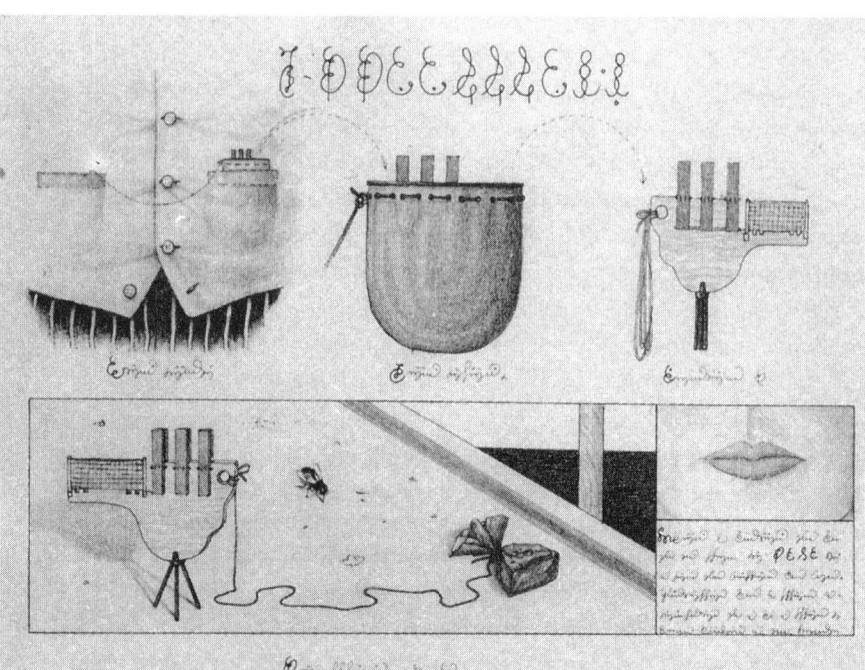

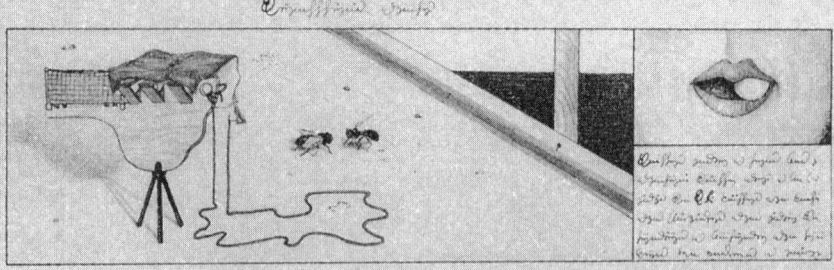

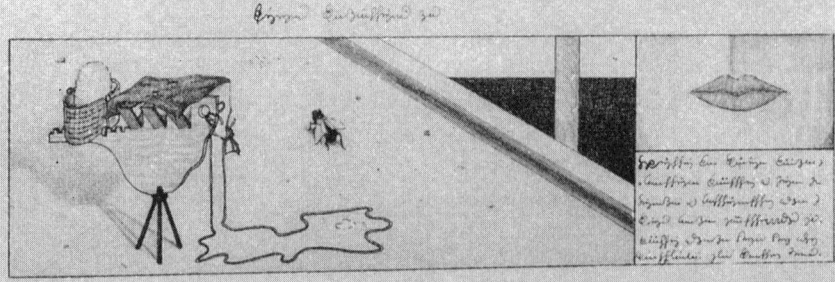

✂ BILDER LESEN ✂

An einem Sommernachmittag des Jahres 1978 wurde im Büro des Verlegers Franco Maria Ricci in Mailand, wo ich als Lektor für ausländische Literatur arbeitete, ein dickes Paket abgegeben. Als wir es öffneten, fanden wir nicht, wie erwartet, ein Manuskript, sondern einen großen Stapel von Zeichnungen, die fremdartige Gegenstände und bizarre, detailliert geschilderte, aber höchst sonderbare Vorgänge darstellten. Jedes Blatt war mit Erklärungen versehen, die niemand entziffern konnte. Der Begleitbrief erklärte, der in Rom lebende Autor, Luigi Serafini, habe die Enzyklopädie einer imaginären Welt verfaßt, ganz nach der Art eines mittelalterlichen Kompendiums. Jede Seite befaßte sich in liebevoller Präzision mit einem Stichwort, und die Erläuterungen in einer Nonsensschrift, die Serafini in zweijähriger Arbeit, in einer kleinen Wohnung in Rom hausend, erfunden hatte, sollten das Verständnis der vertrackten Illustrationen erleichtern.

Es ehrt Ricci, daß er dieses Werk in zwei prächtig ausgestatteten Bänden und mit einem Vorwort des von dem Werk ergötzten Italo Calvino veröffentlichte. Diese Ausgabe ist eines der erstaunlichsten Beispiele illustrierter Bücher, die ich kenne. Der *Codex Seraphinianus*[1] besteht ausschließlich aus erfundenen Wörtern und Bildern, er muß ohne die Hilfe einer verständlichen Sprache gelesen werden, und die verwendeten Zeichen geben nur so viel Sinn preis, wie der willige und phantasievolle Leser in sie hineinzulesen bereit ist.

Wir haben es hier natürlich mit einer gewagten Ausnahme zu tun. Gewöhnlich folgt eine Zeichenfolge einem verbindlichen Kode, und nur wenn ich diesen Kode nicht kenne, ist mir das Lesen verwehrt. Nichtsdestotrotz flaniere ich durch eine Ausstellung indischer Miniaturen im Rietberg-Museum zu Zürich, betrachte

Eine Seite aus dem Codex Seraphinianus mit Erläuterungen in einer erfundenen Schrift

117

die Szenen aus einem Mythenschatz, der mir nicht vertraut ist, und versuche sie zu deuten. Ich sitze vor den prähistorischen Felszeichnungen der Tassili-Hochebene in der algerischen Sahara und male mir die Gefahr aus, vor der die dargestellten giraffenählichen Kreaturen fliehen. Ich blättere auf dem Flughafen Narita in einem japanischen Comic und denke mir eine Geschichte für die Akteure aus, deren Worte in einer mir unbekannten Schrift aufgezeichnet sind. Der Versuch, ein Buch in einer Sprache zu lesen, die ich nicht kenne – Griechisch, Russisch, Cree, Sanskrit –, ist natürlich zum Scheitern verurteilt; aber wenn das Buch bebildert ist, kann ich ihm zumeist eine Bedeutung abgewinnen, auch ohne die Bildlegenden zu verstehen – obwohl diese Bedeutung nicht unbedingt mit dem Anliegen des Buches übereinstimmen muß. Auf dieses kreative Vermögen des Lesers zielte Serafini ab.

Serafini hatte einen Vorgänger. Am Ende des 4. Jahrhunderts gründete der heilige Nilus von Ankyra (heute Ankara) nahe seiner Geburtsstadt ein Kloster. Von Nilus selbst wissen wir so gut wie nichts: Sein Namenstag ist der 12. November; er starb um das Jahr 430, hinterließ einige lehrhafte Abhandlungen, die seine Mönche zur Askese mahnten, und mehr als tausend Briefe an seine Vorgesetzten, Freunde und Glaubensbrüder. Schließlich wissen wir noch, daß er in seiner Jugend bei dem berühmten heiligen Johannes Chrysostomos in Konstantinopel studierte.[2] Viele Jahrhunderte lang galt St. Nilus als der Held einer ganz ungewöhnlich, wundersamen Geschichte – bis gründliche Detektivarbeit seinen Lebenswandel schonungslos enthüllte.[3]

Den *Septem narrationes de caede monarchorum et de Theodulo filio* zufolge, einer Textsammlung aus dem 6. Jahrhundert, die einst als hagiographische Chronik gelesen wurde und heute eher der Legenden-, Liebes- und Abenteuerliteratur zugeschlagen wird, war Nilus als Sproß einer edlen Familie in Konstantinopel geboren und in ein hohes Amt am Hofe des Kaisers Theodosius berufen worden. Er heiratete und zeugte zwei Kinder, verließ aber, getrieben von religiösem Verlangen, Frau und Tochter und trat gemeinsam mit seinem Sohn im Jahr 390 oder 404 (hier weichen die verschiedenen Chroniken voneinander ab)[4] dem asketischen Orden vom Berge Sinai bei, wo er und sein Sohn Theodulus ein gottesfürchtiges und bescheidenes Einsiedlerleben führten. Nach Aussage der *Narrationes* waren Vater und Sohn so tugendsam, daß sie »von den Dämonen gehaßt und von den Engeln beneidet« wurden. Diese

Verärgerung beider Lager hatte zur Folge, daß im Jahr 410 eine Horde sarazenischer Banditen die Einsiedelei überfiel, eine Reihe von Mönchen massakrierte und andere in die Sklaverei verschleppte, darunter den jungen Theodulus. Mit Gottes Hilfe entkam Nilus sowohl dem Schwert als auch den Ketten und machte sich auf die Suche nach seinem Sohn. Er fand ihn wieder in einer Stadt irgendwo zwischen Palästina und der Arabia Petraea, dem »Steinigen Arbien«, wo der örtliche Bischof, beeindruckt von ihrer Frömmigkeit, beide zu Priestern weihte. Sankt Nilus kehrte zum Berg Sinai zurück, wo er in gesegnetem Alter starb, umsorgt von beschämten Engeln und reumütigen Dämonen.[5]

Wir wissen nicht, wie das Kloster des heiligen Nilus aussah und wo genau es gelegen war. Aber in einem seiner vielen Briefe[6] beschreibt er seine Idealvorstellungen von Kirchendekoration, die er vermutlich in seiner eigenen Kapelle verwirklichte. Bischof Olympiodorus hatte ihn wegen des Baus einer Kirche befragt, die er mit Heiligenbildern, Jagdszenen, Vögeln und anderem Getier ausschmücken wollte. Der heilige Nilus begrüßte die Heiligenbilder sehr, lehnte aber Jagdszenen und Tierdarstellungen als »eitel und unwürdig einer wahrhaft christlichen Seele« ab. Statt dessen schlug er Szenen aus dem Alten und Neuen Testament vor, »gemalt von einem begabten Künstler«. Diese sollten zu beiden Seiten des heiligen Kreuzes angebracht werden und »als Bücher für die Ungebildeten dienen, ihnen die biblische Geschichte nahebringen und die Zeugnisse göttlicher Gnade einprägen[7].«

Der heilige Nilus wünschte sich, daß die des Lesens unkundigen Gläubigen in seine zu diesem Zweck dekorierte Kirche strömten und die gemalten Bibelszenen lasen wie ein Buch. Die waren nun kein »eitles Schmuckwerk« mehr, sondern fromme Bilder, die sie erkennen, in Gedanken verknüpfen, mit in der Predigt gehörten oder auch selbsterfundenen Geschichten zusammenfügen sollten. Und falls sie nicht »völlig ungebildet« waren, konnten sie die Bilder gar mit der Auslegung der Heiligen Schrift verbinden.

Zwei Jahrhunderte kam Papst Gregor der Große auf die Erfindung des heiligen Nilus zurück: »Es ist eine Sache, ein Bild anzubeten, eine andere aber, mit Hilfe eines Bild eine heilige Geschichte in ihrer Tiefe zu erfassen. Denn was die Schrift dem Leser offenbart, das legen die Bilder den Unbelesenen dar, die nur mit den Augen empfänglich sind; denn sie erblicken in den Bildern das Geschehen, dem sie folgen sollen, und all jene, die der Schrift nicht mächtig sind, werden sie auf diese Weise dennoch lesen können. Deshalb sind Bilder, besonders für das gemeine Volk dem Lesen gleichwertig.«[8] Im Jahre 1025 verfügte die Synode von Arras: »Was das gemeine Volk nicht durch Lektüre der Heiligen Schrift erfassen kann, soll es durch die eingehende Betrachtung von Bildern erlernen.«[9]

Obwohl das zweite Gebot, das Moses von Gott empfing, ausdrücklich sagt: »Du sollst dir kein Bildnis noch irgendein Gleichnis machen, weder von dem, was oben im Himmel, noch von dem, was unten auf Erden, noch von dem, was im Wasser unter der Erde ist«[10], schmückten jüdische Künstler schon zu Salomons Zeiten die heiligen Stätten und Gegenstände im Tempel von Jerusalem mit bildlichen Darstellungen.[11] In anderen Epochen wurde das Verbot strenger aufgefaßt, aber die jüdischen Künstler ersannen Kompromisse, indem sie etwa den verbotenen Menschengestalten Vogelköpfe aufsetzten, um nicht das menschliche Antlitz abbilden zu müssen. Im christlichen Byzanz des 8. und 9. Jahrhunderts flammte der Streit erneut auf, als Kaiser Leon III. und später die beiden bilderfeindlichen Kaiser Konstantin V. und Theophilus sämtliche bildlichen Darstellungen aus ihrem Reich verbannten.

Miniatur in einer *Haggada* aus dem Deutschland des 14. Jh. Der Kantor am Lesepult der Synagoge ist mit einem Vogelkopf dargestellt, um dem Bilderverbot des Alten Testaments Genüge zu tun.

Im antiken Rom galt das Symbol einer Gottheit (der Adler für Jupiter zum Beispiel) als Verkörperung der Gottheit selbst. In den seltenen Fällen, wo Jupiter zusammen mit dem Adler zu sehen ist, fungiert der Adler nicht als Verdoppelung Jupiters, sondern wird, wie der Blitzstrahl, zu einem seiner Attribute. Im Frühchristentum besaßen die Symbole ebenfalls diesen Doppelcharakter: Sie verkörperten wie zuvor die Gottheit (das Lamm für Christus, die Taube für den Heiligen Geist), aber auch bestimmte Aspekte dieser Subjekte (das Lamm für das Opfer Christi, die Taube für die durch den Heiligen Geist verhießene Erlösung).[12] Sie sollten nicht als Synonyme der Idee

oder bloße Duplikate der Gottheit verstanden werden, sondern bestimmte Eigenschaften der Gottheit bildlich kommentieren und in eigenständige Subjekte verwandeln. Mit der Zeit verloren die wichtigsten Symbole des frühen Christentums offenbar ihren Eigenwert und waren schließlich kaum mehr als Ideogramme: Die Dornenkrone stand für die Leidensgeschichte Christi, die Taube für den Heiligen Geist. Diese einfachen Bilder wurden nach und nach durch komplexere und vielschichtigere ergänzt, so daß bald ganze Bibelepisoden zu Symbolen zusammengefaßt wurden und bestimmte Aspekte der Gestalt Christi, des Heiligen Geistes oder des Lebens der Jungfrau zum Ausdruck brachten. Diese befrachteten Symbole wurden dann wiederum zur Illustrierung bestimmter Lesarten von anderen heiligen Episoden verwandt. Wahrscheinlich ist es diese Bedeutungsvielfalt als Gegenstück zum gedanklichen Reichtum der Heiligen Schrift, die dem heiligen Nilus vorschwebte, als er vorschlug, das Alte und das Neue Testament einander in Bildern zu beiden Seiten des Kreuzes gegenüberzustellen.

Daß Bilder des Alten und des Neuen Testaments einander ergänzen, aufeinander aufbauen und so den »Unwissenden« das Wort Gottes nahebringen konnten, hatten bereits die Evangelisten selbst erkannt. Im Matthäusevangelium gibt es mindestens acht Rückbezüge auf das Alte Testament: »Das ist aber alles geschehen, auf daß erfüllt würde, was der Herr durch den Propheten [Jesaja] gesagt hat.«[13] Laut Lukas verkündete der auferstandene Christus seinen Jüngern persönlich: »Das ist's, was ich zu euch sagte, als ich noch bei euch war: Es muß alles erfüllt werden, was von mir geschrieben ist im Gesetz des Mose, in den Propheten und in den Psalmen.«[14] Es gibt 275 wörtliche Zitate aus dem Alten Testament im Neuen, dazu kommen 235 Erwähnungen.[15] Dieses Konzept ei-

Christus als Lamm, das die Sünden der Welt auf sich nimmt; Detail des berühmten Genter Altargemäldes von H. und J. van Eyck

121

ner geistlichen Kontinuität war schon damals nichts Neues mehr. Ein Zeitgenosse Christi, der jüdische Philosoph Philon von Alexandria, hatte die Vorstellung von einem alles durchdringenden Geist entwickelt, der sich in allen Zeitaltern offenbart. Auf diesen einzigen und allwissenden Geist bezieht sich Christus, als er im Johannesevangelium vom Wind spricht, der Vergangenheit und Zukunft miteinander verbindet: »Du hörst sein Sausen wohl, aber du weißt nicht, woher er kommt und wohin er fährt. So ist ein jeglicher, der aus dem Geist geboren ist.«[16]

Origines, Tertullian, der heilige Gregor von Nyssa und der heilige Ambrosius schrieben anschaulich über Vorstellungen, die sich in beiden Testamenten finden, und verfaßten komplexe poetische Deutungen, die keinen Teil der Bibel unberücksichtigt und unerklärt ließen. Das Neue Testament, so schrieb Augustinus in einem vielzitierten Doppelvers, »ist verborgen im Alten Testament, während das Alte im Neuen offenbart wird«[17]. Und Eusebius von Caesarea, der im Jahre 340 starb, verkündete: »Jeder Prophet, jeder Schriftsteller des Altertums, jede Umwälzung, jedes Gesetz und jede Feier im Alten Testament weist auf Christus, kündigt allein Ihn an und offenbart allein Ihn … Er lebte im Stammvater Adam, dem Vorfahren aller Heiligen, Er lebte in Abel, dem unschuldigen und unbefleckten Märtyrer, lebte als Erneuerer der Welt in Noah, Er wurde gesegnet in Abraham, im Hohepriester von Melchisedek, williges Opfer in Isaak, Haupt der Erwählten in Jakob, wurde in Joseph von den eigenen Brügern verkauft, wirkte dann in ihm machtvoll in Ägypten. Er schenkte Seinem Volk die Gesetze in Mose, litt und wurde gestraft in Hiob, war gehaßt und verfolgt in den meisten Propheten.«[18]

In der Zeit, als der heilige Nilus seine Empfehlungen aussprach, entwickelte die christliche Ikonographie bereits ihre ersten typologischen Bildmotive von der Allgegenwart des Geistes. Ein frühes Beispiel kann man auf einer geschnitzten Flügeltür bewundern, die im 4. Jahrhundert in Rom entstand und dort die Kirche S. Sabina schmückt. Die beiden Paneele stellen Szenen aus dem Alten und dem Neuen Testament dar, die miteinander korrespondieren und die man zusammen »lesen« kann. Die Schnitzerei wirkt noch etwas unbeholfen, und viele Feinheiten wurden von tastenden Pilgerfingern im Laufe mehrerer Generationen abgewetzt. Doch lassen sich die Szenen noch immer mühelos identifizieren. Auf der rechten Seite sind drei Wunder zu sehen, die Mose zugeschrieben

Zwei Türpaneele
der Kirche S.
Sabina in Rom.
Links die von
Christus, rechts
die von Mose
vollbrachten
Wunder

werden: die Versüßung des Wassers von Mara, die Gabe des Mannas während der Flucht aus Ägypten (zwei Bilder) und die Gewinnung des Wassers aus dem Felsen; auf der linken Seite drei Wunder, die Christus getan hat: die Heilung eines Blinden, die Speisung der Fünftausend mit Brot und Fisch und die Verwandlung von Wasser zu Wein auf der Hochzeit zu Kana.

Was mag ein Christ in der Mitte des 5. Jahrhunderts auf der Tür von St. Sabina »gelesen« haben? In dem Baum, mit dem Mose das bittere Wasser von Mara in Süßwasser verwandelt, hätte er sicher das Kreuz erkannt, das Symbol Christi. Auch die Quelle war ein Christussymbol – das Wasser des Lebens, das Seine Herde tränkte. Desgleichen der Fels in der Wüste, auf den Mose schlug, um Wasser zu gewinnen: Er wurde gedeutet als Leib Christi, aus dessen Lende Blut und Wasser floß.[19] Das Manna verwies auf die Hochzeit von Kana und das heilige Abendmahl.[20]

Ein Heide dagegen, der nicht im christlichen Glauben geschult ist, würde die Bilder an der Tür von S. Sabina genauso lesen, wie es Serafini von den Lesern seiner phantastischen Enzyklopädie erwartete – er müßte in die Bilder eine eigene Geschichte mitsamt ihrem Symbolschatz hineinlesen.

In der Absicht des heiligen Nilus lag so etwas natürlich nicht.

123

Im Jahre 787 legte das siebente kirchliche Konzil in Nicäa un-
mißverständlich fest, daß weder die Gemeinde die bildlichen Darstellungen in der Kirche nach eigenem Gutdünken deuten noch der
Künstler selbst seinen eigenen Sinn und Zweck in sie hineinlegen
durfte. »Die Ausführung der Bilder ist keine Erfindung des
Künstlers«, erklärte das Konzil, »sondern eine verbindliche Verkündigung der Gesetze und der Traditionen der allgegenwärtigen
Kirche. Daß sie an den Wänden der Kirche auszuführen seien, geschieht auf Anordnung der Kirchenväter: Es sind ihre Gedanken
und ihre Überlieferungen, die wir betrachten, nicht die der Maler.
Dem Maler obliegt die Kunst, aber die Inhalte und ihre Ordnung
sind Sache der Kirchenväter.«[21]

Als die Kunst der Gotik im 13. Jahrhundert erblühte und die
Freskomalerei von vielfarbigen Fenstern und kunstvoll behauenen
Säulen verdrängt wurde, übertrugen die Künstler die biblische
Bilderwelt vom Wandverputz auf buntes Glas, auf Holz und Stein.
Die Lehren der Schrift erstrahlten nun im farbigen Licht, nahmen
gerundete Formen an und boten sich den Gläubigen als subti-
les Ineinander von Motiven des Alten und des Neuen Testaments
dar.

Irgendwann zu Beginn des 14. Jahrhunderts wurden die Bilder,
die nach dem Wunsch des heiligen Nilus von den Wänden abgele-
sen werden sollten, verkleinert und zwischen Buchdeckel gepreßt.
Am Niederrhein begannen Buchmaler und Holzschneider damit,
die korrespondierenden Motive auf Pergament und Papier zu ban-
nen. Die von ihnen gestalteten Bücher bestanden fast gänzlich aus
solchen aneinandergereihten Bildszenen, die fast ohne Erläuterungen auskamen und nur gelegentlich mit Randkommentaren oder
Sprechfahnen versehen waren, vergleichbar den Sprechblasen der
Comics.

Gegen Ende des 14. Jahrhunderts wurden diese Bilderbücher
sehr populär und blieben es in verschiedenen Formen das ganze
Mittelalter hindurch. Es gab Bände mit ganzseitigen Zeichnungen,
mit detaillierten Miniaturen, mit handkolorierten Holzstichen
und schließlich, im 15. Jahrhundert, die ersten mit beweglichen
Lettern gedruckten Bücher. Die erste so gedruckte Bilderbibel
stammt aus dem Jahre 1462.[22] Später wurden diese außergewöhnlichen Bücher *Bibliae pauperum* genannt – Bibeln für die Armen.

Diese »Bibeln« waren große Bilderbücher, in denen jede Seite
so eingeteilt war, daß zwei oder mehr Szenen auf ihr Platz hatten.

In der sogenannten Heidelberger Armenbibel[23] (um 1440) sind die
Seiten in eine obere und eine untere Hälfte geteilt. Auf einer der
ersten Seiten wird unten die Verkündigung der Geburt Jesu dargestellt. Umgeben ist diese Szene, die den Gläubigen zum entsprechenden liturgischen Datum vorgezeigt wurde, von den vier Propheten des Alten Testaments, die die Ankunft Christi prophezeit
hatten: David, Jeremia, Jesaja und Hesekiel. In der oberen Hälfte
finden wir zwei Szenen aus dem Alten Testament: Gott verflucht

die Schlange im Garten Eden, während Adam und Eva schamhaft danebenstehen (1. Mose, 3); der Engel des Herrn ruft Gideon zur Tat, während Gideon das Fell auf den Boden legt, um herauszufinden, ob Gott Israel retten wird (Richter, 6).

Mit einer Kette am Lesepult befestigt, die aktuelle Seite aufgeschlagen, erfüllte die *Biblia pauperum* ihren Dienst, indem sie die Gläubigen mit ihren Doppelbildern durch das Kirchenjahr geleitete. Viele konnten die gotische Schrift neben den Bildern nicht lesen, und nur wenige erfaßten den ganzen historischen, moralischen und allegorischen Sinn der Bilder. Aber die meisten erkannten sehr wohl die abgebildeten Gestalten und Vorgänge und waren in der Lage, die beabsichtigte Verflechtung des Alten mit dem Neuen Testament nachzuvollziehen, wofür schon der feststehende Seitenaufbau sorgte.

Zweifellos stützten sich die Prediger auf diese Bilder, wenn sie die biblischen Geschichten erzählten und ausschmückten, so daß umgekehrt jahrein, jahraus dieselben Bibeltexte verlesen wurden. Man hat auch vermutet, daß die Armenbibel weniger zur Erbauung der Leseunkundigen gedacht war, vielmehr als Leitfaden für die Prediger, denen auf diese Weise die Suche nach geeigneten Themen abgenommen wurde.[24]

Mit ziemlicher Sicherheit kam der Name »Biblia pauperum« erst nachträglich auf. Die irreführende Bezeichnung wurde erst sehr spät, im 18. Jahrhundert, durch Gotthold Ephraim Lessing entdeckt, der, selbst ein passionierter Leser, daran glaubte, »daß Bücher das Leben erklären«. Im Jahr 1770 nahm Lessing, mittellos und krank, den schlechtbezahlten Posten eines Bibliothekars beim geistesträgen Herzog von Braunschweig an. In Wolfenbüttel verbrachte er acht schlimme Jahre, schrieb er *Emilia Galotti* und *Nathan den Weisen* und untersuchte in einer Reihe von Aufsätzen die verschiedenen Formen des künstlerischen Ausdrucks.[25]

Die herzogliche Bibliothek enthielt auch eine *Biblia pauperum*. Lessing fand in ihr eine später hinzugefügte Randbemerkung: *Hic incipitur bibelia* [sic] *pauperum*. Er zog daraus den Schluß, daß das Buch für seine Katalogisierung einen Namen gebraucht hatte und daß einer seiner Vorgänger aus älterer Zeit aufgrund der vielen Bilder und des knappen Textes geglaubt hatte, es handle sich um ein Buch für Leseunkundige, und ihm daher diesen Titel gab, den die Nachgeborenen für authentisch hielten.[26] Lessing stellte fest, daß diese Bibeln indes viel zu aufwendig gestaltet und zu kostspielig

waren, um für arme Leute erschwinglich zu sein. Wahrscheinlich
aber ging es nicht um den Besitz der Bibel – was der Kirche
gehörte, mochte als Besitz aller gelten –, sondern um den Zugang
zu ihr. Die Bilderbibel lag auch für die Armen zugänglich in der
Kirche, und an jedem Tag des Kirchenjahres wurde eine neue Seite
aufgeschlagen. So trat das rein zufällig als »Armenbibel« bezeichnete Buch aus dem eingeschränkten Kreis der Lesekundigen heraus und wurde unter den Gläubigen, die nach Geschichten hun-
gerten, populär.

Lessing verwies auch auf die Ähnlichkeiten zwischen den Pa-
rallelbildern der Armenbibel und denen der Glasfenster des Klosters Hirschau und stellte die Ver-
mutung an, daß die Illustrationen
des Buches Kopien der Fenster
waren. Er datierte die Entstehung
der Fenster in die Amtszeit des
Abtes Johann von Calw (1503
–1524), fast ein halbes Jahrhundert,
bevor das Wolfenbütteler Exemplar der *Biblia pauperum* entstand.
Spätere Forschungen deuten darauf hin, daß seine Vermutung nicht
zutraf[27], aber es läßt sich nicht mit
Sicherheit sagen, ob die Ikonographie des Buches und der Fenster
lediglich einer Tradition folgte, die

Gotthold
Ephraim
Lessing

sich allmählich, im Laufe mehrerer Jahrhunderte, herausgebildet
hatte. Aber Lessing hatte mit seiner Feststellung recht, daß das
»Lesen« der Bilder in der Armenbibel und auf den farbigen Glas-
fenstern zwei nahezu identische Vorgänge waren, die sich von der
Lektüre eines gedruckten Textes unterschieden.

Dem gebildeten Christen des Spätmittelalters bot eine Seite der
gewöhnlichen Bibel einen großen Gedankenreichtum an, den der
Leser mit Hilfe der Kommentare oder seines eigenen Wissens erschließen konnte. Der Leser bestimmte Tempo und Umfang seiner
Lektüre selbst, er konnte eine Stunde oder ein ganzes Jahr mit der
Bibel zubringen, mit Unterbrechungen und Verzögerungen, er
konnte Teile auslassen oder aber eine ganze Seite auf einmal verschlingen. Das »Lesen« einer Seite in der *Biblia pauperum* war
hingegen ein Augenblicksvorgang, der »Text« wurde als ein opti-

sches Ganzes ohne semantische Abstufungen dargeboten, und die Zeit der Erzählung in Bildern fiel zwangsläufig mit der Lesezeit zusammen. »Es ist aufschlußreich, wenn man berücksichtigt«, schrieb Marshall McLuhan, »daß die alten Drucke und Holzschnitte wie die neuen Comic-Strips und Comic-Hefte sehr wenig Tatsachenmaterial über irgendeinen bestimmten Augenblick in der Zeit oder einen Gesichtspunkt im Raum von Gegenständen liefern. Der Betrachter oder Leser ist gezwungen, bei der Ergänzung und Deutung der Hinweise, die von den begrenzenden Linien spärlich gegeben werden, aktiv mitzuwirken. Dem Charakter des Holzschnitts und der Witzzeichnung nicht unähnlich ist das Fernsehbild mit seinem sehr geringen Ausmaß von Einzelheiten über Gegenstände und dem sich daraus ergebenden hohen Grad von aktiver Mitwirkung seitens des Zuschauers, um alles zu ergänzen, was im mosaikartigen Maschennetz von hellen und dunklen Punkten nur angedeutet ist.«[28]

Heute, Hunderte von Jahren später, stoße ich tagtäglich auf beide Formen des Lesens, wenn ich am Morgen die Zeitung aufschlage. Einerseits arbeite ich mich langsam durch Artikel, die manchmal irgendwo weiter hinten fortgesetzt werden oder auf weitere Artikel im selben Blatt verweisen und deren Stil von nüchterner Sachlichkeit bis zu triefender Ironie reicht. Andererseits schieben sich fast immer ungewollt die Werbeanzeigen dazwischen, die man mit einem einzigen Blick erfaßt und die ihre Botschaft in klar umgrenzten Bildrahmen mit Hilfe vertrauter Symbole und Bildklischees verkünden. Nur handelt es sich nicht um die Folterung der heiligen Katharina oder um das Mahl zu Emmaus, sondern um die segensreichen Vorzüge des neuesten Peugeot-Modells oder um den verklärenden Zauber von Absolut-Wodka.

Werbung für Absolut-Wodka, 1994

Wer waren meine Vorgänger, die Bilderleser von damals? Die meisten von ihnen blieben stumm, anonym und unberühmt wie auch die Schöpfer der erbaulichen Bilder. Aber ein paar Gestalten lassen sich aus der gesichtslosen Menge herausheben.

Als der Dichter François Villon im Oktober 1461 aus dem Stadtgefängnis von Meung-sur-Loire – aus Anlaß der Durchreise Ludwigs XI. – entlassen wurde, schrieb er eine bunte Folge von Gedichten, die unter dem Titel *Le grand Testament* erschienen. Eines dieser Gedichte, ein Gebet an die Jungfrau Maria, das (wie er behauptete) auf Geheiß seiner Mutter entstand, legte er seiner Mutter in den Mund:

> Ich bin ein Menschenkind, schon arm und alt,
> ganz ohne Wissen, ohne Können.
> Im Kloster sehe ich das Paradies gemalt,
> drin Leierklang und Harfenspiel erschallt,
> und auch die Hölle, drin die Sünder brennen.
> Das eine macht mich froh, das andre bange.[29]

Villons Mutter hätte Bilder von einem heiteren, mit Musik erfüllten Himmel und von einer grausigen, brodelnden Hölle vor Augen gehabt, sie hätte gewußt, daß ihre Seele nach dem Tode entweder in diesen Himmel oder in diese Hölle kam. Aber auf keinen Fall hätte sie beim Betrachten der Bilder – mochten sie noch so gekonnt gemalt sein, mochte sie sich noch so sehr in die liebevoll und grausam ausgeführten Details vertiefen – in ihnen die ausgefeilten theologischen Gedankengebäude entdeckt, die die Kirchenväter im Verlauf von fünfzehn Jahrhunderten errichtet hatten. Wahrscheinlich kannte sie zwar die französische Version des lateinischen Sprichwortes *Salvandorum paucitas, damnandorum multitudo* (die wenigsten werden errettet, die meisten sind verdammt), aber kaum die These des Thomas von Aquin, daß die Zahl der Erretteten nicht größer sein würde als die der Familie Noahs im Verhältnis zur gesamten Menschheit. Villons Mutter war auf die Predigten verwiesen, in denen die Bilder wortreich ausgeschmückt wurden, und das übrige erledigte ihre Phantasie.

Gleich Villons Mutter erhoben Tausende die Augen zu den Bildern an den Kirchenwänden und später an den Fenstern, an den Säulen und Kanzeln, sogar auf den Meßgewändern und den Rückseiten der Altarflügel, die ihnen zugewandt waren, wenn sie zur Beichte schritten. In all diesen Bildern sahen sie eine endlose Zahl von Geschichten – oder eine einzige unendliche Geschichte. Es gibt keinen Grund zur Annahme, daß es bei der *Biblia pauperum* anders gewesen sein sollte, doch verschiedene moderne Gelehrte

Jedes Requisit des Gottesdienstes erzählte eine Geschichte. Die Gläubigen konnten sich die Schrecken des Jüngsten Gerichts vor Augen halten, wenn der Geistliche ihnen zum Gebet den Rücken kehrte (auf dem italienischen Meßgewand aus dem 15. Jh. abgebildet) oder wenn sie die Rückseite des Flügelaltars betrachteten (gemalt von Jörg Kandel von Biberach um 1525).

widersprechen an diesem Punkt. Der deutsche Historiker Maurus Berve zum Beispiel geht davon aus, daß die Armenbibel für leseunkundige Menschen völlig unverständlich gewesen sei. Eher sei sie »wahrscheinlich für Scholaren oder Kleriker gedacht, die sich den Erwerb einer vollständigen Bibel nicht leisten konnten oder als ›Arme im Geist‹ keine anspruchsvollere Bildung aufzuweisen hatten, so daß sie sich mit diesen Auszügen begnügten[30].« Folglich hätte die Bezeichnung »Biblia pauperum« nicht »Armenbibel« bedeutet, sondern »Biblia pauperum Praedicatorum« – Bibel für arme Prediger.[31]

Gleichviel, ob die Bilder nun für die Armen oder für ihre Seelsorger gedacht waren; sicher ist, daß die Armenbibel das ganze liturgische Jahr hindurch, für die Gemeinde sichtbar, aufgeschlagen auf einem Pult lag. Alle, die nicht lesen konnten und aus der Sphäre des geschriebenen Wortes ausgeschlossen blieben, sahen die heiligen Schriften in Bildern dargestellt, die für sie zugänglich und »lesbar« waren. So durften auch sie, die einfachen Gemeindemitglieder, das Gefühl der Zugehörigkeit genießen und gemeinsam mit den Mächtigen und den Gebildeten an der materiellen Präsenz von Gottes Wort teilhaben. Die heiligen Szenen in einem Buch zu sehen – jenem fast magischen Gegenstand, der ausschließlich den Gelehrten und gebildeten Kleriken zukam – bedeutete weit mehr als der Anblick der Kirchenmalereien, an den sie von jeher gewöhnt waren. Es war, als wäre Gottes Wort, das bislang

Eigentum der wenigen Auserwählten gewesen war, die es der Menge nach Belieben mitteilten oder vorenthielten, nun in eine Sprache übersetzt worden, die jeder verstand, auch eine ungebildete Frau wie die »arme und alte« Mutter von François Villon.

❧ VORLESEN ❧

Die Bilder im Europa des Mittelalters boten eine Art Sprache ohne Worte, der die Betrachter im stillen eine Geschichte unterlegten. Wenn wir heute die Bilder der Werbung, der Videos und der Cartoons entziffern wollen, lesen auch wir eine Geschichte in sie hinein, zu der wir ein spezielles Vokabular benötigen. So ähnlich muß ich gelesen haben, bevor ich die Buchstaben und ihren Lautwert kennenlernte. Wahrscheinlich habe ich mir aus Malbüchern wie Peter Rabbits, dem frechen *Struwwelpeter* oder der *Kleinen Ameise auf Reisen (La Hormiguita Viajera)* mit ihren großen leuchtenden Geschöpfen Geschichten zusammengereimt, mit deren Hilfe ich mir alle Szenen erklären und zu einer schlüssigen Erzählung zusammenfügen konnte. Damals wußte ich noch nicht, daß ich damit meine Freiheiten als Leser bis zur äußersten Grenze ausschöpfte: Nicht nur machte ich mir meinen eigenen Reim auf die Bilder, es konnte mich auch niemand zwingen, sklavisch an der Geschichte festzuhalten, die ich einmal erfunden hatte. In der einen Version war der namenlose Held ein Held, in der anderen war er der Schurke, in der dritten trug er meinen Namen.

Bei anderer Gelegenheit verzichtete ich auf all diese Freiheiten. Ich gab meinen Anspruch auf und delegierte die Worte, die Stimme, manchmal sogar die Wahl des Lesestoffs an eine andere Person und wurde, abgesehen von der einen oder anderen Frage, zum Zuhörer. Ich machte es mir dann in den aufgetürmten Kissen bequem (meist am Abend, oft aber auch am Tag, weil mich das Asthma häufig für Wochen ans Bett fesselte) und hörte meinem Kindermädchen zu, das mir die furchterregenden Märchen der Brüder Grimm vorlas. Mal lullte mich ihre Stimme ein, mal versetzte sie mich in fieberhafte Erregung, und dann trieb ich sie zur

Öffentliches Vorlesen erfüllte im Frankreich des 18. Jahrhunderts eine soziale Funktion; zeitgenössischer Stich von Marillier

133

Eile an, um schneller, als es der Autor beabsichtigt hatte, den Ausgang der Geschichte zu erfahren. Aber meistens genoß ich einfach nur das luxuriöse Gefühl, von den Worten entführt zu werden in eine ferne Welt – dies mit einer fast physischen Intensität, so daß ich tatsächlich dem wundersam fernen Ort entgegenschwebte, der am Ende der Geschichte auf mich wartete, auf der geheimnisvollen letzten Seite, in die ich kaum einen Lidschlag lang hineinzuschmulen wagte. Später, als ich neun oder zehn war, erklärte mir der Schuldirektor, daß das Vorlesen nur für kleine Kinder tauge. Ich glaubte ihm und verzichtete auf das Vorlesen, doch ich tat es auch deshalb, weil es mir eine so gewaltige Lust bereitete, und ich war damals gerade zur Überzeugung gelangt, daß alles, was Vergnügen macht, irgendwie schädlich sein muß.

Erst sehr viel später beschloß ich mit meiner Freundin, daß wir uns den Sommer über gegenseitig aus der *Legenda aurea* vorlesen würden, und so wurde mir die lange entbehrte Lust des Zuhörens wieder zuteil. Ich wußte damals nicht, daß die Kunst des Vorlesens auf eine lange und wechselvolle Geschichte zurückblickte und daß sie sich hundert Jahren zuvor in der spanischen Kolonie Kuba sehr irdischer ökonomischer Zwänge zu einer regelrechten Institution entwickelt hatte.

Die Zigarrenproduktion war seit dem 17. Jahrhundert ein kubanischer Haupterwerbszweig, aber um 1850 änderte sich das wirtschaftliche Klima. Die Sättigung des amerikanischen Marktes, steigende Arbeitslosigkeit und die Cholera-Epidemie von 1855 brachten viele Tabakarbeiter zur Überzeugung, daß sie eine Gewerkschaft gründen mußten, um ihre Lebensbedingungen zu verbessern. 1857 entstand eine »Gesellschaft der gegenseitigen Hilfe für ehrliche Arbeiter und Tagelöhner«, der nur Weiße angehörten, eine ähnliche Gesellschaft der gegenseitigen Hilfe für schwarze Arbeiter folgte 1858 nach. Dies waren die ersten kubanischen Gewerkschaften und die Vorläufer der um die Jahrhundertwende auf der Insel entstehenden Arbeiterbewegung.[1]

1865 faßte der Zigarrenwickler und Dichter Saturnino Martínez den Plan, eine Zeitung für die Arbeiter der Zigarrenindustrie herauszugeben, die nicht nur politische Beiträge, sondern auch Artikel zu Wissenschaft und Literatur, Gedichte und Kurzgeschichten enthalten sollte. Unterstützt von einigen kubanischen Intellektuellen, brachte Martínez am 22. Oktober desselben Jahres die ersten Nummer der *Aurora* heraus. Im Eröffnungsartikel schrieb er:

»Ihr Zweck wird sein, der Gesellschaftsklasse, an die sie sich wendet, auf jede erdenkliche Weise Erleuchtung zu bringen. Wir werden alles tun, um uns die allgemeine Anerkennung zu erringen. Wenn der Erfolg ausbleibt, ist daran unser Unvermögen schuld, nicht der Mangel an gutem Willen.« Im Lauf der Jahre erschienen in der *Aurora* Arbeiten der bedeutendsten kubanischen Gegenwartsautoren, Übersetzungen europäischer Autoren, zu denen unter anderen Schiller und Chateaubriand gehörten, Buch- und Theaterkritiken, Aufsätze über die Tyrannei der Fabrikbesitzer und die Leiden der Arbeiter. Am 27. Juni 1866 fragte die Zeitung ihre Leser: »Wußten Sie, daß es dem Vernehmen nach in der Gegend von La Zanja einen Fabrikbesitzer gibt, der die Kinder, die bei ihm als Lehrlinge arbeiten, an die Kette legt?«[2]

Aber Martínez erkannte bald, daß der Analphabetismus einer weiten Verbreitung der Zeitung im Weg stand. Um die Jahrhundertmitte konnten kaum fünfzehn Prozent der arbeitenden Bevölkerung Kubas lesen. Um allen Arbeitern die Zeitung nahezubringen, kam er auf die Idee, die Institution des öffentlichen Vorlesers ins Leben zu rufen. Er sprach beim Direktor der Oberschule von Guanabacoa vor und regte an, daß die Schule Vorlesestunden am Arbeitsplatz organisieren sollte. Voller Begeisterung wandte sich der Direktor an die Arbeiter der Fabrik El Fígaro und überzeugte sie, nachdem er die Erlaubnis des Besitzers erwirkt hatte, vom Nutzen dieser Einrichtung. Einer der Arbeiter wurde zum Vorleser oder *lector* bestimmt, die anderen bezahlten ihn für seine Anstrengungen aus der eigenen Tasche. Am 7. Januar 1866 meldete *La Aurora*: »Das Vorlesen in der Werkstatt hat nun zum erstenmal stattgefunden, und das ist der Initiative der wackeren Arbeiter von El Fígaro zu danken. Dies stellt einen gewaltigen Fortschritt in der allgemeinen Entwicklung der Arbeiterschaft dar, denn auf diese Weise macht sie sich allmählich mit Büchern vertraut, der Quelle immerwährender Freundschaft und wertvoller Unterhaltung.«[3]

Unter den Büchern, die am Arbeitsplatz vorgelesen wurden, befanden sich historische Werke wie *Die Schlachten des Jahrhunderts*, didaktische Romane wie *Der König der Welt* des heute längst vergessenen Fernández y González und eine Einführung in die politische Ökonomie von Flórez y Estrada.[4]

Bald folgten andere Fabriken dem Beispiel von El Fígaro. Die Vorlesungen waren so erfolgreich, daß sie sich schnell den Ruf er-

warben, »subversiv« zu sein. Am 14. Mai 1866 erließ der Gouver-
neur von Kuba folgende Verordnung:

> 1. Es ist untersagt, die Arbeiter der Tabakfabriken, Manufaktu-
> ren und Werkstätten aller Art durch das Vorlesen von Büchern
> und Zeitungen oder durch Diskussionen, die nicht die zu lei-
> stende Arbeit betreffen, abzulenken.
> 2. Die Polizei wird die Einhaltung dieser Verordnung ständig
> überwachen und diejenigen Fabrikbesitzer, ihre Stellvertreter
> oder Geschäftsführer, die sich dem Mandat der Polizei wider-
> setzen, meiner Amtsbefugnis überstellen, damit sie je nach
> Schwere des Verstoßes juristisch zur Verantwortung gezogen
> werden können.[5]

Trotz dieses Verbots wurden die Vorlesungen auf die eine oder andere Weise heimlich noch eine Weile lang fortgesetzt, doch um 1870
waren sie praktisch verschwunden. Der Ausbruch des Zehnjähri-
gen Kriegs im Jahr 1870 brachte auch für die *Aurora* das Ende.
Aber vergessen wurden die Vorlesungen nicht. Schon 1869 wurden
sie wiedereingeführt, und zwar auf amerikanischem Boden und
von den Arbeitern selbst.

Der zehnjährige Unabhängigkeitskrieg begann am 10. Oktober 1868, als der kubanische Grundbesitzer Carlos Manuel de Céspedes mit zweihundert schlechtbewaffneten Männern die Stadt Santiago einnahm und die Unabhängigkeit Kubas von Spanien erklärte. Am Ende des Monats, nachdem Céspedes allen Sklaven, die sich der Revolution anschlossen, die Freiheit versprochen hatte, war seine Armee auf zwölftausend Freiwillige angewachsen, und im April des Folgejahrs wurde Céspedes zum Präsidenten der neuen Revolutionsregierung ernannt. Doch Spanien blieb hart. Vier Jahre später wurde Céspedes in Abwesenheit von einem kubanischen Tribunal für abgesetzt erklärt, und im März 1874 wurde er in einen Hinterhalt gelockt und von spanischen Soldaten erschossen.[6]

Zuvor hatten sich die USA, um vom spanischen Handelsembargo gegen Kuba zu profitieren, lautstark für die Sache der Revolutionäre erklärt, und die kubanischen Flüchtlinge wurden in den Häfen von New York, New Orleans und Key West mit offenen Armen empfangen. Key West mauserte sich darauf innerhalb weniger Jahre vom kleinen Fischernest zu einer Hochburg der Tabakindustrie, zur neuen Welthauptstadt der Havanna-Zigarre.[7]

Die Arbeiter, die in die Vereinigten Staaten auswanderten, brachten unter anderem auch die Institution des Vorlesers mit. Eine Abbildung im amerikanischen *Practical Magazine* von 1873 zeigt einen solchen *lector* mit Brille und breitkrempigem Hut, der in bequemer Haltung aus einem Buch vorliest, während eine Reihe von Arbeitern (alle männlich) in Weste und Hemdsärmeln dasitzt und, wie es aussieht, gebannt lauschend Zigarren wickelt.

Auf den Lesestoff hatten sich die Arbeiter zuvor geeinigt (die auch, wie schon in den Zeiten bei El Fígaro, den *lector* aus der eigenen Tasche bezahlten), und er reichte von politischen Traktaten und historischen Abhandlungen bis hin zu Romanen und Gedichtsammlungen der Klassik und Moderne.[8]

Dabei hatten sie ihre Vorlieben. *Der Graf von Monte Christo* von Dumas zum Beispiel genoß eine solche Popularität, daß eine Gruppe von Arbeitern 1870 dem Autor (kurz vor dessen Tod) schrieb und ihn darum bat, einer Zigarrensorte den Namen ihres Lieblingshelden verleihen zu dürfen. Dumas willigte ein.

Mario Sánchez zufolge, einem Maler aus Key West, der sich 1991 noch an die *lectores* der zwanziger Jahre erinnern konnte, herrschte während der Lesung konzentrierte Stille, und erst nach

El lector,
Gemälde von
Mario Sánchez

dem Ende der Sitzung waren Fragen und Kommentare erlaubt. Sánchez erinnerte sich: »Mein Vater war Vorleser in der Zigarrenfabrik Eduardo Hidalgo Gato von Anfang des Jahrhunderts bis in die zwanziger Jahre. Am Morgen las er die neuesten Meldungen vor, die er aus der Lokalzeitung ins Spanische übersetzte. Die Weltnachrichten las er direkt aus den kubanischen Zeitungen, die täglich mit dem Schiff aus Havanna kamen. Von Mittag bis drei Uhr nachmittags las er aus einem Roman. Es wurde erwartet, daß er die Stimmen der handelnden Figuren imitierte wie ein Schauspieler.«

Arbeiter, die etliche Jahre in den Fabriken zugebracht hatten, waren in der Lage, lange Gedichte und sogar Prosatexte auswendig zu sprechen. Sánchez erinnerte sich an einen Mann, der die gesamten *Selbstbetrachtungen* des Mark Aurel im Kopf hatte.[9]

Das Zuhören machte den Arbeitern, wie sie herausfanden, die mechanische, stumpfsinnige Arbeit des Wickelns der dunklen, duftenden Tabakblätter erträglicher, es ließ sie teilhaben an den Abenteuern der Romanhelden, schenkte ihnen Ideen, die sie im Kopf wälzen und sich zu eigen machen konnten. Wir wissen nicht, ob die Arbeiter nach einem langen Tag am Wickelbrett bedauerten, daß sie nur zuhören, aber nicht selbst am Ritual des Lesens teilnehmen konnten; wir wissen nicht, ob den Lesekundigen die Finger zuckten, weil sie umblättern oder eine Passage nachlesen wollten, ob diejenigen, die nicht lesen konnten, Lust verspürten, diese Kunst zu erlernen.

In einer Nacht wenige Monate vor seinem Tod um das Jahr 547 – etwa dreizehn Jahrhunderte vor den kubanischen *lectores* – hatte

der heilige Benedikt von Nursia eine Erscheinung. Er betete gerade
am offenen Fenster und schaute in die Dunkelheit hinaus, als sich
plötzlich »die ganze Welt zu einem einzigen Sonnenstrahl zu bündeln schien und mir so vor die Augen trat«.[10] In dieser Vision muß
der alte Mann mit tränenden Augen »jenes geheimnisvolle Ding«
erblickt haben, »für das die Menschen einen Namen haben, das
aber keiner je ermessen: das unfaßbare Universum[11].«

Benedikt hatte der Welt im Alter von vierzehn Jahren entsagt
und auf die Güter und Privile-
gien seiner reichen römischen
Sippe verzichtet. Um 529 hatte
er ein Kloster auf dem Monte-
cassino gegründet, jener schrof-
fen Erhebung, die auf halbem
Weg zwischen Rom und Neapel
fünfhundert Meter hoch über einem alten heidnischen Grabmal
aufragt, und auf diesem Berg
entwarf er für seine Klosterbrü-
der eine Satzung[12], deren Autorität er über die Machtvollkom-
menheit des Klosterältesten
stellte. Vielleicht weil er sich aus
dem Studium der heiligen
Schriften die allumfassende Vi-

Der heilige
Benedikt
überreicht seine
Satzung dem
Abt Johannes;
Miniatur aus
dem 11. Jahr-
hundert

sion erhoffte, die ihm Jahre später zuteil wurde, vielleicht auch,
weil er, wie später Sir Thomas Browne, glaubte, daß Gott uns die
Welt in zwei Erscheinungsweisen darbiete, als Natur und als
Buch[13], erklärte Benedikt per Satzung das Lesen zu einem wesentlichen Bestandteil des Klosteralltags. Artikel 38 seines Regelwerks
legte fest, wie es zu geschehen habe:

> Zu den Mahlzeiten der Brüder soll stets gelesen werden; doch
> keiner möge es wagen, aufs Geratewohl zum Buch zu greifen
> und mit dem Lesen anzufangen; sondern der, welcher dieses
> Amt für eine ganze Woche übernimmt, soll damit am Sonntage
> beginnen. Und indem er seinen Dienst nach der Messe und
> Kommunion antritt, soll er die Bitte äußern, daß alle für ihn
> beten mögen, auf daß Gott den Geist der Hoffart von ihm ab-
> wende. Und dieser Vers soll von allen, die im Remter versam-

139

melt sind, dreimal gesprochen werden, nachdem er ihn ange-
stimmt hat: »O Herr, löse Du meine Lippen, auf daß meine
Zunge Dich lobpreise!« Hat er dieserart den Segen empfangen,
soll er sein Amt als Vorleser beginnen. Und es soll die größte
Stille herrschen bei Tisch, so daß kein Flüstern und kein Laut
vernehmbar ist außer der Stimme des Vorlesers. Und die Speise,
deren die Brüder bedürfen, sollen sie sich gegenseitig reichen,
auf daß niemand gedrängt werde, nach ihr zu verlangen.[14]

Wie in den kubanischen Zigarrenfabriken wurde auch hier der Lesestoff nicht dem Zufall überlassen, aber während man sich in der
Fabrik gemeinsam auf das eine oder andere Buch einigte, wurde
die Wahl im Kloster vom Vorstand getroffen. Die kubanischen Arbeiter konnten den vorgelesenen Büchern in stiller Leidenschaft
verfallen (und oft geschah das), doch die Schüler des heiligen
Benedikt mußten die »Hoffart«, also Stolz und Freude meiden
und das Vergnügen am Text zu einer Gemeinschaftserfahrung machen, nicht zum persönlichen Erlebnis. Die Bitte an Gott, dem
Vorleser die Lippen zu lösen, überantwortete den Akt des Vorlesen dem Allmächtigen. Für den heiligen Benedikt war der Text –
das Wort Gottes – der persönlichen Vorliebe, wenn nicht gar dem
Verständnis enthoben. Der Text war unantastbar und sein Autor
eine unumstößliche Autorität. Das Schweigen bei Tisch schließlich, die Unterdrückung der Publikumsreaktion, war nicht nur
nötig, um Konzentration zu erzeugen, sondern auch, um jeden
impulsiven Kommentar zu den heiligen Büchern im Keim zu ersticken.[15]

Später, in den Zisterzienserklöstern, die vom frühen 12. Jahrhundert an überall in Europa gegründet wurden, wurde die *Regula
Benedicti* benutzt, um den Klosteralltag zu reglementieren. Persönliche Reibereien und Gelüste wurden der Gemeinschaft unter-
geordnet. Verstöße wurden mit der Geißel geahndet und die Übel-
täter von der Gemeinschaft getrennt, von den Brüdern isoliert.
Das Alleinsein galt als Strafe, Geheimnisse waren allseitig bekannt,
persönliche Vorlieben, ob geistiger oder anderer Art, wurden ener-
gisch unterbunden. Disziplin war der Lohn derjenigen, die sich in
der Gemeinschaft wohlbefanden. Die Zisterziensermönche waren
niemals allein. Bei den Mahlzeiten wurde ihr Geist von den Gaumenfreuden abgelenkt und durch die vom heiligen Benedikt vor-
geschriebenen Lesungen in Gottes Wort vereint.[16]

Auch in der Laienwelt des Mittelalters wurde das Vorlesen zu einer notwendigen und verbreiteten Praxis. Vor der Erfindung des Buchdrucks war die Kunst des Lesens außerhalb der Klostermauern kaum verbreitet, nur Reiche konnten sich Bücher leisten, und nur eine Handvoll Belesener genoß dieses Privileg. Wenn diese glücklichen Adelsherren hin und wieder ein Buch verliehen, dann nur an Mitglieder ihres Standes oder ihrer Familie.[17] Wer sich mit einem bestimmten Buch oder Autor bekannt machen wollte, gelangte eher in den Genuß einer Vorlesung, als daß er eins dieser kostbaren Exemplare in die Hand bekommen hätte.

Es gab verschiedene Möglichkeiten, einen Text zu hören. Seit dem 11. Jahrhundert reisten Gaukler durch alle Königreiche Europas und sangen ihre Verse oder die Minnelieder der von ihnen verehrten Troubadoure, die sie in ihrem unerschöpflichen Gedächtnis speicherten. Die Gaukler dienten der öffentlichen Unterhaltung und traten auf Marktplätzen auf, zur Kirmes, aber auch bei Hofe. Meist waren sie niederer Geburt, und als Fahrende genossen sie weder den Schutz des Gesetzes noch den Segen der Kirche.[18]

Troubadoure wie Wilhelm von Aquitanien, Großvater Eleanors, oder Bertran de Born, Vicomte d'Hauteford, waren adliger Herkunft und schrieben formstrenge Lieder zum Lob ihrer unerreichbaren Geliebten. Unter den etwa hundert namentlich bekannten Troubadouren aus der Blütezeit des Minnesangs, von Anfang des 12. bis ins frühe 13. Jahrhundert, waren etwa zwanzig Frauen. Offenbar erfreuten sich die Gaukler gemeinhin größerer Beliebtheit als die Minnesänger, so daß ein anspruchsstolzer Barde wie Petrus (Peter) Pictor sich beklagte, »einige der hohen geistlichen Herren lauschen lieber den einfältigen Versen eines Gauklers als den wohlgeformten Stanzen eines ernsthaften lateinischen Poeten«[19] – womit er sich selbst meinte.

Das Vorlesen aus einem Buch war ein Erlebnis ganz anderer Art. Dem Auftritt eines Gauklers waren alle Merkmale einer Schaudarbietung eigen, sein Erfolg oder Mißerfolg hing ganz wesentlich vom Geschick und Ausdrucksvermögen des Künstlers ab, während der Inhalt weitgehend bekannt war. Beim öffentlichen Vorlesen spielte die Vortragskunst zwar auch eine gewisse Rolle, das Schwergewicht lag aber auf dem Text und nicht auf dem Vortragenden. Das Publikum bei einer Schaustellung erlebte, wie ein Gaukler die Lieder eines bestimmten Troubadours, etwa des gefeierten Sordello, darbot; die Zuhörer bei einer Lesung konnten der anonymen *Geschichte von Reineke Fuchs* lauschen, wenn sie auch nur irgendein Lesekundiger aus der Familie vortrug.

Bei Hof, gelegentlich auch in bescheidenerem Milieu, wurden Bücher laut für die Familie und deren Freunde vorgelesen. Das Lesen bei Tisch hatte hier nun nicht den Zweck, von den Gaumenfreuden abzulenken, sondern sollte der Belehrung und Unterhaltung dienen und der Essensfreude einen zusätzlichen Reiz verleihen, wie es auch im römischen Reich der Brauch gewesen war. Plinius der Jüngere erwähnte in einem Brief, daß er beim Essen mit seiner Gemahlin und ein paar Freunden gern einem unterhaltsamen Buch lauschte.[20]

Im frühen 14. Jahrhundert reiste die Gräfin Mahaut von Artois stets mit ihrer Bibliothek, die in großen Ledertaschen verstaut war, und abends ließ sie sich von einer Hofdame vorlesen, wonach ihr der Sinn stand: entweder philosophische Werke oder unterhaltsame Berichte aus fremden Ländern wie zum Beispiel die *Reisen des Marco Polo*.[21] Lesekundige Eltern lasen gern ihren Kindern vor.

Im Jahre 1399 bat der toskanische Notar Ser Lapo Mazzei seinen Geschäftsfreund, den Kaufmann Francesco di Marco Datini, in einem Brief, ihm das Buch *Die Blümlein des heiligen Franziskus* auszuleihen, damit er es seinen Söhnen vorlesen könne. Die Jungen würden an den Winterabenden ihre Freude daran haben, erklärte er, »denn es ist, wie Sie wissen, sehr leichte Literatur«[22].

In Montaillou las im frühen 14. Jahrhundert der Dorfpriester Pierre Clergue den Bauern, die in ihren Häusern am Herdfeuer saßen, aus einem *Buch über den Glauben der Häretiker* vor. Im Dorf Aix-les-Thermes, ungefähr zur gleichen Zeit, wurde der Bauer Guillaume Andorran dabei ertappt, wie er seiner Mutter ein ketzerisches Evangelium vorlas, und von der Inquisition verurteilt.[23]

Das Buch *Évangiles des quenouilles* (»Spindel-Evangelien«) aus dem 15. Jahrhundert erweist, wie zwanglos es bei solchen Lesungen zugehen konnte. Der Erzähler, ein alter, gebildeter Mann, besucht »eines Abends nach dem Mahle, in den langen Nächten zwischen Weihnachten und Mariä Lichtmeß«, das Haus einer älteren Frau, in dem sich häufig die Nachbarinnen einfinden, »um zu spinnen und über viele schöne und müßige Dinge zu reden«. Die Frauen, die sich beklagten, daß die Männer in ihrer Zeit »unablässig gemeine Schmähschriften und schmutzige Bücher gegen die

Ein früher
Lesezirkel in der
Spinnstube,
dargestellt in
den *Spindel-
Evangelien* aus
dem 16. Jh.

Ehre des weiblichen Geschlechts schrieben«, baten den Erzähler, an ihren Treffen – einer Art Lesezirkel avant la lettore – teilzunehmen und als Schriftführer zu fungieren, während die Frauen bestimmte Passagen über die Geschlechter, über Liebesaffären, Eheverhältnisse, heimische Sitten und abergläubische Bräuche lesen und vom weiblichen Standpunkt erörtern wollten. »Eine von uns wird mit dem Lesen beginnen und den Anwesenden ein paar Kapitel vorlesen«, erklärt eine der Spinnerinnen begeistert, »so daß sie uns für immer im Gedächtnis bleiben.«[24] Sechs Tage lang lesen die Frauen, kommentieren und unterbrechen einander mit Einwänden und Erklärungen und scheinen sich so gut zu amüsieren, daß der Erzähler sich über ihre laxe Moral beklagt und ihre Kommentare, die er getreulich aufzeichnet, als »ohne Sinn und Verstand« bezeichnet. Zweifellos ist er an die eher formalen und scholastischen Erörterungen unter Männern gewöhnt.

Das Vorlesen bei zwanglosen Zusammenkünften war im 17. Jahrhundert recht häufig. Der Pfarrer, der in seinem Eifer die Bibliothek des Don Quijote verbrannt hat und nun auf der Suche nach dem irrenden Ritter in einer Schenke abgestiegen ist, erklärt den Gästen, wie die Lektüre von Ritterromanen den Verstand des Ritters verwirrt habe. Der Wirt widerspricht ihm und gesteht, daß er selbst ein Liebhaber jener Geschichten ist, in denen kühne Helden gegen Ungetüme kämpfen, Drachen erwürgen und, allein auf sich gestellt, ganze Heere besiegen. »Zur Erntezeit«, erzählt er, »kommen viele Schnitter in den Festtagen hierher, da ist denn immer einer darunter, der lesen kann und der dies oder jenes von diesen Büchern zur Hand nimmt. Über dreißig setzen wir uns um ihn her und hören mit solchem Vergnügen zu, daß wir Essen und Trinken vergessen.« Auch seine Tochter zählt zu den Zuhörern, aber sie mag die Gewaltszenen nicht; sie zieht die Klagen vor, »welche die Ritter anstellen, wenn sie von ihren Damen entfernt sind, so daß ich wahrhaftig ein paarmal aus Mitleiden habe weinen müssen«. Ein Reisegenosse, der zufällig Ritterromane bei sich trägt (welche der Pfarrer sogleich verbrennen will), hat in seinen Taschen auch das Manuskript einer Novelle. Widerstrebend erklärt sich der Pfarrer schließlich bereit, den Anwesenden daraus vorzulesen. Die Novelle trägt den passenden Titel »Von der unziemlichen Neugier«[25] und füllt die drei nachfolgenden Kapitel des Romans, unterbrochen durch die Zwischenbemerkungen der Zuhörer.[26]

So entspannt und frei von den Zwängen reglementierter Zusammenkünfte waren diese Lesungen, daß die Zuhörer (oder die Vorleser) das Geschehen im Buch auf ihr eigenes Leben übertragen konnten. Zwei Jahrhunderte nach Cervantes schrieb der schottische Verleger William Chambers die Biographie seines Bruders Robert, mit dem gemeinsam er im Jahr 1832 die berühmte gleichnamige Edinburgher Firma gegründet hatte, und erinnerte sich bei dieser Gelegenheit an Lesungen in Peebles, der Stadt ihrer Kindheit: »Mein Bruder und ich bezogen viel Freude, um nicht zu sagen Belehrung, aus dem Singen der alten Balladen und auch aus den Sagen, die uns eine freundliche alte Verwandte, Frau eines gebrechlichen Kaufmanns, erzählte. Sie wohnte in einer der alten Gassen, und an ihrem bescheidenen Feuer unter dem gewaltigen Rauchfang, wo ihr halbblinder und greiser Gatte im Sessel vor sich hin dämmerte, vermischten sich die Schlacht von Coruña und andere Tagesneuigkeiten aufs seltsamste mit den Erzählungen aus dem Jüdischen Krieg. Gespeist wurde dieser interessante Zeitvertreib aus dem verschlissenen Exemplar einer englischen Ausgabe des Josephus Flavius aus dem Jahr 1720. Der beneidete Eigentümer des Buches war Tam Fleck, ein ›Luftikus‹, wie man sagte, der seine eigentliche Pflicht vernachlässigte, aber eine Art Beruf daraus machte, abends mit seinem Josephus umherzuwandern und aus ihm vorzulesen, als handelte es sich um die letzten Neuigkeiten – im flackernden Schein eines Steinkohlenbrockens. Er las nie mehr als zwei oder drei Seiten auf einmal, aber würzte sie mit scharfsinnigen Kommentaren, als handelte es sich um Fußnoten, und auf diese Weise hielt er das außerordentliche Interesse an der Erzählung wach. Tam brachte dieselben Dinge in ganz ähnlicher Weise in verschiedenen Häusern vor, so daß alle den gleichen Kenntnisstand besaßen, und hielt alle in erwartungsvoller Spannung, wie ein bewegendes Ereignis aus der hebräischen Geschichte wohl ausgehen würde. Obwohl er auf diese Weise den Josephus Jahr für Jahr von vorn durchging, schien sich dessen Neuigkeitswert niemals zu erschöpfen.«[27]

»Na, Tam, was gibt's Neues heute abend?« pflegte der alte Geordie Murray zu fragen, wenn Tam mit dem Josephus unter dem Arm eintrat und sich am Kamin niederließ.
»Schlechte Nachrichten, schlechte Nachrichten«, antwortete Tam. »Titus hat mit der Belagerung von Jerusalem angefangen. Das wird eine üble Sache!«[28]

Beim Akt des Vorlesens (Interpretierens, Vorspielens) erlangt das Buch in der Hand des Vortragenden manchmal den Wert eines Talismans. In Frankreich benutzen ländliche Geschichtenerzähler noch heute Bücher als Requisiten; die Erzählungen haben sie im Kopf, aber ihre Autorität demonstrieren sie, indem sie so tun, als ob sie aus dem Buch vorlesen, selbst wenn sie es verkehrt herum halten.[29] Der Besitz eines Buches – eines Gegenstands, der voller Fabeln, Weisheiten und Berichte über vergangene Zeiten sein kann, voller Anekdoten und göttlicher Offenbarungen – scheint den Vorleser zum Herrn und Erfinder der Geschichten zu machen, den Zuhörer hingegen zum Zeugen eines Schöpfungsvorgangs. Bei derartigen Lesungen kommt es natürlich darauf an, daß die Szene voll ausgespielt wird – mit einem Vorleser, Publikum und einem Buch –, sonst wäre sie nicht komplett.

Zu Zeiten des heiligen Benedikt war das Vorlesen und das Zuhören ein geistliches Exerzitium, in späteren Jahrhunderten diente dieser hehre Zweck bisweilen der Maskierung unziemlicher Tätigkeiten. Im frühen 19. Jahrhundert zum Beispiel, als man in England den akademischen Ehrgeiz von Frauen mit Argwohn verfolgte, war es eine gesellschaftlich akzeptierte Methode des Studierens, wenn sie sich aus einem Buch vorlesen ließen. Die Romanschriftstellerin Harriet Martineau beklagte sich in den *Autobiographischen Erinnerungen*, die nach ihrem Tod 1876 erschienen: »Als sie jung war, hielt man es für unschicklich, wenn eine junge Dame sich allzu eifrig dem Studium widmete. Es wurde erwartet, daß sie sich mit einer Handarbeit in den Salon setzte, sich aus einem Buch vorlesen ließ und für Besucherinnen bereithielt. Wenn diese kamen, drehte sich die Unterhaltung oft um das Buch, das ihretwegen beiseite gelegt worden war. Folglich mußte der Lesestoff sehr sorgfältig gewählt werden, damit nicht eine schockierte Besucherin dort, wo sie ihre nächste Aufwartung machte, über den bedauerlichen Sittenverfall im Haus der soeben verlassenen Familie Klage führte.«[30]

Andererseits konnte man das laute Vorlesen gezielt zur Herbeiführung besagter Sittenlosigkeit einsetzen. 1781 gab Diderot eine amüsante Beschreibung ab, wie er seine bigotte Frau Nanette, die kein Buch anrühren mochte, das nicht zu ihrer geistigen Erbauung beitrug, »kurierte«, indem er sie einer mehrwöchigen Diät zur Gewöhnung an handfeste Literatur unterwarf: »Ich bin ihr Vorleser geworden. Ich verordne ihr täglich drei Prisen *Gil Blas*:

eine morgens, eine mittags, eine abends. Wenn wir das Ende des
Gil Blas ausgekostet haben, werden wir mit dem *Hinkenden Teufel* weitermachen, dem *Jüngling von Salamanca* und anderen Köst-
lichkeiten derselben Art. Nach ein paar Jahren und ein paar hundert Büchern wird die Kur beendet sein. Wäre ich mir des Erfolgs
sicher, würde ich mich über die Mühe nicht beklagen. Was mich
belustigt, ist der Umstand, daß sie allen ihren Besucherinnen eine
Wiederholung der Passagen angedeihen läßt, die ich ihr vorlas, und
so verdoppelt die Unterhaltung die heilsame Wirkung der Kur. Ich
habe Romane immer als nichtige Produkte betrachtet, aber nun
weiß ich, daß sie ausgezeichnet gegen *vapeurs* helfen. Ich werde
Dr. Tronchin, wenn ich ihn sehe, das Rezept verraten: Man nehme
8 bis 10 Seiten von Scarrons *Komödiantenroman*, dazu 4 Kapitel
Don Quijote und einen gutgewählten Absatz von Rabelais und
rühre dies in eine ordentliche Portion *Jacques der Fatalist* oder *Ma-
non Lescaut* ein, das Ganze variiere man, so wie man mit Kräutern
verfährt, und ersetze, wenn nötig, das eine durch das andere in
ähnlicher Dosierung.«[31]

Das Zuhören macht das Publikum zum Komplizen des Vorlesers und diesen zum Zeugen von Reaktionen, die normalerweise
unbemerkt bleiben – ein solches kathartisches Erlebnis beschreibt
der spanische Romancier Benito Pérez Galdós in einer seiner *Na-
tionalen Episoden*. Doña Manuela, eine Leserin aus dem Mittel-
stand des 19. Jahrhunderts, zieht sich unter dem Vorwand ins Bett
zurück, sie könne sich ansonsten in der warmen Madrider Som-
mernacht, voll angekleidet unter der Lampe im Salon, ein Fieber
holen. Ihr Galan, General Leopoldo O'Donnell, bietet ihr an, sie
in den Schlaf zu lesen, und wählt dazu einen der Groschenromane
aus, von denen die Dame schwärmt: »Hingestümpert und verwor-
ren, eine schlechte Übersetzung aus dem Französischen.« Mit dem
Finger den Zeilen folgend, liest ihr O'Donnell die Schilderung eines Duells vor, bei dem ein junger blonder Mann einen gewissen
Monsieur Massenot verwundet.

> »Wie wundervoll!« rief Doña Manuela hingerissen. »Erinnern
> Sie sich? Dieser blonde Bursche, das ist der Artillerist aus der
> Bretagne, der sich als Hausierer verkleidet hat. Bei seinem Aus-
> sehen muß er der natürliche Sohn der Herzogin sein ... Lesen
> Sie weiter ... Aber nach dem, was ich höre, heißt das, daß er
> Massenot die Nase abgeschnitten hat?«

»Sieht so aus ... Hier steht eindeutig: ›Massenots Gesicht war mit Blut überströmt, das in zwei Bächen über seinen ergrauten Schnurrbart rann.‹«

»Ich bin entzückt ... Das geschieht ihm recht, soll er noch mehr abkriegen. Da bin ich aber gespannt, was uns der Autor zu bieten hat.«[32]

Weil das Vorlesen kein einsamer Vorgang ist, muß die Auswahl des Lesestoffs sowohl für den Vorlesenden als auch für seine Zuhörer vertretbar bleiben. Im Pfarrhaus zu Steventon, in der Grafschaft Hampshire, las sich die Familie Austen zu allen Tageszeiten aus Büchern vor und äußerte sich über die Eignung der jeweiligen Texte. »Mein Vater liest uns morgens Cowper vor, was ich mir anhöre, wenn ich kann«, schrieb Jane Austen 1808. »Wir haben einen zweiten Band von *Espriella's Letters* [Robert Southey], und ich lese ihn laut bei Kerzenlicht.« »Sollte ich mich wirklich an *Marmion* [von Walter Scott] erfreuen? Vorerst gelingt mir das nicht. James [ihr ältester Bruder] liest ihn jeden Abend vor – am kürzeren Teil des Abends, er fängt um zehn an und bricht vor dem Nachtmahl ab.« Nach dem Anhören von *Alphonsine*, einem Werk der Madame de Genlis, empört sich Jane Austen: »Wir waren schon nach zwanzig Seiten angewidert. Ungeachtet der schlechten Übersetzung brachten sie Unappetitlichkeiten zutage, die der bis dato unbescholtenen Feder zur Schande gereichen, und wir ersetzten das Buch durch den *Weiblichen Quixote* [von Charlotte Ramsay Lennox], der nun unser Abendvergnügen darstellt, eines, das ich sehr hochschätze, weil ich das Werk genauso empfinde, wie ich es in Erinnerung habe.«[33] (In ihren späteren Büchern klingt nach, was damals in ihrer Jugend vorgelesen wurde, manchmal sogar in direkten Anspielungen, indem sie ihre Figuren durch bestimmte literarische Vorlieben oder Abneigungen charakterisiert: Sir Edward Denham im Roman *Sanditon* findet Scott »zahm«, und John Thorpe in *Northanger Abbey* behauptet: »Ich lese nie Romane« – um wenig später einzuräumen, daß er *Tom Jones* von Fielding und *Der Mönch* von Matthew Gregory Lewis »halbwegs erträglich« fand.)

Sich ein Buch vorlesen zu lassen – ob zur Läuterung des Leibes, zum Vergnügen, zur Belehrung oder aus Wohlgefallen am Klang der Sprache – ist eine Bereicherung und eine Schmälerung des Lesevorgangs zugleich. Einen anderen die Worte sprechen zu lassen, die auf der Seite stehen, ist eine weitaus unpersönlichere Erfahrung, als den Text in der Hand zu halten und mit den eigenen Augen aufzunehmen. Vertrauen wir uns der Stimme des Vorlesenden an, berauben wir uns der Möglichkeit, selbst über das Tempo und den Tonfall zu bestimmen, außer wir verfügen über die Fähigkeit, den Vorlesenden genau nach unseren Wünschen zu dirigieren. In jedem anderen Fall muß das Ohr der Stimme eines anderen gehorchen, und dadurch wird eine Rangordnung begründet (manchmal sichtbar in einem gesonderten Sessel oder einem Podium), die den Hörer zum Objekt des Vorlesenden macht.

Selbst in der Körperhaltung gehorcht der Zuhörer gelegentlich dem Vorleser. Diderot beschrieb 1759 eine Lesung unter Freunden: »Ohne daß es einem der beiden bewußt wird, nimmt der Vorleser eine Haltung an, die ihm als die angemessenste erscheint, und der Zuhörer tut es ihm gleich. ... Fügen wir der Szene eine dritte Figur hinzu, wird er sich dem Gesetz der beiden ersten beugen. Es ist ein System, in dem sich drei Interessen miteinander verbinden.«[34]

Gleichzeitig verlangt das Lesen vor aufmerksamen Zuhörern dem Vorlesenden oft eine größere Genauigkeit ab. Er darf nichts überspringen oder noch einmal nachlesen, er legt den Text mittels einer gewissen ritualisierten Förmlichkeit fest. Ob in den Klöstern der Benediktiner, den winterlichen Stuben des späteren Mittelalters, den Herbergen und Küchen der Renaissance oder den Salons und Zigarrenfabriken des 19. Jahrhunderts – oder auch heute noch, wenn wir auf der Autobahn eine Kassette mit einem Sprechtext einschieben –, stets geht dabei ein Stück jener Freiheit verloren, die im Akt des Lesens enthalten ist: die Möglichkeit, Ton und Akzentuierung selbst zu bestimmen, eine besonders schöne Passage noch einmal zu lesen. Doch andererseits gewinnt der vielschichtige Text eine respektheischende Eigenheit, eine Einheitlichkeit in der Zeit und ein Dasein im Raum, wie er sie in der Hand eines nach Laune blätternden Lesers selten besitzt.

❧ Die Gestalt des Buches ❧

Der Buch-
drucker Aldus
Manutius

Wenn meine Hände ein Buch aussuchen, um es ins Bett oder zum Lesetisch, in den Zug oder als Geschenk mitzunehmen, ist ihnen die Form genauso wichtig wie der Inhalt. Je nach dem Anlaß, je nach dem Ort, an dem ich lesen will, bevorzuge ich das kleine und handliche oder das großzügige und stattliche. Bücher geben sich durch ihren Titel zu erkennen, ihren Autor, ihren Platz im Katalog oder im Regal, durch die Gestaltung des Umschlags. Aber auch das Format verrät etwas. Zwar stellte sich dieses Äußerliche je nach Zeit und Ort unterschiedlich dar, aber wie bei allen Moden bestimmen die wandelbaren Elemente doch immer mit ihrer präzisen Eigenheit die Definition des Buches. Ich schließe vom Einband auf das Buch; ich beurteile ein Buch nach seinem Äußeren.

Von Anfang an verlangten die Leser nach Formaten, die dem Verwendungszweck des Buches entgegenkamen. Die frühen mesopotamischen Schrifttafeln waren gewöhnlich quadratische, manchmal auch längliche Tonplatten von ungefähr acht Zentimetern Breite, die man bequem in der Hand halten konnte. Ein Buch bestand aus etlichen solchen Tafeln, die möglicherweise in einer Ledertasche oder einem Kasten aufbewahrt wurden, so daß der Leser die Tafeln in der richtigen Reihenfolge herausnehmen und zurückstecken konnte. Vielleicht hatten die Mesopotamier auch Tontafel-Bücher, die ähnlich wie unsere heutigen in einem Einband zusammengehalten waren; auf neohethitischen Grabsteinen sind einige Gegenstände abgebildet, die Kodizes ähneln, aber kein solches Buch ist erhalten geblieben.

Nicht alle mesopotamischen Bücher waren dazu gedacht, in der Hand gehalten zu werden; es gibt Texte, die auf wesentlich größere Oberflächen geschrieben sind. So sind die mittelassyrischen Gesetzestafeln, die in Assur gefunden wurden und aus dem zwölften vorchristlichen Jahrhundert stammen, etwa sieben Quadratmeter groß und tragen den Text in Spalten auf beiden Seiten.[1] Offensichtlich sollte dieses »Buch« nicht in der Hand gehalten, sondern irgendwo aufrecht stehen und als Nachschlagewerk benutzt werden. In diesem Fall dürfte die Größe auch symbolische Bedeutung gehabt haben: Die kleinen Tafeln dienten den privaten Transaktionen, während die Gesetzestafeln schon durch ihre Größe die Autorität des Gesetzgebers verkörperten.

Dem Wunsch der Leser nach praktisch handhabbaren Büchern waren natürlich Grenzen gesetzt. Ton eignete sich für die Herstellung von Tafeln, aus Papyrus (den getrockneten und in Streifen zerteilten Halmen eines Schilfgewächses) konnten handliche Schriftrollen hergestellt werden, beide Arten ließen sich recht gut transportieren. Aber sie waren ungeeignet für die Buchform, die beide ablösen sollte: der Kodex, das Bündel zusammengehefteter Seiten. Ein Kodex aus Tontafeln wäre schwer und sperrig gewesen, und obwohl es Kodizes aus Papyrus gab, war dieses Material zu spröde, um geheftet und gefaltet zu werden. Pergament oder Velin (beides nach verschiedenen Verfahren aus Tierhäuten hergestellt) konnte man dagegen in allen Größen zuschneiden und falten.

Plinius der Ältere berichtet, daß König Ptolemaios von Ägypten die Ausfuhr von Papyrus verbot, um das Geheimnis der Herstellung für seine große Bibliothek in Alexandria zu bewahren. So zwang er seinen Rivalen Eumenes, den Herrscher von Pergamon, ein anderes Material für die Bücher seiner Bibliothek zu finden.[2] Wenn man Plinius glauben darf, führte das Papyrus-Ausfuhrverbot des Ptolemaios im 2. Jahrhundert v. Chr. zur Erfindung des Pergaments in Pergamon. Die ältesten uns bekannten Pergamentbücher entstanden allerdings noch ein Jahrhundert früher.[3]

Es gab auch Schriftrollen aus Pergament, wie es Kodizes aus Papyrus gab, doch waren diese Formen selten, weil unpraktisch. Vom 4. Jahrhundert an – bis achthundert Jahre später das Papier in Italien aufkam –, war Pergament in ganz Europa das bevorzugte Material für Bücher. Es war nicht nur fester und glatter als Papyrus, sondern auch billiger, da das Papyrus zu beträchtlichen Kosten und entgegen dem Verbot des Ptolemaios aus Ägypten hätte beschafft werden müssen.

Der Pergamentkodex wurde schnell zur gängigen Buchform für Beamte und Priester, Reisende und Studenten – also für alle, die darauf angewiesen waren, ihr Lesematerial bequem von Ort zu Ort zu transportieren und jeden Textabschnitt schnell verfügbar zu haben. Das Pergament konnte im Unterschied zum Papyrus beidseitig beschrieben werden, und die vier Ränder boten mehr Platz und waren bequemer mit Randglossen zu versehen als eine Schriftrolle. Dem Leser blieb so mehr Möglichkeit zur Teilhabe am Text. Auch die Texte selbst änderten sich, waren sie doch zuvor nach dem Fassungsvermögen einer Rolle unterteilt worden (die Unterteilung von Homers Ilias in vierundzwanzig Bücher beispielsweise ist wahrscheinlich der Tatsache geschuldet, daß der Gesamttext in der Regel vierundzwanzig Schriftrollen erforderte). Der Text konnte nun je nach Inhalt in Abschnitte, Bücher oder Kapitel aufgeteilt oder mit anderen kürzeren Arbeiten handlich in einem Einband zusammengefaßt werden. Die sperrige Rolle bot immer nur eine begrenzte Sichtfläche – ein Nachteil, der uns heute wiederbegegnet, da wir auf dem Computerbildschirm zu dieser alten Methode des »Scrollens« zurückgekehrt sind. Im Kodex hingegen konnte man blätternd sofort zu jeder beliebigen Textstelle gelangen und dabei einen Überblick über den in der Regel während des ganzen Leseakts in der Hand gehaltenen Text gewinnen. Doch der Kodex hatte noch weitere Vorzüge: Was einst aus Gründen der Handlichkeit erfunden worden war, erwies sich bald als ein so dehnbares Behältnis, daß es an Größe und Dicke immer mehr zunahm: Es wurde, wo nicht unbegrenzt, doch weitaus umfangreicher als jede frühere Buchform. Der Dichter Martial staunte im 1. Jahrhundert n. Chr. über die magischen Kräfte eines Gegenstandes, der klein genug war, um in die Hand zu passen, und doch groß genug, um unschätzbare Kostbarkeiten zu enthalten:

Ilias und das Geschick des Gegners von Priamos' Reiche,
des Odysseus, enthält, vielfach geschichtet, die Haut.[4]

Die Vorzüge des Kodex behielten die Oberhand: Um 400 n. Chr. war die klassische Schriftrolle nahezu abgelöst, und die meisten Bücher wurden aus Pergamentbögen zusammengesetzt. Einmal gefaltet, bekam das Pergament Folioformat, zweimal gefaltet Quart- und nochmals gefaltet Oktavformat. Im 16. Jahrhundert wurden die Maße des gefalteten Bogens amtlich festgelegt: König Franz I. legte im Jahr 1527 die Standardformate für Papier in

Frankreich fest. Wer gegen seine Norm verstieß, wurde mit Gefängnis bestraft.[5]

Von allen Buchformaten waren zu allen Zeiten die am beliebtesten, die man bequem in der Hand halten konnte. Sogar in Griechenland und Rom, wo die Schriftrollen gewöhnlich für alle Schreibzwecke verwendet wurden, schrieb man kurze Botschaften meistens auf kleine, mehrmals verwendbare Wachstäfelchen, die durch erhabene Kanten und verzierte Deckel geschützt waren. Allmählich wurden die Täfelchen durch weniger feine, oft verschiedenfarbige Pergamentblätter abgelöst, die zusammengebunden waren, um als Notizbuch für Gedanken oder Berechnungen zu dienen. In Rom verloren diese Büchlein gegen Ende des 2. Jahrhunderts ihre praktische Bedeutung und wurden statt dessen wegen ihrer hübschen Deckblätter geschätzt. Eingebunden in feinziselierte Elfenbeinplatten, wurden sie etwa hohen Beamten bei deren Amtseinsetzung überreicht, und schließlich wurden private Geschenkartikel daraus: Die Reichen verehrten sich gegenseitig diese kunstvoll gearbeiteten und mit Versen oder einer Widmung versehenen Büchlein. Bald darauf stellten pfiffige Buchhändler kleine »Poesiealben« als Geschenkbüchlein her, bei denen es nicht so sehr auf den Inhalt als auf die hübsche Aufmachung ankam.[6]

Von der Gestalt des Buches, ob Rolle oder Kodex, hing auch die Art der Lagerung ab. Die Schriftrollen wurden entweder in Holzkästen verpackt, die entfernte Ähnlichkeit mit Hutschachteln besaßen und in Ägypten mit Tonplaketten, in Rom mit Pergamentetiketten markiert wurden. Oder sie wurden so in Regalen aufgestapelt, daß die Etiketten (der *index* oder *titulus*) heraushingen

Stich nach einem Basrelief aus dem alten Rom, auf dem die Lagerung von Schriftrollen dargestellt ist. Deutlich sind die Etikettenanhänger mit der Titelbezeichnung zu erkennen.

und dem Bibliothekar die Suche erleichterten. Die Kodizes wurden flach in eigens dafür gezimmerten Regalen gelagert. Vom Besuch eines Landhauses in Gallien zurückgekehrt, beschrieb Gajus Sollius Apollinaris Sidonius, seines Zeichens Bischof der Auvergne, im Jahr 470 beeindruckt die verschiedenartigen, der Buchgröße angepaßten Regale: »Auch hier gab es Bücher in Menge: Man konnte glauben, man hätte die brusthohen Bücherborde (*plantei*) der Grammatiker vor sich oder die keilförmigen Kästen (*cunei*) des Atheneums oder die wohlgefüllten Schränke (*armaria*) der Buchhändler.«[7] Sidonius berichtete, er habe dort zwei Arten von Büchern vorgefunden: die lateinischen Klassiker für die Männer und Gebetbücher für die Frauen.

Da Gottesdienste im Leben der Europäer des Mittelalters einen großen Raum einnahmen, ist es kaum überraschend, daß eines der beliebtesten Bücher der damaligen Zeit das persönliche Gebetbuch oder Stundenbuch war, das häufig auch auf den zeitgenössischen Darstellungen von Mariä Verkündigung zu sehen ist. Gewöhnlich handgeschrieben oder im Kleinformat gedruckt, waren sie oft von Buchmalern mit üppigen Schmuckwerken verziert, und sie enthielten eine Sammlung kurzer Andachtstexte, die als *Kleine Liturgie Unserer Jungfrau Maria* bekannt waren und zu verschiedenen Anlässen im Lauf des Tages rezitiert wurden.[8] Der Liturgie des täglichen Hochamts nachgebildet, enthielt das Brevier Psalmen, Bibelverse und Choräle, die Totenmesse und Gebete für die Heiligen sowie ein Kalendarium.

Diese kleinen Bände waren äußerst handliche Andachtsinstrumente, die der Gläubige auf den Kirchgang mitnehmen, aber auch zum stillen Gebet benutzen konnte. Das Miniaturformat machte sie für Kinder geeignet: Um 1493 ließ der Mailänder Herzog Gian Galeazzo Sforza ein Stundenbuch für seinen drei-

Im Stundenbuch für den kleinen Herzogssohn Francesco Maria Sforza wird er selbst von seinem Schutzengel an der Hand geleitet

jährigen Sohn Francesco Maria Sforza, »Il Duchetto«, anfertigen, der im Buch selbst, an der Hand seines Schutzengels durch die Nachtschwärze geführt, abgebildet ist. Natürlich hingen Aufwand

und Qualität der Stundenbilder
von der Finanzkraft des Kunden
ab. Vielfach findet sich das Fami-
lienwappen oder das Porträt des
Besitzers in den Stundenbüchern;
sie wurden zu traditionellen
Hochzeitsgeschenken des Adels
und später auch des reichen Bür-

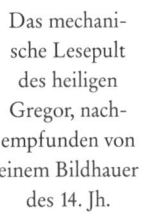

Chorknaben des 15. Jh. lesen die Noten aus einem großformatigen Antiphonarium ab

Das mechanische Lesepult des heiligen Gregor, nachempfunden von einem Bildhauer des 14. Jh.

gertums. Am Ende des 15. Jahrhunderts beherrschten die flämi-
schen Buchilluminatoren den europäischen Markt. Sie sandten
Agenten durch ganz Europa, um Aufträge einzuholen, die so detailliert beschrieben waren wie unsere heutigen Wunschlisten für
Hochzeitsgeschenke.[9] Das Format des schönen Stundenbuchs, das
zur Hochzeit der Königin Anna von Bretagne 1490 in Auftrag gegeben wurde, richtete sich genau nach der Größe ihrer Hand[10]. Es
war für eine einzelne Leserin gedacht, die sich sowohl in die Gebet-
texte vertiefen als auch in den Miniaturen schwelgen sollte, deren
Detailfülle selbst nach jahrelanger Lektüre noch Neues entdecken
ließ. Die biblischen Szenen waren in zeitgenössische Landschaften
eingebettet, so daß die geheiligten Worte in die Gegenwart der Leserin gerückt wurden.

Wie die besonders kleinen dienten auch die großen Bände bestimmten Zwecken. Um das 5. Jahrhundert kamen in der katholischen Kirche riesige Meß- und Gesangbücher auf, die auf einem
Pult in der Mitte des Chors ausgebreitet wurden und den Sängern

das mühelose Mitlesen des Textes und der Noten gestatteten. Ein schönes Exemplar eines solchen Antiphonars wird in der Stiftsbibliothek von Sankt Gallen aufbewahrt. Es enthält eine Auswahl liturgischer Texte in so großer Schrift, daß bis zu zwanzig Sänger[11] die Noten auch aus größerer Entfernung noch entziffern konnten. Ich würde mir wünschen, meine Nachschlagewerke aus solchem Abstand lesen zu können. Manche Meßbücher waren so groß, daß sie auf Rollen gelagert werden mußten, um transportabel zu bleiben. Aber sie wurden selten bewegt. Verziert mit Messing und Elfenbein, geschützt durch Metallecken, versehen mit gewaltigen

Ramellis raffinierte Lesemaschine aus dem Jahr 1588

Schließen, sollten diese Bücher von der ganzen Gemeinde und aus gehörigem Abstand gelesen werden, jeder persönliche Gebrauch oder ein Gefühl des Besitzes verboten sich von selbst.

Um den Lesekomfort zu erhöhen, erdachte man sinnreiche Konstruktionen für das Lesepult: Im Londoner Victoria-and-Albert-Museum findet sich eine aus farbigem Stein gehauene Statue des heiligen Gregor, die aus dem Verona des 14. Jahrhunderts stammt und den Heiligen an einer pultartigen Lesevorrichtung zeigt. Offenbar war sie in verschiedenem Winkel und in der Höhe verstellbar und auch aufklappbar, damit der fromme Leser seinen Sitz ohne große Mühe verlassen konnte. Ein Stich aus dem 14. Jahrhundert zeigt einen Gelehrten in seiner Bibliothek, der an einem erhöhten achteckigen Tisch mit Lesepult arbeitet. An einer der Kanten kann er arbeiten, dann den Tisch wie ein Karussell drehen, um an die Bücher heranzukommen, die an den übrigen sieben Kanten des Tisches bereitliegen.

Im Jahr 1588 veröffentlichte der italienische Ingenieur Agostino Ramelli, der im Dienst des französischen Königs stand, ein Buch voller nützlicher Erfindungen. Darunter war auch ein »drehbares Lesepult«, das Ramelli als »ansehnliche und sinnreiche Maschine« beschreibt, »die sehr nützlich und bequem für jeden ist, der gern studiert, besonders aber für jene, die unter Gicht oder körperlichen Gebrechen leiden, denn mit dieser Maschine kann man eine große Zahl von Büchern lesen, ohne sich von der Stelle zu bewegen. Daneben hat sie den erquicklichen Vorzug, wenig Platz einzunehmen, was anhand der Zeichnung jeder Verständige nachvollziehen kann.«[12] (Ein originalgroßer Nachbau dieses wundersamen Leserads war in Richard Lesters Film *Die drei Musketiere* von 1974 zu sehen.)

Ein Möbelstück, das gleichzeitig Sessel und Lesepult war, der Hahnenkampfstuhl (so benannt, weil er auf Bildern mit Hahnenkampfszenen abgebildet war), wurde im frühen 18. Jahrhundert in England speziell für Bibliotheken hergestellt. Der Leser setzte sich rittlings auf das Polster und blickte auf das Pult, das an der Lehne angebracht war, während er die Ellbogen bequem auf die Armlehnen stützen konnte.

Manchmal wurden Leseinstrumente aus einem anderen Bedürfnis entwickelt. Benjamin Franklin berichtet, daß seine protestantischen Vorfahren ihre englische Bibel während der Regentschaft von Königin Maria I versteckten, »offen, mit über die Blätter gespannten Bändern unter dem Deckel eines Klappstuhls befestigt«. Wann immer Franklins Ururgroßvater aus der Bibel vorlas, »legte er den Deckel des Klappstuhls verkehrt auf seine Knie und wendete unter den Bändern die Blätter um ... Eins der Kinder wurde an die Tür gestellt, um sogleich Nachricht zu geben, wenn es den Apparitor, einen Beamten des geistlichen Gerichts, kommen sah. Dann wurde der Stuhl mit der wie zuvor darunter versteckten Bibel wieder auf die Füße gestellt.«[13]

Ledergepolsterter Hahnenkampfstuhl aus Mahagoni, etwa 1720

Die Herstellung von Büchern, ob gigantische, an Pulte angekettete Wälzer oder zierliche Büchlein für Kinderhände, war ein langwieriger, mühevoller Prozeß. Eine Neuerung in der Mitte des 15. Jahrhunderts verringerte nicht nur den Arbeitsaufwand, sondern sie führte zu einer dramatischen Steigerung der Buchproduktion und veränderte für alle Zeiten das Verhältnis des Lesers zu seinem Buch, das nun nicht mehr das von einem Schreiber handgefertigte und exklusive Unikat war wie vordem. Diese Neuerung war natürlich die Erfindung des Buchdrucks mit beweglichen Lettern.

Um 1440 erkannte ein junger Kupferstecher und Steinschneider aus dem Erzbistum Mainz, dessen voller Name Johannes Gensfleisch zur Laden zum Gutenberg war, daß man Schrift schneller und besser herstellen konnte, wenn die Buchstaben des Alphabets in wiederverwendbare Typenstempel geschnitten wurden statt in Holzschnittafeln, wie sie damals gelegentlich zum Druck von Illustrationen verwendet wurden. Gutenberg experimentierte einige Jahre lang und verschuldete sich, um sein Vorhaben zu verwirklichen. Es gelang ihm, eine Technologie zu entwickeln, die bis ins 20. Jahrhundert Verwendung fand: Formen zum Gießen der Lettern; eine Druckerschwärze, die Eigenschaften einer Weinkelter und einer Buchbinderpresse vereinigte, und eine Druckerschwärze auf Ölbasis. Nichts davon hatte es zuvor gegeben.[14] Irgendwann zwischen 1450 und 1455 druckte Guten-

159

berg schließlich eine Bibel mit zweiundvierzig Zeilen pro Seite – das erste Buch, das mit beweglichen Lettern gedruckt wurde[15] – und nahm bedruckte Bögen auf die Frankfurter Messe mit. Durch einen außergewöhnlichen Glücksfall ist uns der Brief eines gewissen Enea Silvio Piccolomini vom 12. März 1455 aus der Wiener Neustadt an den Kardinal von Carvajal überliefert, in dem er Seiner Eminenz von Gutenbergs Bibel berichtet:

> Ich habe keine vollständigen Bibeln gesehen, aber eine Anzahl fünfseitiger Büchlein [Druckbogen] einiger Bücher der Bibel, in sehr klaren und sehr sauberen Lettern, frei von allen Fehlern, die Eure Eminenz mühelos ohne Augengläser lesen könnte. Mir wurde mehrfach bezeugt, daß 158 Exemplare fertiggestellt seien, während andere von 180 sprachen. Ich bin nicht sicher, was die Menge anbetrifft, wohl aber, daß etliche Bücher fertiggestellt sind, wenn man den Leuten trauen darf, woran ich keinen Zweifel hege. Hätte ich Eure Wünsche gewußt, so hätte ich sicherlich ein Exemplar gekauft. Einige dieser fünfseitigen Büchlein wurden dem Kaiser persönlich übersandt. Ich werde versuchen, sofern das möglich ist, mir eine dieser zum Kauf feilgebotenen Bibeln zu besorgen und ein Exemplar für Euch zu erwerben. Aber ich befürchte, daß dies nicht möglich sein wird, sowohl wegen der Entfernung, aber auch, weil man sagt, es wären schon Käufer dagewesen, noch bevor die Bibeln fertiggestellt waren.[16]

Die Erfindung hatte sehr bald weitreichende Folgen, denn ihre gewaltigen Vorteile lagen für jeden Schriftkundigen auf der Hand: Bücher konnten schnell, mit gleichlautendem Text und relativ billig geliefert werden.[17] Nur wenige Jahre nach dem ersten Bibeldruck wurden überall in Europa Druckerpressen aufgestellt: 1465 in Italien, 1470 in Frankreich, 1472 in Spanien, 1475 in Holland und England, 1489 in Dänemark (ein wenig länger brauchte der Buchdruck, um in die Neue Welt zu gelangen: Die ersten Druckereien wurden 1533 in Mexiko-Stadt und 1638 in Cambridge, Massachusetts, eingerichtet). Man hat errechnet, daß mehr als 30 000 Inkunabeln (die Bezeichnung für die sogenannten Wiegendrucke, die vor 1500 erzeugt wurden; im 17. Jh. geprägt nach dem spätlateinischen Wort *incunabula* für »Windel« oder »Wiege«) auf diesen Pressen produziert wurden.[18] Wenn man bedenkt, daß die Auflagen im 15. Jahrhundert gewöhnlich weniger als 250 und fast nie mehr als 1000 Exemplare betrugen, muß Gutenbergs Leistung als gewaltig angesehen werden.[19] Mit einemmal, und zum erstenmal seit der Erfindung der Schrift, konnte Lesestoff schnell und in großen Mengen hergestellt werden.

Dabei sollte nicht vergessen werden, daß entgegen allen auch damals erhobenen Weltuntergangsprophezeiungen die Beliebtheit des handgeschriebenen Textes nicht unter der Erfindung des Buchdrucks zu leiden hatte. Im Gegenteil versuchten Gutenberg und seine Nachfolger, die Fertigkeiten der Schreiber in die Buchdruckerkunst einzubeziehen, die meisten Inkunabeln wirken wie Handschriften. Als sich der Buchdruck am Ende des 15. Jahrhunderts endgültig etabliert hatte, war die Vorliebe für elegante Handschriften nicht ausgestorben, und die Kunst der Kalligraphie hatte ihre größten Höhepunkte erst noch vor sich.

Phantasiedarstellung des Johann Gutenberg aus späterer Zeit

Da Bücher leichter zugänglich wurden und mehr Menschen das Lesen erlernten, gab es auch mehr, die schreiben konnten; es entwickelten sich die stil- und charaktervollen Handschriften, die die Kultur des 16. Jahrhunderts mindestens ebenso nachhaltig prägten wie das gedruckte Wort und in großartigen Handschriftenkompendien[20] ihren Niederschlag fanden. Es ist interessant, wie oft ein technologischer Fortschritt dem Überkommenen, statt ihn zu verdrängen, eher neue Impulse verleiht und uns Reize bewußtmacht, die wir früher übersehen oder nicht für wesentlich erachtet hätten. Auch in heutiger Zeit haben die Computertechnologie und die Ausbreitung von Büchern auf CD-ROM die Produktion und Verbreitung des herkömmlichen Buchs, wie Statistiken beweisen, nicht beeinträchtigt, eher noch um die blühende Sparte der Computerliteratur erweitert. Wer den Fortschritt der Computertechnik als bücherfeindliches Teufelswerk ansieht (wie etwa Sven Birkerts in seinen dramatisch betitelten *Gutenberg-Elegien*[21]), huldigt der Nostalgie auf Kosten der Erfahrung. So wurden 1995 beispielsweise 359 437 neue Bücher (ohne Berücksichtigung von Broschüren, Zeitschriften und andere Periodika) in die riesige Sammlung der Washingtoner Library of Congress aufgenommen.

Der plötzliche Anstieg der Buchproduktion nach Gutenberg wirft auch ein Licht auf die Beziehung zwischen dem Inhalt eines Buches und seiner physischen Gestalt. Die Gutenberg-Bibel beispielsweise sollte die teuren handgefertigten Bände jener Zeit nachahmen und wurde deshalb in losen Bögen verkauft, die sich der Käufer zu imposanten Wälzern binden ließ, gewöhnlich im Quartformat, das etwa 12 mal 16 Zoll maß[22] und für die Verwendung des Buches auf einem Lesepult gedacht war. Für eine Bibel dieser Größenordnung aus Velin hätte man die Häute von mehr als zweihundert Schafen benötigt (»ein sicheres Mittel gegen Schlaflosigkeit«, wie der Antiquar Alan G. Thomas anmerkt[23]). Aber die billige und schnelle Produktion schuf einen größeren Markt von Leuten, die sich Bücher für ihre Privatlektüre leisten konnten und dafür keine großformatigen und in großer Schrift gedruckten Wälzer benötigten, so daß Gutenbergs Nachfolger bald dazu übergingen, kleinere und handlichere Bücher herzustellen.

1453 gelangte Konstantinopel unter türkische Herrschaft. Viele der griechischen Gelehrten, die am Bosporus gelebt und gelehrt hatten, wanderten nach Italien aus. Das neue Zentrum der klassischen Bildung wurde Venedig. Ungefähr vierzig Jahre später entschloß sich der italienische Humanist Aldus Manutius, der so herausragende Schüler wie Pico della Mirandola in Latein und Griechisch unterrichtet hatte, eine eigene Druckerei nach der Gutenberg-Methode zu errichten und die Lehrbücher, die er für den Unterricht brauchte, selbst herzustellen. Aldus entschied sich für Venedig, weil er dort vom Können der aus dem Osten zugewanderten Gelehrten profitieren konnte. Als Korrektoren und Schriftsetzer stellte er ehemalige Schreiber ein, die aus Kreta geflüchtet waren.[24]

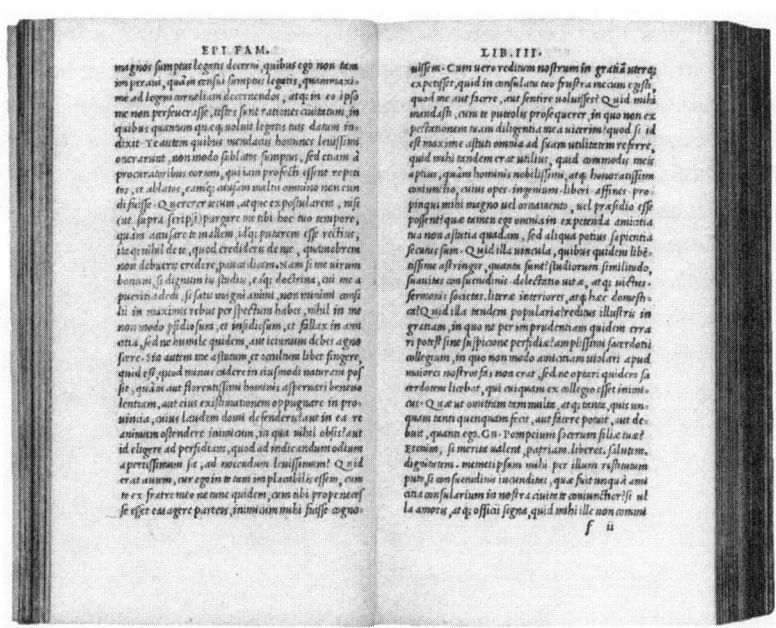

Ein Beispiel für die Buchdruckerkunst des Aldus Manutius: Ciceros *Epistolae Familiares* in nüchterner Schönheit

1494 begann Aldus mit seinem ehrgeizigen Verlagsprogramm, das einige der schönsten Bände der Druckgeschichte hervorbringen sollte: zunächst in Griechisch – Sophokles, Aristoteles, Platon, Thukydides –, dann in Latein – Vergil, Horaz, Ovid. Aldus meinte, daß diese berühmten Schriftsteller »ohne Zwischenmittler« gelesen werden müßten, in der Originalsprache und meist ohne Anmerkungen oder Erläuterungen. Um den Lesern den »freien Umgang mit den ruhmreichen Toten« zu ermöglichen, veröffentlichte er begleitende Lehr- und Wörterbücher.[25] Er bediente sich nicht nur der ansässigen Koryphäen, sondern lud auch namhafte Humanisten aus ganz Europa zu sich nach Venedig ein, unter ihnen solche Berühmtheiten wie Erasmus von Rotterdam. Einmal täglich trafen sich die Gelehrten bei Aldus, um zu bereden, welche Werke gedruckt werden sollten und welche Manuskripte als verläßliche Quellen dienen konnten, wozu sie die Klassikersammlungen der vergangenen Jahrhunderte durchforsteten. »Aus dem, was die mittelalterlichen Humanisten nur angehäuft hatten, trafen die Renaissance-Humanisten ihre Auswahl«, bemerkte der Historiker Anthony Grafton.[26] Aldus wählte mit sicherem Blick: Den antiken Autoren ließ er die großen italienischen Dichter folgen, darunter Dante und Petrarca.

Mit dem Anwachsen der Privatbibliotheken wurden die großen

163

Bände den Lesern nicht nur zu unhandlich, sondern auch zu sperrig. Getragen vom Erfolg seiner ersten Editionen beugte sich Aldus im Jahr 1501 den Wünschen der Leser und publizierte eine elegant gedruckte und akribisch edierte Reihe von Oktavbänden im Taschenformat. Um die Herstellungskosten gering zu halten, entschloß er sich, jeweils tausend Exemplare auf einmal zu drucken, und um die Seiten besser zu nutzen, verwendete er eine neue Schrift des Bologneser Stempelschneiders Francesco Griffo – *Italico,* die Kursivschrift. Von Griffo stammte auch die erste Antiqua, deren Großbuchstaben kürzer waren als die Oberlängen der Kleinbuchstaben, wodurch ein ausgewogenes Schriftbild erzielt wurde. Das Ergebnis waren Bücher, die weitaus schlichter wirkten als die Bücher mit den verschnörkelten mittelalterlichen Lettern, Bücher von nüchterner Eleganz. Worauf der Besitzer eines Aldus-Oktavbuchs vor allem Wert legte, war der Text, klar und fehlerlos gedruckt, und nicht der kostbare Schmuckgegenstand. Wie beliebt die Oktavbücher waren, kann man der 1535 erschienenen *Preisliste der venezianischen Huren* entnehmen, einem Katalog der besten und schlechtesten Prostituierten der Stadt, in dem der Reisende vor einer gewissen Lucrezia Squarcia gewarnt wird, »welche vorgibt, die Poesie zu lieben« und »eine Taschenbuch-Ausgabe von Petrarca, von Vergil und manchmal sogar Homer bei sich trägt«[27].

Die heilige Katharina in einer Aldus-Ausgabe ihrer Briefe. Sie hält ein Buch und ein Herz in die Höhe, auf denen erstmals Griffos Kursivlettern zu sehen sind.

Griffos Kursivschrift (die erstmals im Jahr 1500 in einem Holzschnitt benutzt wurde, der eine Briefsammlung der heiligen Katharina von Siena zeigt) lenkte das Augenmerk des Lesers geschickt auf das feine Zusammenspiel der Lettern. Wie der moderne englische Literaturwissenschaftler Sir Francis Meynell sagt, verlangsamte die Kursivschrift das Lesetempo und »erhöhte die Fähigkeit des Lesers, die Schönheit des Textes in sich aufzunehmen«[28].

Da diese Bücher billiger waren als die kostbaren, oft auch illustrierten Handschriften und da ein verlorengegangenes oder beschädigtes Exemplar leicht ersetzt werden konnte, waren sie für

die neuen Leser weniger Symbole des Reichtums als vielmehr
Symbole des Geistesadels und unentbehrliches Rüstzeug für das
Studium. Buch- und Papierhändler hatten schon im alten Rom und
im frühen Mittelalter Bücher als Handelsware hergestellt, doch
Kosten, Aufwand und die Langsamheit der Herstellung beding-
ten, daß sich die Leser als privilegierte Besitzer von Unikaten emp-
finden konnten. Nach Gutenberg besaßen erstmals Hunderte von
Lesern identische Ausgaben desselben Textes; das Buch, das in
Madrid gelesen wurde, war das gleiche Buch, das in Montpellier
gelesen wurde (bis die Leser ihm ihre Spuren und ihre persönliche
Geschichte aufdrückten).

Das Verlagsunternehmen des Aldus war so erfolgreich, daß
seine Editionen bald in ganz Europa nachgeahmt wurden: in Lyon
von Gryphius, in Paris von Colines und Robert Estienne, in Antwerpen von Plantin und in Leiden, Den Haag, Utrecht und Amsterdam von Elzevir. Als Aldus 1515 starb, stapelten seine Huma-
nistenfreunde am Sarg die Bücher auf, die er so liebevoll ediert
hatte – gleich einer Totenwache von Gelehrten.

Mit seinen Büchern bestimmte Aldus über mindestens hundert
Jahre die Maßstäbe der europäischen Buchdruckerkunst. In den
darauffolgenden Jahrhunderten änderten sich die Bedürfnisse der
Leser erneut. Das Angebot an Büchern war zu groß geworden; die
Verlagskonkurrenz, die zuvor für gesteigerte Qualität und ver-
mehrtes Publikumsinteresse gesorgt hatte, führte nun zum Mas-
senausstoß von minderwertigen Büchern. Zur Mitte des 16. Jahrhunderts konnten die Leser bereits unter mehr als acht Millionen
gedruckten Büchern wählen; das waren »vermutlich mehr, als alle
Schreiber Europas seit der Gründung Konstantinopels im Jahr 330
zusammen produziert haben«[29]. Zwar geschah der Wandel weder
plötzlich noch durchgreifend, doch allgemein waren seit dem Ende
des 16. Jahrhunderts die »Buchhändler und Verleger nicht mehr um
die Pflege des Schrifttums bemüht, sondern suchten nur noch nach
Büchern, die sich sicher verkauften. Die Großverdiener machten
ein Vermögen mit dem Nachdruck von alten Erfolgstiteln, den üblichen Religionsbüchern und vor allem mit den Schriften der Kirchenväter«[30]. Andere pflasterten den Markt der Schulbücher mit
gelehrten Erläuterungen zur Schullektüre, Grammatiken und Ein-
legeblättern für das Hornbuch.

Das Hornbuch war zwischen dem 16. und 19. Jahrhundert normalerweise das erste Buch, das ein Schüler in die Hand bekam.

LINKS
Ein elisabetha-
nisches Horn-
buch, das
wundersamer-
weise vier
Jahrhunderte
Gebrauch durch
Kinderhände
überlebt hat

RECHTS
Sein Gegenstück
aus Nigeria,
19. Jahrhundert

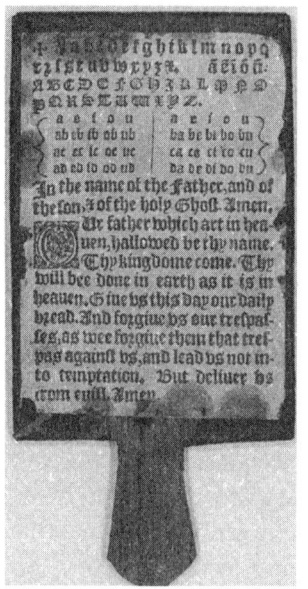

Nur wenige sind noch erhalten. Das Hornbuch bestand aus einem dünnen Holzbrett, in der Regel aus Eiche, das ungefähr 24 Zoll hoch und fünf bis sechs Zoll breit war. Darauf wurde das Blatt befestigt, auf dem das Alphabet und manchmal die Ziffern 1 bis 9 sowie das Vaterunser gedruckt waren. Das Brett besaß einen Handgriff, und das Blatt wurde mit einer durchsichtigen Hornplatte vor Schmutz geschützt. Das Brett und die Hornplatte wurden von einem dünnen Messingrahmen zusammengehalten. Der englische Landschaftsgärtner und recht unbeholfene Verseschmied William Shenstone beschreibt in seinem Gedicht *Die Schulmeisterin* das Hornbuch wie folgt:

> Die Bücher fein und zart benutzten sie,
> Die von durchsicht'gem Horn bedecket sind,
> Das schöne Wort vor feuchten Fingern zu bewahrn.[31]

Ähnliche Bücher, die »Gebetsbretter«, wurden im 18. und 19. Jahrhundert in nigerianischen Koranschulen benutzt. Sie waren aus poliertem Holz hergestellt und trugen einen Griff an der Oberseite. Die Suren standen auf einem Blatt Papier, das direkt auf das Brett geleimt wurde.[32]

Bücher, die in die Tasche paßten, Bücher, die überallhin mitgenommen werden konnten, Bücher, von denen der Leser wußte, daß sie an allen Orten gelesen werden konnten, Bücher, die auch außerhalb von Bibliotheken oder Klostermauern nicht unangenehm auffielen – solche Bücher kamen in vielerlei Gestalt daher. Im 17. Jahrhundert verkauften die Trödler kleine Heftchen und Balladen (Shakespeare beschreibt sie in seinem *Wintermärchen* als geeignet »für Mann und Frau von jeder Größe«[33]), die im folgenden Jahrhundert als *chap-books*[34] – Flugschriften – bezeichnet wurden. Die bevor-

Flugschriftenverkäufer aus dem 16. Jahrhundert

zugte Größe für die populären Bücher war bislang das Oktavformat gewesen, in dem ein einzelner Bogen ein Heft von sechzehn Seiten Umfang ergab. Im 18. Jahrhundert, als die Leser offenbar nach ausführlicheren Geschichten und Balladen verlangten, wurden die Bogen zu zwölf Blättern gefaltet, und die Büchlein wuchsen auf vierundzwanzig Seiten an.[35] Die Klassikerreihe des holländischen Verlegers Elzevir in diesem Format wurde bei den ärmeren Schichten so beliebt, daß sich der snobistische Earl of Chesterfield zu dem Ratschlag herbeiließ: »Wenn Ihr einen Elzevir-Klassiker in der Tasche habt, erwähnt es nicht und zeigt ihn nicht!«[36]

Das Taschenbuch, wie wir es kennen, kam erst viel später auf. Im viktorianischen England wurden Verleger- und Buchhändlerverbände gegründet, die ersten Buchagenturen, ein Autorenverband und ein Tantiemensystem wurden ins Leben gerufen, und es erschienen neue Romane in Bändchen zu je sechs Schilling, und schließlich entstanden auch die Taschenbuchreihen.[37] Doch weiterhin verstellten großformatige Wälzer die Regale. Im 19. Jahrhundert erschienen so viele Bücher in Riesenformat, das Gustave Doré ein solches Mammutbuch zum Gegenstand einer Karikatur machte: Ein beklagenswerter Angestellter der Pariser Nationalbibliothek versucht einen solchen Riesenschinken zu tragen.

Der Leinenrücken löste allmählich den kostspieligen Lederrücken ab. (Der englische Verleger Pickering war mit seinen *Diamond Classics* von 1822 der erste, der Bücher in Leinen band.) Und da man Leinen bedrucken konnte, wurde der Einband bald

Der Lesesaal der Bibliothèque Nationale zu Paris. Eine Karikatur von Gustave Doré verspottet die neue europäische Marotte: die Sucht nach großformatigen Wälzern.

zur Werbung benutzt. Das Buch, das der Leser nun in der Hand hielt – ob ein Roman oder eine wissenschaftliche Abhandlung im bequemen Oktavformat, gebunden in blaues Leinen, manchmal noch mit einem zusätzlichen Umschlag aus Papier, den man ebenfalls mit Anzeigen bedrucken konnte –, erinnerte kaum noch an die feierlichen Saffianlederbände des vergangenen Jahrhunderts. Das Buch verlor seine Exklusivität, seinen aristokratischen Nimbus und näherte sich dem Geschmack einer neuen Mittelschicht an – sparsam und doch ästhetisch ansprechend. Die preiswerte Eleganz der Bücher des Buchgestalters William Morris wurde erst zum Industriestandard, dann zu einem neuen Inbegriff des Luxus, der in der Schönheit der alltäglichen Gebrauchsgegenstände lag. (Morris gestaltete sein Idealbuch einem Band von Aldus Manutius nach.) Der Leser in der Mitte des 19. Jahrhunderts erwartete von den neuen Büchern nicht, daß sie kostbar und selten sein sollten, sondern daß sich in ihnen praktische Nüchternheit mit einem wohlgefälligen Äußeren verband. Private Bibliotheken schmückten nun auch bescheidene Wohnschlafzimmer und Reihenhäuser, die Bücher mußten zum sozialen Standard der übrigen Ausstattung passen.

War man im Europa des 17. und 18. Jahrhunderts davon ausgegangen, daß Bücher normalerweise in Bibliotheken oder Studierzimmern gelesen wurden, boten die Verlage im 19. Jahrhundert zunehmend Bücher an, die man bei sich tragen und auch auf Reisen lesen konnte. Mit dem Aufschwung des Eisenbahnnetzes im 19. Jahrhundert entwickelte sich in der gehobenen und genußfreudigen Bourgeoisie eine Vorliebe für lange Reisen, und die belesenen Fahrgäste verspürten bald das Verlangen nach Büchern, deren Format und Inhalt dem Zweck entsprechen sollten. (Noch ein Jahrhundert später unterschied mein Vater grundsätzlich zwischen den grünen Lederbänden seiner Bibliothek, an denen sich niemand vergreifen durfte, und den »gewöhnlichen Schmökern«, die er achtlos auf dem Korbtisch des Innenhofs vergilben ließ. Bisweilen erlöste ich sie von ihrem Schicksal und holte sie in mein Zimmer, wie streunende Katzen.)

1792 eröffnete Henry Walton Smith mit seiner Frau Anna einen kleinen Zeitungsladen in der Londoner Little Grosvenor Street; sechsundfünfzig Jahre später bauten W. H. Smith & Son in der Londoner Euston Station den ersten Bahnhofsstand auf. Dort wurden bald Taschenbuchreihen angeboten, die sich *Routledge's Railway Library* nannten, *Travellers' Library* oder *Run & Read Library*. Auch gab es eine Reihe »Illustrierte Romane« sowie »Berühmte Werke«. Meist waren die Pappbände im Oktavformat gehalten, doch manches (wie zum Beispiel die *Weihnachtsgeschichte* von Dickens) erschien im Halboktav. Die Bahnhofsbücherstände boten, wie auf dem Foto von 1896 zu sehen, auch

Bücherstand von W. H. Smith auf der Blackpool North Station, London 1896

Zeitungen und Zeitschriften an, so daß die Reisenden eine große Auswahl an Lesestoff vorfanden.

Im Jahre 1841 startete der Leipziger Verleger Christian Bernhard Tauchnitz eine der ehrgeizigsten Taschenbuchserien. Mit durchschnittlich einer Neuerscheinung pro Woche brachte sein Verlag in hundert Jahren mehr als fünftausend Bände in einer Gesamtzahl von fünfzig bis sechzig Millionen Exemplaren heraus. Die Auswahl der Titel war hervorragend, doch ihre Ausstattung blieb weit dahinter zurück. Die Taschenbücher waren unhandlich breit, in kleiner Schrift gesetzt und mit typographisch einheitlichen Einbänden versehen, die weder dem Auge noch der Hand einen Reiz boten.[38]

Siebzehn Jahre später publizierte der Leipziger Verleger Philipp Reclam eine zwölfbändige deutsche Shakespeare-Ausgabe. Sie war so erfolgreich, daß Reclam die Ausgabe in fünfundzwanzig Einzelhefte aufteilte, mit einem rosagetönten Papierumschlag versah und zum sensationellen Preis von je einem Groschen verkaufte. Nach deutschem Recht von 1867 wurden die Werke aller Autoren, die seit mehr als dreißig Jahren tot waren, aus dem Urheberrechtsschutz entlassen. Dies nutzte Reclam, um seine Reihe unter dem Titel *Universal-Bibliothek* fortzusetzen. Er begann mit Goethes *Faust* und fuhr fort mit Gogol, Puschkin, Björnson, Ibsen, Platon und Kant. In England und Frankreich eiferte man dem Erfolg der Universal-Bibliothek mit billigen Klassiker-Reihen nach, doch keine war so erfolgreich wie die Reclam-Büchlein, die für Jahre die Norm für Taschenbuchreihen setzten.[39]

Bis zum Jahr 1935. Im Jahr zuvor hatte der englische Verlagslektor Allen Lane ein Wochenende bei Agatha Christie und ihrem zweiten Mann in Devon verbracht und beim Warten auf den Zug zurück nach London an den Buchständen des Bahnhofs nach etwas Lesbarem Ausschau gehalten. Nichts sprach ihn an, weder die Illustrierten noch die teuren gebundenen Bücher oder die Groschenhefte. Was er vermißte, waren gute, aber billige Bücher im Taschenformat. Zurück im Verlag The Bodley Head, wo Lane und seine zwei Brüder arbeiteten, unterbreitete er sein Konzept. Er dachte an eine farbenfroh gestaltete Taschenbuchreihe mit Nachdrucken der besten Schriftsteller, nicht nur für den Durchschnittsleser, sondern für alle, die lesen konnten, für Gebildete und Ungebildete gleichermaßen. Und verkauft werden sollten die Taschenbücher nicht nur in Buchhandlungen und an Zeitungskiosken, sondern auch in Teestuben, Schreibwarenläden und Tabakgeschäften.

Lanes Vorgesetzte bei Bodley Head taten seinen Plan abschätzig beiseite, und die Kollegen in anderen Verlagshäusern dachten nicht daran, ihm die Nachdruckrechte für ihre gebundenen Bestseller zu verkaufen. Auch die Buchhändler sträubten sich, weil sie um ihre Umsätze fürchteten und annahmen, daß viele Kunden die Taschenbücher tatsächlich einfach »in die Tasche stecken« würden.

Aber Lane blieb hartnäckig und bekam schließlich die Erlaubnis, einige Titel nachzudrucken, die schon bei Bodley Head erschienen waren (*Ariel* von André Maurois und *The Mysterious Affairs at Styles* von Agatha Christie), dazu kamen einige Erfolgsbücher von Ernest Hemingway und Dorothy L. Sayers sowie ein paar heute vergessene Autoren wie Susan Ertz und E. M. Young.

Die ersten zehn Penguin-Bücher, 1935

Lane brauchte nun noch einen Namen für seine Reihe, »nicht so prätentiös wie *World Classics* und nicht so herablassend wie *Everyman*«[40]. Die ersten Ideen stammten aus dem Tierreich: ein Delphin, dann ein Tümmler (der bereits vom Verlag Faber & Faber benutzt wurde), schließlich ein Pinguin: Das Penguin-Taschenbuch war geboren.

Ein herzförmiges Madrigalbuch aus dem 15. Jahrhundert

Am 30. Juli 1935 wurden die ersten zehn Penguin-Bücher zum Preis von je Sixpence verkauft. Lane hatte ausgerechnet, daß er bei mehr als 17 000 verkauften Exemplaren pro Titel in die Gewinnzone kommen würde. Aber die ersten Verkaufszahlen lagen nur bei 7000. Er traf sich mit Clifford Prescott, dem Einkäufer der Woolworth-Kette, der Bedenken äußerte, weil es ihm grotesk vorkam, Bücher so zu verkaufen, als handelte es sich um Socken oder Teedosen. Zufällig trat seine Frau in dem Augenblick ins Büro. Sie wurde nach ihrer Meinung befragt, und sie reagierte enthusia-

Frau mit
Miniaturbuch,
Gemälde des
niederländi-
schen Malers
Bartholomeus
van der Helst,
17. Jahrhundert

Frau mit
Miniaturbuch,
Gemälde des
niederländi-
schen Malers
Bartholomeus
van der Helst,
17. Jahrhundert

stisch. »Warum eigentlich nicht?« fragte sie. In der Tat: Warum sollten Bücher nicht wie Alltagsgegenstände behandelt werden, genauso notwendig und leicht erhältlich wie Socken und Tee? Dank Frau Prescott kam die Sache ins Rollen.

Seine Meinung zu der neuen Reihe faßte George Orwell in einem zwiespältigen Kommentar zusammen: »In meiner Eigenschaft als Leser«, schrieb er, »begrüße ich die Penguin-Bücher. In meiner Eigenschaft als Schriftsteller belege ich sie mit einem Fluch ... Das Ergebnis dürfte eine Flut billiger Nachdrucke sein, die die Leihbibliotheken (die Nährmutter der Romanschriftsteller) zugrunde richten und den Ausstoß neuer Romane drosseln. Das wäre gut für die Literatur, aber sehr schlecht für die Buch-

Das Buch als geistreicher Scherzartikel: Eine Ausgabe von *Gullivers Reisen* (1950)

branche.«[41] Damit lag er falsch. Über ihre besonderen Vorzüge hinaus (enorme Verbreitung, geringer Preis, herausragende Qualität und Titelvielfalt) hatte die Penguin-Reihe vor allem Symbolcharakter. Das Wissen, daß eine so große Auswahl an Literatur von nahezu jedermann nahezu überall gekauft werden konnte, in Tunis oder Tucumán, auf den Cook-Inseln oder in Reykjavík (der britische Expansionismus hat dazu geführt, daß ich an all diesen Orten ein Penguin-Buch gekauft und gelesen habe), war für die Leser auch ein Symbol ihrer eigenen Weltläufigkeit.

173

Die Möglichkeiten, neue Formate und Formen für Bücher zu finden, sind vermutlich unbegrenzt, und doch haben sich auf die Dauer nur sehr wenige Buchformen behauptet. Das herzförmige Liederbuch, das der adlige Kirchenmann Jean de Montchenu um 1475 entwarf und das mit Illustrationen geschmückte Liebesgedichte enthielt; das Miniaturbuch in der Hand einer jungen Holländerin aus der Mitte des 17. Jahrhunderts, gemalt von Bartholomaios van der Helst; das kleinste Buch der Welt – mit dem Titel *Bloemhofje* (*Blumengärtchen*) –, das 1673 in Holland geschrieben wurde und mit Eindrittelzoll mal Einhalbzoll kleiner als eine normale Briefmarke ist; John James Audubons Riesenalbum *Die Vogelwelt Amerikas* von 103 mal 69 Zentimetern Größe, das zwischen 1827 und 1838 erschien und es zur Berühmtheit brachte,

Das Mammutalbum *Vögel Amerikas* von John J. Audubon, von dem der Autor zwischen 1827 und 1838 170 Exemplare drucken ließ

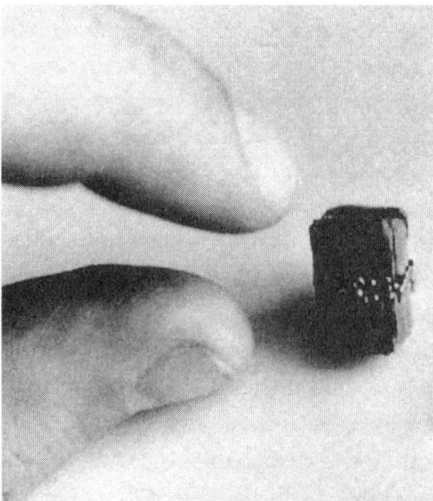

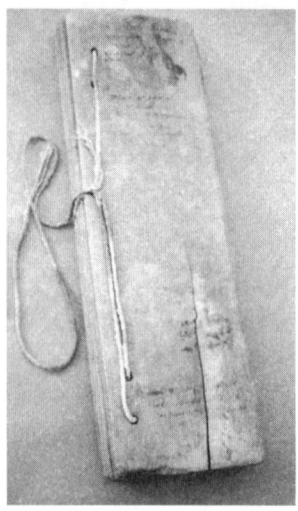

Das kleinste Buch der Welt: *Das Blumengärtchen* aus den Niederlanden des 17. Jahrhunderts

Das »Sahara-Penguin-Book«, ausgegraben in der Dakhleh-Oase

während sein Schöpfer/Urheber 1851 verarmt, vereinsamt und seelisch krank verstarb; die zweibändige Ausgabe von *Gullivers Reisen*, die Bruce Rogers 1950 für den New Yorker *Limited Editions Club* im angemessenen Brobdingnag- und Liliputformat gestaltete: keine dieser Buchformen hatte Bestand, es sei denn als Kuriosität. Aber die Grundformen – bei denen der Leser entweder das ganze, physische Gewicht des Wissens in den Händen wiegen, die Pracht großzügiger Illustrationen bewundern oder aber ein handliches Taschenbuch bei sich tragen und mit ins Bett nehmen kann –, diese Formen haben Bestand.

In der Mitte der achtziger Jahre machte ein internationales Archäologenteam bei Ausgrabungen in der großen Sahara-Oase Dakhleh einen aufregenden Fund. Aus dem einstöckigen Anbau eines Hauses aus dem 4. Jahrhundert beförderten sie zwei unversehrte Bücher ans Licht. Eins enthielt eine frühe Handschrift mit drei politischen Aufsätzen des athenischen Philosophen Isokrates, bei dem anderen handelte es sich um das Kontorbuch eines einheimischen Grundstücksverwalters. Letzteres ist das älteste vollständig erhalten gebliebene Exemplar eines Kodex – eines gebundenen Buches. Abgesehen davon, daß die Seiten aus Holz sind, ist es durchaus mit unseren heutigen Taschenbüchern zu vergleichen. Die 1,5 Millimeter dicken Holzseiten, etwa 12 Zentimeter breit und 32 Zentimeter hoch, waren links mit vier Löchern versehen und mit Bindfaden zu Bündeln von acht Seiten »geheftet«. Da das Kontorbuch über einen Zeitraum von vier Jahren geführt wurde, mußte es »robust, transportabel, leicht zu handhaben und sehr haltbar sein«[42]. Die Anforderungen des unbekannten Benutzers sind, mit geringfügigen Abweichungen, dieselben geblieben, die auch wir heute, sechzehn schwindelerregende Jahrhunderte später, an ein Buch stellen.

⊱⊱ EINSAMES LESEN ⊰⊰

Es ist Sommer in dem grauen Städtchen Saint-Sauveur-en-Puisaye. Tief in die weichen Kissen ihres Betts gedrückt, liest ein achtjähriges Mädchen *Die Elenden* von Victor Hugo. Hin und wieder holpert draußen auf dem Kopfsteinpflaster der Rue de l'Hospice ein Wagen vorbei. Sie liest nicht viele Bücher; sie liest dieselben immer wieder. Sie liebt *Die Elenden* mit einer, wie sie es später nennen wird, »andächtigen Leidenschaft«. Sie fühlt sich in den Seiten dieses Buches geborgen »wie ein Hund in seiner Hundehütte«[1]. Jede Nacht möchte sie Jean Valjean auf seinen qualvollen Wanderungen folgen, Cosette wiedersehen, Marius und sogar dem gefürchteten Javert begegnen (eigentlich ist der einzige Charakter, den sie nicht ausstehen kann, der geradezu gräßlich heldenhafte kleine Gavroche).

Draußen im Garten hinter dem Haus, zwischen den eingetopften Bäumen und Blumen, muß sie mit dem Vater, einem Kriegsveteran, der das linke Bein in den Italienfeldzügen verloren hat, um Lesestoff kämpfen.[2] Auf dem Weg zur Bibliothek (seinem Hoheitsgebiet) nimmt er die Zeitung an sich, *Le Temps*, und seine Zeitschrift, *La Nature*, und »mit funkelnden Kosakenaugen unter den hanfgrauen Augenbrauen greift er sich alles Gedruckte von den Tischen, das dann auf Nimmerwiedersehen in der Bibliothek verschwindet«[3]. Diese Erfahrung hat das Mädchen gelehrt, die eigenen Bücher vor dem Vater zu verbergen.

Die Mutter glaubt nicht an Literatur: »So viele Verwicklungen, soviel Leidenschaft und Liebe in diesen Romanen«, sagt sie ihrer Tochter, »im wirklichen Leben haben die Leute anderes im Sinn. Urteile selbst: Hast du mich jemals so über die Liebe lamentieren hören, wie es die Leute in diesen Büchern tun? Und dabei müßte auch ein Kapitel über mich zu schreiben sein – bei zwei Ehemän-

Die achtzehnjährige Colette im Gartem von Chatillon Coligny.

177

nern und vier Kindern!«[4] Wenn sie ihre Tochter vor der Kommunion beim Lesen des Katechismus überrascht, wird sie wütend: »Oh, wie ich diese widerliche Fragerei hasse! ›Was ist Gott? Was ist dies? Was ist das?‹ Diese Fragezeichen, diese ewige Bohrerei, diese Neugier, ich finde das so furchtbar indiskret! Und dann dieser Befehlston, ich muß schon sagen! Wer hat die Zehn Gebote in dieses scheußliche Gewäsch übersetzt? Oh, ein Buch wie dieses gehört wirklich nicht in Kinderhände!«[5]

Rivalisierend mit ihrem Vater, liebevoll beaufsichtigt von ihrer Mutter, findet das Mädchen nur im eigenen Zimmer Zuflucht, in der Geborgenheit ihres Betts. Ihr ganzes Leben lang bevorzugte Colette diesen einsamen Leseplatz. Entweder *en ménage* oder allein, in kleinen Hofzimmern oder großen Landhäusern, in möblierten Zimmern oder weitläufigen Pariser Appartements

Lesen bis in alle Ewigkeit: Das Grab der Eleonore von Aquitanien

trennte sie gewöhnlich (wenn auch nicht immer erfolgreich) einen Bereich ab, in dem sie sich nur von selbstgewählten Eindringlingen stören ließ.

Ausgestreckt im Bett, abgeschirmt von der Außenwelt, das geliebte Buch mit beiden Händen auf den Bauch aufstützend, hat sich das kleine Mädchen nicht nur einen eigenen Raum, sondern auch ihr eigenes Zeitmaß geschaffen. (Sie weiß es nicht, aber weniger als drei Stunden entfernt, in der Abtei von Fontevrault, liegt die 1204 verstorbene Königin Eleonore von Aquitanien in Stein gehauen auf dem Deckel ihres Sarkophags und hält ein Buch in derselben Weise.)

Auch ich lese im Bett. Die vielen Betten, in denen ich die Nächte meiner Kindheit verbrachte – in absonderlichen Hotelzimmern, wo die Lichter vorbeifahrender Autos gespenstisch über die Decke huschten, in Häusern, deren Gerüche und Geräusche mir fremd waren, in Ferienhütten, die klamm vom Seewind oder von der Bergluft so trocken waren, daß neben meinem Bett eine Schüssel mit heißem Eukalyptuswasser stand, damit ich Luft bekam – in all den vielen Betten gewährte mir die Kombination von Bett und

Buch ein Zuhause, in das ich immer zurückkehren konnte, Nacht für Nacht, unter welchem Himmel auch immer. Niemand würde nach mir rufen und irgend etwas von mir verlangen; mein Körper brauchte nichts, er lag unbeweglich unter der Decke. Alles was geschah, geschah im Buch, und der Erzähler der Geschichte war ich. Das Leben vollzog sich, weil ich die Seiten umblätterte. Ich kann mich wohl kaum an eine tiefere, allumfassendere Freude erinnern als den Augenblick, wenn ich kurz vor dem Ende des Buches angelangt war: Ich legte das Buch weg, um mir den Schluß für den nächsten Tag aufzuheben, ich schloß die Augen mit dem Gefühl, die Zeit angehalten zu haben.

Nicht jedes Buch war geeignet, im Bett gelesen zu werden, wie ich wußte. Kriminalromane und Gruselgeschichten garantierten mir in aller Regel einen friedlichen Schlaf. Für Colette waren *Die Elenden* mit ihren Jagden durch Straßen und Wälder, durch dunkle Abwasserkanäle und über Barrikaden genau das richtige fürs stille Schlafzimmer. W. H. Auden fand dies auch. Er war der Meinung, daß das Buch im Gegensatz zu dem Ort stehen sollte, an dem es gelesen wird. Er könne weder Richard Jefferies in den Wiltshire Downs lesen, klagte er, noch Limericks in einem Herrenzimmer genießen.[6] Tatsächlich mag es ein Gefühl der Redundanz hervorrufen, wenn man im Buch eine Welt erkundet, die der ähnelt, in der man sich im selben Moment als Leser befindet. Ich denke an André Gide, der Boileau las, als er auf einem Kongo-Dampfer durch den Urwald reiste.[7] – Der Gegensatz zwischen der üppigen Wildnis und der gemeißelten, formvollendeten Dichtung des 17. Jahrhunderts könnte, wie mir scheint, gar nicht besser gewählt sein.

Colette entdeckte zudem, daß manche Bücher nicht nur den Gegensatz zu ihrer Umgebung benötigen, sondern auch eine bestimmte Körperhaltung beim Lesen, die ihrerseits nach dem Leseplatz verlangt, der dieser Haltung entgegenkommt. (Zum Beispiel war Colette nicht in der Lage, Jules Michelets *Geschichte Frankreichs* zu lesen, bevor sie sich nicht mit Fanchette, »dieser intelligentesten aller Katzen«, im Lehnstuhl ihres Vaters eingerollt hatte.[8] Oft hängt das Lesevergnügen direkt mit dem körperlichen Wohlbefinden beim Lesen zusammen.

»Ich habe überall nach Glück gesucht«, bekannte Thomas á Kempis zu Beginn des 15. Jahrhunderts, »aber ich habe es nirgends gefunden außer in einem Eckchen mit einem kleinen Büchlein.«[9]

Aber in welchem kleinen Eckchen? Und mit welchem kleinen Büchlein? Ob wir nun zuerst das Buch wählen und dann den geeigneten Winkel, oder zuerst den Platz bestimmen und dann entscheiden, welches Buch seiner Stimmung angemessen ist – es bleibt kein Zweifel, daß der Akt des Lesens in der Zeit einen entsprechenden Akt des Lesens im Raum mit sich bringt und daß beide unlösbar miteinander verbunden sind. Es gibt Bücher, die ich im Sessel lese, und es gibt Bücher, die ich an Schreibtischen lese, Bücher für die U-Bahn, die Straßenbahn und den Bus. Mir scheint, daß Bücher, die man im Zug liest, etwas von der Eigenschaft der Bücher haben, die in Sesseln gelesen werden, vielleicht weil ich hier wie dort leicht von meiner Umgebung abstrahieren kann.

»Die beste Gelegenheit, eine gutgeschriebene, flotte Story zu lesen«, meinte der englische Autor Alan Sillitoe, »bietet eigentlich eine Fahrt allein im Zug. Wenn man unter lauter Fremden sitzt, und draußen zieht eine unbekannte Landschaft vorbei (auf die man ab und zu einen Blick wirft), bekommt das fesselnde und verwickelte Leben im Buch seine eigene, eindrückliche Wirkung.«[10]

Beim Lesen in einer öffentlichen Bibliothek haben die Bücher nie dieselbe Würze wie etwa auf dem Dachboden oder in der Küche. 1374 zahlte König Eduard III. 66 Pfund, 13 Shilling und 4 Pence für ein Buch mit Liebesgeschichten, »das im Schlafgemach verwahrt werden soll«[11] – offenbar dem Ort, der ihm für die Lektüre am angemessensten erschien. Im *Leben des heiligen Gregor* aus dem 12. Jahrhundert wird der Abtritt als »ein Ort der Ruhe« beschrieben, »an dem die Schreibtafeln ohne Störung gelesen werden können«.[12] Henry Miller pflichtet dem bei: »Meine besten Leseerlebnisse fanden auf der Toilette statt«, bekannte er einmal. »Es gibt Passagen im *Ulysses*, die nur auf der Toilette gelesen werden können, wenn man ihre ganze Würze auskosten möchte.«[13] Tatsächlich war das stille Örtchen, eigentlich »einer spezielleren und vulgäreren Nutzung zugedacht«, auch für Marcel Proust ein Ort »für alle meine Beschäftigungen, die eine ungestörte Einsamkeit verlangten: Lesen, Träumereien, Tränen und sinnliches Vergnügen[14].«

Der Epikuräer Omar-e Chajjam empfahl das Lesen von Gedichten unter einem Zweig; Jahrhunderte später riet der pedantische Sainte-Beuve dazu, die *Memoiren* von Madame de Staël »unter November-Bäumen«[15] zu lesen.

»Meine Gewohnheit ist es«, schrieb Shelley, »mich auszukleiden und Herodot lesend auf den Felsen zu sitzen, bis das Schwitzen nachgelassen hat.«[16] Aber nicht jeder ist fähig, unter freiem Himmel zu lesen. »Ich lese selten an Stränden oder in Gärten«, bekannte Marguerite Duras. »Man kann nicht bei zwei Lichtern gleichzeitig lesen, dem Licht des Tages und dem Licht des Buches. Man sollte bei elektrischem Licht lesen, den Raum im Dunkeln, und nur die Seite beleuchtet.«[17]

Man kann einen Ort verwandeln, indem man dort liest. Während der Sommerferien pflegte sich Proust in das Eßzimmer zurückzustehlen, wenn die Familie das Haus zum Morgenspaziergang verlassen hatte, in der Gewißheit, daß seine einzige, »dem Lesen gegenüber sehr respektvolle« Gesellschaft »die bemalten Teller an der Wand, der frisch abgerissene Kalender, die Uhr und der Kamin sind, die sprechen, ohne eine Antwort zu erwarten, und deren Gemurmel, im Unterschied zu menschlichen Worten, nicht versucht, den Sinn der gelesenen Worte durch einen anderen Sinn zu ersetzen«. Zwei volle Stunden Glückseligkeit, bevor die Köchin auftauchen würde, natürlich »viel zu früh, um den Tisch zu decken; und wenn sie ihn wenigstens gedeckt hätte, ohne zu reden! Aber sie fühlte sich verpflichtet zu sagen: ›Das kann doch nicht bequem für Sie sein; soll ich Ihnen einen Tisch bringen?‹ Und allein indem man antworten mußte: ›Nein, danke vielmals!‹, war man gezwungen, zu einem Punkt zu kommen und von weit her seine Stimme zurückzuholen, die, versteckt hinter den Lippen, lautlos und sehr schnell alle Wörter, die die Augen lasen, wiederholten; man mußte seine Stimme zum Stillstand bringen, mußte sie ins Freie gelangen lassen, und, um ordentlich ›Nein, danke vielmals!‹ zu sagen, ihr den Anschein des Alltäglichen geben, den Ton des Antwortens, den sie verloren hatte.«[18] Erst viel später – nachts, lange nach dem Abendessen – und wenn nur noch wenige Seiten des Buches zu lesen blieben, entzündete er wieder seine Kerze und riskierte eine Strafe, falls er entdeckt wurde, und Schlaflosigkeit. Denn wenn er das Buch ausgelesen hatte, hinderte ihn die Leidenschaft, mit der er der Handlung und den Helden gefolgt war, am Einschlafen. Dann schritt er im Zimmer auf und ab oder lag atemlos da und wünschte, daß die Geschichte weiterginge, oder wenigstens, daß er über die Figuren, die er so geliebt hatte, etwas mehr erfahren könnte.

Gegen Ende seines Lebens, eingesperrt in ein korkgetäfeltes Zimmer, das sein Asthma ein wenig linderte, von Kissen gestützt im Bett sitzend, schrieb Proust im Schein einer schwachen Lampe, daß »wahre Bücher Kinder nicht des hellen Tageslichts und der

Plauderei sein sollten, sondern vielmehr der Stille und der Dunkelheit[19].« Nachts im Bett, während das matte Lampenlicht meine Buchseite beleuchtet, vollziehe ich, Prousts Leser, abermals jenen mysteriösen Moment der Geburt nach.

Geoffrey Chaucer – oder vielmehr seine an Schlaflosigkeit leidende Lady in *Buch der Herzogin* – hielt das Lesen im Bett für unterhaltsamer als ein Brettspiel:

> So als mir war, ich fänd kein' Schlaf,
> zu später Stund' nach mancher Nacht,
> auf meinem Bett nahm ich den Sitz
> und bat, man reiche mir ein Buch,
> ein Ritterbuch, das gab man mir
> zu lesen, bis die Nacht vorbei,
> denn mich dünkt dieses beßres Spiel
> als Schach und andrer Zeitvertreib am Brett.[20]

Aber das Lesen im Bett bietet mehr als bloßen Zeitvertreib, nämlich eine bestimmte Form der Einsamkeit. Man zieht sich auf sich selbst zurück, läßt den Körper ruhen, macht sich unerreichbar und unsichtbar für die Welt. Und da dies unter der Decke stattfindet, einem Ort der Lust und sündigen Trägheit, besitzt das Lesen zudem ein wenig vom Reiz des Verbotenen. Vielleicht ist es die Erinnerung an die nächtlichen Leseorgien in den Sommerferien, die den damals von mir verschlungenen Krimis von John Dickson Carr, Michael Innes, Anthony Gilbert noch heute eine gewisse erotische Färbung verleiht. Die leicht dahingesagte Redensart »ein Buch mit ins Bett nehmen« schien mir immer mit sinnlicher Erwartung aufgeladen zu sein.

Der Romancier Josef Škvorecky hat seine Jugend in der kommunistischen Tschechoslowakei beschrieben, »in einer Gesellschaft, die von ziemlich strengen Regeln beherrscht wurde und in der man Ungehorsam mit altbewährten Methoden bestrafte. Eine der Regeln lautete: Punkt neun wird das Licht ausgemacht. Jungen müssen um sieben aufstehen und brauchen jede Nacht zehn Stunden Schlaf.« So wurde das Lesen im Bett zu einer verbotenen Sache. »Ich zog mir die Decke über den Kopf«, so Škvorecky weiter, »holte die Taschenlampe unter der Matratze vor und frönte den Freuden des Lesens. Ich las und las und las – bis ich, oft erst nach Mitternacht, in seliger Erschöpfung einschlief.«[21]

Die Schriftstellerin Annie Dillard schrieb, daß sie sich mit Hilfe der Bücher aus der Stadt ihrer Kindheit wegträumte, »so daß ich mir aus meiner Bücherwelt ein ganz anderes Leben zurechtmachte ... Und wir rannten in unsere Zimmer und lasen fieberhaft, wir liebten die großen Laubbäume draußen vor den Fenstern, wir liebten die schrecklichen Sommer, und wir liebten die schrecklichen Winter des Mittleren Westens.«[22] Das Lesen im Bett verschließt uns die Welt und öffnet sie uns – beides zugleich.

Dabei ist diese Gewohnheit nicht sonderlich alt. Das griechische Bett (*kline*) war ein Holzrahmen auf gedrechselten oder tatzenförmigen Füßen, der reich mit Ornamenten verziert war und nicht recht zum Lesen taugte. Bei Geselligkeiten durften nur Männer und Kurtisanen es benutzen. Es hatte eine niedrige Kopfstütze, aber kein Fußbrett, war bedeckt mit einer Matratze und Kissen und diente sowohl zum Schlafen als auch zum Ausruhen in hingelehnter Positur. In dieser Haltung konnte man eine Schriftrolle auf ihm lesen, indem man sie etwa mit der linken Hand offenhielt und mit der rechten entrollte, wobei man sich auf den rechten Ellbogen stützte. Aber diese Haltung, selbst zu bester Stunde noch beschwerlich, wurde schnell unbequem und schließlich unerträglich.

Die Römer hatten verschiedene Betten (*lectus*) für verschiedene Zwecke, auch für das Lesen und Schreiben. In der Form unterschieden sie sich nicht sehr; die Beine waren gedrechselt, und die meisten waren mit Einlegearbeiten und Bronzebeschlägen verziert.[23] In der Dunkelheit des Schlafzimmers (*cubiculum*, meist im

Halbrelief eines römischen Edelmanns an der Innenwand eines Sarkophags. In ähnlicher Haltung las er wahrscheinlich auch seine Schriftrollen.

183

entlegensten Winkel des Hauses) diente das römische Schlafbett manchmal auch als dem Zweck nicht sehr angemessenes Lesebett; im Licht einer Kerze aus wachsgetränktem Stoff, dem *lucubrum*, lasen und »lucubrierten«[24] die Römer in relativer Ruhe. Trimalchio, der Parvenu aus dem *Satiricon* des Petronius, wird auf einem Bett, das verschiedenen Zwecken dient, in den Bankettsaal gebracht, »gestützt von einem Berg kleiner Kissen«. Er, der sich rühmt, die Gelehrsamkeit zu schätzen – immerhin besitzt er zwei Bibliotheken, »eine griechische und eine lateinische« –, schlägt vor, einige Zeilen aus dem Stegreif zu dichten, die er sodann den versammelten Gästen vorliest[25]. Sowohl das Schreiben als auch das Vortragen der Verse findet im Liegen statt – auf dem pompösen *lectus*.

In den frühen Jahren des christlichen Europas bis weit ins 12. Jahrhundert hinein waren Betten gewöhnlich schlichte, schmucklose Gestelle, die bei der Flucht vor Krieg und Hungersnot oft zurückgelassen wurden. Da nur die Reichen kunstvolle Betten besaßen und außer ihnen kaum jemand Bücher sein eigen nennen konnte, wurden verzierte Betten und Bücher zu Symbolen des Wohlstands. Eustathios von Thessalonike, ein byzantinischer Aristokrat des 11. Jahrhunderts, hinterließ in seinem Testament eine Bibel, diverse Hagiographien und Geschichtsdarstellungen, eine Traumdeutung, eine Abschrift des bekannten Alexanderromans – und ein vergoldetes Bett.[26]

Mönche hatten flache Pritschen in ihren Zellen, und dort konnten sie etwas bequemer als auf ihren harten Bänken und Pulten lesen. In einer illustrierten Handschrift des 13. Jahrhunderts ist ein junger bärtiger Mönch zu sehen, der in seiner Kutte auf der Pritsche sitzt, ein weißes Kissen im Rücken, die Beine in eine graue Decke gewickelt. Der Bettvorhang ist beiseite gezogen. Auf dem aufgebockten Tisch liegen drei aufgeschlagene Bücher, und drei weitere hat er griffbereit auf den Beinen ausgebreitet, während er in den Händen eine doppelte Wachstafel und einen Stylus hält. Offensichtlich hat der Mönch Zuflucht vor der Kälte gesucht; seine Stiefel stehen auf einer bemalten Bank, und er arbeitet anscheinend stillvergnügt vor sich hin.

Vom 14. Jahrhundert an war der Besitz von Büchern kein Privileg des Adels und des Klerus mehr, auch das Bürgertum begann zu lesen und sich die kostbaren Bände anzuschaffen. Die Neureichen nahmen sich die Aristokratie zum Vorbild: Wenn die Adligen

Ein Mönch
beim Studium
im Bett an
einem kalten
Wintertag;
französische
Buchillumina-
tion aus dem
13. Jahrhundert

Bücher lasen, dann taten sie es ihnen nach (eine Fähigkeit, die sie als Kaufleute erworben hatten); wenn die Adligen in reichverzierten Betten hinter üppigen Vorhängen schliefen, dann konnten sie das ebenfalls. Der Besitz von Büchern und kunstvollen Betten wurde zum Indikator für den gesellschaftlichen Rang. Das Schlafzimmer war nicht nur der Raum, in dem die Bürger schliefen und sich liebten; es wurde zur Schatzkammer für die gehorteten Güter – einschließlich der Bücher –, die nachts von der Festung des Bettes aus bewacht werden mußten.[27] Außer den Büchern wurden nur wenige andere Wertgegenstände zur Schau gestellt; das meiste wurde in Kisten und Truhen verstaut, um es vor begehrlichen Blicken, Rost und Mottenfraß zu schützen.

Vom 15. bis zum 17. Jahrhundert war das beste Bett des Haushalts zugleich ein bevorzugtes Pfändungsgut.[28] Bücher und Betten waren bewegliche Habe (bekanntlich hinterließ Shakespeare seiner Frau Anne Hathaway sein *zweitbestes* Bett), die im Unterschied zum übrigen Eigentum auch einzelnen Familienmitgliedern gehören konnte. Zu einer Zeit, da Frauen nur wenige private Dinge besitzen durften, waren Bücher für sie ein kostbarer Schatz, und sie vermachten sie häufiger ihren Töchtern als ihren Söhnen. Aus dem Jahr 1432 ist ein Testament erhalten, in dem eine gewisse Joanna Hilton aus Yorkshire ihrer Tochter einen *Roman mit den Zehn Geboten*, einen *Roman mit den Sieben Weisen* und einen *Roman de la Rose* hinterließ.[29]

Über die kostbaren Gebetbücher und illuminierten Bibeln allerdings durften die Frauen nicht verfügen, sie gehörten gewöhnlich zum Familienerbe und gingen damit auf den ältesten Sohn über.[30]

Im *Playfair*-Stundenbuch, einem Kleinod der französischen Buchkunst des 15. Jahrhunderts, findet sich eine Darstellung der Jungfrauengeburt. Die Hebamme reicht der jungen Mutter das Kind. Die heilige Anna, die Mutter der Jungfrau, wird als Edelfrau dargestellt, vermutlich ganz ähnlich Chaucers Herzogin (im Mit-

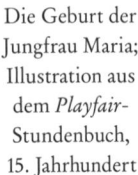

Die Geburt der Jungfrau Maria; Illustration aus dem *Playfair*-Stundenbuch, 15. Jahrhundert

telalter gelangte die Familie der heiligen Anna in den Ruf des Reichtums). Sie sitzt aufrecht in einem Bett mit Baldachin, das mit einem roten, goldbestickten Tuch drapiert ist. Sie ist vollständig bekleidet, trägt ein blaues Kleid mit Goldstickereien, Kopf und Hals sind züchtig mit einem weißen Tuch umhüllt. (Nur vom 11. bis zum 15. Jahrhundert schliefen die Menschen nackt; ein Ehekontrakt aus dem 13. Jahrhundert enthielt einen Passus, nach dem »ein Eheweib ohne die Zustimmung ihres Gemahls nicht im Hemd schlafen soll«[31].) Ein lindgrünes Laken – Grün ist die Farbe des Gebärens, der Sieg des Frühlings über den Winter – ist hinter der sitzenden Anna zu sehen. Ein weißes Umschlagtuch ist über die rote Bettdecke gebreitet; auf diesem liegt das Buch aufgeklappt, in dem die heilige Anna liest. Doch der Raum wirkt trotz der intimen Szenerie, erzeugt durch die schützenden Vorhänge und das kleine Buch (wahrscheinlich ein Gebetbuch), nicht gerade wie ein Privatgemach. Die Hebamme scheint ganz selbstverständlich hereingekommen zu sein; man denkt an alle jene anderen Abbildungen von der Geburt und dem Tod Marias, in denen der Raum um das Bett von beflissenen Gratulanten oder Trauernden, Männern, Frauen und Kindern, bevölkert ist; gelegentlich fehlt auch nicht der Hund, der in einer Ecke aus dem Freßnapf säuft. Dieser Ort des Gebärens oder Sterbens ist kein Raum, den sich die abgebildete Edelfrau selbst geschaffen hat.

Im Europa des 16. und 17. Jahrhunderts waren Schlafzimmer – wie fast jeder andere Raum auch – Durchgangszimmer, die nicht unbedingt Ruhe oder ein friedliches Lesen garantierten. Das Bett mit Vorhängen zu verhüllen und die persönlichen Habseligkeiten in seinem Umkreis aufzubewahren reichte offenbar nicht aus; das Bett verlangte einen Raum für sich. (Die reichen Chinesen des 14. und 15. Jahrhunderts kannten zwei Arten von Betten, die – jedes auf seine Weise – privaten Raum schufen: das bewegliche k'ang, das als Schlafstätte, Tisch und Sitzgelegenheit diente und manchmal von unten durch Rohre beheizt wurde, und eine freistehende, in Abteile gesonderte Konstruktion, eine Art Kammer in der Stube.[32])

Obwohl auch im 18. Jahrhundert die Schlafzimmer noch nicht als Orte der ungestörten Ruhe gelten konnten, war das Lesen im Bett – zumindest in Paris – zu einer so gängigen Sitte geworden, daß sich Jean-Baptiste de La Salle, ein im Jahr 1900 heiliggesprochener französischer Pädagoge und Philanthrop, bemüßigt fand, vor den Gefahren dieses eitlen Zeitvertreibs zu warnen. »Es ist zutiefst unsittlich und verderblich, im Bett müßig zu plaudern oder zu tändeln«, schrieb er in seinen 1703 veröffentlichten *Anstandsregeln für die Christenheit.* »Tut es nicht gewissen Personen nach, die dort lesen und andere Dinge treiben; haltet euch nur im Bett auf, wenn es dem Schlafe dient, und eure Tugend wird davon den Nutzen haben.«[33] Etwa um dieselbe Zeit machte Jonathan Swift diesen ironischen Vorschlag: »Wenn du die Fenster zum Lüften öffnest«, weist er das Zimmermädchen an, das im Schlafzimmer der Herrin putzen soll, »lege die Bücher oder andere Dinge auf das Fensterbrett, damit auch sie gelüftet werden.«[34]

In Neuengland soll das Aufkommen der von Jefferson verbesserten Argandschen Dochtlampe gegen Ende des 18. Jahrhunderts die Gewohnheit, im Bett zu lesen, befördert haben. »Es wurde sofort bemerkt, daß Dinnerpartys, die früher bei Kerzenlicht stattfanden, ihren alten Glanz verloren« – weil diejenigen, die bei der Konversation brilliert hatten, nun im Schlafzimmer weilten, um zu lesen.[35]

Das Schlafzimmer oder auch nur das Bett als persönlicher Bereich war noch immer keine Selbstverständlichkeit. Selbst wenn die Familie reich genug war, um sich Einzelbetten und separierte Schlafzimmer zu leisten, forderten die Konventionen, es zum Schauplatz bestimmter Gesellschaftsrituale zu machen. Zum Beispiel war es Brauch, daß Damen in ihren Schlafzimmern »empfingen« – vollständig angekleidet, aber im Bett liegend, gestützt auf eine Unzahl von Kissen; die Besucher saßen gewöhnlich in der *ruelle*, im »Gäßchen« zwischen dem Bett und dem Wandschirm. Antoine de Courtin empfahl in seiner *Neuen Abhandlung über die guten Sitten, wie sie von den vornehmen Franzosen praktiziert werden*[36], nachdrücklich, aus Gründen des Anstands »die Bettvorhänge geöffnet zu halten«, und bemerkte, daß es unschicklich sei, »sich in der Gegenwart von Personen, denen man nicht überstellt ist, auf das Bett zu werfen und von dort aus eine Unterhaltung zu führen«.

Im Versailles Ludwigs XIV. wurde das Weckritual des Königs – das berühmte *lever du Roi* – zu einem hochgezüchteten Vorgang, bei dem sechs verschiedene Adelsränge nacheinander die Ehre hatten, im königlichen Schlafgemach eine Reihe festgelegter Handreichungen auszuführen, indem sie zum Beispiel dem König in den – oder aus dem – rechten oder linken Ärmel halfen oder dem königlichen Ohr etwas vorlasen.

Selbst das 19. Jahrhundert erkannte das Schlafzimmer nur widerstrebend als Hort der Privatheit an. Unter Hinweis darauf, daß das Schlafzimmer, in dem man »fast das halbe Leben« verbringe, mehr Aufmerksamkeit verdiene, beklagte Mrs. Haweis in ihrem einflußreichen Buch *Die Kunst der Haushaltung*, daß »Junggesellen – warum nicht Bräute? – manchmal den kostbaren Raum in ihrem Schlafzimmer mit Sofaliegen, Chippendale-Möbeln und französischen Waschtischen vollstellen, mit Palmen und kleinen Tischchen staffieren, so daß er als Passage dienen könnte, ohne den Verdacht zu wecken, daß hier jemand schliefe außer höchstens einem Kanarienvogel[37].«

»Geben Sie uns«, schrieb Leigh Hunt 1891, »ein Schlafzimmer mittlerer Güte, so wie es vor gut hundert Jahren eingerichtet war … mit Fenstern zum Sitzen und einem Blick ins Grüne … dazu zwei oder drei kleine Bücherborde.«[38]

Für Edith Wharton, die aristokratische amerikanische Romanschriftstellerin, war das Schlafzimmer die einzige Zuflucht vor der Etikette des 19. Jahrhunderts, nur im Bett konnte sie unbeschwert lesen und schreiben. »Stellen Sie sich ihr Bett vor«, erklärte Cynthia Ozick in einer Diskussion über die Schriftstellerin. »Sie benutzte ein Schreibbrett. Das Frühstück wurde ihr von Gross, der Haushälterin, gebracht, die fast als einzige Zutritt zu ihrem Allerheiligsten, dem Schlafzimmer, hatte. (Eine Sekretärin las später die Seiten zum Abtippen vom Boden auf.) Außerhalb des Bettes hätte sie sich standesgemäß kleiden, mit anderen Worten, ein Korsett tragen müssen. Im Bett war ihr Körper frei, und das befreite auch ihre Feder.«[39] Frei war auch ihre Lektüre; an diesem privaten Ort mußte sie keinem Besucher erklären, warum sie dieses oder jenes Buch las und was sie darüber dachte. Der horizontale Arbeitsplatz war ihr so wichtig, daß sie einmal im Berliner Hotel Esplanade einen gelinden hysterischen Anfall bekam, weil sich das Bett nicht an der richtigen Stelle befand. Erst als es dem Fenster gegenüber stand, ließ sie sich in ihm nieder und begann Berlin »unvergleichlich« zu finden.[40]

Die gesellschaftlichen Zwänge der Colette unterschieden sich beträchtlich von denen, die auf Edith Wharton lasteten, aber auch ihr Privatleben war nicht gegen Einmischungen gefeit. Während man Edith Wharton zugute hielt, daß sie – zumindest teilweise – die Welt von der hohen Warte ihres sozialen Ranges sah, galt Colette in viel höherem Maße als »anstößig, unverfroren, pervers«[41],

Colette feiert
ihren
80. Geburtstag
im Bett
(28. Januar 1953)

so daß ihr die katholische Kirche ein christliches Begräbnis ver-
weigerte, als sie 1954 starb. Ihre letzten Lebensjahre verbrachte die
berühmte Autorin im Bett, was in ihrer Krankheit begründet lag,
aber auch in dem Wunsch, einen Platz ganz für sich allein zu haben. Hier, in ihrer Wohnung im dritten Stock des Palais-Royal, in
ihrem *radeau-lit* – dem »Bett-Floß«, wie sie es getauft hatte –
schlief und speiste sie, empfing sie ihre Freunde und Bekannten,
telefonierte sie, las und schrieb sie. Die Prinzessin von Polignac
hatte ihr einen Tisch geschenkt, der genau über das Bett paßte und
ihr als Pult diente. In die aufgetürmten Kissen gedrückt wie damals als Kind in Saint-Sauveur-en-Puisaye, mit den gezirkelten
Gärten des Palais-Royal unter dem Fenster zu ihrer Linken und all
ihren gesammelten Schätzen – den Glasfiguren, den Büchern, den

Katzen – zu ihrer Rechten[42], las Colette in ihrer *solitude en hauteur*[43] – ihrer »erhabenen Einsamkeit« – die alten Bücher wieder und wieder, die sie am meisten liebte.

Eine Aufnahme von Colettes achtzigstem Geburtstag, ein Jahr vor ihrem Tod, zeigt sie im Bett sitzend, das Zimmermädchen hat die Geburtstagstorte mit den brennenden Kerzen gebracht und auf dem Tisch, der mit Zeitschriften, Karten und Blumen übersät ist, abgestellt. Die Flammen lodern so hoch, als kämen sie gar nicht von Kerzen, als wäre die betagte Frau eine alte Camperin am Lagerfeuer, als wäre die Torte ein brennendes Buch in jener Dunkelheit, die Proust zum Schreiben brauchte. Das Bett ist zu einer kleinen Welt für sich geworden, in der alles möglich ist.

❧ METAPHERN DES LESENS ❧

Am 26. März 1892 starb Walt Whitman in seinem Haus in Camden, New Jersey, das er knapp zehn Jahre zuvor gekauft hatte. Er sah aus wie ein alttestamentarischer König oder, um mit Edmund Gosse zu sprechen, wie »ein großer Angora-Kater«. Das Foto des Künstlers Thomas Eakins aus Philadelphia, aufgenommen wenige Jahre vor Whitmans Tod, zeigt einen alten Mann mit weißer Zottelmähne. Nachdenklich blickt er, am Fenster sitzend, in eine Welt, die, wie er seinen Lesern versichert hatte, nur eine Randbemerkung zu seinen Gedichten war:

> Wünschest du mich zu verstehn, so geh auf die Hügel oder zur Meeresküste,
> Die nächste Mücke ist eine Erklärung, jeder Wassertropfen, jeder Wellenschlag ein Schlüssel,
> Der Schlegel, das Ruder, die Handsäge bekräftigen meine Worte.[1]

Whitman selbst bietet sich den Blicken seiner Leser dar. Ein zweifacher Whitman, um genau zu sein: der Whitman der *Grashalme*, »Walt Whitman, ein Kosmos, ein Sohn Manhattans«, der doch auch an allen anderen Orten geboren ist (»Ich bin aus Adelaide ... ich bin aus Madrid ... ich gehöre nach Moskau«[2]), und der Whitman, der auf Long Island geboren wurde, Abenteuerromane las und dessen Liebhaber junge Männer aus der Stadt waren, Soldaten, Buskutscher. Beide wurden zu dem einen Whitman, der als alter Mann eine offene Tür für Besucher hatte, wenn sie den »Weisen von Camden« sehen wollten, und beide hatten sich etwa dreißig Jahre zuvor in der 1860er Ausgabe der *Grashalme* dem Leser dargeboten:

Camerado, dies ist kein Buch,
Wer dies berührt, berührt einen Mann,
(Ist es Nacht? Sind wir allein hier?)
Ich bin's, was du hältst und was dich hält,
Ich springe von den Seiten in deine Arme – der Tod beruft mich
ab.[3]

Jahre später, in der »Sterbebettausgabe« der oftmals veränderten und erweiterten *Grashalme* »bekräftigt« die Welt nicht seine Worte, sondern wird zur uranfänglichen Stimme: Weder Whitman noch seine Gedichte waren von Bedeutung. Die Welt konnte für sich sprechen, denn sie war nicht mehr und nicht weniger als ein offenes Buch, in dem jeder lesen konnte. Goethe, den Whitman las und verehrte, hatte 1774 geschrieben:

Sieh, so ist Natur ein Buch lebendig,
Unverstanden, doch nicht unverständlich.[4]

Nun, im Jahre 1892, wenige Tage vor seinem Tod, pflichtete ihm Whitman bei:

In jedem Ding, Gebirge, Baum und Stern – in jeder Geburt und
jedem Leben,
Als Teil von jedem – aus jedem entwickelt – Bedeutung hinter
dem Geprang,
Harrt ungefaltet eine Chiffre mystisch.[5]

Diese Zeilen las ich zum erstenmal in einer holprigen spanischen Übersetzung, im Jahr 1963. Eines Tages kam ein Freund von mir, der Dichter werden wollte (wir waren damals gerade fünfzehn geworden), in der Schule mit einem Buch auf mich zugerannt, das er gerade entdeckt hatte. Es war eine Ausgabe von Whitmans Gedichten in blauem Einband, gedruckt auf rauhem, vergilbtem Papier und übersetzt von jemandem, dessen Namen ich vergessen habe. Mein Freund schwärmte für Ezra Pound und ahmte ihn nach, und da Leser für die Kommentare und Zeittafeln, die hochdotierte Akademiker mit Eifer erstellt hatten, häufig nur Verachtung übrig haben, glaubte er, Whitman sei ein armseliger Epigone Pounds. Pound selbst hatte versucht, die Dinge zu ordnen, und einen »Pakt« mit Whitman vorgeschlagen:

Ich mache einen Pakt mit dir, Walt Whitman –
Ich hab dich lang genug verabscheut.
Ich komm zu dir wie ein erwachsner Sohn,
Der einen sturen Vater gehabt hat;
Ich bin jetzt alt genug, Freundschaft zu schließen.
Du warst es, der das neue Holz schlug,
Jetzt ist die Zeit des Schnitzens.
Wir haben ja ein Mark und eine Wurzel –
Laß Austausch sein zwischen uns.[6]

Aber mein Freund ließ sich nicht überzeugen. Um der Freundschaft willen akzeptierte ich sein Urteil, und erst Jahre später bekam ich eine englische Ausgabe der *Grashalme* in die Hand und
verstand, daß Whitman sein Buch mir zugedacht hatte:

Du Leser bist von Leben, Liebe, Stolz durchpulst so gut wie
ich,
Deshalb für dich die folgenden Gesänge.[7]

Die erste Whitman-Biographie, die ich las, war für jugendliche Leser gedacht und vermied jeden Hinweis auf sein Sexualleben, was
ihn so verblassen ließ, daß kaum noch etwas von ihm übrig war.
Später folgte das lehrreiche, aber etwas trockene Whitman-Buch
von Geoffrey Dutton[8]. Erst Jahre danach vermittelte mir die Biographie von Philip Callow ein klareres Bild jenes Mannes und rief
einige meiner alten Fragen wieder wach: Wenn Whitman in seinem
Leser sich selbst erblickt hatte, wie stellte er sich diesen Leser vor?
Und wie war Whitman seinerseits zum Leser geworden?
    Whitman lernte in einer Brooklyner Quäkerschule nach der so-
genannten Lancaster-Methode lesen (benannt nach dem englischen
Quäker Joseph Lancaster). Ein einziger Lehrer, assistiert von älteren Schülern, war für eine Klasse von etwa hundert Schülern verantwortlich, die zu zehnt an den Tischen saßen. Die Jüngsten wurden im Keller unterrichtet, die älteren Mädchen im Erdgeschoß
und die älteren Jungen in der Etage darüber. Einer von Whitmans
Lehrern urteilte, er sei »ein gutwilliger Junge, linkisch und äußerlich ein wenig schlampig, aber sonst nicht weiter auffällig«. Die
wenigen Schulbücher wurden ergänzt durch die Bücher seines Vaters, eines glühenden Demokraten, der seine drei Söhne nach den
Gründervätern der Vereinigten Staaten benannt hatte. Die väterli-

che Bibliothek enthielt politische Traktate von Thomas Paine, von
Frances Wright, einem Sozialisten, und von Constantin François
Comte de Volnay, einem französischen Philosophen des 18. Jahrhunderts. Aber es gab auch Gedichtsammlungen und ein paar Romane. Seine Mutter konnte nicht lesen, doch, wie Whitman be-
kundete, »wunderbar erzählen« und »hatte eine großartige mimi-
sche Begabung«.[9] Die Wörter zu lesen lernte Whitman in der
Bibliothek seines Vaters – ihren Klang in sich aufzunehmen lernte
er beim Zuhören, wenn seine Mutter erzählte.

Mit elf Jahren verließ Whitman die Schule und trat in das Büro
des Anwalts James B. Clark ein. Clarks Sohn Edward mochte den
aufgeweckten Knaben und bezahlte ihm die Mitgliedschaft in einer Leihbibliothek. Wie Whitman später sagte, war »dies mein erstes Schlüsselerlebnis«. Aus der Bibliothek lieh er *Tausendundeine
Nacht* – »Band für Band« – und die Romane von Walter Scott und
James Fenimore Cooper. Einige Jahre darauf, mit sechzehn, kaufte
er sich »ein strammes, randvolles Tausendseiten-Oktavbuch … mit
Walter Scotts gesamten Gedichten« und verschlang es gierig. »Später ging ich im Sommer und Herbst des öfteren, manchmal für eine
Woche, über Land oder an die Küste von Long Island – dort, unter dem Eindruck der freien Natur, las ich gründlich das Alte und
Neue Testament, auch (und wahrscheinlich mit größerem Nutzen
für mich als in der Bibliothek oder im Zimmer – es macht so einen
Unterschied, *wo* man liest) Shakespeare, Ossian und – in den besten Übersetzungen, die ich auftreiben konnte – Homer, Aischylos, Sophokles, das Nibelungenlied, die alten Hinduepen und einige andere Meisterwerke, darunter Dante. Wie es sich ergab, las
ich letzteren zum größten Teil in einem alten Gehölz.« Whitman
fährt fort: »Seitdem habe ich mich oft gefragt, warum mich diese
Giganten der Dichtung nicht eingeschüchtert haben. Vielleicht
deshalb, weil ich sie, wie beschrieben, in Gegenwart der lebendigen
Natur las, in der Sonne sitzend, vor mir das weite Land oder das
brandende Meer.«[10]

Für Whitman war also der Ort der Lektüre nicht nur deshalb
wichtig, weil er dem Text eine körperliche Umgebung bot, sondern weil er einen Kontrast zu dem literarischen Ort zwischen den
Buchdeckeln bildete und auf diese Weise dieselbe hermeneutische
Qualität erlangte: Beides, das Buch und die Umgebung, hatte Anteil an seinen Erleuchtungen.

Whitman blieb nicht lange beim Anwaltsbüro: Noch vor Ablauf eines Jahres wurde er Druckerlehrling beim *Long Island Patriot* und erlernte in einem engen Keller unter der Aufsicht des Redakteurs und alleinigen Verfassers jener Zeitung die Arbeit an der Handpresse. Dort wurde er auch eingeweiht in das »kurzweilige Geheimnis der verschiedenen Lettern und ihrer Sortierung – das Fach für das große E – das Fach für die Spatien ... das A-Fach, das I-Fach und all die anderen«.

Von 1836 bis 1838 arbeitete er als Dorfschullehrer in Norwich im Staat New York. Die jämmerliche Bezahlung erfolgte nur sporadisch, und er mußte in diesen zwei Jahren achtmal die Schule wechseln, vermutlich, weil die Inspektoren die Unruhe in seinen Klassen mißbilligten. Seine Vorgesetzten waren sicher nicht beglückt, wenn er seine Schüler lehrte:

Ihr sollt nicht mehr aus zweiter oder dritter Hand die Dinge nehmen,
Noch durch die Augen Toter sehen, noch Nahrung in den Buchgespenstern finden.[11]

oder:

Der würdigt meinen Stil am meisten, der durch ihn lernt, den Lehrer zu vernichten.[12]

Nachdem er das Drucken erlernt und das Lesen gelehrt hatte, kam Whitman auf die Idee, diese beiden Fähigkeiten zu vereinigen und eine Zeitung herauszugeben, zunächst den *Long Islander* in Huntington, New York, später in Brooklyn den *Daily Eagle*. Hier bildete sich sein Verständnis der Demokratie als Gemeinschaft »freier Leser« heraus, die sich weder vom Fanatismus noch von politischen Richtungen fortreißen lassen und denen der Texterschaffer – Dichter, Drucker, Lehrer, Redakteur – einfühlsam zu dienen habe. »Wir spüren wirklich das Verlangen, über viele Themen zu reden, mit allen Einwohnern von Brooklyn«, erklärte er in einem Leitartikel vom 1. Juni 1846. »Und es geht uns auch nicht so sehr um die paar Groschen. Es gibt da diese seltsame Art der Verbundenheit (haben Sie jemals daran gedacht?) im Geiste eines Zeitungsmanns mit der Öffentlichkeit, der er dient ... Täglicher Austausch schafft eine gewisse Verbrüderung und Verschwisterung beider Seiten.«[13]

Margaret Fuller,
eine passionierte
Leserin

Ungefähr um diese Zeit stieß Whitman auf die Schriften Margaret Fullers. Sie war eine außergewöhnliche Frau: die erste hauptberufliche Buchrezensentin der Vereinigten Staaten, der erste weibliche Auslandskorrespondent, eine kluge Feministin, Verfasserin des aufwühlenden Pamphlets *Die Frau im 19. Jahrhundert*. Emerson war überzeugt, daß »alle Kunst, alles Denken und alle Noblesse Neuenglands ... mit ihr verbunden schienen, und sie mit ihnen«[14]. Hawthorne dagegen nannte sie »eine große Täuscherin«[15], und Oscar Wilde sagte, daß Venus ihr alles gegeben habe »außer Schönheit« und Pallas »alles außer Weisheit«[16].

Auch wenn Margaret Fuller glaubte, daß Bücher die wirkliche Erfahrung nicht ersetzen können, sah sie in ihnen »ein Medium zur Betrachtung alles Menschlichen, einen Kern, um den sich alles Wissen, alle Erfahrung, alles Forschen, alles Ideale und alles Praktische unserer Natur vereinen konnte«.

Whitman reagierte begeistert auf ihre Ansichten:

Galten uns nicht als groß, o Seele, die Themen mächtiger
Bücher zu durchdringen,
Aus Gedanken, Dramen, Ahnungen tief und voll zu schöpfen?
Doch nun von dir zu mir, gefangner Vogel, dein fröhliches
Zwitschern zu verspüren,
Das die Luft füllt, den einsamen Raum, den langen Vormittag,
Ist das nicht ebenso groß, o Seele?[17]

Für Whitman spiegelten sich Text, Autor, Leser und Welt im Akt des Lesens wider, in diesem Akt, dessen Bedeutung er so lange steigerte, bis alles lebendige Tun des Menschen und der gesamte kosmische Horizont davon erfaßt war. In dieser Vereinigung reflektiert der Leser den Schriftsteller (er und ich sind eins), die Welt ist der Nachhall eines Buches (das Buch Gottes, das Buch der Natur), das Buch ist Fleisch und Blut (Fleisch und Blut des Dichters, das durch die literarische Transsubstantiation zu meinem wird), die Welt ist ein Buch, das entziffert sein will (die Dichtungen werden zu meiner Lesart der Welt). Sein ganzes Leben lang scheint Whitman nach dem Verständnis und einer Definition des Leseakts gesucht zu haben, der sich selbst bedeutet und zugleich die Metapher aller seiner Teile ist.

Über diese Auffassung der Metapher schrieb der Philosoph Hans Blumenberg: »Nicht mehr vorzugsweise als Leitsphäre abtastender theoretischer Konzeptionen, als Vorfeld der Begriffsbildung, als Behelf in der noch nicht konsolidierten Situation von Fachsprachen wird die Metaphorik gesehen, sondern als eine authentische Leistungsart der Erfassung von Zusammenhängen.«[18]

Den Autor als Leser oder den Leser als Autor aufzufassen, ein Buch als Menschen oder einen Menschen als Buch, die Welt als Text oder einen Text als Welt zu betrachten – all das sind Umschreibungen für die Kunst des Lesens.

Solche Metaphern sind uralt, verwurzelt in den frühesten jüdisch-christlichen Kulturen. In seinem Monumentalwerk *Europäische Literatur und lateinisches Mittelalter* stellte der Literaturwissenschaftler E.R. Curtius (im Kapitel über den Symbolismus des Buches) fest, daß Buch-Metaphern im klassischen Griechenland aufkamen. Doch dafür gibt es nur wenige Beispiele, da die griechische wie später auch die römische Gesellschaft das Buch nicht als Alltagsgegenstand ansah. Die jüdischen, christlichen und islamischen Kulturen entwickelten eine tiefe symbolische Verbundenheit mit ihren heiligen Büchern, die nicht Symbole des Gottesworts, sondern Gotteswort selbst waren.

Curtius zufolge ist die »Vorstellung von der Welt oder der Natur als einem ›Buch‹ in der Kanzelberedsamkeit aufgekommen, [wurde] dann in die mystisch-philosophische Spekulation des Mittelalters übernommen [und ging] endlich in den allgemeinen Sprachgebrauch über[19].«

Der spanische Mystiker Fray Luis de Granada zog im 16. Jahrhundert aus der Metapher, daß die Welt ein Buch sei, den Schluß, daß dann die Dinge der Welt die Buchstaben des Alphabets seien, in dem das Buch geschrieben wurde. In seiner *Introducción al símbolo de la fé* (*Einführung in das Symbol des Glaubens*) fragt er: »Was denn sollen all die Kreaturen dieser Welt sein, so schön und gut geschaffen, als einzelne illuminierte Buchstaben, die so trefflich das Zartgefühl und Wissen ihres Autors zeigen? ... Und auch wir, ... die wir von Dir vor dieses wunderbare Buch des gesamten

Universums gestellt wurden, auf daß wir an seinen Geschöpfen wie an lebenden Lettern die Güte unseres Schöpfers erkennen.«[20]

»Der Finger Gottes«, schrieb Sir Thomas Browne in Umwertung der Metapher des Fray Luis, »hat sich all seinen Werken eingeschrieben, nicht wie eine Zeichnung oder aus Buchstaben gesetzt, sondern in ihren vielfachen Gestalten, Zuständen, Teilen und Handlungen, die geschickt zusammengefügt Ein Wort werden, das ihr Wesen ausdrückt.«[21] Dem fügte Jahrhunderte später der amerikanische Philosoph spanischer Herkunft George Santayana hinzu: »In manchen Büchern sind die Fußnoten oder Anmerkungen, die von der Hand irgendeines Lesers an den Rand gekritzelt wurden, interessanter als der Text. Die Welt ist so ein Buch.«[22]

Unsere Aufgabe ist es, wie Whitman gezeigt hat, die Welt zu lesen; weil dieses grandiose Buch die einzige Wissensquelle für uns Sterbliche darstellt. (Engel brauchen das Buch der Welt nicht zu lesen, wie Augustinus sagte, denn sie können seinen Urheber selbst schauen und von Ihm das Wort in all seiner Herrlichkeit empfangen. An Gott gerichtet bemerkt Augustinus, daß Engel »es nicht nötig haben, gen Himmel zu schauen, um Dein Wort zu lesen. Denn sie sehen allezeit Dein Angesicht, und aus ihm lesen sie, ohne die Silben der Zeit, Deinen ewigen Willen ab. Sie lesen ihn, sie erwählen ihn, sie lieben ihn. Sie lesen immerfort, und was sie lesen, hat kein Ende … Das Buch, das sie lesen, wird nie geschlossen, die Rolle nie mehr eingerollt werden. Denn ihr Buch bist Du, und Du bist ewig.«[23])

Auch Menschen, geschaffen nach dem Bilde Gottes, sind Bücher, die gelesen sein wollen. Hier hilft uns die Metapher des Leseakts, unsere zaghafte Beziehung zum eigenen Körper zu verstehen, die Begegnung und Berührung mit anderen Menschen zu meistern und ihre Signale zu deuten. Wir lesen einen Gesichtsausdruck, folgen den Gesten eines geliebten Menschen wie einem offenen Buch. Lady Macbeth sagt zu ihrem Mann: »Dein Angesicht, mein Than, / Ist wie ein Buch, wo wunderbare Dinge / Geschrieben stehen«[24], und im 17. Jahrhundert schrieb der Dichter Henry King über den Tod seiner jungen Frau:

Verlust! Seit du zu früh gegangen,
Bleibt all mein Denken hangen
An dir, an dir: Du bist das Buch,
Das Lesezimmer, das ich such,
Der Blindheit nah.[25]

Und Benjamin Franklin, ein großer Bücherfreund, schrieb sich ein Epitaph (das leider nicht auf seinem Grabstein steht), in dem das Bild des Lesers als Buch vollendet dargestellt ist.

> Der Leib von
> B. Franklin, Drucker,
> Liegt hier, Würmerfraß,
> Wie der Einband eines alten Buches,
> Dessen Inhalt weggerissen ist,
> Beraubt der Lettern und der Goldprägung.
> Doch das Werk ist nicht verloren;
> Denn einstmals wird es, wie er glaubte,
> Noch einmal herausgegeben
> In einer neuen und schöneren Edition,
> Berichtigt und verbessert
> Von seinem Schöpfer.[26]

Zu sagen, wir lesen (die Welt, ein Buch, den Körper), reicht nicht aus. Die Metapher des Lesens bedarf ihrerseits einer anderen Metapher, muß in Bildern erklärt werden, die außerhalb der Bibliothek und doch innerhalb des Lesers liegen, so daß der Lesevorgang mit unseren anderen Körperfunktionen verknüpft wird. Lesen dient, wie wir soeben erfahren haben, als metaphorisches Vehikel, doch um verstanden zu werden, muß es seinerseits durch Metaphern ausgedrückt werden. So wie Schriftsteller davon sprechen, eine Story zusammenzubrauen, eine alte Geschichte aufzuwärmen, halbgare Ideen zu verbraten, eine Szene zu würzen, ein zähes Thema schmackhaft zu machen, aus pikanten Zutaten eine süffige Prosa zu zaubern, ein Stück Leben mit Andeutungen zu pfeffern, damit der Leser kräftig reinbeißt, so sprechen wir Leser davon, daß wir in das Buch hineinschnuppern, eine Kostprobe nehmen, sie auf der Zunge zergehen lassen, dann das Buch auf einen Sitz verschlingen, worauf wir die Geschichte, die uns nun schwer im Magen liegt, verdauen oder wiederkäuen, wenn nicht gar auskotzen, weil sie ungenießbar ist ... In einem Essay über die Kunst des Studierens faßte der englische Renaissance-Gelehrte Francis Bacon diesen Prozeß in die knappen Worte: »An manchen Büchern muß man naschen, andre wollen verschlungen sein, wieder andere gründlich gekaut und verdaut.«[27]
Durch einen außergewöhnlichen Glücksfall wissen wir, von

wann diese merkwürdige Metaphorik zum erstenmal bezeugt ist.[28] Es war am 31. Juli 593 v. Chr., am Fluß Chebar im Land der Chaldäer, als der Priester Hesekiel die Vision eines Feuers hatte, in dem er »die Herrlichkeit des Herrn« sah, der ihm befahl, mit den aufsässigen Kindern Israels zu sprechen. »Tu deinen Mund auf und iß, was ich dir geben werde«, wies ihn die Erscheinung an.

> Und ich sah, und siehe, da war eine Hand gegen mich ausgestreckt, die hielt eine Schriftrolle. Die breitete sie aus vor mir, und sie war außen und innen beschrieben, und darin stand geschrieben Klage, Ach und Weh.[29]

Als der heilige Johannes auf Patmos seine apokalyptische Vision niederschrieb, wurde ihm die gleiche Offenbarung zuteil wie Hesekiel. Er sah voller Entsetzen einen Engel mit einem offenen Buch vom Himmel herabkommen, und eine Donnerstimme hieß ihn, nicht aufzuschreiben, was er erlebt hatte, sondern das Buch aus der Hand des Engels zu empfangen.

> Und ich ging hin zu dem Engel und sprach zu ihm: Gib mir das Büchlein! Und er sprach zu mir: Nimm hin und verschling's! Und es wird dich im Bauch grimmen, aber in deinem Munde wird's süß sein wie Honig. Und ich nahm das Büchlein von der Hand des Engels und verschlang's. Und es war süß in meinem Mund wie Honig, und als ich's gegessen hatte, grimmte mich's im Bauch. Und es ward zu mir gesagt: Du mußt abermals weissagen von Völkern und Nationen und Sprachen und vielen Königen.[30]

Mit der Entfaltung und Ausbreitung des Lesens faßte auch die gastronomische Metaphorik in der Alltagsrede Fuß. Zu Shakespeares Zeit war sie noch weitgehend auf den Jargon der Gebildeten beschränkt, und Königin Elisabeth I. griff auf sie zurück, um ihre fromme Lektüre zu schildern: »Oftmals begebe ich mich in die lieblichen Gefilde der Heiligen Schrift, um mir die anmutigen grünen Satzkräutlein zu pflücken, lesend zu essen, im Nachsinnen zu kauen und sie zu guter Letzt da abzulegen, wo mein Gedächtnis sitzt, … auf daß ich die Bitternis dieses Jammertals weniger verspüre.«[31]

Der heilige Johannes verschlingt das Buch des Engels; russischer Holzschnitt aus dem 17. Jh.

Um 1695 war die Metaphorik bereits so geläufig, daß William Congreve sie in der Einführungsszene seines Dramas *Liebe für Liebe* parodieren konnte, indem er seinen schulmeisterlichen Valentin zum Diener sagen ließ: »Lies, Mann, Lies!, und verfeinere Deinen Geschmack. Lern, von Bildung zu leben. Mäste Deinen Geist, und peinige Dein Fleisch. Lies und nimm die Nahrung durch die Augen auf. Mach Deinen Mund zu, und käue den Brocken des Verstehens wider.« – »Man wird teuflisch fett von dieser Papierdiät«, entgegnet der Diener.[32]

Kaum ein Jahrhundert später zeigte der berühmte englische Lexikograph Dr. Samuel Johnson beim Lesen dieselben Manieren, die er beim Essen pflegte. Er las, bezeugte sein Biograph James

Boswell, »gierig, als wollte er das Buch verschlingen, was allem Anschein nach seine Studiermethode war«. Boswell zufolge hatte Johnson während der Mahlzeiten stets ein Buch auf dem Schoß liegen, eingewickelt ins Tischtuch, »aus Gier auf den nächsten Genuß, wenn der eine ausgekostet war, ähnlich (wenn mir das derbe Gleichnis erlaubt ist) einem Hund, der einen Knochen mit den Pfoten in Reserve hält, dieweil er noch an einem anderen Leckerbissen frißt, den ihm jemand zugeworfen[33].«

Wie auch immer ein Leser sich ein Buch aneignet, es endet damit, daß Leser und Buch eins werden. Die Welt als Buch wird verschlungen vom Leser, der ein Buchstabe im Text der Welt ist: So entsteht eine zirkuläre Metapher für die Endlosigkeit des Lesens. Wir sind, was wir lesen. Doch ist dieser Kreislauf, wie Whitman meinte, kein rein verstandesmäßiger. Nur an der Oberfläche ist das Lesen ein rationaler Vorgang, bei dem wir Bedeutungen und Fakten in uns aufnehmen. Zugleich aber werden Text und Leser unsichtbar und unbewußt miteinander verflochten und produzieren neue Bedeutungen, so daß jedesmal, wenn wir dem Text etwas abgewinnen wollen, ein neues Drittes entsteht, das wir noch nicht erfaßt haben. Daher kann, wie Whitman, der seine Gedichte immer wieder umschrieb und neu herausgab, noch glaubte, keine Lesart endgültig sein. 1867 schrieb er:

> Schließt eure Türen nicht vor mir, ihr stolzen Bibliotheken,
> Denn was auf allen euern wohlgefüllten Brettern fehlt und
>   doch am meisten not tut, bringe ich;
> Auftauchend aus Krieg, hab ich ein Buch gemacht –
> Die Worte meines Buches nichts, sein Wesen alles,
> Ein Buch für sich, den andern nicht verwandt, dem Intellekt
>   verschlossen –
> Du aber, unausgesprochnes Geheimnis, wirst jede Seite durchschauern.[34]

DIE MACHT DES LESERS

Um gut zu lesen, muß man ein Erfinder sein.

Ralph Waldo Emerson
The American Scholar, 1837

≫ ANFÄNGE ≪

Im Sommer 1989, zwei Jahre vor dem Golfkrieg, fuhr ich nach Irak, um die Trümmer von Babylon und den Turmbau zu Babel zu besuchen. Diese Reise hatte ich schon seit langer Zeit vorgehabt. Die Ruinen Babylons, die zwischen 1899 und 1917 vom deutschen Archäologen Robert Koldewey[1] freigelegt wurden, befinden sich etwa sechzig Kilometer südlich von Bagdad – ein gewaltiges Labyrinth aus lehmgelben Mauern, die einst den mächtigsten Stadtstaat der Welt beherbergten. In der Nähe erhebt sich ein Lehmhügel, von dem alle Reiseführer behaupten, dies seien die Überreste des Turms – jenes Bauwerks, das Gott mit dem Fluch des Multikulturalismus belegte.

Ein fünftau-
sendjähriger
Leser: der
sumerische
Schreiber Dudu

Der Taxifahrer kannte den Ort nur deshalb, weil im nahegelegenen Städtchen Hillah seine Tante wohnte. Ich hatte eine Penguin-Anthologie von Short stories bei mir, und nachdem ich die Spuren dessen besichtigt hatte, was für mich, den abendländischen Leser, der Ursprung aller Bücher war, setzte ich mich in den Schatten eines Oleanderbusches und las.

Mauern, Oleanderbüsche, Asphaltstraßen, offene Toreinfahrten, Lehmhaufen, bröckelnde Türme: Das Geheimnis Babylons besteht auch darin, daß der Besucher nicht nur eine Stadt, sondern viele Städte vorfindet, die in zeitlicher Folge, aber alle auf einem Fleck gewachsen und vergangen sind. Da war das akkadische Babylon, ein kleines Dorf um 2350 v. Chr. Da war das Babylon des Gilgamesch-Epos, das einen frühen Bericht über die Sintflut enthält und irgendwann im zweiten vorchristlichen Jahrtausend in diesen Mauern rezitiert wurde. Da war das Babylon des Königs Hammurapi aus dem 18. Jahrhundert v. Chr., dessen Gesetzestafeln der erste bekannte Versuch sind, das Leben einer ganzen Gesellschaft einem Regelwerk zu unterstellen, dann das Babylon, das im

Jahr 689 v. Chr. von den Assyrern zerstört, und jenes, das von Nebukadnezar wiedererbaut wurde – von demselben König, der 586 die Stadt Jerusalem belagerte, Salomos Tempel schleifte und das jüdische Volk in die Gefangenschaft führte, worauf dieses an den Wassern Babylons saß und weinte. Dann kam das Babylon des Belsazar, des Sohnes oder Enkels von Nebukadnezar (die Genealogen sind sich in diesem Punkt nicht einig), der als erster Mensch die Schrift, die unheilkündende Botschaft Gottes an der Wand erblickte. Später kam das Babylon Alexanders des Großen, das die Hauptstadt eines Weltreiches werden sollte – von Griechenland bis Nordindien und bis Ägypten –, wo aber der 33jährige Eroberer im Jahr 323 v. Chr. starb, in der Hand eine Schriftrolle der *Ilias*. Damals, so denkt man, lasen die Heerführer noch. Darauf dann das sündige Babylon, das der heilige Johannes in der Offenbarung (17,5) beschwor, die Mutter der Hurerei und aller Greuel auf Erden, die alle Völker vom Zorneswein ihrer Hurerei trinken machte. Und nun schließlich das Babylon meines Taxifahrers, ein Trümmerfeld bei der Stadt Hillah, wo die Tante des Mannes wohnte.

Hier oder wenigstens nicht allzuweit von hier wurzelt nach Ansicht von Archäologen die Vorgeschichte des Buches. Um die Mitte des vierten vorchristlichen Jahrtausends, als das Klima im Vorderen Orient kühler und trockener wurde, verließen die Bauern des südlichen Zweistromlandes ihre verstreuten Dörfer und sammelten sich in und um größere Siedlungszentren, aus denen sich die Stadtstaaten entwickelten.[2] Um den Boden fruchtbar zu halten, ersannen sie neue Bewässerungssysteme und außergewöhnliche Bautechniken, und um die komplexer werdende Gesellschaft mit Gesetzen, Verordnungen und Handelsregulierungen unter Kontrolle zu halten, entwickelten sie gegen Ende des 4. Jahrtausends eine Kunst, die die Natur der Kommunikation zwischen Menschen auf alle Zeit verändern sollte: die Kunst des Schreibens.

Ausgelöst wurde die Erfindung wahrscheinlich durch wirtschaftliche Notwendigkeiten: Es mußte festgehalten werden, wie viele Rinder einer Familie gehörten oder an einen andren Ort gebracht wurden. Das Schriftzeichen diente als Erinnerungsstütze: Das Abbild eines Ochsen bezeichnete einen Ochsen, um den Leser zu informieren, daß eine bestimmte Zahl von Ochsen den Besitzer gewechselt hatte. Dazu kamen vielleicht die Namenssymbole für den Käufer und den Verkäufer. Die Aufzeichnung in dieser Form war zugleich das Dokument des abgeschlossenen Handels.

Der Erfinder des ersten Schrifttäfelchen wußte die Vorteile einer solchen Gedächtnishilfe sicherlich zu schätzen: Auf solchen Tonscherben konnte man unendlich viele Informationen speichern, während das menschliche Gedächtnis begrenzt war; zweitens mußte der Inhaber dieses Gedächtnisses nicht zugegen sein, wenn man auf die Informationen zurückgreifen wollte; wie durch Zauberei konnten plötzlich immaterielle Dinge – Zahlen, Botschaften, Ideen, Befehle – Raum und Zeit überbrücken, ohne daß dafür ein Überbringer vonnöten war. Von den frühesten Spuren prähistorischer Zivilisation an wissen wir, daß die Menschheit versuchte, geographische Hindernisse, die Endlichkeit des Todes, das bröselnde Vergessen zu besiegen. Durch einen einzigen Akt, das Einritzen einer Figur in ein Tontäfelchen, vollbrachte jener erste namenlose Schreiber plötzlich all diese scheinbar unmöglichen Taten.

Aber das Schreiben ist nicht die einzige Erfindung, die sich mit diesem Akt verband: Zugleich fand eine weitere Schöpfung statt. Da der Schreibakt den Zweck hatte, einen Text vor dem Verlust zu bewahren – also zu lesen –, wurde mit der Erfindung des Schreibens zugleich der Leser erschaffen – eine Rolle, die schon vorhanden war, bevor der erste Leser physisch in Erscheinung trat. Als der erste Schreiber Zeichen in den Lehm ritzte, nahm er bereits die Kunst des Lesens vorweg, ohne die seine Mitteilung schlicht bedeutungslos geblieben wäre. Der Schreiber war ein Verfertiger von Botschaften, der Schöpfer von Zeichen, aber seine Zeichen erforderten einen Eingeweihten, der sie entziffern und der Botschaft Stimme verleihen konnte. Schreiben verlangte nach einem Leser.

Die ursprüngliche Beziehung zwischen Schreiber und Leser enthält ein wunderbares Paradox: Indem der Schreiber die Rolle des Lesers erschafft, verfügt er seinen eigenen Tod, denn um seinen Text abzuschließen, muß der Schreiber sich von ihm entfernen, aufhören zu existieren. Solange der Schreiber da ist, bleibt der Text unvollendet. Erst wenn er ihn freigibt, tritt der Text seine eigene, stumme Existenz an, stumm, bis ein Leser kommt und ihn liest. Im Auge des Lesekundigen dann entfaltet der eingeritzte Text sein aktives Leben. Alles Schreiben ist auf das Entgegenkommen des Lesenden angewiesen.

Die heikle Beziehung zwischen Schreiber und Leser hat also einen Anfang gehabt, sie wurde eines geheimnisumwobenen Tages in Mesopotamien für alle Zeiten begründet. Es ist eine fruchtbare,

aber zeitverschobene Beziehung zwischen dem Schöpfer, der ge-
biert, indem er stirbt, und dem postumen Schöpfer oder vielmehr
den Schöpfergenerationen, die die Schöpfung zum Sprechen bringen und ohne die alles Geschriebene tot ist. Von diesem Anbeginn
also ist das Lesen die Apotheose des Schreibens.

Bald erkannte man in der Fertigkeit des Schreibens ein Macht-
potential, und der Schreiber nahm seinen Aufstieg durch alle
Schichten der mesopotamischen Gesellschaft. Von Wichtigkeit
war ebenso seine Lesefähigkeit, aber weder in seiner Berufsbezeichnung noch in der sozialen Wahrnehmung seiner Tätigkeit
kam dies zum Ausdruck; gewürdigt wurde fast ausschließlich sein
Vermögen, Vorgänge aufzuzeichnen. Und für den Schreiber in der
Öffentlichkeit war es sicherer, nicht als einer zu gelten, der Zugang
zu Informationen hatte (und ihnen somit einen Sinn unterlegen
konnte), sondern als einer, der lediglich etwas aufzeichnete und damit der Allgemeinheit diente. Obwohl er als das Auge und die
Zunge eines Generals oder gar des Königs fungieren konnte, tat er
gut daran, wenn er eine solche politische Macht nicht zur Schau
stellte. Aus diesem Grund war das Symbol der Nisaba, der mesopotamischen Göttin der Schreiber, nicht das Tontäfelchen, das man
lesen konnte, sondern der Stylus.

Dabei kann man die Bedeutung des Schreibers in der mesopotamischen Gesellschaft kaum überschätzen. Man brauchte ihn, um
Botschaften zu übermitteln, um Nachrichten zu verbreiten, um
die Befehle des Königs niederzulegen, um Gesetze aufzuzeichnen,
um die astronomischen Daten festzuhalten, dank denen ein Kalender geführt werden konnte; man brauchte ihn, um den Bedarf an
Soldaten zu ermitteln, an Arbeitern, an Vorräten, an Zuchttieren;
man brauchte ihn, um Geschäfte und wirtschaftliche Unternehmungen zu protokollieren; er mußte die medizinischen Diagnosen
und Rezepturen verzeichnen, die Feldzüge begleiten, Meldungen
versenden, die Schlachtenchronik verfassen, er mußte Steuern festsetzen, Verträge entwerfen, die heiligen Texte bewahren und seine
Mitmenschen durch Vorlesungen aus dem Gilgamesch-Epos bei
Laune halten. Nichts davon ging mehr ohne den Schreiber. Er war
die Hand, das Auge und die Stimme, durch die Verbindungen hergestellt und Botschaften entziffert wurden. Darum sprachen die
Urheber solcher Botschaften ihn direkt an, wenn sie eine Nachricht zu übermitteln hatten: »Meinem Herrn sage folgendes: Dies
spricht Soundso, dein Diener.«[3] Das »sage« richtet sich an eine

zweite Person, das »du« ist der früheste Vorläufer der späteren Anrede »Werter Leser«. Jeder von uns, der diese Zeile liest, wird, über alle Zeiten hinweg, zu jenem »du«.

In der ersten Hälfte des zweiten vorchristlichen Jahrtausends erbauten die Priester des südmesopotamischen Schamasch-Tempels in Sippar ein Monument, auf dessen zwölf Seitenflächen vom Umbau des Tempels und von der Steigerung der königlichen Einkünfte berichtet wird. Doch statt die Inschrift in die eigene Zeit zu datieren, bezogen sich diese Urpolitiker schlauerweise auf die einige Jahrhunderte zurückliegende Regierungszeit des Königs Manischtuschu von Akkad (etwa 2276–2261), um für die finanziellen Ansprüche des Tempels ein ehrwürdiges Alter zu reklamieren. Die Inschrift endet mit folgender Versicherung: »Dies ist keine Lüge, es ist die lautere Wahrheit.«[4] – Die Schreiber hatten entdeckt, daß sie mit Hilfe ihrer Kunst die Geschichte manipulieren konnten.

Die mesopotamischen Schreiber versammelten so viel Macht in ihren Händen, daß sie zu einer aristokratischen Elite aufrückten. (Viele Jahre später, im 7. und 8. Jahrhundert der christlichen Ära, profitierten die irischen Schreiber noch von dieser Sonderstellung. Der Mord an einem irischen Schreiber wurde in gleicher Weise geahndet wie der Mord an einem Bischof.)[5]

In Babylon konnten nur Bürger mit einer speziellen Ausbildung den Beruf des Schreibers ergreifen, und ihr Auftrag stellte sie über die anderen Mitglieder der Gesellschaft. Tontafeln mit Lerntexten fanden sich in vielen besseren Häusern von Ur, und es kann daraus geschlossen werden, daß die Kunst des Lesens und Schreibens ein Privileg der Aristokraten war. Wer für den Beruf des Schreibers ausgewählt wurde, wurde von früher Kindheit an in einer Privatschule ausgebildet, einem *e-dubba* oder »Tafelhaus«. Ein Raum im Palast des Königs Zimri-Lim von Mari, der mit Lehmbänken ausgestattet ist[6], gilt den Archäologen als Überrest einer solchen Schule, obwohl sie die dazugehörigen Lerntäfelchen nicht auffinden konnten.

Der *ummia*, Eigentümer und Schulmeister der Schule, wurde vom *adda e-dubba* unterstützt, dem »Vater des Tafelhauses«, sowie einem *ugala* oder Gehilfen. Unterrichtet wurden mehrere Fächer; zum Beispiel lehrte ein Schulmeister mit Namen Igmil-Sin[7] das Schreiben, Religion, Geschichte und Mathematik. Für Disziplin zu sorgen oblag einem älteren Schüler, der wohl weitgehend die Funktion eines Aufsehers ausübte. Für einen zukünftigen Schreiber war der Schulerfolg wichtig, und es gibt Belege dafür, daß Väter die Lehrer bestachen, um gute Noten für ihre Söhne zu erwirken.

Nachdem die Schüler gelernt hatten, wie man schreibfertige Tontafeln herstellt und den Stylus führt, übten sie das Einritzen und Erkennen der grundlegenden Zeichen. Bis zum 2. Jahrtausend v. Chr. hatte sich in Mesopotamien die piktographische Schrift – eine mehr oder weniger korrekte Abbildung des Gegenstands, für den das Zeichen stand – zur »cuneiformen« Keilschrift (nach lat. *cuneus* – »Nagel«) gewandelt, wobei die keilförmigen Zeichen nicht mehr die Gegenstände, sondern die Laute bezeichneten. Die frühen Piktogramme oder Hieroglyphen, von denen es mehr als zweitausend gab, weil jeder Gegenstand ein Zeichen erforderte, hatten sich in abstrakte Aufzeichnungen verwandelt, die nicht nur die Gegenstände selbst, sondern auch die mit ihnen verknüpften Vorstellungen repräsentierten; verschiedene Wörter und Silben mit gleicher Aussprache wurden auch mit den gleichen Schriftzeichen belegt. Hilfszeichen phonetischer oder grammatischer Art erleichterten das Textverständnis und dienten der Akzentuierung oder Verfeinerung des Ausdrucks. Innerhalb kurzer Zeit hatten die Schreiber dieses System so weit ausgebaut, daß sie in der Lage waren, eine komplexe und raffinierte Literatur aufzuzeichnen: Epen, Bücher der Weisheit, Anekdoten und Liebesgedichte.[8]

Die Keilschrift überlebte die aufeinanderfolgenden Reiche der Sumerer, der Akkadier und Assyrer, sie diente der Niederschrift von fünfzehn verschiedenen Sprachen und war über ein Gebiet verbreitet, das heute von Syrien, dem Irak und dem westlichen Iran eingenommen wird. Die piktographischen Tontafeln können wir heute nicht mehr lesen, weil wir den Lautwert der archaischen Zeichen nicht kennen, wir können sie nur *erkennen*: ein Schaf, eine Ziege. Aber die Sprachforscher haben behutsam versucht, die Aussprache der späteren sumerischen und akkadischen Keilschrift zu rekonstruieren, und in Ansätzen ist es tatsächlich möglich geworden, Laute auszusprechen, die vor Tausenden von Jahren geprägt wurden.

Die einfachste Fertigkeit im Lesen und Schreiben erlernten die Schüler, indem sie die Zeichen zu Wörtern verbanden, in der Regel zu einem Namen. Es gibt viele Täfelchen mit ersten, ungelenken Übungen, die eine unsichere Hand verraten. Die Schüler lernten in einer Weise schreiben, die ihnen gleichzeitig das Lesen beibrachte. Das akkadische Wort *ana* zum Beispiel, das die Bedeutung von

»zu« hatte, mußte *a-na* geschrieben werden und nicht *ana* oder *an-a*, damit der Schüler die Silben richtig betonte.[9]

Wenn der Schüler die Anfangsgründe des Schreibens und Lesens beherrschte, erhielt er andere Tontafeln, die rund waren. Auf der einen Seite hatte der Lehrer einen kurzen Satz eingeritzt, ein Sprichwort oder eine Namenreihe. Der Schüler prägte sich die Inschrift ein, dann drehte er das Täfelchen um und schrieb dasselbe auf die Rückseite. Zu diesem Zweck mußte er den Text und seine Schreibung im Kopf behalten und wurde somit erstmals zum Überbringer von Botschaften – vom Leser der Lehrerschrift zum Schreiber des Gelesenen. In dieser kleinen Handbewegung war schon sein späterer Beruf als Leser und Schreiber enthalten: einen Text abzuschreiben, zu ergänzen, zu kommentieren, zu übersetzen und zu verwandeln.

Ich spreche vom mesopotamischen Schreiber in der männlichen Form, weil es sich fast ausschließlich um Männer handelte. Das Lesen und Schreiben war in dieser patriarchalischen Gesellschaft den Machtinhabern vorbehalten. Doch es gab auch Ausnahmen. Der früheste namentlich bekannte Autor der Geschichte ist eine Frau, Prinzessin Enheduanna, geboren um 2300 v. Chr., Tochter von König Sargon I. von Akkad, Hohepriesterin des Mondgottes Nanna und Verfasserin einer Reihe von Liedern zum Ruhm der Liebes- und Kriegsgöttin Inanna.[10]

Enheduanna setzte ihren Namen auf die Tontäfelchen. Das wurde in Mesopotamien üblich, und unser Wissen über die Schreiber beruht zum großen Teil auf den Signaturen oder Kolophonen, die den Namen des Schreibers enthalten, dazu Datum und Ort der Niederschrift. Diese Zuschreibung ermöglichte es dem Leser, den Text mit der richtigen Intonation zu lesen – im Falle der Hymnen an Inanna also mit Enheduannas Stimme –, das Ich des Textes mit einer konkreten Person zu verbinden und auf diese Weise eine pseudofiktive Gestalt zu erschaffen, »die Autorin«, zu der sich Leser oder Leserin in Beziehung setzen konnte. Dieser Kunstgriff, erfunden am Anfang aller geschriebenen Literatur, ist uns heute, nach mehr als viertausend Jahren, noch immer geläufig.

Den Schreibern muß die außerordentliche Macht, über die sie als Leser von Texten verfügten, bewußt gewesen sein, und sie hüteten dieses Privileg wie ihren Augapfel. Die meisten mesopotamischen Schreiber beendeten ihre Texte mit diesem Kolophon: »Mögen die Weisen die Weisen lehren, auf daß die Unwissenden unwissend bleiben.«[11]

Zwei sumerische
Lerntäfelchen.
Der Lehrer
schrieb auf die
eine Seite, der
Schüler schrieb
dasselbe auf die
Rückseite

Im Ägypten der 19. Dynastie, etwa um 1300 v. Chr. schrieb ein
Schreiber folgendes Loblied auf seinen Beruf:

Sei ein Schreiber! Grab dies in dein Herz ein,
auf daß dein Name fortlebe wie der ihre!
Die Rolle taugt mehr als behauener Stein.
Ein Mann verstarb: sein Körper ward zu Staub,
sein Volk ist aus dem Land geschieden.
Es ist ein Buch, das sein Gedächtnis wahrt
im Munde dessen, der es liest.[12]

Ein Schreiber kann den Text auf alle erdenklichen Arten zusam-
mensetzen, er wählt aus dem gemeinsamen Wortschatz die Wörter,
die seine Botschaft am treffendsten zum Ausdruck bringen. Aber
der Leser des Textes bleibt nicht auf eine einzige Lesart verwiesen.
Zwar sind, wie wir feststellten, die Deutungsmöglichkeiten nicht
unendlich – sie sind durch die Konventionen der Grammatik und
die von der Vernunft gesetzten Grenzen umschrieben –, aber sie
werden auch nicht ausschließlich durch den Text vorgegeben. Jeder
geschriebene Text, sagt der französische Philosoph Jacques Derrida, »ist selbst dann lesbar, wenn der Anlaß seiner Entstehung un-
wiederbringlich verloren ist, und selbst dann, wenn ich nicht weiß,
mit welcher bewußten Äußerungsabsicht ihn sein vermutlicher
Autor im Moment der Hervorbringung verband, das heißt, ihn seiner wesentlichen Bewegungsrichtung überließ[13]«. Aus diesem
Grund muß der Autor (der Schriftsteller, der Schreiber), der einen
bestimmten Sinn bewahren und durchsetzen möchte, auch der Leser sein. Das ist das geheime Privileg, das sich der mesopotamische

Schreiber sicherte und das ich, als ich in den Ruinen las, die einstmals seine Bibliothek gewesen sein könnten, von ihm übernommen habe.

In einem berühmten Aufsatz schlug Roland Barthes vor, zwischen dem *écrivain* und *écrivant* – dem Schreiber und dem Schreibenden – zu unterscheiden. Der erste erfüllt eine Funktion, der zweite übt eine Tätigkeit aus. Für den *écrivain* ist »schreiben« ein intransitives Verb; für den *écrivant* verlangt das Verb »schreiben« ein Objekt – er indoktriniert, bezeugt, erklärt und lehrt.[14] Vielleicht kann man dieselbe Unterscheidung zwischen zwei Arten des Lesens treffen: Zum einen das zweckfreie Lesen, bei dem sich der Text sein Dasein im Akt des Gelesenwerdens ohne weiteres Motiv rechtfertigt (wobei auch der Zweck des Lustgewinns auszuschließen ist, weil er in der Ausführung des Aktes bereits enthalten ist), zum anderen das Lesen mit einem weiterweisenden Motiv (des Lernens etwa oder der Interpretation), bei dem der Text das Vehikel hin zu einer anderen Funktion darstellt. Bei der ersten Art des Lesens wird der Zeitaufwand durch den Text selbst bestimmt, bei der zweiten Art des Lesens wird der Zeitrahmen vom Zweck der Lektüre abgesteckt. Das könnte die Unterscheidung sein, von der Augustinus meinte, Gott selbst hätte sie getroffen: »Was Meine Schrift sagt, das sage Ich selbst«, vernimmt er Gott in seiner Offenbarung. »Aber die Schrift spricht in der Zeit, während die Zeit Mein Wort nicht berührt, das ewig ist und Mir gleicht in alle Ewigkeit. Die Dinge, die du durch Meinen Geist siehst, sehe Ich selbst, so wie Ich die Worte spreche, die du in Meinem Geiste sprichst. Aber da du die Dinge in der Zeit siehst, siehst du sie nicht in der Zeit, in der Ich sie sehe, und während du diese Worte in der Zeit sprichst, ist es nicht die Zeit, in der Ich sie spreche.«[15]

Wie der Schreiber wußte und wie die Gesellschaft entdeckte, hing die ungeheure Erfindung des geschriebenen Worts mit all seinen Botschaften, seinen Gesetzen, Verzeichnissen, Dichtungen von der Fähigkeit des Schreibers ab, den Text wiederherzustellen, ihn zu lesen. Geht diese Fähigkeit verloren, wird der Text abermals zur stummen Aufzeichnung. Die alten Mesopotamier hielten die Vögel für heilige Tiere, weil ihre Fußspuren im feuchten Lehm aussahen wie Keilschrift, und sie stellten sich vor, daß sie die Gedanken der Götter lesen konnten, wenn es ihnen nur gelang, die wirren Zeichen der Vögel zu entziffern. Generationen von Gelehrten haben sich damit abgemüht, die Schriften zu entschlüsseln, deren

Kode verlorengegangen ist: das Sumerische, Akkadische, Minoische, Aztekische und die Maya-Sprache ...

Manchmal gelang es ihnen, manchmal scheiterten sie wie im Fall des Etruskischen, dessen Geheimnis noch immer nicht gelüftet ist. Der Dichter Richard Wilbur beschrieb die Katastrophe, die eine Zivilisation befällt, wenn sie ihre Leser verliert:

An die etruskischen Dichter

Laßt die Träume fließen, stille Brüder, die ihr
die Muttersprache mit der Muttermilch aufsogt,

auf deren reinem Mutterboden Welt und Geist verbindend
ihr diesen oder jenen Vers zu hinterlassen strebtet,

wie eine frische Fährte auf einem Feld von Schnee,
nicht ahnend, daß alles schmelzen könnte und vergehn.[16]

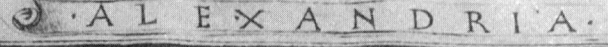

· A L E X A N D R I A ·

᪥ Das geordnete Universum ᪥

Imaginäre
Stadtansicht von
Alexandria aus
einer Hand-
schrift des
16. Jahrhunderts

Das ägyptische Alexandria wurde im Jahr 331 v. Chr. von
Alexander dem Großen gegründet. Quintus Curtius Rufus, ein römischer Historiker aus der Epoche des Claudius, schrieb vierhundert Jahre später in seiner *Geschichte Alexanders des Großen*, daß der Gründung ein Besuch des Kaisers im
Schrein des ägyptischen Gottes Ammon, des »Verborgenen«, vor-
ausgegangen war und der Ammon-Priester ihn zum »Sohn des Jupiter« ernannt hatte. Ausgestattet mit dieser neuen Würde, wählte
er als Standort für seine Stadt den schmalen Landrücken zwischen
dem Mareotis-See und der Mittelmeerküste und befahl seinen Untertanen in den benachbarten Städten, in diese neue Metropole
umzuziehen. »Es wird berichtet«, schrieb Rufus, »daß nachdem
der Kaiser, dem mazedonischen Brauch folgend, den kreisförmi-
gen Verlauf der zukünftigen Stadtmauern mit Gerstenmehl markiert hatte, große Vogelscharen niedergingen und die Gerste auf-
pickten. Viele sahen darin ein schlechtes Omen, aber die Weisen
sagten voraus, daß zahlreiche Zuwanderer die Stadt bevölkern
würden und daß sie viele Länder ernähren würde.«[1]

Tatsächlich strömten bald Siedler aus vielen Ländern herbei,
Ruhm erlangte die Stadt jedoch durch einen neuen Typ von Ein-
wanderung. Als Alexander acht Jahre nach der Gründung starb,
war die Stadt unter der Verwaltung des späteren Königs Ptolemaios bereits eine in verschiedene *politeumata* oder Nationalitä-
tenviertel geteilte »multikulturelle« Gesellschaft. Die bedeutsam-
ste Gemeinde nach den einheimischen Ägyptern waren die Griechen, die im geschriebenen Wort Weisheit und Macht verkörpert
sahen. »Wer lesen kann, sieht doppelt soviel«, schrieb der attische
Dichter Menander im 4. Jahrhundert v. Chr.[2]

Obwohl die Ägypter traditionsgemäß einen großen Teil ihrer

219

Verwaltungsgeschäfte in schriftlicher Form abwickelten, lag es wahrscheinlich am Einfluß der Griechen, daß sich Alexandria in ein extrem bürokratisches Staatswesen verwandelte. Sie legten Wert darauf, daß alle amtlichen und öffentlichen Vorgänge schriftlich dokumentiert wurden, und ein paar Jahrzehnte später schon, um die Mitte des 3. Jahrhunderts, war die Flut der Schriften kaum noch einzudämmen. Quittungen, Wertschätzungen, Verlautbarungen und Genehmigungen wurden schriftlich ausgegeben. Nichts war zu unbedeutend, um auf Papyrus festgehalten zu werden. Die erhalten gebliebenen Dokumente befassen sich mit Schweinehaltung, Bierausschank, dem Handel mit gerösteten Linsen, der Verwaltung eines Badehauses, der Vergabe eines Malerauftrags.[3] Ein Dokument aus den Jahren 258–257 vermerkt, daß der Rechnungshof des Finanzministers Apollonios innerhalb von 33 Tagen 434 Papyrusrollen erhalten habe.[4] Das Ausmaß der Papierflut sagt zwar noch nichts über die Liebe zu Büchern aus, aber der ständige Umgang mit dem geschriebenen Wort machte die Alexandriner sicherlich zu geübten Lesern.

Vielleicht hatten auch die Vorlieben des Stadtgründers dafür gesorgt, daß Alexandria eine lesewütige Stadt wurde.[5] Alexanders Vater, Philipp von Mazedonien, hatte Aristoteles als Hauslehrer angestellt, und dank der Unterweisungen des Aristoteles wurde Alexander ein »bedeutender Liebhaber aller Arten des Lernens und des Lesens«[6] – tatsächlich sah man ihn selten ohne Buch. Als er einmal, durch das Obere Asien reisend, »unter einem Mangel an Büchern litt«, befahl er einem seiner Truppenführer, für Lesestoff zu sorgen, und erhielt die *Geschichte* von Philistus, eine Reihe von Dramen des Euripides, Sophokles und Aischylos sowie Gedichte von Telestes und Philoxenos.[7]

Es könnte Demetrios von Phaleron gewesen sein – ein athenischer Gelehrter, der die Fabeln des Äsop sammelte, über Homer forschte und ein Schüler des gefeierten Theophrast war (dieser wiederum ein Schüler und Freund des Aristoteles) –, der schließlich dem Nachfolger Alexanders, König Ptolemaios I., die Gründung der Bibliothek vorschlug, für die Alexandria berühmt werden sollte, so berühmt, daß noch 150 Jahre nach der Zerstörung der Bibliothek der Historiker Athenaios von Naukratis es für überflüssig hielt, seinen Lesern die Bibliotheksanlage zu beschreiben: »Und was die Zahl der Bücher betrifft, den Aufbau der Bestände, die Sammlung in der Halle der Musen, warum soll ich das erwähnen, da es doch in aller Gedächtnis ist?«[8] Daher wissen wir leider bis heute nicht genau, wo sich die Bibliothek befand, wie viele Bücher sie enthielt, wie sie organisiert war und wer ihre Zerstörung verschuldete.

Der griechische Geograph Strabo, der gegen Ende des 1. Jahrhunderts v. Chr. wirkte, beschrieb Alexandria und sein Museion einigermaßen ausführlich, aber die Bibliothek findet bei ihm keine Erwähnung. Der italienische Historiker Luciano Canfora meint dazu: »Daß Strabo die Bibliothek nicht erwähnte, hat den einfachen Grund, daß sie sich nicht in einem gesonderten Raum oder Gebäude befand«[9], sondern in den Kolonnaden und den Sälen des Museions untergebracht war. Canfora vermutet, daß die *bibliothekai* oder Regale in den Nischen eines Ganges oder einer überdachten Gasse standen. »Jede Nische oder Einbuchtung«, erklärt Canfora, »muß für eine bestimmte Kategorie von Autoren vorgesehen und entsprechend betitelt gewesen sein.« Die Bibliothek wuchs schließlich, wie geschätzt wurde, auf annähernd eine halbe Million Rollen an, dazu kamen vierzigtausend in einem Anbau des Serapis-Tempels im alten ägyptischen Viertel Rhakotis. Wenn wir dagegenhalten, daß die päpstliche Bibliothek in Avignon vor der Erfindung des Buchdrucks die einzige abendländische Sammlung war, die mehr als zweitausend Werke umfaßte,[10] beginnen wir etwas von der Bedeutung der alexandrinischen Bibliothek zu erahnen.

Die Werke mußten in so großer Zahl gesammelt werden, weil die Bibliothek den grandiosen Anspruch erhob, das gesamte Wissen der Menschheit zu umschließen. Für Aristoteles war das Sammeln von Büchern Gelehrtenpflicht, »ebenso notwendig wie Notizen fürs Gedächtnis«. Die Bibliotheksgründung seines Schülers war nur die übersteigerte Version dieser Überzeugung: Geschaffen werden sollte das Gedächtnis der Welt. Strabo zufolge ging die Bibliothek des Aristoteles an Theophrast über, von diesem auf seinen Verwandten und Schüler Neleus von Skepsis, und über Neleus (dessen Selbstlosigkeit jedoch in Frage gestellt wurde)[11] gelangte sie schließlich an Ptolemaios II., der sie für Alexandria erwarb. Als Ptolemaios III. sein Amt antrat, hätte kein einzelner Leser mehr alle Bücher der Bibliothek lesen können. Auf königliches Gebot hin mußten die Schiffe, die Alexandria anliefen, alle ihre mitgeführten Bücher abliefern. Diese Bücher wurden abgeschrieben, dann ging die Abschrift an die Bibliothek und das Original zurück an den Eigentümer (manchmal behielt die Bibliothek das Original, und der Eigentümer mußte sich mit der Abschrift begnügen). Die Texte der großen griechischen Dramatiker, die in Athen gesammelt wurden, damit die Schauspieler sie abschreiben und studieren konnten, wurden von den Ptolemäern dank guter diplomatischer Beziehungen ausgeliehen und sorgfältig kopiert. Nicht alle Bücher, die in der Bibliothek Aufnahme fanden, waren echt. Fälscher, die bemerkt hatten, mit welchem Eifer die Ptolemäer die Klassiker sammelten, verkauften ihnen apokryphe aristotelische Abhandlungen, die nach jahrhundertelanger Forscherarbeit als Fälschungen entlarvt wurden. Manchmal betätigten sich die Forscher selbst als Fälscher. Unter dem Namen eines Zeitgenossen des Thukydides schrieb der Gelehrte Cratippus ein Buch mit dem Titel *Was Thukydides verschwieg*, das voller Schwulst und Fehler war – zum Beispiel ließ er Thukydides einen Autor zitieren, der vierhundert Jahre nach ihm gelebt hatte.

Die Anhäufung von Wissen allein bringt jedoch keine Weisheit. Der gallische Dichter Decimus Magnus Ausonius machte sich Jahrhunderte später über diesen Irrtum lustig:

> Du hast Bücher gekauft und Regale gefüllt, o Liebhaber
> der Musen.
> Soll man in dir nun den Gelehrten sehn?
> Kaufst du dir heute Saitenspiel und Leiern,
> glaubst du, die Gefilde der Musik seien schon morgen dein?[12]

Offenbar war eine Methode erforderlich, die den Lesern das Auffinden der Wissensschätze erleichterte. Aristoteles hatte zweifellos ein eigenes System (das wir leider nicht kennen), mit dessen Hilfe er schnell auf die Bücher seiner Bibliothek zurückgreifen konnte. Aber die riesigen Bestände der alexandrinischen Sammlung hätten das Auffinden eines gesuchten Titels zu einem unwahrscheinlichen Glücksfall gemacht. Die Lösung dieses und einer Reihe anderer Probleme erschien in Gestalt des Bibliothekars, Epigrammatikers und Gelehrten Kallimachus von Kyrene.

Kallimachus war zu Anfang des 3. Jahrhunderts v. Chr. in Nordafrika geboren und brachte die längste Zeit seines Lebens in Alexandria zu; erst als Lehrer an einer Vorstadtschule, dann als Bibliothekar. Er war ein überaus produktiver Schriftsteller, Kritiker, Dichter und Universalgelehrter. Er setzte eine Debatte in Gang (aber vielleicht auch nur fort), die bis heute nicht abgeschlossen ist: Er vertrat die Ansicht, daß ein Schriftsteller knapp und schmucklos schreiben müsse, und wandte sich gegen die Autoren, die immer noch die alte epische Breite pflegten, nannte sie geschwätzig und überholt. Seine Widersacher warfen ihm vor, er sei unfähig, größere Versepen zu schreiben, und seine kurzen Gedichte seien trocken wie Staub (Jahrhunderte später griffen die »Modernen« seine Argumente auf und wandten sie gegen die »Anciens«, die Romantiker gegen die Klassiker, die neue amerikanische Romanschule gegen die Minimalisten). Sein Hauptfeind aber war sein eigener Vorgesetzter – der Chefbibliothekar Apollonios von Rhodos, dessen sechstausend Verse zählendes Epos *Die Reise der Argonauten* der Inbegriff der Sorte Literatur war, die Kallimachus verabscheute (»Je dicker das Buch, um so langweiliger«, lautete das lakonische Urteil des Kallimachos). Doch keiner der beiden Widersacher ist den heutigen Lesern noch im Gedächtnis. *Die Reise der Argonauten* ist lediglich eine Fußnote der Literaturgeschichte, Beispiele der Dichtkunst des Kallimachos überlebten spurenhaft in einer Übersetzung Catulls (*Die Locke der Berenike* verwandte der englische Dichter Alexander Pope für seinen *Lockenraub*) und in dem elegischen Epigramm auf den Tod des mit Kallimachos befreundeten Heraklit von Halikarnassos in der Übertragung von William Corey, die mit der Zeile beginnt: »Man sagt mir, Herklitus, man sagt mir, du seist tot.«

Imaginäres Porträt des Kallimachos aus dem 16. Jahrhundert

Unter den zweifellos argwöhnischen Blicken des Apollonios machte sich Kallimachos (ungewiß bleibt, ob er selbst jemals Bibliotheksdirektor wurde) an die mühevolle Arbeit, die Bestände der unersättlichen Bibliothek zu erfassen. Das Katalogisieren ist ein uralter Beruf: Beispiele für diese »Ordnungen des Universums«, wie die Kataloge von den Sumerern genannt wurden, finden sich in den erhalten gebliebenen Überresten der ältesten Bibliotheken. Dazu zählt auch der etwa 4000 Jahre alte Katalog eines ägyptischen »Bücherhauses«, der bei Ausgrabungen in Edfu gefunden wurde und mit der Auflistung einer Reihe anderer Kataloge beginnt: *Das Buch der Bestände im Tempel, Das Buch der Ländereien, Das Verzeichnis aller Schriften, die in Holz geschnitten sind, Das Buch der Konstellationen von Sonne und Mond, Das Buch der Ortschaften und was sich in ihnen befindet* und so weiter.[13]

Das Ordnungsprinzip, das Kallimachos für die alexandrinische Bibliothek ersann, stellte weniger eine systematische Erfassung der Bestände dar als vielmehr eine vorgefaßte Weltordnung. Alle Klassifizierungen entspringen letztlich der Willkür. Für die von Kallimachos erdachte trifft das aber in geringerem Maße zu, weil sie den Kategorien folgt, die bei den am Griechentum orientierten Gelehrten und Gebildeten seiner Zeit Gültigkeit besaßen. Kallimachos teilte den Bestand in Regale oder Tafeln (*pinakoi*) auf, die acht Gruppen oder Disziplinen umfaßten: Dramatik, Rhetorik, lyrische Dichtung, Rechtsprechung, Heilkunst, Geschichte, Philosophie und übriges. Umfangreiche Werke ließ er, um die Handhabung zu erleichtern, abschreiben und in mehrere kürzere Rollen aufteilen, die er »Bücher« nannte.

Es war Kallimachos nicht vergönnt, sein gigantisches Werk zu vollenden, das fiel seinen Nachfolgern zu. Die vollständigen *pinakoi* – die offizielle Bezeichnung war *Tafeln der Herausragenden aller Kulturepochen und ihrer Schriften* – umfaßten offenbar 120 Rollen.[14] Kallimachos haben wir auch ein Ordnungsprinzip zu verdanken, das sich später allgemein durchsetzte: die alphabetische Anordnung der Bücher. Zuvor hatte es nur einige wenige griechische Inschriften mit Namenlisten gegeben (eine davon aus dem zweiten vorchristlichen Jahrhundert), die sich des Alphabets bedienten.[15] Nach den Worten des französischen Gelehrten Christian Jacob war die kallimachische Bibliothek das erste Beispiel eines »utopischen Orts des Textstudiums, an dem die Texte verglichen und aneinandergehalten werden konnten«.[16] Dank Kallimachos wurde die Bibliothek ein Ort des planvollen Studierens.

Alle Bibliotheken, die ich kenne, orientieren sich an diesem antiken Konzept. Die düstere Biblioteca del Maestro (Lehrer-Bibliothek) in Buenos Aires mit Blick auf die in blauen Blüten prangenden Jacaranda-Bäume der Straße; die vorzügliche Huntington Library im kalifornischen Pasadena, die wie eine italienische Villa von gepflegten Gärten umgeben ist; die ehrwürdige Britische Bibliothek, wo ich an dem Platz saß, an dem Karl Marx einst *Das Kapital* schrieb (so zumindest versicherte man mir); die aus drei Regalen bestehende Bibliothek in Djanet, mitten in der algerischen Sahara, wo ich unter lauter arabischen Büchern ein einsames französisches Exemplar des *Candide* von Voltaire sah; die Pariser Nationalbibliothek, wo die Abteilung für erotische Literatur als »Hölle« bezeichnet wird; die wunderschöne Metro Toronto Reference Library, wo man beim Lesen den Schnee auf die schrägen Glasfenster fallen sieht – all diese Bibliotheken variieren das von Kallimacho entwickelte Ordnungssystem.

Die alexandrinische Bibliothek mit ihren Katalogen wurde das Vorbild für die ersten Bibliotheken des römischen Kaiserreichs, dann für die byzantinischen Bibliotheken Ostroms und schließlich für die Bibliotheken des christlichen Europa. Kurz nach seiner Bekehrung im Jahr 387, aber noch unter dem Einfluß des neoplatonischen Denkens stellte Augustinus in seiner Schrift *De doctrina christiana* fest, daß sich eine Reihe von Werken der griechischen und römischen Klassiker durchaus mit der christlichen Lehre in Einklang bringen ließ, da sich Autoren wie Aristoteles und Vergil »unrechtmäßig in den Besitz der Wahrheit gebracht« hätten (wobei der Begriff der Wahrheit identisch war mit dem »Geist« des Plotin und dem »Wort« oder *logos* Christi).[17]

Demselben eklektischen Konzept folgend, enthielt die früheste bekannte Bibliothek der Römischen Kirche, die um das Jahr 380 von Papst Damasus I. in der Kirche S. Lorenzo gegründet wurde, nicht nur christliche Bücher, wie die Bibel, Bibelkommentare und eine Auswahl der griechischen Apologeten, sondern auch eine Reihe von griechischen und römischen Klassikern. (Doch bei den antiken Autoren wurden noch immer gewisse Unterscheidungen getroffen: Bei der Beschreibung der Bibliothek seines Freundes klagte ein gewisser Apollinaris Sidonius um die Mitte des 5. Jahrhunderts darüber, daß die heidnischen Autoren von den christlichen getrennt würden – die Heiden befänden sich nahe den Männer-, die Christen nahe den Frauenplätzen.)[18]

Wie sollten derartig verschiedenartige Schriften katalogisiert werden? Die Hüter der ersten christlichen Bibliotheken führten Regal-Listen, um ihre Bestände zu erfassen. Bibeln kamen an erster Stelle, dann folgten die Kommentare, die Texte der Kirchenväter (mit Augustinus an der Spitze), schließlich Philosophie, Jura und Grammatik. Manchmal folgten die medizinischen Bücher nach. Da die meisten Werke keine verbindlichen Titel trugen, wurden sie mit einer kurzen Inhaltsbeschreibung oder den Anfangsworten des Textes betitelt, das Alphabet diente häufig als Schlüssel zum Auffinden der Bücher. Aus dem 10. Jahrhundert wird beispielsweise berichtet, daß sich Abdul Kassem Ismael, der Großwesir von Persien, auf Reisen nur ungern von seiner Bibliothek aus 117 000 Werken trennte. Also ließ er sich die Bücher auf einer Karawane aus vierhundert Kamelen nachtragen, die abgerichtet waren, in alphabetischer Reihenfolge zu wandeln.[19]

Das vielleicht früheste Beispiel eines Katalogs im mittelalterlichen Europa findet sich in der Bibliothek der Kathedrale von Le Puy aus dem 11. Jahrhundert, aber es dauerte noch lange, bis sich dieses Ordnungsprinzip allgemein durchsetzte. Vielfach richtete sich die Sortierung der Bücher einfach nach den praktischen Gegebenheiten. In der erzbischöflichen Bibliothek von Canterbury wurden die Bücher im 13. Jahrhundert danach sortiert, welche Fakultät sie am häufigsten benötigte. Im Jahr 1120 schlug Hugh of Saint Victor ein Katalogsystem vor, nach dem der Inhalt eines Buches – ähnlich den heutigen Buchresümees – kurz zusammengefaßt und sodann in eine der drei Kategorien eingeordnet werden sollte, die der Dreiteilung der Künste und Wissenschaften entsprach: theoretische, praktische und mechanische.

Richard de Fournival im Gespräch mit seiner Geliebten; Buchillustration aus dem 13. Jahrhundert

Richard de Fournival, dessen Auffassungen über Lesen und Gedächtnis wir bereits kennengelernt haben, erdachte im Jahr 1250 ein Katalogsystem, das angelegt war wie ein Garten, »worinnen seine Mitbürger die Früchte der Weisheit ernten mochten«. Er teilte den Garten in drei Beete – je eines für die Philosophie, für die »einträglichen Wissenschaften« und für die Theologie – und jedes Beet in Abschnitte oder *areolae*, die mit einer Inhaltsangabe (*tabula*) versehen waren, vergleichbar den *pina-*

koi des Kallimachos.[20] Das Beet der Philosophie war demzufolge in drei *areolae* aufgeteilt:

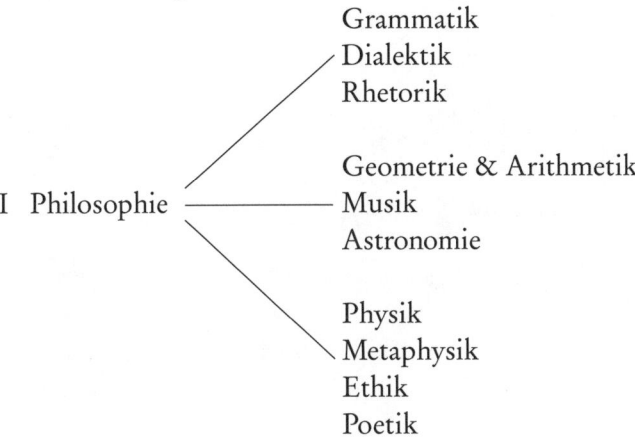

I Philosophie

Grammatik
Dialektik
Rhetorik

Geometrie & Arithmetik
Musik
Astronomie

Physik
Metaphysik
Ethik
Poetik

Die »einträglichen Wissenschaften« im zweiten Beet enthielten nur zwei *areolae*, nämlich Medizin und Jurisprudenz; das dritte Beet war reserviert für die Theologie.

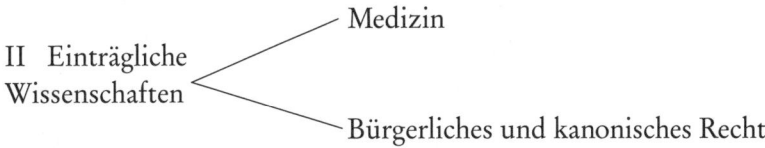

II Einträgliche Wissenschaften

Medizin

Bürgerliches und kanonisches Recht

III Theologie

Innerhalb der *areolae* wurde jeder *tabula* eine Anzahl von Buchstaben zugewiesen, die der Zahl der Bücher entsprach, so daß jedes Buch einen Buchstaben als Signatur erhielt, der auf dem Buchrücken vermerkt war. Um Verwechslungen zu vermeiden, variierte de Fournival die Buchstaben in Größe und Farbe: Das eine Grammatikbuch erhielt ein großes, rosafarbenes A, das andere ein kleines violettes.

Obwohl de Fournivals Bibliothek in drei »Beete« geteilt war, gruppierte er die *tabulae* nicht nach systematischen Kategorien, sondern nach der Zahl der Bände, die er angesammelt hatte. Die Dialektik zum Beispiel bildete deshalb eine eigene *tabula*, weil die Bibliothek über diesen Gegenstand mehr als ein Dutzend Bücher besaß. Geometrie und Arithmetik hingegen mit je sechs Büchern mußten sich eine *tabula* teilen.[21]

Eine islamische
Bibliothek des
13. Jahrhun-
derts. Eine
Gruppe von
Lesern studiert
eins der sorgfäl-
tig geordneten
und flach
gelagerten
Bücher aus dem
Regal im
Hintergrund

Doch zumindest partiell folgte de Fournivals Garten dem Einteilungsschema der sieben freien Künste, auf dem das mittelalterliche Bildungssystem aufgebaut war: Grammatik, Rhetorik, Logik, Arithmetik, Geometrie, Astronomie und Musik. Diese sieben Wissensgebiete, aufgestellt im frühen 5. Jahrhundert von Martianus Capella, deckten, wie man glaubte, das gesamte menschliche Wissen ab.[22]

Etwa ein Jahrhundert vor de Fournival hatten bereits andere Büchermenschen wie Gratian, der Vater des kanonischen Rechts, oder der Theologe Peter Lombard eine Neuordnung des menschlichen Wissens auf der Grundlage der aristotelischen Universalhierarchie des Seienden vorgeschlagen, doch blieben sie viele Jahre lang unbeachtet. Um die Mitte des 13. Jahrhunderts waren so viele Werke des Aristoteles nach Europa gelangt (von hochgebildeten Männern wie Michael Scotus und Hermannus Alemannus ins Latein übertragen aus dem Arabischen, dieses wiederum aus dem Griechischen übersetzt), daß die Gelehrten sich gezwungen sahen, die von de Fournival als so natürlich erachtete Einteilung zu überprüfen. Im Jahr 1251 dann nahm die Universität von Paris die

Werke des Aristoteles in ihr offizielles Lehrprogramm auf.[23] Wie
schon die alexandrinischen Bibliothekare stürzten sich nun auch
ihre europäischen Kollegen auf Aristoteles. Sie fanden ihn in sorgfältig edierten und kommentierten Ausgaben muslimischer Gelehrter wie Averroës und Avicenna, den jeweils führenden Aristo-
teleskennern der westlichen und der östlichen Hemisphäre.

Am Anfang der arabischen Aristoteles-Rezeption stand ein
Traum. Im 9. Jahrhundert träumte der Kalif Al Ma'mun, Sohn des
beinahe legendären Kalifen Harun Al Raschid, von einem Gespräch. Sein Gegenüber war ein bleicher, blauäugiger Mann mit
breiter Stirn und zusammengezogenen Augenbrauen, der in maje-
stätischer Haltung auf einem Thron saß. Dar Kalif wußte mit der
Gewißheit des Träumenden, daß es sich um Aristoteles handelte,
und der geheimnisvolle Wortwechsel hatte zur Folge, daß die Gelehrten der Bagdader Akademie den Befehl erhielten, sich fortan
der Übersetzung des griechischen Philosophen zu widmen.[24]

Doch Bagdad stand mit seinem Interesse an Aristoteles und
den griechischen Klassikern nicht allein. Die fatimidische Bibliothek von Kairo enthielt vor der sunnitischen Säuberung von 1175
mehr als 1,1 Million Werke, die nach Themen katalogisiert waren[25]
(die Kreuzfahrer behaupteten mit einer von Staunen und Neid
diktierten Übertreibung, es habe sich um mehr als drei Millionen
Werke in heidnischem Besitz gehandelt). Nach alexandrinischem
Vorbild gehörte zur Bibliothek der Fatimiden ein Museion, ein
Archiv und ein Laboratorium. Christliche Gelehrte wie John of
Gorce reisten in den Süden, um von den Schätzen dieser Bibliothek Gebrauch zu machen. Auch im islamischen Spanien gab es
eine Reihe bedeutender Bibliotheken: allein in Andalusien mehr
als siebzig, und deren größte,
die Kalifenbibliothek von Córdoba, verzeichnete in der Regierungszeit Al Hakams II.
(961–976) mehr als 400 000
Werke.[26]

Der Gelehrte Roger Bacon
kritisierte zu Anfang des 13.
Jahrhunderts die neuen Kata-
logsysteme, weil sie sich auf
arabische Übersetzungen des
Aristoteles stützten, die seiner

Porträt des
Roger Bacon aus
dem 16. Jahr-
hundert

229

Meinung nach durch die Lehren des Islam verfälscht waren. Als Forscher und Experimentator, der in Paris Mathematik, Astronomie und Alchemie studiert hatte, war Bacon der erste Europäer, der die Herstellung des Schießpulvers detailliert beschrieb (die Feuerwaffen wurden dann jedoch erst im Jahrhundert darauf eingeführt) und die Vorstellung entwickelte, daß es dank der Sonnenenergie eines Tages möglich sein würde, Boote ohne Ruder, pferdelose Kutschen und Maschinen zum Fliegen zu bauen. Auch warf er Gelehrten wie Albert dem Großen und Thomas von Aquino vor, daß sie trotz ihrer Unkenntnis des Griechischen vorgaben, Aristoteles zu lesen, und während er einräumte, daß man auch aus den arabischen Editionen etwas lernen könne (er selbst schätzte Avicenna hoch und studierte eifrig die Werke Al Haythams), hielt er es doch für unerläßlich, daß Gelehrte ihre Ansichten auf die Kenntnis der Originaltexte stützten.

In Bacons Epoche wurden die sieben freien Künste dem symbolischen Schutz der Jungfrau Maria unterstellt, wie man es im Tympanon des Westportals der Kathedrale von Chartres dargestellt finden kann. Um zu dieser theologischen Würde zu gelangen, mußte – Bacon zufolge – ein wahrer Gelehrter sowohl mit den Naturwissenschaften als auch mit den Sprachen vertraut sein; für ersteres war das Studium der Mathematik Bedingung, für letzteres das Studium der Grammatik. In Bacons Katalogsystem des Wissens (das er in einem gewaltigen, nie fertiggestellten *Opus principale* von enzyklopädischem Charakter darlegen wollte) war die Naturwissenschaft nur eine Unterkategorie der Wissenschaft von Gott. Aufgrund dieser Überzeugung kämpfte Bacon jahrelang darum, Sprachen und Naturwissenschaften als vollwertige Lehrfächer an den Universitäten durchzusetzen, doch im Jahr 1268 machte der Tod des mit seinen Ideen sympathisierenden Papstes Clemens IV. seinen Plänen ein Ende. Fortan wurde er von seinen gelehrten Kollegen gemieden, einige seiner Theorien verfielen 1277 in Paris der

Ein Schreiber bei der Arbeit; Plastik aus dem 13. Jahrhundert am Westportal der Kathedrale von Chartres

Acht, er selbst wurde bis 1292 gefangengehalten. Man nimmt an, daß er kurz darauf starb, ohne zu ahnen, daß ihn zukünftige Historiker einmal als *Doctor Mirabilis* bezeichnen würden, als »bewundernswerten Lehrer und Gelehrten«, für den jedes Buch seinen Platz in einer wohldefinierten Ordnung hatte und für den jeder Aspekt des menschlichen Wissens einer gelehrten Kategorie zuzuordnen war, die dieses Wissen genau umgrenzte.

Die Kategorien, denen ein Leser beim Lesen folgt, und die Kategorien, in denen er seinen Lesestoff angeordnet findet – die erworbenen sozialen und politischen Ordnungsvorstellungen und die technische Aufteilung des Bibliotheksbestands –, beeinflussen sich ständig gegenseitig auf eine Weise, die sich über längere Zeitdauer als mehr oder weniger willkürlich oder ausgedacht erweist. Jede Bibliothek schafft sich ihre eigenen Schwerpunkte; jedes Sammeln und Kategorisieren bedeutet auch Aussondern. Nach der Auflösung des Jesuitenordens im Jahr 1773 wurde die Bibliothek der Brüsseler Jesuiten an die Königlich-Belgische Bibliothek überstellt, die jedoch mit den neuen Beständen nichts anzufangen wußte. Daher lagerte man die Bücher in einer verwaisten Jesuitenkirche. Als dort eine Mäuseplage ausbrach, mußten sich die Bibliothekare etwas einfallen lassen. Der Sekretär der belgischen Literarischen Gesellschaft wurde beauftragt, die besten und nützlichsten Werke auszuwählen, und diese wurden auf Regalen im Mittelschiff der Kirche untergebracht, während die anderen auf dem Boden liegenblieben. Man ging davon aus, daß die Mäuse nur die Ränder beknabbern, aber die Druckfläche der Seiten verschonen würden.[27]
Es gibt sogar Bibliotheken, deren Kategorien sich gänzlich von der Wirklichkeit verabschieden. Der französische Schriftsteller Paul Masson, der als Kolonialbeamter tätig gewesen war, stellte fest, daß die Pariser Nationalbibliothek nur wenige lateinische und italienische Bücher des 15. Jahrhunderts besaß, und er beschloß, diese Lücke zu füllen, indem er eine Liste mit passenden Buchtiteln erstellte, »um das Prestige des Kataloges zu retten«. Damit hatte er eine Kategorie geschaffen, die nur aus erfundenen Büchern bestand. Als ihn seine langjährige Freundin Colette fragte, was er mit Büchern anfangen wolle, die gar nicht existieren, erwiderte Masson indigniert: »Nun, ich kann doch nicht an alles denken!«[28]
Ein Raum, der nach künstlich geschaffenen Kategorien organi-

siert ist, eine Bibliothek also, unterlegt dem Universum eine Logik und eine Systematik, in der alles seinen Platz hat und durch diesen Platz definiert wird. In einer berühmten Erzählung führte Borges das Denken Roger Bacons ins Extrem, indem er eine Bibliothek beschrieb, die so groß war wie das Universum selbst. In dieser Bibliothek (faktisch eine Multiplikation der Nationalbibliothek Buenos Aires, der der blinde Borges als Direktor vorstand, ins Unendliche) gibt es kein Buch, das dem anderen gleicht. Da die Regale alle denkbaren Kombinationen des Alphabets enthalten und somit aus endlosen Reihen unverständlichen Kauderwelschs bestehen, beherbergen sie auch jedes reale oder vorstellbare Buch: »Alles, die bis ins einzelne gehende Geschichte der Zukunft, die Autobiographien der Erzengel, den getreuen Katalog der Bibliothek, Tausende und Abertausende falscher Kataloge, den Nachweis ihrer Falschheit, den Nachweis der Falschheit des echten Katalogs, das gnostische Evangelium des Basilides, den Kommentar zu diesem Evangelium, den Kommentar zum Kommentar dieses Evangeliums, die wahrheitsgetreue Darstellung deines Todes, die Übertragung jeden Buches in sämtliche Sprachen, die Interpolationen jeden Buches in allen Büchern, den Traktat, den Beda hätte schreiben können (und nicht schrieb), über die Mythologie der Sachsen, die verlorenen Bücher des Tacitus.« Am Ende wandert der Erzähler (ebenfalls ein Bibliothekar) durch die ewigen Korridore und stellt sich vor, daß die Bibliothek selbst einer übergeordneten, noch viel größeren Kategorie von Bibliotheken angehört und daß sich die fast unendliche Sammlung der Bücher bis in alle Ewigkeiten periodisch wiederholt. »Meine Einsamkeit«, schließt er, »erfreut sich dieser eleganten Hoffnung.«[29]

Säle, Korridore, Bücherschränke, Regale, Karteikarten und Computer-Kataloge beruhen auf der Voraussetzung, daß die Gegenstände, mit denen wir uns gedanklich befassen, in der Realität anzusiedeln sind, und aufgrund dieser Voraussetzung kann man einem Buch eine bestimmte Tendenz, eine Färbung zuweisen. Ordnet man *Gullivers Reisen* von Swift der Schöngeistigen Literatur zu, wird daraus ein humoristischer Abenteuerroman; reiht man ihn in die Soziologie ein, ist er eine Satire auf das England des 18. Jahrhunderts; als Kinderbuch enthält er lustige Geschichten über Zwerge und Riesen und sprechende Pferde; unter der Rubrik Phantastik wird er zum Vorläufer des Science-fiction-Romans; unter Reisen zur Beschreibung einer imaginären Reise; unter Klassik zu einem Spitzenwerk der abendländischen Literatur. Kategorien schließen die jeweils andere Lesart aus, das Lesen selbst tut das nicht – oder sollte es nicht tun. Für welche Zuordnung man sich auch entscheidet: Jede Bibliothek tut dem Akt des Lesens Gewalt an und zwingt den Leser – den neugierigen, den aufmerksamen Leser –, das Buch aus den Kategorien, in die es eingesperrt wurde, zu *befreien*.

DAS LESEN DER ZUKUNFT

Im Jahr 1256 holte der äußerst belesene Gelehrte Vincent de Beauvais die Ansichten klassischer Autoren wie Lactantius und Augustinus ein und listete in seiner großen Welt-Enzyklopädie, dem *Speculum majus*, die Geburtsorte der zehn Seherinnen des Altertums auf – Cumae, Kyme, Delphi, Erythrai, der Hellespont, Libyen, Persien, Phrygien, Samos und Tibur.[1] Die Seherinnen oder Sibyllen waren, wie de Beauvais erklärte, Orakelfrauen, die in Rätseln sprachen – ihre Worte waren von den Göttern eingegeben und mußten von den Menschen entschlüsselt werden. In einer isländischen Dichtung des 10. Jahrhunderts, bekannt als *Voluspa*[2], bietet die Seherin dem neugierigen Leser den immergleichen schlichten Refrain: »Nun, verstehst du? Oder was?«

Die Sibyllen waren unsterblich und beinahe ewig: Eine von ihnen behauptete, ihr Gott spreche aus ihr seit der sechsten Generation nach der Sintflut, eine andere hatte sogar schon vor der Sintflut geweissagt. Alt wurden sie jedoch trotzdem. Die Seherin von Cumae, die, »zerzaust, mit keuchendem Busen und Raserei im Herzen«[3], Aeneas in die Unterwelt gewiesen hatte, lebte jahrhundertelang in einer baumelnden Flasche, und wenn die Kinder sie nach ihren Wünschen fragten, antwortete sie nur: »Ich will sterben.«[4] Die sibyllinischen Weissagungen – viele von ihnen wurden nach dem Eintreten der Voraussagen von begabten sterblichen Dichtern in akkurate Verse gesetzt – hielt man in Griechenland, Rom, Palästina und auch im christlichen Europa für wahr. In neun Büchern gesammelt, wurden sie Tarquinius Superbus, dem siebenten und letzten König Roms[5], von der Seherin von Cumae persönlich zum Kauf angeboten. Er weigerte sich, den Preis zu bezahlen, worauf die Seherin drei der Bände verbrannte. Er weigerte sich erneut, und wieder verbrannte sie drei der Bände. Endlich kaufte der

Kolossalkopf des ersten christlichen Kaisers, Konstantins des Großen

König die verbliebenen drei zum ursprünglichen Preis für die neun Bände, und sie wurden in einer Truhe in den Kellergewölben des Jupitertempels verwahrt, bis sie im Jahr 83 v. Chr. einem Brand zum Opfer fielen. Jahrhunderte später wurden in Byzanz zwölf Texte aufgefunden, die man den Sibyllen zuschrieb. Sie wurden in einem Manuskript zusammengefaßt, und ein Fragment dieses Manuskripts wurde 1545 veröffentlicht.

Die älteste und ehrwürdigste der Sibyllen war Herophile, die den Trojanischen Krieg vorausgesagt hatte. Apollo gewährte ihr einen freien Wunsch, und sie bat ihn um so viele Lebensjahre, wie sie Sandkörner in ihrer Hand hielt. Unglücklicherweise versäumte sie es, wie schon Tithonus, ihn auch um ewige Jugend zu bitten. Herophile war bekannt als die erythreische Sibylle[6], und mindestens zwei Städte stritten sich um den Ruhm, ihre Geburtsstadt zu sein: Marpessos in der heutigen türkischen Provinz Kanakkale (Erythrai bedeutet »rote Erde«, und die Erde in Marpessos ist rot) und das weiter südlich gelegene Erythrai in Ionien[7], heute zur Provinz Izmir gehörig. Im Jahr 162, zu Beginn der Partherkriege, löste Lucius Aurelius Verus, der sich den Kaiserthron mit Mark Aurel teilte, den Streitfall auf seine Weise, indem er die Ansprüche von Marpessos abwies, die angebliche Sibyllenhöhle im ionischen Erythrai aufsuchte, dort zwei Statuen aufstellte – die Sibylle und ihre Mutter – und einen Vers in den Stein meißeln ließ: »Kein ander Land ist mein – nur Erythrai.«[8] Damit war dann auch die Glaubwürdigkeit der Sibylle von Erythrai besiegelt.

Im Jahr 330, nach seinem Sieg über die Armee des Gegenkaisers Licinius, bekräftigte Flavius Valerius Constantinus, der als Konstantin der Große in die Geschichte einging, seine Herrschaft über das römische Weltreich, indem er dessen Hauptstadt vom Ufer des Tiber an den Bosporus verlegte. Um die Bedeutsamkeit dieses Küstenwechsels zu unterstreichen, taufte er die Stadt Byzantium in Neu-Rom um; seine Eitelkeit und die Speichelleckerei seiner Höflinge führten dann zu einer erneuten Umbenennung in Konstantinopel – Stadt des Konstantin.

Um die Stadt eines Kaisers würdig erscheinen zu lassen, vergrößerte Konstantin das alte Byzantium sowohl baulich als auch in geistiger Hinsicht. Gesprochen wurde dort Griechisch, der Verwaltungsaufbau war römisch, die Religion war – vor allem durch die Einwirkung von Konstantins Mutter, der heiligen Helena –

christlich. Aufgezogen im oströmischen Nikomedia, am Hof des
Diokletian, war Konstantin mit der reichen lateinischen Literatur
des antiken Rom vertraut. Im Griechischen fühlte er sich nicht heimisch. Wenn er später eine Rede auf griechisch an seine Untertanen richten mußte, schrieb er sie auf lateinisch und verlas dann die
von gelehrten Sklaven angefertigte Übersetzung. Konstantins Vorfahren, die aus Kleinasien stammten, hatten die Sonne als Apollo
den Unbesiegten Gott, angebetet, den Kaiser Aurelius im Jahr 274
als oberste römische Gottheit eingeführt hatte.[9] Die Sonne war es
auch, die Konstantin eine Vision des Kreuzes mit dem Spruch *In
hoc signo vinces* (»In diesem Zeichen wirst du siegen«) bescherte,
bevor er seinen Feldzug gegen Licinius begann.[10] Das Symbol der
neuen Stadt Konstantins wurde die Strahlenkrone, dargestellt aus
Nägeln vom Kreuz Christi, die, wie behauptet wurde, Konstantins
Mutter persönlich am Golgatha ausgegraben hatte.[11] Die Strahlung
der Sonne war so machtvoll, daß knapp siebzehn Jahre nach Konstantins Tod das Geburtsdatum Christi auf die Wintersonnen-
wende verlegt wurde – den Geburtstag der Sonne.[12]

Im Jahr 313 trafen sich Konstantin und Licinius (die sich die
Regierungsgewalt teilten, bis Konstantin den Rivalen beseitigte) in
Mailand, um über das »Wohl und die Sicherheit des Reiches zu be-
raten«, und sie verkündeten in einem berühmten Edikt, daß »von
den Dingen, die der ganzen Menschheit zum Nutzen gereichen,
der Anbetung Gottes rechtmäßig der höchste und vornehmste
Rang zukommt, daß die Christen und alle anderen frei sein sollen,
der Religion ihrer Wahl nachzufolgen[13]«. Mit dem Mailänder Edikt
war die Christenverfolgung im Römischen Reich offiziell beendet.
Doch die Verfolgten, die bis dahin als Verbrecher und Verräter betrachtet und entsprechend behandelt worden waren, verwandelten
sich nun in Verfolger. Um der neuen Staatsreligion Autorität zu
verleihen, übernahmen viele christliche Herrscher die Methoden
ihrer früheren Widersacher.

In Alexandria zum Beispiel, wo die heilige Märtyrerin Katharina angeblich von Kaiser Maxentius gerädert worden war, führte
der Bischof im Jahre 361 höchstselbst einen Überfall auf den Mith-
ras-Tempel an (Mithras war ein persischer Gott, besonders bei den
Soldaten beliebt und derzeit stärkster Konkurrent des Christen-
gotts), im Jahr 391 plünderte der Patriarch Theophilus Tempel des
Dionysos (des Gottes der Fruchtbarkeit, dem in geheimen Zeremonien gehuldigt wurde) und trieb die Meute der Christen dazu,

die große Statue des ägyptischen Gottes Serapis zu zerstören. Im Jahr 415 hetzte der Patriarch Kyrillus eine Bande junger Christen auf die heidnische Philosophin und Mathematikerin Hypatia; sie wurde aus dem Haus gezerrt, in Stücke gerissen und auf einem öffentlichen Platz verbrannt.[14]

Es muß dazu gesagt werden, daß Kyrillus selbst nicht gerade sonderlich beliebt war. Nach seinem Tod im Jahr 444 hielt ihm ein Bischof Alexandrias die folgende Grabrede: »Endlich ist dieser berüchtigte Unhold tot. Sein Hingang erfüllt die Überlebenden mit Freude, aber die Toten mit Entsetzen. Sie werden seiner alsbald überdrüssig sein und versuchen, ihn zu uns zurückzuschicken. Wälzt also einen besonders schweren Stein auf sein Grab, damit wir nicht Gefahr laufen, ihn wiedersehen zu müssen, nicht einmal als Gespenst.«[15]

Das Christentum wurde, wie zuvor der Kult der mächtigen ägyptischen Gottheit Isis oder des persischen Gottes Mithras, zur Modereligion, und in der Kirche von Konstantinopel, die nur hinter St. Peter in Rom zurückstand, trugen die reichen Christen mitten unter den Armen ihre feinen Seidengewänder und ihren Schmuck zur Schau (der jetzt statt mit heidnischen Mythen mit Bibelszenen verziert war), während Patriarch der Kirche, der heilige Johannes Chrysostomos, auf den Stufen stand und ihnen finstere Blicke nachsandte. Doch damit nicht genug. In seinen Predigten geißelte er ihre Lasterhaftigkeit. Es sei eine Sünde, donnerte er ihnen entgegen (*Chrysostom* bedeutet »Goldzunge«), daß ein einzelner Edelmann zehn oder zwanzig Häuser besitze und an die zweitausend Sklaven, daß seine Türen mit Elfenbein, seine Fußböden mit glitzernden Mosaiken und seine Möbel mit kostbaren Steinen verziert seien.[16]

Aber das Christentum hatte seine politische Macht noch längst nicht gefestigt. Gefahr drohte aus dem sassanidischen Persien, wo der ehemals schwache Partherstamm sich in einen expansiven Raubstaat verwandelte, der drei Jahrhunderte später fast das gesamte oströmische Reich eroberte.[17] Gefahr drohte auch von den Häretikerbewegungen; den Manichäern beispielsweise, die nicht an den einen allmächtigen Gott, sondern an zwei antagonistische Himmelsmächte glaubten, zudem Missionare und heilige Schriften aussandten wie die Christen und ihren Glauben bis nach Turkestan oder gar China verbreiteten.

Dann bestand die Gefahr politischer Zwistigkeiten: Konstantins Vater Konstantius hatte nur den östlichen Teil des Römischen Reiches beherrscht, und in den entfernten Ecken des Riesenreiches fielen seine Statthalter von ihm ab und gründeten eigene Reiche. Geplagt wurde das Weltreich zudem von einer hohen Inflation, die Konstantin noch verschlimmerte, indem er den Markt mit dem Gold aus geschleiften heidnischen Tempeln überschwemmte.

Und schließlich gab es da noch die Juden mit ihren Büchern und religiösen Streitfragen. Was Konstantin brauchte, war nicht die Toleranz, die er in seinem Mailänder Edikt gepredigt hatte, sondern ein gnadenlos strenges, autoritär durchgreifendes Christentum, tief verwurzelt in der Vergangenheit und voller Zukunftsversprechen, gestützt auf irdische Mächte, Gesetze und Bräuche zum Ruhme des Kaisers und des Gottes der Christenheit.

Im Mai 325 präsentierte sich Konstantin seinen Bischöfen in Nicäa als »Bischof für die äußeren Dinge« und erklärte die jüngsten Feldzüge gegen seinen Rivalen Licinius als »Krieg gegen das verderbte Heidentum«[18]. Für seine Bemühungen wollte sich Konstantin fortan als Herrscher von Gottes Gnaden feiern lassen, als persönlichen Sendboten Gottes. (Als er 337 starb, wurde er neben den Kenotaphen der zwölf Apostel bestattet und damit gewissermaßen nachträglich zum dreizehnten Apostel erklärt. Die christliche Ikonographie stellte ihn nach seinem Tod gern beim Empfangen der Kaiserkrone aus Gottes Hand dar.)

Konstantin erkannte, daß es nötig war, die von ihm gewählte Staatsreligion zur allein gültigen Glaubensrichtung zu machen. Um dies zu erreichen, führte er auch die heidnischen Götter und Helden gegen die Heiden ins Feld. Am Karfreitag des Jahres 325 nämlich sprach der Kaiser in Antiochia zu einer Versammlung seiner christlichen Anhänger, unter ihnen Bischöfe und Theologen, über die »ewige Wahrheit des Christentums«. »Mein Verlangen ist es«, sagte er zu den Versammelten, die er als »Gemeinschaft der Heiligen« titulierte, »selbst aus Quellen, die uns fremd sind, ein Bekenntnis zur göttlichen Natur Christi zu beziehen. Denn nach solchem Bekenntnis müssen auch die, die Seinen Namen lästern, Ihn als Gott und Gottessohn anerkennen, und sie werden gewißlich den Worten derjenigen Gehör schenken, die ihre eigenen Anschauungen teilen.«[19] Um dies unter Beweis zu stellen, berief sich Konstantin auf die erythreische Sibylle.

Seinen Zuhörern erzählte er, daß die Seherin in längst vergange-

ner Zeit »von ihren einfältigen Eltern« zur Dienerin Apollos gemacht worden sei und daß sie »im Götzentempel ihres eitlen Aber-
glaubens« die Fragen der Apollo-Anhänger beantwortet habe.
»Einmal jedoch«, erklärte Konstantin, »wurde sie wahrhaftig von
höherem Geiste erfüllt und verkündete in prophetischen Versen die
künftigen Absichten Gottes, indem sie das Kommen Jesu deutlich
anzeigte durch die Anfangsbuchstaben einer Anzahl von Ver-

Die erythreische
Sibylle. Holz-
schnitt in einem
Buch von
Boccaccio (*De
claris
mulieribus* –
Von berühmten
Frauen, 1473)

sen, die aneinandergereiht ein
Akrostichon ergeben: JESUS
CHRISTUS SOHN GOTTES
HEILAND KREUZ.« Darauf
zitierte Konstantin das Gedicht
der Sibylle.

Wie durch ein Wunder erga-
ben die Verse tatsächlich das
fromme Akrostichon. Um die
Skeptiker zu beschwichtigen,
nahm Konstantin ihre möglichen Zweifel gleich vorweg,
»daß jemand unseres Glau-
bensbekenntnisses und bewan-
dert in der Dichtkunst, diese
Verse erfunden haben könnte«.
Aber diese Möglichkeit schloß
er aus: »Die Wahrheit jedoch
ist in diesem Fall unanfechtbar,
da unsere Landsleute mit Fleiß eine Berechnung angestellt haben,
die keinen Raum für die Vermutung läßt, daß dieses Gedicht nach
der Ankunft und Kreuzigung Christi entstanden sein könnte.«
Außerdem: »Auch Cicero kannte dieses Gedicht, das er in die lateinische Sprache übersetzte und in sein eigenes Werk aufnahm.«
Leider jedoch handelt die Cicero-Stelle, auf die er sich bezog, von
der cumaeischen und nicht von der erythreischen Sibylle, sie enthält zudem weder die besagten Verse noch das Akrostichon und
ist in Wirklichkeit eine Absage an die Wahrsagerei.[20] Nichtsdestotrotz paßte diese wundersame Prophezeiung der christlichen
Welt so gut ins Konzept, daß die Sibylle viele Jahrhunderte lang
als Vorläuferin des Christentums galt. Augustinus wies ihr einen
Platz unter den Gebenedeiten seinem Gottesstaat zu.[21] Am Ende
des 12. Jahrhunderts wurde die Fassade der Kathedrale von Laon

mit einer erythreischen Sibylle verziert (während der Französischen Revolution enthauptet), in den Händen hielt sie das Orakel, das den Gesetzestafeln Moses nachgebildet war, und zu ihren Füßen war die zweite Zeile ihrer apokryphen Verse eingemeißelt.[22] Vierhundert Jahre später widmete ihr Michelangelo einen Platz an der Decke der Sixtinischen Kapelle, wo sie als eine von vier Sibyllen die Vierergruppe der alttestamentarischen Propheten flankiert.

Die Sibylle war ein heidnisches Orakel, und Konstantin machte sie zu einer Prophetin Christi. Darauf wandte er sich der heidnischen Dichtung zu und verkündete, daß der »Fürst der lateinischen Dichtung« ebenfalls von einem Heiland inspiriert worden sei, den er nicht kennen konnte. Vergil hatte ein Hirtengedicht zu Ehren seines Gönners Gaius Asinius Pollio geschrieben (der die erste öffentliche Bibliothek Roms gründete). Die Ekloge sagte ein Goldenes Zeitalter voraus, das sich in Gestalt eines Knaben ankündigen solle:

Richte, mein Junge, mit Lächeln den forschenden Blick auf die
Mutter –
brachten zehn Monate ihr doch mancherlei arge Beschwerden:
Wer nicht als Kind durch sein Lächeln den Eltern ein Lächeln
entlockte,
speist nie an göttlichem Tische und teilt nie ein göttliches
Lager.[23]

Prophezeiungen wurden von jeher für unfehlbar gehalten, deshalb war es leichter, die geschichtlichen Tatsachen zu frisieren, als den Wortlaut einer Weissagung anzufechten. Ein Jahrhundert früher korrigierte Ardaschir, der erste Sassanidenkönig, den Geschichtsablauf, um eine Weissagung des Zoroaster zugunsten seines Reiches nutzen zu können. Zoroaster hatte prophezeit, daß das Perserreich und seine Religion nach tausend Jahren zerstört werden würden. Er hatte etwa 250 Jahre vor Alexander dem Großen gelebt, und dieser war 549 Jahre vor Ardaschirs Machtantritt gestorben. Um die Lebensdauer seiner Dynastie um zweihundert Jahre zu verlängern, behauptete Ardaschir, daß er sein Regnum schon 260 Jahre nach Alexander angetreten habe.

Konstantin entschied sich dazu, weder die Geschichte noch die Prophezeiungen zu ändern; statt dessen ließ er Vergils Verse mit ei-

ner dichterischen Freiheit ins Griechische übertragen, die seinen
politischen Zwecken dienlich war.

> So erkenne denn, süßer Knabe, mit einem Lächeln deine
> Mutter
> die zehn lange Monde mit dir schwanger ging:
> Nicht sterblich waren die Eltern, die deine Geburt erfreute,
> keine ehelichen Freuden kennst du, kein irdisches Vergnügen.[24]

Konstantin las seinen Zuhörern Passagen der Übersetzung vor,
und diese klang nun tatsächlich wie eine Voraussage des biblischen
Geschehens, formuliert in den klassischen Versen des Vergil: Da
waren die Jungfrau, der langerwartete König und Messias, die erwählten Gerechten, der Heilige Geist. Diskret verschwieg Konstantin jene Verse, in denen Vergil die heidnischen Götter Apollo,
Pan und Saturn erwähnte. Antike Gestalten, die er nicht unterschlagen konnte, wurden zu Metaphern für die Ankunft Christi.
Bei Vergil hatte gestanden, daß eine neue Helena neue Kriege hervorrufen und der große Achilles das Schicksal Trojas bezwingen
werde. Darunter, so deutete Konstantin, sei Christus zu verstehen,
der sich zum Krieg gegen Troja rüste, wobei Troja eine Metapher
für die ganze Welt sei. Dann wieder meinte Konstantin, die heidnischen Namen und Vorkommnisse habe Vergil nur verwendet,
um die römische Obrigkeit zu übertölpeln. »Ich gehe davon aus«,
sagte er (und man kann sich gut vorstellen, wie er nach dem lauten
Deklamieren der Vergil-Verse beschwörend die Stimme senkte),
»daß er sich eingeengt fühlte durch die Gefahren, die jedem droh-
ten, der die alten religiösen Bräuche in Frage stellte. Deshalb war
er sehr vorsichtig und mied das Risiko, so gut es ging, um denje-
nigen die Wahrheit zu verkünden, die berufen waren, sie zu verstehen.«
Vergils Gedicht wurde in Konstantins Deutung zu einer ver-
schlüsselten Botschaft, die nur von einer erlesenen Schar Berufener
verstanden werden konnte. Es durfte also nicht beliebig interpretiert werden, nur eine Deutung war erlaubt, diejenige nämlich, zu
der Konstantin und seine Glaubensgenossen den Schlüssel besaßen. Das Edikt von Mailand hatte allen Römern Glaubensfrei-
heit versprochen; das Konzil von Nicäa begrenzte diese Freiheit
auf die religiösen Vorstellungen Konstantins. Kaum zwölf Jahre
nach Mailand also wurde das Recht, zu lesen und zu glauben, was

man für wahr und richtig hielt, unter schwere Strafe gestellt und erst in Antiochia, dann in Nicäa verkündet, daß es nur eine wahrheitsgetreue Deutung der Schriften gebe. Eine amtliche Lesart für religiöse Texte vorzuschreiben mochte Konstantins Vorstellungen von einem geistig geeinten römischen Reich entsprochen haben. Daß er sich dazu verstieg, auch für einen weltlichen Text wie Vergils Gedichte eine orthodoxe Lesart vorzuschreiben, war jedoch schon damals eine verwegene Idee.

Jeder Leser versieht seine Lektüre mit bestimmten Deutungen, wenn auch nicht mit so weit hergeholten und vordergründigen, wie es Konstantin tat. In *The Wizard of Oz* eine Parabel auf das Exil zu sehen, wie es Salman Rushdie tat[25], ist etwas anderes, als in Vergils Gedichte eine Ankündigung der Geburt Jesu Christi hineinzulesen. Und doch findet in beiden Fällen ein vergleichbarer Kunstgriff, eine vergleichbare Glaubensäußerung statt, die dem Leser erlaubt, seiner Überzeugung Genüge zu tun, aber deshalb für andere nicht unbedingt überzeugend sein muß. Im Alter von dreizehn oder vierzehn Jahren entwickelte ich eine aus Büchern gespeiste Sehnsucht nach London, und ich las die Sherlock-Holmes-Romane mit der absoluten Gewißheit, daß der verräucherte Salon in der Baker Street mit dem türkischen Tabakspantoffel und dem chemikalienbefleckten Tisch ein getreues Abbild der Behausung war, die eines Tages auch ich in Arkadien bewohnen würde.

Die garstigen Kreaturen, die Alice jenseits des Spiegels fand, gereizt, herrisch und ständig nörgelnd, waren ein Vorgriff auf viele Erwachsene, die mir dann in meiner Jugend begegneten. Und als Robinson Crusoe seine Hütte erbaute, »ein Zelt unter einer Felswand, umgeben von einem starken Pfostenzaun mit Seilen«, wußte ich, daß er damit eine Behausung beschrieb, die ich mir eines Sommers am Strand von Punta del Este errichten würde.

Die Romanautorin Anita Desai, als Kind in Indien von ihrer Familie als *Leseratte* bezeichnet, erinnert sich, daß sie im Alter von neun Jahren die *Sturmhöhe* von Emily Brontë entdeckte und ihre eigene Umgebung, »ein Bungalow in Alt-Delhi mit seinen Veranden, verputzten Wänden und Deckenventilatoren, der Garten mit Papaya- und Guavenbäumen voller kreischender Sittiche und der sandige Staub, der sich auf die Seiten legte, bevor man umblättern konnte – all das trat zurück. Was Realität wurde, betörende Realität durch die Kraft und den Zauber des Buches, waren die Moore von

Yorkshire, die sturmgepeitschte Heide, die Qualen ihrer gepeinigten Bewohner, die dort durch Regen und Graupelschauer stapften, aus den Tiefen ihrer gebrochenen Herzen schrien und nur von den Moorgeistern Antwort bekamen.«[26] Die Worte, mit denen Emily Brontë ein junges englisches Mädchen von 1847 schilderte, vermochten ein junges indisches Mädchen im Jahr 1946 zu verzaubern.

Die Wahrsagerei auf der Grundlage zufällig aufgeschlagener Buchpassagen hat eine lange abendländische Tradition, und schon lange vor Konstantin war Vergil im Römischen Reich die beliebteste Quelle für heidnische Zukunftsvoraussagen. In vielen Tempeln der Glücksgöttin Fortuna wurden Abschriften seiner Gedichte zu Rate gezogen.[27] Erstmals wird dieser Brauch, bezeichnet als *sortes Vergilianae*, von Aelius Spartianus in der Lebensbeschreibung des Hadrian erwähnt,[28] worin der junge Hadrian zu wissen begehrt, was der regierende Kaiser Trajan von ihm denkt, und deshalb Vergils *Aeneis* konsultiert. Als er nach dem Zufallsprinzip auf die Zeile stößt, in der Aeneas den römischen König erblickt, »dessen Gesetzesmacht Rom neu begründen wird«, ist er befriedigt. Und es fügte sich tatsächlich so, daß Trajan ihn als Sohn adoptierte, worauf er der Kaiser des Römischen Reiches wurde.[29]

Darin, daß Konstantin den Brauch der *sortes Vergilianae* wiederbelebte, folgte er einem Zug der Zeit. Am Ende des vierten Jahrhunderts war die Glaubwürdigkeit, die man den gesprochenen Orakeln und der Wahrsagerei zugebilligt hatte, auf das geschriebene Wort übergegangen, auf Vergil und auf die Bibel, und es entwickelte sich eine Art »Evangeliumswahrsagerei«.[30] Vierhundert Jahre später war die Kunst des Weissagens, einst in der Zeit der Propheten verdammt als »ein Greuel vor dem Herrn«[31], so verbreitet, daß das Konzil von Paris im Jahr 829 sie offiziell ächten mußte, doch ohne Erfolg. In seiner Autobiographie, verfaßt in Latein und 1434 in französischer Übersetzung veröffentlicht, bekennt der französische Gelehrte Gaspar Peucer, daß er als Kind »ein Buch aus Papier machte und die wichtigsten hellseherischen Verse Vergils hineinschrieb, aus welchen ich – spielerisch und zum Ergötzen – Rückschlüsse zog über alles, was mich reizte, wie das Leben und der Tod von Fürsten, über meine Unternehmungen und über andere Dinge, um mir diese Verse tiefer und lebendiger einzuprägen.«[32] Peucer betonte, daß nur der Lerneifer, nicht aber das Interesse an der Wahrsagerei ihn zu dem Spiel bewogen habe, doch werden Zweifel an dieser Beteuerung erlaubt sein.

Im 16. Jahrhundert war das Spiel mit der Hellseherei so populär, daß Rabelais eine Parodie darauf schrieb: Als Pantagruel und Panurge darüber debattieren, ob Panurge heiraten solle oder nicht, rät Pantagruel dazu, die *sortes Vergilianae* zu befragen. Das korrekte Vorgehen erklärt er folgendermaßen: Erst wird das Buch an einer zufälligen Stelle aufgeschlagen, dann wird mit drei Würfeln gewürfelt, und die Summe der Augen gibt die Zeile auf der Seite an.[33] Nachdem Pantagruel und Panurge so verfahren sind, ermöglicht die aufgefundene Stelle zwei entgegengesetzte Deutungen, und sie sind nicht klüger als zuvor.

In seinem großen Roman über die italienische Renaissance mit dem Titel *Bomarzo* spielt der Argentinier Manuel Mujica Láinez darauf an, wie verbreitet die Wahrsagerei mit Hilfe Vergils im 17. Jahrhundert war: »Ich legte mein Schicksal in die Hände anderer Götter, die erhabener waren als die Orsini, und zwar mit Hilfe der *sortes Vergilianae*. In Bomarzo betrieben wir diese beliebte Form der Wahrsagerei, die die Lösung eines schwierigen oder eines alltäglichen Problems dem zufälligen Orakel eines Buches überantwortete. War in den Adern Vergils nicht das Blut eines Magiers geflossen? Betrachten wir ihn nicht, dank dem Zauber Dantes, als Weisen und Hellseher? Ich unterwarf mich allem, was mir die *Aeneis* weissagte.«[34]

Das vielleicht berühmteste Beispiel für die Befragung der *sortes Vergilianae* lieferte der englische König Karl I., der während der Bürgerkriege Ende 1642 oder Anfang 1643 eine Bibliothek in Oxford besuchte. Um ihn zu unterhalten, schlug ihm Lord Falkland vor, »sein Schicksal zu befragen mit Hilfe der *sortes Vergilianae*, die, wie allgemein bekannt, die in Vorzeiten übliche Methode der Wahrsagerei war«. Der König schlug eine Passage im Buch IV der *Aeneis* auf und las: »Möge er dann, von tapferen Stämmen im Kampfe geschlagen, vertrieben werden vom eigenen Land ...«[35] Am 30. Januar 1649 wurde Karl I. von seinen eigenen Untertanen als Verräter verurteilt und in Whitehall enthauptet.

Etwa siebzig Jahre später bediente sich Robinson Crusoe auf seiner unwirtlichen Insel einer ähnlichen Methode: »Eines Morgens, in tiefer Betrübnis, schlug ich die Bibel auf und stieß auf die folgenden Worte: *Niemals, niemals werde ich dich verlassen oder preisgeben*; und ich wußte sofort, daß diese Worte an mich gerichtet waren. Warum sonst kamen sie auf diese Weise in just diesem Moment zu mir, als ich über mein Unglück jammerte, vergessen

245

von Gott und den Menschen?«[36] Und noch einmal hundertfünfzig Jahre später suchte die Bathseba in Hardys *Fern vom Treiben der Menge* Rat bei der Bibel, ob sie Mr. Boldwood heiraten sollte oder nicht.[37]

Robert Louis Stevenson bemerkte scharfsinnig, daß die hellseherischen Qualitäten solcher Autoren wie Vergil weniger mit übernatürlichen Gaben als mit einem dichterischen Gestus zusammenhingen, der die Verse mit einer intensiven und überzeitlichen Strahlkraft ausstatte. In seinem Roman *Die Ebbe* läßt Stevenson einen Helden, der auf einer entlegenen Insel gestrandet ist, sein Schicksal mit Hilfe eines ramponierten Vergil-Bandes befragen, und der Dichter antwortet ihm »mit einer Passage, die weder überzeugt noch ermutigend klang«, indem er bei dem Schiffbrüchigen Visionen seines Heimatlandes erzeugt. »Denn«, schreibt Stevenson, »es ist die Bestimmung dieser ernsten, strengen und klassischen Autoren, mit denen wir in der Schule eine erzwungene und oft schmerzhafte Bekanntschaft machen, daß sie uns ins Blut übergehen und sich ins Gedächtnis graben, so daß uns ein Vers Vergils nicht so sehr an Mantua und Augustus erinnert als vielmehr an englische Lokalitäten und unsere eigene unwiederbringliche Jugendzeit.«[38]

Konstantin war der erste, der Vergil zu einem Träger christlicher Prophetien machte, und durch diese willkürliche Lesart wurde Vergil zum angesehensten aller Orakeldichter. Die Umwertung des kaiserlich-römischen Dichters zum christlichen Visionär verschaffte Vergil einen bedeutsamen Platz in der christlichen Mythologie und machte es möglich, daß er noch tausend Jahre nach der Huldigung durch Konstantin den Dichter der *Göttlichen Komödie* durch Hölle und Fegefeuer führen konnte. Selbst rückwirkend pflanzte sich sein Ruhm fort; in den Versen einer mittelalterlichen Liturgie wird berichtet, daß der heilige Paulus nach Neapel gereist sei, um am Grab des antiken Poeten zu weinen.

Was Konstantin an jenem Karfreitag des Jahres 325 entdeckte und für alle Zeiten nutzbar machte, ist die Tatsache, daß die Bedeutungsspanne eines Textes mit den Bedürfnissen und dem interpretatorischen Geschick des Lesers wächst. Er kann dem Text eine Botschaft entnehmen, die weder zu dem Text selbst noch zu dem Autor in ureigentlicher Beziehung steht. Eine solche Sinnübertragung kann den Text sowohl bereichern als auch verflachen,

unvermeidlich aber wird er von der Sichtweise des Lesers einge-
färbt. Mit Hilfe seiner Ignoranz, seines Glaubens, seiner Intelligenz, mittels List und Tücke und dank seiner Phantasiebegabung
schreibt der Leser den Text neu. Er hat denselben Wortlaut, wird
aber von einem anderen Leitgedanken durchsetzt, und so schafft
sich der Leser den Text neu, indem er ihn aus den Buchseiten ins
Leben ruft.

❧ DER SYMBOLISCHE LESER ❧

»Hospice de
Beaune«,
Fotografie von
André Kertész

Der ungarische Fotograf André Kertész, der seine Kunst bei der k. u. k. Armee erlernt hatte, schuf im Jahr 1929 das Porträt einer Greisin im Hospice de Beaune.[1] Es handelt sich um eine perfekte Komposition. In der Bildmitte sitzt klein und zusammengesunken die alte Frau, umhüllt von einem schwarzen Tuch, auf dem Kopf eine schwarze Haube, die merkwürdigerweise den Hinterkopf mit dem Haarknoten freiläßt. Den Rücken lehnt sie in die weißen Kissen, über die Beine gebreitet ist eine helle Tagesdecke. Ringsum ist das schwarze, aus gotisch anmutenden Balken bestehende Gerüst des Bettes von gerafften weißen Vorhängen eingefaßt. Bei genauerem Hinsehen erblicken wir ein Schild mit der Nummer 19 am oberen Querbalken und einen geknoteten Strick, der von oben herabhängt (dient er zum Aufrichten, zum Klingeln oder zum Zuziehen der Vorhänge?); auf dem Nachttisch ein Kästchen, eine Kanne und eine Tasse, auf dem Boden unter dem Nachttisch eine Blechschüssel. Haben wir alles gesehen? Nein. Die Greisin liest. Sie hält das aufgeschlagene Buch in normalem Abstand von ihren offenbar noch sehkräftigen Augen. Aber *was* liest sie? Weil sie alt ist, im Bett liegt, weil sich das Bett in einem Altersheim inmitten des katholischen Burgunds befindet, glauben wir vermuten zu dürfen, daß es sich um ein religiöses Buch handelt – ein Andachtsbuch? Ein Gebetbuch? Wenn dem so wäre – auch eine Lupe bringt da keine Klarheit –, wäre das Bild in sich stimmig und geschlossen; man könnte vom Buch auf die Leserin schließen und das Bett als einen Ort der geistigen Einkehr identifizieren.

Was aber, wenn wir feststellen würden, daß es sich um ein ganz anderes Buch handelt? Wenn die Greisin zum Beispiel Racine lesen würde oder Corneille – also eine hochgebildete Leserin wäre –

oder – noch überraschender – Voltaire? Was, wenn sich herausstellte, bei dem Buch handle es sich um *Les Enfants terribles* von Cocteau, jenen Skandalroman über das bürgerliche Leben, der im Entstehungsjahr des Fotos erschien? Dann wäre diese normale alte Frau nicht mehr normal, der winzige Unterschied – ein anderes Buch in ihren Händen – würde sie zu einer Rebellin machen, zu einem Wesen, dessen Neugier auf die Welt noch nicht erloschen ist.

Mir gegenüber in der U-Bahn von Toronto liest eine Frau die Penguin-Ausgabe der *Labyrinthe* von Borges. Ich möchte ihr etwas zurufen, ihr zuwinken und signalisieren, daß ich demselben Credo anhänge. Ihr Gesicht habe ich vergessen, ihre Kleidung kaum wahrgenommen, ob sie alt oder jung war, weiß ich nicht, aber dadurch, daß sie ein bestimmtes Buch in den Händen hielt, war sie mir näher als viele andere Menschen, die mir im Lauf des Tages begegnen. Eine meiner Cousinen aus Buenos Aires, die sehr wohl wußte, daß Bücher als Erkennungs- und Verbindungszeichen funktionieren können, wählte ihre Reiselektüre mit ebensolcher Sorgfalt aus wie ihre Reisetasche. Einen Romain Rolland hätte sie nicht mitgenommen, weil sie damit zu prätentiös wirken konnte, eine Agatha Christie wäre ihr zu vulgär gewesen. Camus war das Passende für eine kurze Reise, Cronin für eine lange. Ein Krimi von Vera Caspary oder Ellery Queen war das richtige für ein Wochenende auf dem Land, Graham Greene eignete sich für eine Reise per Schiff oder Flugzeug.

Der gedankliche Zusammenhang zwischen Büchern und ihren Lesern ist nicht zu vergleichen mit der Bindung anderer Objekte an ihre Besitzer. Werkzeuge, Möbel, Kleider – sie alle haben eine symbolische Funktion, aber Bücher befrachten ihre Leser mit weit komplexeren Symbolgehalten als ein simpler Gebrauchsgegenstand. Der bloße Besitz von Büchern deutet bereits auf einen gewissen gesellschaftlichen Rang und geistigen Reichtum. Im Rußland des 18. Jahrhunderts, unter der Zarin Katharina der Großen, machte ein gewisser Klostermann ein Vermögen mit dem Verkauf ganzer Bücherreihen, die lediglich aus Altpapier bestanden. Die Höflinge wollten damit den Besitz einer großen Bibliothek vortäuschen und sich so in die Gunst der bücherliebenden Zarin einschmeicheln.[2] Auch heutzutage staffieren Innenarchitekten ganze Wände mit Bücherregalen aus, um den Anschein der Kultiviertheit zu erwecken, sogar Tapeten gibt es, die eine Bücherwand vortäuschen,[3] und Produzenten von Talk-Shows sind überzeugt, daß

Mariä Verkündi-
gung von
Simone Martin;
Altarbild aus
dem Jahr 1333 in
den Uffizien,
Florenz

Bücherregale im Hingergrund der Szene ihrer Sendung einen in-
telligenten Touch verleihen. In diesen Fällen reicht der Anblick
von Büchern aus, um eine gehobene Bildung zu suggerieren, so
wie der Anblick einer Polstergarnitur aus rotem Samt an sinnliche
Freuden denken läßt. Dem Betrachter jedenfalls kann das Vorhan-
densein oder Fehlen des Buch-Symbols geistiges Vermögen oder
Unvermögen signalisieren.

Im Jahr 1333 stellte der Maler Simone Martini eine *Verkündigung* für den Mittelteil eines Flügelalters im Dom zu Siena fertig –
der älteste in Westeuropa erhaltene Altar mit diesem Motiv.[4] Die

Szene ist eingefaßt in drei gotische Spitzbögen. Im Zenit des größeren Mittelbogens sieht man den Heiligen Geist in Gestalt einer Taube, umgeben von einer Engelschar aus dunklem Gold. Unter dem linken Bogen kniet ein Engel in besticktem Gewand und hält einen Olivenzweig in der linken Hand. Mit dem rechten Zeigefinger gebietet er Schweigen – eine rhetorische Geste, die der antiken Plastik geläufig ist. Unter dem rechten Bogen, auf einem elfenbeinverzierten Goldthron, sitzt die Jungfrau, gekleidet in ein purpurnes Gewand mit goldenem Saum. Vor ihr, genau in der Mitte des Bildes, steht eine Vase mit Lilien. Die makellos weißen Blüten mit den fehlenden Staubgefäßen waren das Wahrzeichen der Maria, deren Jungfräulichkeit der heilige Bernhardin mit der »unberührten Keuschheit der Lilie«[5] verglich. Die Lilie war auch das Symbol der Stadt Florenz, und gegen Ende des Mittelalters ersetzte sie den Heroldsstab, den der Engel bis dahin auf florentinischen Darstellungen der Verkündigung trug.[6] Die Maler der traditionell mit Florenz verfeindeten Stadt Siena konnten die Lilie nicht ganz aus ihren Marienbildern verbannen, aber sie taten Florenz nicht den Gefallen, dem Verkündigungsengel die Lilie in die Hand zu geben. Deshalb trägt Martinis Engel einen Olivenzweig, das Symbol der Stadt Siena.[7]

In der Entstehungszeit des Altarbilds besaß jedes Detail und jede Farbe für den Betrachter besondere Bedeutung. Erst später wurde das Blau zur Farbe der Jungfrau (die Farbe der himmlischen Liebe und der Wahrheit, nachdem die Wolken sich verzogen haben)[8]; das Purpur, Farbe der Hoheit, aber auch der Schmerzen und der Buße, verwies zu Martinis Zeit auf das Leid, das der Jungfrau bevorstand. In einer populären Beschreibung ihrer jungen Jahre, enthalten im apokryphen *Protoevangelium* des Jakobus[9] (im Mittelalter ein ausgesprochener Bestseller, den Martinis Publikum gewiß kannte), wird berichtet, daß der Rat der Priester einen neuen Vorhang für den Tempel verlangte. Sieben unbefleckte Jungfrauen vom Stamme Davids wurden erwählt, die Wolle für den Vorhang zu spinnen, und per Los wurde jeder der sieben Jungfrauen eine der sieben Vorhangfarben zugewiesen. Die Farbe Purpur entfiel auf Maria. Bevor sie mit dem Spinnen begann, ging sie an den Brunnen, um Wasser zu holen, und dort hörte sie eine Stimme: »Gegrüßet seist du, Gnadenreiche, der Herr ist mit dir, du bist gebenedeit unter den Weibern.« Maria schaute nach rechts und nach links (der Protoevangelist erzählt dies mit romanhafter

Anschaulichkeit), erblickte aber niemanden, ging zitternd ins Haus zurück und machte sich ans Spinnen ihrer purpurnen Wolle. »Und siehe, der Engel des Herrn erschien vor ihr und sagte: ›Fürchte dich nicht, Maria, denn du bist dem Herrn ein Wohlgefallen.‹«[10]

Schon vor Martini also signalisierten der Verkündigungsengel, die Purpurfarbe und die Lilie den Gehorsam gegenüber dem Wort Gottes, die Bereitschaft zum Leiden und die unbefleckte Jungfräulichkeit – und damit genau die Eigenschaften Marias, die die Kirche geehrt sehen wollte.[11] Im Jahr 1333 aber legte ihr Martini ein Buch in die Hände.

In der christlichen Ikonographie gehörte das Buch oder die Schriftrolle traditionell der männlichen Gottheit zu, entweder Gottvater oder dem triumphierenden Christus, dem neuen Adam, in dem Gottes Wort Fleisch geworden war.[12] Das Buch war das Gefäß des göttlichen Gesetzes: Als der römische Statthalter Afrikas eine Gruppe gefangener Christen fragte, was sie zu ihrer Verteidigung vor Gericht aufzubieten hätten, erwiderten sie: »die Schriften des Paulus, eines gerechten Mannes«[13]. Das Buch war auch ein Träger geistiger Autorität, und in den frühesten Darstellungen wird Christus oft gezeigt, wie er die Funktionen eines Rabbis ausübt: als Lehrer, Deuter, Gelehrter oder Leser. Attribut der Frauen war das Kind, das auf ihre Mutterrolle verwies.

Doch Einhelligkeit herrschte darüber nicht. Zwei Jahrhunderte vor Martini führte Peter Abälard, der Stiftsherr zu Notre-Dame de Paris, der zur Strafe dafür, daß er seine Schülerin Heloïse verführt hatte, entmannt worden war, einen berühmt gewordenen Briefwechsel mit der einstigen Geliebten, die inzwischen Äbtissin des Klosters Paraklet war. In diesen Briefen vertrat der von den Konzilen in Sens und Soissons verdammte und von Papst Innozenz II. mit Lehr- und Schreibverbot belegte Abälard die Meinung, daß Frauen näher bei Christus seien als jeder Mann. Gegen die männliche Sucht nach Krieg, Gewalt, Ruhm und Macht stellte Abälard die weibliche Verfeinerung der Seele und des Geistes, »fähig zum innig freundschaftlichen Zwiegespräch mit Gott dem Geist im inneren Reich der Seele.[14]«

Eine Zeitgenossin Abälards, die Äbtissin Hildegard von Bingen, eine der geistigen Leuchten jenes Jahrhunderts, war der Ansicht, daß die Schwäche der Kirche eine männliche Schwäche sei und daß die Frauen von den Gaben ihres Geschlechts in diesem *tempus muliebre*, dem Zeitalter der Frauen, Gebrauch machen sollten.[15]

Aber die tiefverwurzelte Frauenfeindlichkeit ließ sich nicht so einfach besiegen. Gottes Ermahnung an Eva (Schöpfungsgeschichte 3,16) mußte immer erneut dazu herhalten, den Frauen Demut und Ergebung zu predigen: »Dein Verlangen soll nach deinem Manne sein, und er soll dein Herr sein.« Auch Thomas von Aquino hatte verfügt: »Die Frau wurde geschaffen, um dem Mann eine Gehilfin zu sein.«[16] Zur Zeit des Malers Martini sah der heilige Bernhardin von Siena, wahrscheinlich der populärste Prediger seiner Zeit, in der Maria auf dem Altarbild nicht die Frau, die Zwiesprache hielt mit Gott dem Geist, sondern ein Musterbild der gehorsamen, pflichttreuen Frau. In einer Betrachtung über das Bild schrieb er: »Dies erscheint mir gewißlich als die anmutigste, ehrfürchtigste und bescheidenste Pose, in der man je eine Verkündigung sah. Man sieht, daß sie dem Engel nicht ins Antlitz schaut, sondern eine fast verschreckte Haltung eingenommen hat. Sie wußte wohl, daß ihr ein Engel erschienen war, warum also sollte sie verstört sein? Wie hätte sie sich verhalten, wenn ein Mann ihr entgegengetreten wäre? Nehmt sie als Beispiel dafür, Jungfrauen, wie ihr euch verhalten sollt. Sprecht nie mit einem Mann, wenn nicht Vater oder Mutter mit euch sind.«[17]

In einem solchen Kontext die heilige Jungfrau mit Geisteskräften auszustatten war eine kühne Tat. Abälard schrieb in der Einführung zu einem Lehrbuch für seine Pariser Schüler über den Wert der geistigen Neugier: »Durch den Zweifel gelangen wir zu Fragen, und durch Fragen gelangen wir zur Wahrheit.«[18] Die Neugier war also eine Quelle geistiger Kraft, doch für Abälards Kritiker – deren Frauenfeindlichkeit sich in den Worten des heiligen Bernhardin fortsetzte – war die Neugier, speziell die weibliche, eine Sünde – die Sünde, die Eva dazu verführt hatte, vom verbotenen Baum der Erkenntnis zu kosten. Die jungfräuliche Unschuld der Frauen mußte um jeden Preis bewahrt werden.[19]

Nach Ansicht des heiligen Bernhardin war Bildung das gefährliche Resultat der Neugier und eine ständige Quelle vermehrter Neugier. Wie wir gesehen haben, erhielten die Frauen des 14. Jahrhunderts – und fast des gesamten Mittelalters – nur so viel Bildung, wie für eine »Gehilfin des Mannes« vonnöten war. Je nach ihrer sozialen Position besaßen die jungen Mädchen aus Martinis Umkreis nur wenig oder gar keine geistige Bildung. Wuchsen sie in einer Adelsfamilie auf, wurden sie zu Hofdamen ausgebildet oder lernten einen Hausstand zu verwalten, wofür sie nur die Anfangsgründe des Lesens und Schreibens benötigten. Dennoch erlangten viele dieser Frauen eine recht gute Bildung. Wenn sie zum Kaufmannsstand gehörten, bildeten sie oftmals geschäftliche Fertigkeiten heraus, für die ein wenig Lesen, Schreiben und Rechnen unverzichtbar waren. Kaufleute und Handwerker vermittelten ihr berufliches Können bisweilen ihren Töchtern, um sie dann als unbezahlte Gehilfinnen einzusetzen. Bauernkinder, ob männlich oder weiblich, erhielten für gewöhnlich überhaupt keine Bildung.[20] In den Klöstern konnten die Nonnen manchmal geistigen Beschäftigungen nachgehen, doch nur unter der strengen Aufsicht ihrer männlichen Oberen. Da Schulen und Universitäten den Frauen gemeinhin verschlossen waren, ist die kulturelle Blüte des späten 12. bis ins 14. Jahrhundert vor allem an männliche Namen gebunden.[21] Die Frauen, die dennoch mit bedeutenden Werken hervortraten – etwa Hildegard von Bingen, Juliana von Norwich, Christine de Pisan und Marie de France –, mußten sich gegen unglaubliche Widerstände behaupten.

Ausschnitt aus Giottos *Verkündigung* in der Arena-Kapelle zu Padua

In diesem Zusammenhang lohnt sich ein zweiter, gründlicherer Blick auf die Maria von Simone Martini. Sie wirkt verlegen und eingeschüchtert, mit der rechten Hand hält sie ihr Gewand unter dem Kinn zu, und sie wendet sich ab von dem fremdartigen Wesen, ihr Blick richtet sich nicht auf die Augen des Engels (wie Bernhardin in seiner tendenziösen Beschreibung behauptet), sondern auf seine Lippen. Die Worte des Engels bilden eine Schriftleiste aus Goldlettern, die ihrer Blickrichtung entgegenströmen. Maria hört nicht nur, sie sieht die Verkündigung. Mit dem Daumen hält sie das Buch offen, in dem sie gerade gelesen hat, es hat ein handliches Format, vielleicht Oktav, und ist rot eingebunden.

Aber um was für ein Buch handelt es sich?

Zwanzig Jahre vor Martini hatte Giotto der Maria seiner Verkündigungsszene auf einem Fresko der paduanischen Arena-Kapelle eine kleines blaues Stundenbuch in die Hand gegeben. Seit dem 13. Jahrhundert diente das Stundenbuch (offenbar im 8. Jahrhundert von Benedikt von Anan als Ergänzung der kanonischen Bücher eingeführt) den Reichen als persönliches Gebetbuch, und seine Beliebtheit hielt bis ins 15. und 16. Jahrhundert an, wie man an den zahlreichen Darstellungen der Verkündigung sehen kann, auf denen Maria ihr Stundenbuch liest, wie jede andere Dame aus königlichem oder hochadligem Hause es tun könnte. In vielen reichen Häusern war das Stundenbuch das einzige Buch, und es wurde von Müttern und Kinderfrauen benutzt, um den Kindern das Lesen beizubringen.[22]

Möglich, daß Martinis Maria einfach nur das Stundenbuch liest. Aber es könnte auch ein anderes sein. Gemäß der Überlieferung, die zu Martinis Zeit im Schwange war, stellte das Neue Testament eine Erfüllung der Prophetien des Alten Testaments dar. Maria dürfte also nach der Verkündigung bewußt geworden sein, daß das Ereignis, die Ankunft des Gottessohns, vom Propheten Jesaja vorausgesagt worden war und auch in den sogenannten Lehrbüchern der Bibel – dem *Buch Hiob*, den *Sprüchen Salomos* und den *Prediger Salomo* – sowie in den zwei apokryphen Weisheitsschriften *Die Sprüche des Jesus Sirach* und *Die Weisheit Salomos*.[23] Im Sinne jener literarischen Koinzidenzen, die das mittelalterliche Publikum beglückten, könnte die Maria Martinis vor dem Erscheinen des Engels zufällig die Stelle im *Propheten Jesaja* gelesen haben, die ihr Schicksal voraussagte: »Darum so wird euch der Herr selbst ein Zeichen geben: Siehe, eine Jungfrau ist schwanger und wird einen Sohn gebären, den wird sie heißen Immanuel.«[24]

Aber noch aufschlußreicher wäre die Annahme, daß Martinis Maria in einem der biblischen Lehrbücher läse.[25] Im neunten Kapitel der *Sprüche Salomos* wird die Weisheit dargestellt als eine Frau, »die hat ihr Haus gebaut und ihre sieben Säulen behauen … und sandte ihre Mägde aus, zu rufen oben auf den Höhen der Stadt: ›Wer noch unverständig ist, der kehre hier ein!‹, und zum Toren spricht sie: ›Kommt, esset von meinem Brot und trinkt von dem Wein, den ich gemischt habe! …‹«[26] An zwei anderen Stellen der *Sprüche* wird die Frau Weisheit beschrieben als von Gott gesandt. Durch sie habe Er die »Erde gegründet« (3,19), und im Kapitel 8,23 sagt die weibliche Verkörperung der Weisheit über sich: »Ich bin eingesetzt von Ewigkeit her, im Anfang, ehe die Erde war.« Jahrhunderte später erklärte der Rabbi von Lublin, warum die Weisheit als eine Frau und Mutter bezeichnet wurde: »Wenn ein Mann seine Sünden gesteht und bereut, wenn sein Herz einsichtig wird und sich bekehrt, wird er wie ein neugeborenes Kind, und er wendet sich zu Gott wie zu seiner Mutter.«[27]

Die Mutter Weisheit ist die Heldin eines der populärsten Bücher des 15. Jahrhunderts, *L'Orloge de Sapience* (*Das Stundenglas der Weisheit*), das 1389 von einem lothringischen Franziskaner namens Henri Suso geschrieben oder ins Französische übertragen wurde.[28] Irgendwann zwischen 1455 und 1460 wurde das Buch durch einen Künstler, bekannt unter dem Namen Meister des Jean Rolin, mit einer Serie kostbarer Illustrationen versehen. Eine dieser Buchminiaturen zeigt die Weisheit auf dem Thron, umgeben von einer Schar karminroter Engel, in der linken Hand hält sie die Weltkugel, in der rechten ein aufgeschlagenes Buch. Über ihr zu beiden Seiten knien größere Engel im Sternenhimmel, links unter ihr debattieren fünf Mönche über zwei gelehrten Büchern, rechts von ihr kniet

Die Muttergottes mit den Attributen der Weisheit; Buchminiatur von Henri Suso in *L'Orloge de Sapience*

eine gekrönte Stifterfigur in Anbetung am Lesepult. Ihre Stellung entspricht der Gottvaters, gleich ihm sitzt sie auf einem goldenen Thron, so wie Er in unzähligen anderen Miniaturen zu sehen ist, oft als Gegenstück zu einer Kreuzigungsszene, Er hält eine Weltkugel in der Linken und ein Buch in der Rechten und ist umgeben von gleichermaßen inbrünstig entflammten Engeln.

C. G. Jung, der Maria mit dem byzantinischen Symbol der Sophia oder Weisheit verband, bemerkt dazu: »Die Weisheit, in hohem Maße personifiziert und damit ihre Autonomie bekundend, offenbart sich ihnen als freundlicher Helfer und Anwalt Jahwe gegenüber und zeigt ihnen den lichten, gütigen, gerechten und liebenswerten Aspekt ihres Gottes.«[29] Sophia, die Frau Weisheit der *Sprüche Salomos* und des *Stundenglases* von Suso, entstammt der archaischen Muttergottheit, deren Gestalt in vielen Skulpturen, sogenannten Venus-Figurinen, überlebt hat. Die Funde an zahlreichen Orten Europas und Nordafrikas werden auf 25 000 bis 15 000 Jahre vor unserer Zeitrechnung datiert, in anderen Weltgegenden finden sich auch jüngere Figurinen.[30] Als die Spanier und Portugiesen mit Schwert und Kreuz die Neue Welt in Besitz nahmen, übertrugen die Azteken, die Inkas und andere eingeborene Völker ihren Glauben an die diversen Erd- und Muttergottheiten (Tonantzin, Pacha Mama) auf eine androgyne Christusgestalt, die noch heute in der religiösen Kunst Lateinamerikas nachwirkt.[31]

Um das Jahr 500 verbot der Frankenkönig Chlodwig nach seinem Übertritt zum Christentum die Verehrung der Weisheitsgöttinnen in ihren verschiedenen Gestalten – Diana, Isis, Athene – und ließ sämtliche ihnen gewidmete Tempel schließen, um die Machtstellung der Kirche zu stärken.[32] Chlodwigs Entscheidung stützte sich auf das Diktum des Apostels Paulus im 1. Korintherbrief, daß nur Christus »göttliche Kraft und göttliche Weisheit« (1,24) verkörpere. Das Attribut der Weisheit, bisher einer weiblichen Gottheit zugeschrieben, wurde nun in massenhaften Christusdarstellungen auf einen Heiland übertragen, der ein Buch in der Hand hielt.

Etwa fünfundzwanzig Jahre nach Chlodwigs Tod weihte Kaiser Justinian in Konstantinopel die Hagia Sophia (»Heilige Weisheit«) ein, eines der größten Bauwerke des Altertums. Dabei soll er der Legende nach ausgerufen haben: »Salomo, ich habe dich übertroffen!«[33] Keines der berühmten Mosaiken der Hagia Sophia, nicht einmal die majestätische *Jungfrau auf dem Thron* von 867, zeigt die Jungfrau Maria mit einem Buch. Die Weisheit wurde unterdrückt – sogar in ihrem eigenen Tempel.

Vor diesem historischen Hintergrund kann man Martinis Mariendarstellung auch als Versuch deuten, die Heilige Jungfrau als Erbin – vielleicht sogar Verkörperung – der göttlichen Weisheit in ihre alten Rechte einzusetzen und der weiblichen Gottheit die geistige Kraft zurückzugeben, die ihr abgesprochen worden war. Das Buch in ihrer Hand, dessen Text unsichtbar bleibt, so daß wir nur Vermutungen über den Titel anstellen können, deutet womöglich auf die letzte Äußerung der entthronten Göttin hin, einer Göttin älter als alle Geschichte, zum Verstummen gebracht durch eine Gesellschaft, die sich ihren Gott nach dem Ebenbild des Mannes schuf. In dieser Deutung bekommt Martinis *Verkündigung* unversehens einen subversiven Beiklang.[34]

Über das Leben des Malers Simone Martini ist wenig bekannt.

Wahrscheinlich war er ein Schüler von Duccio di Buoninsegna, den man als den Vater der sienesischen Malerschule bezeichnet. Martinis frühestes datiertes Werk, seine *Maestà*, stammt von 1315 und hält sich an Duccios Vorbild. Er arbeitete in Pisa, Assisi und natürlich Siena, und im Jahr 1340 zog er an den päpstlichen Hof nach Avignon, wo nur noch zwei zerstörte Fresken am Portal der Kathedrale von seinem Wirken künden.[35] Wir wissen nichts über seine Ausbildung, die geistigen Einflüsse, sein Verhältnis zu Frauen und Macht, zur Muttergottes und zur Mutter der Weisheit, aber das rot eingebundene Buch, das er irgendwann im Jahr 1333 für den Dom zu Siena malte, stellt möglicherweise eine Andeutung, vielleicht sogar ein Bekenntnis dar.

Martinis Verkündigungsbild wurde mindestens siebenmal kopiert.[36] Seine Technik bot den Malern eine Alternative zum nüchternen Realismus Giottos und seiner paduanischen *Verkündigung*; in philosophischer Hinsicht erweiterte Martini den Bildungshorizont der Maria – von der Lektüre des winzigen Stundenbuchs bei Giotto zu einem theologischen Kompendium, dessen Wurzeln zurückreichen bis in die Anfänge des Glaubens, an eine Göttin der Weisheit. In späteren Mariendarstellungen[37] zerknüllt oder zerreißt das Jesuskind die Seiten des Buches, das Maria liest, um seine geistige Überlegenheit zu demonstrieren. Die Geste soll darauf verweisen, daß die Botschaft des Neuen Testaments das Alte Testament verdrängt, aber für die spätmittelalterlichen Betrachter, denen die Beziehung zwischen Maria und den alten Büchern der Weisheit vielleicht noch gegenwärtig war, diente das Motiv des seitenzerknüllenden Christus als Hinweis auf Paulus und seine frauenfeindlichen Sentenzen.

Das Jesuskind zerreißt die Seiten des Alten Testaments, um den Beginn seines Zeitalters anzukündigen; Rogier van der Weyden, *Jungfrau und Kind*, etwa 1450

259

Immer wenn ich jemanden ein Buch lesen sehe, findet in mir eine seltsame Vermengung statt: Der Leser nimmt etwas vom Geist des Buches und von der Umgebung an, in der er liest. Es erscheint mir absolut stimmig, daß Alexander der Große, den man sich unwillkürlich in der mythischen Landschaft der Helden Homers vorstellt, ständig die *Ilias* und die *Odyssee* bei sich trug.[38] Zu gern würde ich wissen, welches Buch Hamlet in der Hand hielt, als er Polonius' Frage: »Was leset Ihr, mein Prinz?« mit der Bemerkung abwies: »Wörter, Wörter, Wörter«, um auf diese Weise tieferen Einblick in Hamlets umwölktes Gemüt zu gewinnen.[39] Der Pfarrer, der Joan Martorells Roman *Tirante der Weiße* vor dem Scheiterhaufen rettete, zu dem er selbst und der Barbier die zum Wahnsinn anstachelnde Bibliothek Don Quijotes bestimmt hatten,[40] bewahrte diesen außerordentlichen Ritterroman für zukünftige Generationen im Gedächtnis. Indem wir genau wissen, welches Buch Don Quijote gerade las, vermögen wir etwas von jener Welt zu begreifen, die den Ritter von der traurigen Gestalt faszinierte – eine Lektüre, durch die wir selbst für einen Augenblick zu Don Quijote werden können.

Manchmal kehrt sich dieser Vorgang um, nämlich dann, wenn man vom Charakter des Lesers auf den Charakter des Buches schließt. Hitler pries Karl May und behauptete, als Kind habe er ihn beim Kerzenschein oder im Mondlicht mit Hilfe einer großen Lupe gelesen.[41] Nach dem Zweiten Weltkrieg erging es daher dem

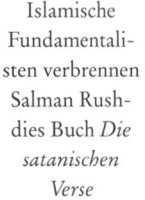

Islamische Fundamentalisten verbrennen Salman Rushdies Buch Die satanischen Verse

beliebten Abenteuerschriftsteller ähnlich wie Richard Wagner, dessen Opern in Israel jahrelang nicht öffentlich aufgeführt wurden, weil Hitler sie gelobt hatte.

Als gegen Salman Rushdie wegen seines Romans *Die satanischen Verse* die *Fatwa* ausgesprochen wurde und jedermann wußte, daß ein Autor wegen eines Romans mit dem Tode bedroht war, stellte der amerikanische Fernsehjournalist John Innes monatelang ein Exemplar des Buches auf seinem Sprecherpult zur Schau. Er sprach zu allen möglichen Themen, erwähnte dabei weder das Buch noch Rushdie oder den Ayatollah, aber die Präsenz des Buches neben ihm kündete eindrucksvoll von der Solidarität eines Lesers mit dem Schicksal des Buches und seines Autors.

Lesen hinter Mauern

Von unserem Haus in Buenos Aires war es nicht weit zu einem Papiergeschäft, das ein ansehnliches Sortiment von Kinderbüchern führte. Ich hatte (und habe noch immer) eine gewisse Schwäche für Notizbücher (die in Argentinien mit dem Prägeprofil eines Nationalhelden verziert waren und manchmal eine Seite mit gezähnten Klebebildchen mit naturgeschichtlichen Motiven oder Schlachtenszenen enthielten), daher trieb ich mich oft in dem Laden herum. Vorn war die Schreibwarenabteilung, und hinten standen reihenweise die Bücher. Da gab es große Bilderbücher mit riesigen Lettern und bunten Zeichnungen, verfaßt von Constancio C. Vigil (bei dem nach seinem Tod eine der größten pornographischen Sammlungen Lateinamerikas entdeckt wurde), da fanden sich die (bereits erwähnten) gelb eingebundenen Bücher der Robin-Hood-Reihe, und dann gab es da die Doppelserie von taschenbuchgroßen Pappbänden, die zum Teil grün, zum Teil rosa waren. Die grünen Bücher enthielten die Sagen von König Artus, erbärmliche spanische Übersetzungen englischer Jugendbücher, *Die drei Musketiere*, die Tiergeschichten von Horacio Quiroga. Rosa gebunden waren dagegen die Romane von Louisa May Alcott, *Onkel Toms Hütte*, die Erzählungen der Comtesse de Ségur, die komplette *Heidi*-Saga. Eine meiner Cousinen las sehr viel (eines späteren Sommers lieh ich mir von ihr *Die schwarze Brille* von John Dickson Carr und war fortan süchtig nach Kriminalromanen), und beide lasen wir die gelb eingebundenen Piratengeschichten von Salgari. Manchmal lieh sie sich von mir eins der grünen Just-William-Bücher. Aber die rosa Bücher, die sie mit bestem Gewissen las, waren mir, und das wußte ich bereits mit zehn Jahren, ganz klar versagt. Die Farbe war ein grelles Warnsignal: Ein richtiger Junge hatte diese Bücher zu meiden. Das waren Mädchenbücher.

Japanische Hofdamen des Mittelalters auf einem Holzschnitt von Hishikawa Moronobu in der Ausgabe des *Ukiyo Hyakunin Onna* von 1681

263

Die Beschränkung von Büchern auf bestimmte Lesergruppen ist fast so alt wie die Literatur selbst. Da sich die griechischen Epen und Dramen vorrangig an ein männliches Publikum richteten, haben Forscher die Vermutung aufgestellt, daß die frühen griechischen Romane vorwiegend für Frauen bestimmt waren.[1]

Nachdem Platon für seinen Idealstaat obligatorische Schulbildung für Jungen und Mädchen vorgeschlagen hatte[2], wandte sein Schüler Theophrast dagegen ein, daß Mädchen nur so viel Bildung erhalten sollten, wie zur Führung des Haushalts nötig war, denn höhere Bildung verwandele eine Frau »in ein streitsüchtiges, faules und geschwätziges Geschöpf«. Da die griechischen Frauen gewöhnlich nicht lesen lernten (doch wird behauptet, daß die Kurtisanen durchweg lesen konnten)[3], ließen sie sich die Romane von gebildeten Sklaven vorlesen. Weil die Sprache der Romane recht gehoben war und weil sich nur wenige Bruchstücke von ihnen erhalten haben, vermutete der Historiker William V. Harris, daß sie nicht sonderlich verbreitet waren, sondern auf eine kleine Schicht ziemlich gebildeter Frauen begrenzt blieben.[4]

Sie handelten von Liebe und Abenteuer; die Heldin und der Held, stets jung, schön und von edler Geburt, durchlebten eine Reihe von Prüfungen und Mißgeschicken, doch am Ende wurde alles gut. Selbstverständliche Tugenden waren das Vertrauen auf die Götter und, zumindest auf seiten der Heldin, Jungfräulichkeit und Keuschheit.[5] Von Anfang an wurde dem Leser klargemacht, was er von dem Roman zu erwarten hatte. Der Autor des ältesten in voller Länge erhalten gebliebenen griechischen Romans lebte um die Zeit des frühen Christentums[6], und er stellte sich und sein Thema gleich auf den ersten Zeilen vor: »Mein Name ist Chariton von Aphrodisias [eine Stadt in Kleinasien], und ich bin der Sekretär des Richters Athenagoras. Ich werde jetzt eine Liebesgeschichte erzählen, die sich in Syrakus zugetragen hat.«

Eine Liebesgeschichte – *pathos erotikon*: Von Anbeginn waren die für Frauen bestimmten Bücher mit dem Thema Liebe befaßt. Dieser Lesestoff, den die patriarchalische Gesellschaft Griechenlands den Frauen vom ersten bis ins byzantinische zwölfte Jahrhundert (aus dem die letzten dieser Liebesromane stammen) zubilligte, dürfte den Leserinnen einiges an geistiger Anregung geboten haben: In den Abenteuern, Fährnissen und Qualen der Liebespärchen entdeckten die Frauen manche unvermutete Gedankennahrung. Jahrhunderte später fand die heilige Theresia von

Verbotene Früchte; Kupferstich nach einem Gemälde von Auguste Toulmouche (1865)

Avila, die als Kind gern die bisweilen von griechischen Liebesromanen beeinflußten Ritterromane ihrer Zeit las, in ihnen die Bildersprache vorgeformt, die sie später in ihren geistlichen Schriften weiterentwickelte. »Ich gewöhnte mir an, diese Bücher zu lesen, und diese kleine Schwäche verminderte das Verlangen und die Bereitschaft, meine anderen Pflichten zu erfüllen. Es machte mir nichts aus, viele Stunden des Tages und der Nacht, verborgen vor meinem Vater, mit dieser eitlen Beschäftigung zu verbringen. Meine Begeisterung war so übermächtig, daß ich glaubte, unglücklich sein zu müssen, wenn ich kein neues Buch vor mir hatte.«[7] Mochte es sich auch um eine »eitle Beschäftigung« handeln, so haben doch die Erzählungen der Margarete von Navarra, *La Princesse de Clèves* von Madame de la Fayette sowie die Romane der Brontë-Schwestern und von Jane Austen viel dem Lesen von Liebesromanen zu verdanken. Wie die englische Literaturwissenschaftlerin Kate Flint ausführt, dienten derartige Romane nicht nur der gelegentlichen Flucht in die Passivität, die vom Rauschmittel Erzählung herbeigeführt wird. »Viel aufregender daran war, daß die Leserin sich dabei in ihrem Ich bestärken konnte und die Bestätigung bekam, daß sie damit nicht allein war.«[8] Schon in alten Zeiten fanden die Frauen Mittel und Wege, den Lesestoff, den ihnen die Gesellschaft zubilligte, für die eigenen Bedürfnisse zu nutzen.

Einer bestimmten Lesergruppe eine besondere Sorte von Büchern zuzuweisen (ob nun griechische Romane oder die rosafarbene Reihe aus meinen Kindertagen) schafft nicht nur einen abgegrenzten literarischen Raum, den diese Leser erkunden sollen, sondern schließt oft genug auch alle anderen Leser aus diesem Raum aus. Mir wurde erklärt, daß die rosa Bücher für Mädchen bestimmt seien, und wäre ich mit einem dieser Bücher ertappt worden, hätte man mich für weibisch gehalten. Ich erinnere mich noch gut an den befremdet-tadelnden Blick des Verkäufers in Buenos Aires, als ich eines der rosa Bücher kaufte, auch an meine hastige Versicherung, daß es als Geschenk für ein Mädchen gedacht sei. (Später, als Mitherausgeber einer Anthologie schwuler Erzähler, stieß ich auf ähnliche Vorurteile: »Normale« Freunde erklärten mir, es sei ihnen peinlich, sich mit diesem Buch in der Öffentlichkeit sehen zu lassen, weil sie fürchteten, für schwul gehalten zu werden.) Wer sich in literarische Gefilde begibt, die die Gesellschaft für eine »weniger privilegierte« oder »nicht völlig akzeptierte« Minderheit reserviert hat, läuft Gefahr, in gleicher Weise abgestempelt zu werden. Meine Cousine hingegen hatte, als sie die grünen Bücher für Jungen las, nicht mehr zu befürchten als eine spöttische Bemerkung ihrer Mutter über ihren »sonderbaren Geschmack«.

Manchmal jedoch schaffen sich Angehörige einer isolierten Gruppe ihren Lesestoff selbst. So jedenfalls geschah es irgendwann im 11. Jahrhundert bei den Damen des japanischen Hofs. Im

Jahr 894 – hundert Jahre nach der Gründung der neuen Hauptstadt Heian-Kyo, die heute Kyoto heißt – beschloß die japanische Regierung, fortan keine Botschafter mehr nach China zu entsenden. In den vorangegangenen drei Jahrhunderten hatten diese Botschafter die Kunst und die Weisheit des tausendjährigen Nachbarreiches auf die Insel gebracht, und die japanische Kultur war stark vom chinesischen Vorbild geprägt worden. Nach dem Bruch mit China entwickelte sich in Japan ein eigenständiger Lebensstil, der im späten 10. Jahrhundert unter der Herrschaft von Fujiwara no Michinaga seinen Höhepunkt erreichte[9].

Wie in jeder aristokratischen Gesellschaft blieben die Segnungen dieser Wiedergeburt auf eine winzige Minderheit beschränkt. Die Frauen am japanischen Hof, obwohl weit besser gestellt als die Frauen der Unterklassen[10], waren einer Vielzahl von Einschränkungen und Verboten ausgesetzt. Weitgehend abgeschnitten von der Außenwelt, einem monotonen, reglementierten Tagesablauf unterworfen, auch in der Sprache beschnitten (da sie, von wenigen Ausnahmen abgesehen, weder in der Sprache der Geschichte noch der des Rechts, der Philosophie »oder irgendeiner anderen Wissenschaft«[11] unterwiesen wurden und ihr Austausch normalerweise in Form von Briefen anstelle des Gesprächs stattfand), mußten sie ihre eigenen listenreichen Methoden erfinden, um sich gegen alle Verbote und Maßregelungen ein Bild von der Welt, in der sie lebten, aber auch von der Welt außerhalb ihrer Papierwände zu machen. Prinz Genji, Held des gleichnamigen Romanwerks der Hofdame Murasaki, befindet über eine junge Prinzessin: »Ich glaube, um ihre Bildung müssen wir uns nicht allzu viele Sorgen machen. Frauen sollten über einige Themen allgemeine Kenntnis besitzen, aber es macht einen schlechten Eindruck, wenn sie sich übers Maß einem besonderen Wissenszweig zuwenden. Nicht, daß sie auf irgendeinem Gebiet vollkommen unwissend sein sollten. Es kommt darauf an, daß sie den Anschein erwecken, auch über die Dinge, an denen ihnen am meisten liegt, liebenswürdig und leicht zu plaudern.«[12]

Das wichtigste war die Fassade; und solange die Hofdamen den Anschein erweckten, daß sie wenig Wert auf Wissen und Bildung legten, konnten sie Wege finden, ihrer Bestimmung zu entfliehen. Unter diesen Umständen ist es erstaunlich, daß die bedeutendsten literarischen Werke jener Epoche von ihnen stammen und daß sie sogar eigene literarische Genres entwickelten. Zur gleichen Zeit

Frauen werden
in ihren
Gemächern
belauscht;
Illustration zur
*Geschichte vom
Prinzen Genji*
von Tosa
Mitsuyoshi

Schöpfer und Genießer literarischer Werke zu sein, einen geschlossenen Kreislauf des Schreibens und Lesens zu bilden, trotz aller Restriktionen einer Gesellschaft, die von diesem Kreis nichts als Unterwerfung verlangte, muß als eine außerordentlich mutige Leistung bewundert werden.

Die Hofdamen verbrachten ihre Zeit meist damit, daß sie »ins Leere starrten«, sie waren verurteilt zu einem qualvollen Zustand der Untätigkeit (der Ausdruck »Leiden am Nichtstun« kehrt häufig wieder), vergleichbar der europäischen Melancholie. Die weitgehend leeren Räume mit ihren Seidenvorhängen und Wandschirmen lagen fast immer im Dunkel, ohne daß sie deshalb Abgeschlossenheit und Intimität gewährten. Die dünnen Wände und Wandschirme aus papierbespannten Holzgittern gaben jedes Geräusch weiter, und Hunderte von japanischen Malereien zeigen Lauscher, die das Tun und Lassen der Frauen überwachen.

Die endlosen Mußestunden, zu denen die Hofdamen gezwungen waren, nur unterbrochen durch jährliche Feste und gelegentliche Tempelbesuche, verbrachten sie mit Musizieren, kalligraphischen Übungen, in erster Linie aber damit, daß sie sich gegenseitig Bücher vorlasen. Nicht alle Bücher waren erlaubt. In der Heian-Epoche (794–1185) war den Frauen – wie auch im alten Griechenland, im Islam, im nachvedischen Indien und in vielen anderen Kulturen – die »ernsthafte« Literatur verwehrt; es wurde erwartet, daß sie sich auf belanglose Unterhaltungsliteratur beschränkten, über die die konfuzianischen Gelehrten die Nase rümpften. Zudem unterschied man in der Sprache und Literatur streng zwischen »männlich« (kriegerische, philosophische und öffentliche Angelegenheiten) und »weiblich« (trivial, häuslich und persönlich). Diese Unterscheidung wurde auf vielen Gebieten durchgehalten: Da zum Beispiel die chinesische Malerei nach wie vor als bewundertes Vorbild galt, nannte man sie »männlich«, während die zartere japanische Malkunst als »weiblich« bezeichnet wurde.

Selbst wenn den Frauen der Heian-Epoche alle chinesischen und japanischen Bücher zugänglich gewesen wären, hätten sie in ihnen kaum den Klang ihrer eigenen Stimme vorgefunden. Deshalb schufen sie sich ihre eigene Literatur. Um sie niederzuschreiben, entwickelten sie eine phonetische Umschrift der ihnen erlaubten Sprache *kanabungaku*, eines Japanisch, das von fast allen chinesischen Einflüssen gereinigt war. Diese Schriftsprache wurde als »Damenschrift« bekannt, und da der Gebrauch auf die Frauen beschränkt blieb, gewann dieser Schreibstil in den Augen ihrer männlichen Gebieter eine erotische Qualität. Eine attraktive Frau der Heian-Zeit mußte nicht nur körperliche Reize vorweisen, sie mußte auch eine elegante Handschrift entwickeln, außerdem musizieren und Gedichte vortragen und selbst schreiben können. Ihre Fähigkeiten wurden jedoch nie in gleicher Weise anerkannt wie die der männlichen Künstler und Gelehrten.

»Von allen Arten, sich Bücher zu verschaffen, wird als die rühmlichste betrachtet, sie selbst zu schreiben«, bemerkte Walter Benjamin.[13] In manchen Fällen ist es, wie die Heian-Frauen herausfanden, auch die einzige Methode. In ihrer neuen Sprache schrieben sie einige der bedeutendsten Werke der japanischen Literaturgeschichte und vielleicht sogar aller Zeiten. Die berühmtesten Beispiele sind die monumentale *Geschichte vom Prinzen Genji* der Hofdame Shikibu Murasaki, ein Werk, das der englische

Gelehrte und Übersetzer Arthur Waley als den ersten echten Roman der Welt bezeichnet hat und das vermutlich in den Jahren 1001 bis 1010 entstand, sowie das *Kopfkissenbuch* der Sei Shonagon, das so hieß, weil es, ein paar Jahre früher als der *Genji*-Roman, im Schlafgemach der Autorin entstand und wahrscheinlich in den Fächern ihrer hölzernen Kopfstütze aufbewahrt wurde.[14]

In beiden Büchern wird das kulturelle und soziale Leben beider Geschlechter im damaligen Japan detailreich beschrieben, aber wenig Licht fällt auf die politischen Machenschaften, denen sich die männlichen Hofbeamten so ausgiebig widmeten. Waley fand die »auffällige Verschwommenheit, mit der die Autorinnen rein männliche Tätigkeiten schilderten«[15], verwunderlich; ferngehalten von Sprache und Praxis der Politik, konnten sich die schreibenden Frauen wohl nur auf ungenaue Berichte aus dritter Hand stützen. Ohnehin schrieben sie vor allem für sich selbst – sie hielten ihrer eigenen Lebensrealität den Spiegel vor. Sie erwarteten von der Literatur nicht die Ideale und Vorbilder, für die sich ihre männlichen Gebieter begeisterten und an denen sie ein Interesse hatten, sondern die Wiedergabe jener anderen Welt, in der die Zeit stillstand, die Unterhaltung dürftig war und nur der Wandel der Jahreszeiten geistige Abwechslung bot. Die *Geschichte vom Prinzen Genji* stellt zwar ein gewaltiges Zeitgemälde dar, doch bestimmt war das Buch für Frauen in ähnlicher Lage wie die Autorin selbst; für Frauen ihrer Intelligenz und ihres psychologischen Feingefühls.

Ein paar Jahre nach dem Erscheinen des *Genji*-Romans schrieb eine andere brillante Autorin namens Sarashina über ihre Jugend in einer entlegenen Provinz: »Sogar als ich auf dem Lande eingeschlossen war, kam mir irgendwie zu Ohren, daß es auf der Welt so etwas wie Bücher gab, und fortan war es mein größter Wunsch, sie zu lesen. Zum Zeitvertreib erzählten mir meine Schwester, meine Stiefmutter und andere Frauen im Hause Geschichten aus den Büchern, unter ihnen auch Episoden von Genji, dem strahlenden Prinzen, aber da sie sich auf ihr Gedächtnis stützen mußten, konnten sie mir unmöglich alles erzählen, und ihre Geschichten machten mich nur noch neugieriger. In meiner Ungeduld besorgte ich mir eine Statue des heilenden Buddha, die etwa meine Größe hatte. Wenn ich allein war, nahm ich die Waschungen vor, stahl mich in den Altarraum, warf mich zu Boden und betete inbrünstig: ›O Buddha, mach, daß wir bald in die Hauptstadt

ziehen, wo es die vielen Bücher gibt, und bitte laß mich alle diese
Bücher lesen!‹«[16]

Sei Shonagon registriert im *Kopfkissenbuch* scheinbar beiläufig
alle Eindrücke, Erlebnisse, Gerüchte, sie listet erfreuliche und un-
erfreuliche Dinge ihres Alltags auf; ihr Buch ist voll von Wundern,
Vorurteilen und Dünkeln, weithin beherrscht vom Gedanken an
Rangordnung. Den Grund für die sehr persönliche Färbung des
Stils hat die Autorin selbst genannt (soll man ihr wirklich glauben?): »Nie hätte ich gedacht, daß diese Notizen andere Leser
außer mir selbst finden würden, daher habe ich alles so aufgeschrieben, wie es mir in den Sinn kam, mochte es noch so abwegig
oder unangenehm sein.« Diese Einfachheit macht denn auch einen
großen Teil ihres Zaubers aus. Hier zwei Beispiele von »Dingen,
die erfreulich sind«:

> Auf eine Menge Geschichten stoßen, die man nie zuvor gelesen
> hat. Oder die Fortsetzung einer Geschichte lesen, deren erster
> Teil vergnüglich war. Doch oft ist das auch enttäuschend.

> Briefe sind zwar etwas Gewöhnliches, und doch: Von welcher
> Köstlichkeit können sie sein! Sei es, daß jemand in einer fernen
> Provinz weilt und man macht sich gerade Sorgen um ihn: Wenn
> da plötzlich ein Brief von ihm eintrifft, fühlt man sich so, als
> sähe man ihn leibhaftig vor sich. Und es ist solch ein Trost, seine
> Gefühle einem Brief anzuvertrauen – selbst wenn man weiß, er
> kann noch gar nicht angekommen sein.[17]

Nicht nur der *Prinz Genji*, auch das *Kopfkissenbuch*, das in einem
Atemzug die kaiserliche Macht bewundert und das Treiben der
Höflinge mit Hohn behandelt, verleiht dem erzwungenen Müßig-
gang der Hofdamen eine höhere Weihe, und es hebt das häusliche
Leben der Frauen in denselben literarischen Rang wie die »epi-
schen« Lebensläufe ihrer männlichen Zeitgenossen. Shikibu Murasaki hingegen, die die weibliche Erzählkunst auch in der männlichen Epik zur Geltung bringen und nicht als leichtfertige Sache
hinter die Papierwände der Frauengemächer verbannt sehen
wollte, befand, daß die Schriften der Sei Shonagon »voller Unvoll-
kommenheiten« seien: »Sie ist eine begabte Frau, ohne Zweifel.
Doch wenn man selbst bei den unziemlichsten Gelegenheiten seinen Gefühlen freien Lauf läßt, wenn man wahllos alles aufschrei-

ben muß, was einem begegnet, werden die Leute dazu gebracht, einen für oberflächlich zu halten. Wie kann solch einer Frau jemals Glück beschieden sein?«[18]

Innerhalb diskriminierter Gruppen finden mindestens zwei Arten des Lesens statt. Entweder graben sich die Leserinnen wie findige Archäologen durch die erlaubte Literatur, um zwischen den Zeilen nach vergleichbaren Schicksalen von Verstoßenen zu fahnden, um in den Geschichten von Klytämestra, Gertrude oder Balzacs Kurtisanen ihre eigene Lage beschrieben zu finden, oder sie werden selbst zu Schriftstellerinnen, um die Alltagschronik ihrer abgeschiedenen Küchen-, Nähstuben- oder Kindermädchenexistenz auf Papier festzuhalten.

Irgendwo dazwischen gibt es vielleicht noch eine dritte Art des Lesens. Viele Jahrhunderte später und am anderen Ende der Welt verspottete die englische Schriftstellerin George Eliot, als sie über die Literatur ihrer Zeit schrieb, »die albernen Romane der schreibenden Damen ... eine Gattung mit vielen Spielarten, die sich durch die jeweils in ihnen vorherrschende Qualität der Albernheit – die seichte, die langweilige, die frömmlerische, die pedantische – voneinander scheiden lassen. Aber es ist die Mischung aus allem, das Zusammenwirken all dieser weiblichen Torheiten, dem die größte Gruppe dieser Romane entspringt, eine Sorte Romane, die wir als *Putzmacherinnen-Romane* klassifizieren ... Die übliche Entschuldigung von Frauen, die sich ohne besondere Qualifikation als Autorinnen betätigen, läuft darauf hinaus, daß die Gesellschaft sie von jeder anderen Art der Betätigung abgeschnitten habe. Auf die Gesellschaft läßt sich vieles schieben, und sie muß die Verfertigung so mancher unbekömmlichen Produkte verantworten, seien es nun verdorbene Essiggurken oder schlechte Verse. Aber so, wie die Gesellschaft, die ›Materie‹, die Regierung Ihrer Majestät und andere luftige Abstraktionen im Übermaß geschmäht werden, werden sie auch im Übermaß gepriesen.« Ihr Fazit: »Jede Anstrengung zahlt sich aus, sagt man. Aber die albernen Romane der schreibenden Damen entspringen wohl weniger der Anstrengung als vielmehr der geschäftigen Faulheit.«[19] Wogegen sich George Eliot hier wandte, waren Romane, die zwar innerhalb der jeweiligen Gruppe entstanden waren, aber kaum mehr als die üblichen Klischees und Vorurteile reproduzierten, die überhaupt erst zur Herausbildung dieser Gruppe geführt hatten.

Eine solche Unbedarftheit oder »Albernheit« bemängelte Shikibu Murasaki auch am Buch der Sei Shonagon. Der Unterschied war jedoch, daß Sei Shonagon ihren Leserinnen kein von der Männerwelt abgesegnetes Zerrbild ihrer selbst anbot. Was Shikibu Murasaki als oberflächlich empfand, war das Sujet der Sei Shonagon – die banale Alltagswelt, in der sie sich bewegte, deren Trivialitäten Sei Shonagon mit derselben Hingabe dokumentierte, als handelte es sich um die prachtvolle, strahlende Welt des Prinzen Genji. Ungeachtet der Kritik durch Shikibu Murasaki gelangte Sei Shonagons intimer, scheinbar banaler Erzählstil zu großer Beliebtheit und Vorbildwirkung bei ihren zeitgenössischen Leserinnen. Der früheste Beleg dafür ist das Werk einer Heian-Hofdame, die nur als die »Mutter von Michitsuna« bekannt ist und das *Tagebuch eines Spätsommers* oder *Tagebuch der Vergänglichkeit* verfaßte. Darin versucht die Autorin, möglichst wahrheitsgetreu den Ablauf ihres Daseins zu schildern. Von sich selbst in der dritten Person schreibt sie: »Während die Tage gleichförmig dahinflossen, las sie in den alten Romanen und empfand die meisten von ihnen als eine Ansammlung plumper Erfindungen. Vielleicht, so sagte sie sich, konnte die Geschichte ihres eintönigen Daseins, geschrieben in der Form eines Tagebuches, ein gewisses Interesse erwecken. Vielleicht fand sie gar die Antwort auf die Frage: Ist dies das Leben, das einer hochgeborenen Dame zukommt?«[20]

Trotz aller Kritik durch Shikibu Murasaki ist es leicht zu verstehen, daß die bekenntnishafte Form, die Buchseite, auf der eine Frau »ihren Gefühlen freien Lauf ließ«, zum bevorzugten Lesestoff der Heian-Frauen wurde. In den Frauengestalten des *Genji*-Romans konnten sie sich zum Teil wiederentdecken, aber das *Kopfkissenbuch* versetzte die Leserinnen in den Stand, ihre höchsteigene Geschichte zu schreiben.

»Es gibt vier Arten, ein Frauenleben zu schildern«, meinte die amerikanische Literaturkritikerin Carolyn G. Heilbrun. »Die Frau selbst kann es erzählen und das dann eine Autobiographie nennen; sie kann es auf eine Weise erzählen, die dann als Roman bezeichnet wird; ein Biograph, männlich oder weiblich, kann ihr Leben dokumentieren und dies als Biographie betiteln; oder die Frau kann ihr Leben beschreiben, bevor sie es lebt, unbewußt und ohne diesen Vorgang zu bemerken oder zu benennen.«[21]

Carolyn Heilbruns vorsichtige Etikettierung der Formen erinnert von ferne an den fließenden Charakter der literarischen Formen, die von den Frauen der Heian-Epoche hervorgebracht wurden – *monogatari* (Romane), Kopfkissenbücher und andere. In diesen Texten fanden die Leserinnen ihre eigenen gelebten oder ungelebten Biographien wieder, idealisiert und phantasiert oder mit dokumentarischer Genauigkeit und Wahrhaftigkeit festgehalten. Dies ist der Normalfall bei Leserschichten, die isoliert und abgesondert leben. Der Lesestoff, den sie brauchen, ist bekenntnishaft, autobiographisch, sogar didaktisch, denn Leser, denen eine eigene Identität verwehrt bleibt, können ihre Geschichte nur in der Literatur auffinden, die sie selbst produzieren. In einer Erörterung des homosexuellen Leseverhaltens (das durchaus mit dem weiblichen und dem jeder anderen Gruppe verglichen werden kann, die von der Machtteilhabe ausgeschlossen ist) stellt der amerikanische Autor Edmund White fest, daß jeder Mann (oder jede Frau, können wir hinzufügen), der sein Anderssein bemerkt, dazu Stellung nehmen muß und daß dieses Stellungnehmen als eine einfache Vorform von Literatur zu werten ist, »mündlichen Erzählungen in Gestalt von Bettgeflüster, Kneipengespräch oder Bekenntnis auf der Couch des Psychoanalytikers«. »Diejenigen, die einander – oder der feindlichen Welt – ihre Lebensgeschichten erzählen, berichten nicht nur über das Vergangene, sondern sie formen auch ihre Zukunft vor, sie schaffen sich ihre Identität, indem sie sie enthüllen.«[22] Sei Shonagon und Shikibu Murasaki werfen ihren Schatten voraus auf die Frauenliteratur, die wir heute lesen.

Eine Generation nach George Eliot, im viktorianischen England, erklärte die Gwendolen in Oscar Wildes *Ernst sein ist alles*, daß sie niemals ohne ihr Tagebuch reise, denn »man sollte immer etwas Sensationelles als Zuglektüre mitnehmen«, und das war keine Übertreibung. Ihre Gegenspielerin Cecily definierte ein Tagebuch als »die Aufzeichnungen der Gedanken und Eindrücke eines sehr jungen Mädchens mit der Absicht der späteren Veröffentlichung«[23]. Die Publikation, also die Vervielfältigung eines Textes durch Abschrift, Vorlesen oder Druck für eine große Zahl von Lesern ermöglichte Autorinnen wie Leserinnen, verwandte Geister zu finden, half ihnen entdecken, daß ihr Los nicht einzigartig war, und auf dieser Erfahrung konnten sie die Fundamente eines bestärkten und authentischen Selbstverständnisses errichten.

Im Unterschied zum Papiergeschäft meiner Kindheit hält ein heutiger Buchladen nicht mehr nur Bücher bereit, die vom kommerziellen Interesse oder vom Anliegen bestimmt sind, den

Frauen vorzuschreiben, was sie lesen dürfen; es gibt auch die Bücher, in denen die Frauen selbst hervorbringen, was ihnen die »offizielle« Literatur nicht zu bieten hat. Damit ist den heutigen Leserinnen eröffnet, wovon die Autorinnen der Heian-Zeit vielleicht schon träumten: Sie müssen nur die Wände und Barrieren aus Papier überwinden, nach den Büchern greifen, die ihnen verlockend erscheinen, ihnen die farblich codierten Umschläge herunterreißen und sie zu den Büchern gesellen, die sich durch Zufall oder Bedacht in ihrem Schlafzimmer angesammelt haben.

✄ BÜCHER STEHLEN ✄

Wieder einmal bin ich beim Umziehen. Um mich herum türmen sich Bücherstapel, die überraschend hinter den fortgeschobenen Möbeln zum Vorschein kamen und unter der dicken Staubschicht aussehen wie windzerklüftete Felsen einer Wüstenlandschaft. Während ich die vertrauten Bände zu Stapeln türme, frage ich mich wie schon viele Male zuvor, warum ich so viele Bücher aufhebe, von denen ich weiß, daß ich sie nie wieder lesen werden. Meine Antworten sind mir ebenfalls altvertraut: Jedesmal, wenn ich mich von einem Buch trenne, stelle ich Tage später fest, daß ich gerade dieses Buch dringend benötige. Oder: Ich kenne kein Buch (oder nur sehr, sehr wenige), in dem nicht wenigstens ein interessanter Satz gestanden hätte. Oder: Ich habe es mir aus einem bestimmten Grund angeschafft, und dieser Grund könnte sich auch in der Zukunft als stichhaltig erweisen. Ich rede mir ein, daß es von Vorteil ist, eine besonders gut bestückte Bibliothek zu haben, daß es sich um ausgesprochen seltene Bücher handelt, daß sie mir irgendwie die Aura eines Gelehrten verleihen. Und dennoch weiß ich: Der Hauptgrund dafür, daß ich nicht auf diese ständig wachsende Büchermasse verzichten kann, ist eine Art maßloser Gier.

Ich genieße den Anblick meiner vollgestopften Regale, den Anblick der Bücher, die ich alle mehr oder weniger gut kenne. Ich genieße den Gedanken, daß ich von einer Art Inventarverzeichnis meines Lebens umgeben bin, von Vorgriffen auf meine Zukunft. Ich habe Vergnügen daran, in fast vergessenen Büchern die Spuren meiner weit zurückliegenden Lektüre aufzufinden: eine Kritzelei am Rand, Bustickets, Zettel mit rätselhaften Namen und Zahlen, manchmal auch auf dem Titelblatt eine Eintragung von Ort und Datum, die mich zurückversetzt in ein bestimmtes Café, ein ent-

Der besitzergreifende Leser: Graf Guglielmo Libri

legenes Hotelzimmer, einen lang entschwundenen Sommer. Wenn ich müßte, könnte ich all diese Bücher hinter mir zurücklassen und irgendwo anders von vorn beginnen, wie ich es schon mehrere Male getan habe, weil es nicht anders ging. Aber dann hatte ich es stets auch mit einem schweren, irreparablen Verlust zu tun. Ich weiß, daß etwas in mir stirbt, wenn ich meine Bücher preisgebe, und daß meine Erinnerung in schmerzlicher Sehnsucht immer wieder zu ihnen zurückkehrt. Im Lauf der Jahre aber sind mir immer weniger Bücher im Gedächtnis geblieben, so daß mir meine Erinnerung vorkommt wie eine geplünderte Bibliothek: Viele Räume sind verschlossen, und wo ich noch hingelange, klaffen riesige Lücken in den Regalen. Ich greife mir eins der verbliebenen Bücher, klappe es auf und sehe, daß Vandalen die meisten Seiten herausgerissen haben. Je mehr die Erinnerung verblaßt, um so stärker das Verlangen, dieses Depot meiner Leseerlebnisse zu schützen und zusammenzuhalten – Gedankengeflechte, Stimmen, Düfte. Der Besitz dieser Bücher ist so kostbar für mich geworden, weil ich die Vergangenheit emsig hüten will.

Die Französische Revolution versuchte mit der Vorstellung aufzuräumen, daß nur die Aristokratie eine Vergangenheit besitze. Zumindest in einem Punkt hatte sie damit Erfolg: Das Sammeln von Antiquitäten wurde zu einem bürgerlichen Hobby, zunächst unter Napoleon, der eine Vorliebe für römisches Dekorum hatte, dann auch in der Republik. Zu Beginn des 19. Jahrhunderts wurde das Anhäufen verstaubten Krimskrams, von Gemälden alter Meister und ehrwürdigen Folianten ein modischer Zeitvertreib in Europa. Die Trödelläden erlebten eine Blüte. Antiquitätenhändler errafften Reichtümer an vorrevolutionären Kleinodien, die ihnen aus den Händen gerissen und in den musealen Villen der Neureichen zur Schau gestellt wurden. »Der Sammler«, schrieb Walter Benjamin, »träumt sich nicht nur in eine ferne oder vergangene Welt, sondern zugleich in eine bessere, in der zwar die Menschen ebenso wenig mit dem versehen sind, was sie brauchen, wie in der alltäglichen, aber die Dinge von der Fron frei sind, nützlich zu sein.«[1]

1792 wurde der Louvre-Palast in ein Museum umgewandelt und dem Volk zugänglich gemacht. Mit einem arroganten Protest gegen die neue Auffassung, daß die Geschichte der Allgemeinheit gehöre, beklagte der adlige Romancier François-René de Chateaubriand, daß solcherart zur Schau gestellte Kunstwerke »nichts mehr mitzuteilen hätten, weder der Phantasie noch dem Herzen«. Als ein paar Jahre später der Künstler und Antiquar Alexandre Lenoir ein Museum für französische Bildplastik eröffnete, um die Bildhauer- und Tischlerkunst der in der Revolution geplünderten Wohnpalästen Klöster, Schlösser und Kirchen zu retten, bezeichnete Chateaubriand dies verächtlich als »eine Ansammlung von Trümmern und Särgen aus allen Jahrhunderten, zusammengeworfen ohne Sinn und Verstand in den Klosterräumen der Petits-Augustins«[2]. Sowohl in der Öffentlichkeit als auch in der privaten Welt der Sammler wurde Chateaubriands Kritik beflissen überhört.

Die alten Bücher hatten die Revolution in großer Zahl überlebt. Die Privatbibliotheken des vorrevolutionären Frankreichs gehörten zum Familienschatz, sie waren gepflegt, von Generation zu Generation angereichert worden und symbolisierten sowohl sozialen Rang als auch Eleganz und Lebensart. Man stelle sich den Grafen d'Hoym[3] vor, einen der berühmtesten Bibliophilen seiner Zeit (er starb vierzigjährig im Jahr 1736), wie er aus einem seiner überfüllten Bücherschränke ein Exemplar der *Reden* Ciceros zieht und es nicht als eins von vielen, Hunderten oder Tausenden gleichen, in zahlreichen Bibliotheken vertretenen Exemplaren betrachtet, sondern als ein Unikat, eingebunden nach seinen Wünschen, versehen mit Randbemerkungen von seiner Hand und verziert mit der Goldprägung seines Familienwappens.

Gegen Ende des 12. Jahrhunderts erlangten Bücher den Status von Handelsgütern, und in Europa wurde der Marktwert eines Buches zu einer kalkulierbaren Größe, so daß die Geldverleiher den Besitz von Büchern als Sicherheit anerkannten. Vermerke über solche Schuldverschreibungen fanden sich in vielen mittelalterlichen Büchern, besonders wenn diese aus dem Besitz von Studenten stammten.[4] Im 15. Jahrhundert hatte sich der Buchhandel als Wirtschaftsfaktor so weit etabliert, daß Bücher auf den Handelsmessen von Frankfurt und Nördlingen zu einer regulären Ware wurden.[5]

Manche Bücher besaßen wegen ihrer Seltenheit natürlich einen unschätzbaren Wert und wurden schon damals zu exorbitanten Preisen gehandelt (die *Epistulae* des Petrus Delphinus aus dem Jahr 1524 wechselten 1719 für 1 000 Livres den Besitzer – nach heutigem Wert etwa 50 000 DM)[6], aber die meisten galten als Teil des Familienbesitzes, zu dem niemand Zugang hatte außer dem Hausherrn und seinen Erben. Aus diesem Grund griffen die Revolutionäre selbstverständlich nach solchen Privatbibliotheken.

Die beschlagnahmten Bibliotheken des Klerus und des Adels, der »Feinde der Republik«, endeten in riesigen Depots, die man in Paris, Lyon, Dijon und anderen Städten angelegt hatte, wo sie Schmutz, Feuchtigkeit und Ungeziefer ausgesetzt waren, während die Revolutionsregierung sich Zeit damit ließ, über ihr weiteres Schicksal zu entscheiden. Die Lagerung dieser Büchermassen wurde zu einem derartigen Problem, daß die Behörden damit begannen, die erbeuteten Bestände zu verschleudern. Doch zumindest bis zur Gründung der privaten Bank von Frankreich im Jahr 1800 waren die meisten französischen Büchersammler zu verarmt (falls überhaupt noch am Leben oder im Lande), um Bücher kaufen zu können, und nur Ausländer, vor allem Engländer und Deutsche, hatten die Möglichkeit, von diesem Angebot zu profitieren. Die örtlichen Händler stellten sich wendig auf die Kundschaft ein. Bei einem der letzten Pariser Räumungsverkäufe im Jahr 1816 erwarb der Buchhändler und Verleger Jacques-Simon Merlin so viele Bücher, daß er zwei fünfstöckige, eigens zu diesem Zweck gekaufte Häuser vom Keller bis zum Dachboden anfüllen konnte.[7] Der Preis der Büchermasse wurde nach Gewicht berechnet, obwohl sich darunter viele kostbare und seltene Ausgaben befanden und neue Bücher nach wie vor sehr teuer waren. Im ersten Jahrzehnt des 19. Jahrhunderts kostete eine neuer Roman zum Beispiel ein Drittel dessen, was ein Landarbeiter im Monat verdiente, während man die Erstausgabe des *Roman comique* von Paul Scarron (1651) bereits für ein Zehntel des Preises erwerben konnte.[8]

Die beschlagnahmten Bücherschätze, die weder zerstört noch ins Ausland verkauft worden waren, wurden schließlich auf verschiedene öffentliche Bibliotheken verteilt, aber nur wenige Leser machten Gebrauch von ihnen. In der ersten Jahrhunderthälfte blieb der Zugang zu den *bibliothèques publiques* zeitlichen Einschränkungen unterworfen, eine strenge Kleiderordnung schreckte die Benutzer ab, und erneut sammelte sich der Staub auf den wertvollen Beständen.[9]

Doch bald sollte sich das ändern.

Guglielmo Bruto Icilio Timoleone, Conte Libri-Carucci della Sommaia, kam 1803 in Florenz als Sproß einer alten toskanischen Adelsfamilie zur Welt. Er studierte Jura und Mathematik und war in letzterer so erfolgreich, daß die Universität Pisa dem erst Zwanzigjährigen einen Lehrstuhl für Mathematik anbot. 1830 emigrierte er, möglicherweise unter dem Druck der Carbonari, einer nationalistischen Bewegung, nach Paris und wurde wenig später französischer Staatsbürger. Sein klangvoller Name verkürzte sich auf Graf Libri, die französischen Akademiker empfingen ihn mit offenen Armen; als Professor der Naturwissenschaften an der Pariser Universität wurde er ins Institut de France gewählt und später sogar in die Ehrenlegion aufgenommen.

Aber Graf Libri wir nicht nur ein Diener der Wissenschaft, sondern auch ein Sklave seiner Bücherleidenschaft. Aus dem Jahr 1840 wird berichtet, daß er bereits über eine ansehnliche Sammlung verfügte und mit Manuskripten und seltenen Drucken handelte. Zweimal bemühte er sich vergebens um einen Posten bei der Königlichen Bibliothek. 1841 dann wurde er zum Sekretär einer Kommission mit dem Auftrag ernannt, die Erstellung eines »vollständigen und detaillierten Katalogs aller Handschriften in alten und neuen Sprachen, welche in den öffentlichen Bibliotheken aller Departements enthalten sind«[10], zu beaufsichtigen.

In dieser Funktion lernte ihn Sir Frederic Madden kennen, seines Zeichens Direktor der Handschriftenabteilung des Britischen Museums. Seine erste Begegnung mit Graf Libri am 6. Mai 1846 in Paris beschrieb der Engländer wie folgt: »Seine äußere Erscheinung erweckt den Eindruck, als hätte er noch nie Seife, Wasser oder eine Bürste gesehen. Der Raum, in den wir geführt wurden, war nicht größer als etwa fünf Meter in der Breite, aber ringsum reichten die Regale mit Manuskripten bis hoch an die Decke. Die Fenster waren mit doppelten Vorhängen verhüllt, ein Kohlenfeuer brannte auf dem Rost, dessen Hitze sich mit dem Geruch des aufgehäuften Pergaments verband und so unerträglich war, daß ich förmlich nach Luft ringen mußte. M. Libri bemerkte unser Unwohlsein und öffnete ein Fenster, aber es war leicht zu erkennen, daß die frische Luft ihm unzuträglich war; seine Ohren waren mit Watte verstopft, als müßte er sich ständig vor Zugluft schützen. Mr. Libri ist recht korpulent, seine Züge sind gemütvoll, aber sie gehen sehr in die Breite.«[11] Was Sir Frederic damals noch nicht wußte: Graf Libri war einer der größten Bücherdiebe aller Zeiten.

Nach Ansicht von Tallemant des Réaux, eines Gesellschaftsautors des 17. Jahrhunderts, war Bücherdiebstahl kein Verbrechen, wenn man die Beute nicht weiterverkaufte.[12] Das Gefühl, einen kostbaren Band in den Händen zu halten, Seiten umzublättern, die sonst kein Unbefugter berühren durfte, war sicher ein wichtiger Antrieb für Graf Libri gewesen. Aber ob der gelehrte Bibliophile sich vom Anblick so vieler wertvoller Bücher zum Diebstahl verleiten ließ oder ob die Gier auf Bücher ihn bereits dazu getrieben hatte, diese für sein Vorhaben günstige Stellung anzutreten, läßt sich heute nicht mehr entscheiden. Versehen mit amtlichen Beglaubigungen, gehüllt in eine weite Robe, unter der er seine Beute verbergen konnte, bereiste Graf Libri die Bibliotheken ganz Frankreichs und nutzte sein Spezialwissen, um sich die Rosinen aus den Buchbeständen herauszupicken. In Carpentras, Dijon, Grenoble, Lyon, Montpellier, Orléans, Poitiers und Tours stahl er nicht nur ganze Bücher, sondern auch einzelne Seiten, die er dann ausstellte und manchmal verkaufte.[13] Nur in Auxerre richtete er keinen Schaden an. Der diensteifrige Bibliothekar erlaubte dem Beamten, der sich als *Monsieur le Secrétaire* und *Monsieur l'Inspecteur Général* auswies, sogar des Nachts in der Bibliothek zu arbeiten, aber bestand darauf, ihm einen Museumswärter zur Seite zu stellen, der ihm jeden Wunsch von den Augen ablesen sollte.[14]

Die ersten Klagen gegen Graf Libri wurden 1846 laut, aber sie fanden – vielleicht weil sie so unglaubhaft klangen – keine Beachtung, und Libri fuhr fort, die Bibliotheken zu plündern. Er ging dazu über, große Teile des Diebesguts zu verkaufen, und fertigte zu diesem Zweck detaillierte Kataloge an.[15] Warum tat der passionierte Bibliophile das, nachdem er die Bücher unter so großem Risiko an sich gebracht hatte? Vielleicht glaubte er wie Proust, daß das Verlangen »die Dinge zum Blühen bringt, während der Besitz sie verwelken läßt«[16]. Vielleicht wollte er sich auf die kostbarsten Perlen seines zusammengestohlenen Schatzes beschränken, oder es war pure Geldgier, die ihn zum Verkauf trieb – doch das wäre wohl die enttäuschendste Variante. Wie auch immer: Der Verkauf der gestohlenen Bücher konnte nicht verborgen bleiben. Die Vorwürfe gegen ihn nahmen zu, und ein Jahr später ordnete der Staatsanwalt diskrete Ermittlungen an, die jedoch vom Premierminister, M. Guizot, vertuscht wurden, weil der mit Libri befreundet war und als sein Trauzeuge fungiert hatte.

Die Ermittlungen wären sicher an diesem Punkt zum Erliegen gekommen, wenn nicht die Revolution von 1848 die Juli-Monarchie beendet und die Zweite Republik proklamiert hätte. Nun plötzlich kam Libris Akte, die lange in Guizots Schreibtisch geschlummert hatte, ans Licht. Libri wurde gewarnt und floh mit seiner Frau nach England. Im Gepäck führte er achtzehn Bücherkisten mit, deren Wert auf 25 000 Francs geschätzt wurde.[17] Ein Handwerker verdiente zu jener Zeit etwa 4 Francs am Tag.[18]

Ein ganzer Schwarm von Politikern, Künstlern und Schriftstellern eilte (vergeblich) zu Libris Verteidigung herbei. Etliche hatten von seinen Machenschaften profitiert und wollten nicht in den Skandal verwickelt werden, andere hatten auf seine Ehrenhaftigkeit vertraut und wollten nicht als Genarrte dastehen. Der Schriftsteller Prosper Mérimée machte sich in besonderer Weise für Libri stark.[19] Libri hatte ihm einst in der Wohnung eines Freundes den berühmten Pentateuch von Tours gezeigt, einen illuminierten Druck aus dem 17. Jahrhundert. Mérimée, der bereist war und sich in den französischen Bibliotheken gut auskannte, stellte fest, daß er dieses Buch bereits in Tours gesehen habe, und schlagfertig behauptete Libri, daß dies nur eine französische Kopie gewesen sei, er aber das ihm gehörige Original persönlich in Italien erworben habe. Mérimée glaubte ihm. In einem Brief an Edouard Delessert vom 5. Juni 1848 beharrte er: »Für mich, der ich immer gesagt habe, daß die Sammlerliebe Menschen zum Verbrechen verleitet, ist Libri der ehrlichste aller Sammler, und ich kenne niemanden außer Libri, der ein Buch in die Bibliothek zurücktragen würde, das andere gestohlen haben.«[20] Noch zwei Jahre nach dem gerichtlichen Schuldspruch gegen Libri beteuerte Mérimée in der *Revue des Deux Mondes*[21] so vehement die Unschuld seines Freundes, daß er eine Vorladung erhielt und wegen Mißachtung des Gerichts angeklagt wurde.

Die Last der Beweise führte dazu, daß Libri in Abwesenheit zu zehn Jahren Gefängnis verurteilt wurde und seiner öffentlichen Ämter verlustig ging. Lord Ashburnham, der durch die Vermittlung des Buchhändlers Joseph Barrois einen anderen illuminierten Pentateuch von Libri gekauft hatte (er stammte aus der öffentlichen Bibliothek Lyon), erkannte den Schuldspruch gegen Libri an und gab das Buch an den französischen Botschafter in London zurück. Dieser Pentateuch war das einzige Buch, das Lord Ashburnham den rechtmäßigen Besitzern zukommen ließ. »Die Glückwünsche, die dem Urheber einer solchen großmütigen Tat von allen Seiten entgegengebracht wurden, konnten ihn freilich nicht dazu bewegen, dasselbe mit anderen Manuskripten aus seiner Bibliothek zu wiederholen«, bemerkte Léopold Delisle[22], der 1888 einen Katalog der von Libri gestohlenen Bücher erstellte.

Doch da hatte Libri längst das Zeitliche gesegnet. Von England aus übersiedelte er nach Fiesole bei Florenz, wo er am 28. September 1869 nicht rehabilitiert in Armut starb – nicht ohne Rache an seinen Anklägern genommen zu haben. Im Jahr seines Todes erwarb der Mathematiker Michel Chasles, der ihm auf dem Lehrstuhl am Institut de France nachfolgte, eine unerhört kostbare Autographensammlung, von der er sich Ruhm und eine große Zahl von Neidern versprach. Sie enthielt Briefe von Julius Caesar, Pythagoras, Nero, Kleopatra und sogar der biblischen Maria Magdalena. Bald erwiesen sich alle Schriftstücke als Elaborate des berüchtigten Fälschers Vrain-Lucas, den Libri seinem Nachfolger auf den Hals geschickt hatte.[23]

Bücherdiebstahl war zu Zeiten Libris beileibe kein neuartiges Vergehen. »Die Geschichte der Bibliokleptomanie geht zurück bis zu den Anfängen der westeuropäischen Bibliotheken und kann zweifellos bis in die griechischen und orientalischen Bibliotheken zurückverfolgt werden«, schrieb Lawrence S. Thompson.[24] Die frühen römischen Bibliotheken bestanden vor allem aus griechischen Schriften, weil die Römer die griechischen Besitzungen so gründlich geplündert hatten.

Die königliche mazedonische Bibliothek, die Bibliothek des Mithridates von Pontus und des Apellicon von Teos (auf die sich Cicero später stützte) waren von den Römern geraubt und auf römischen Boden verschleppt worden. Auch die frühchristlichen Jahrhunderte blieben von Diebstählen nicht verschont. Der koptische Mönch Pachomius, der zu Beginn des 3. Jahrhunderts eine Bibliothek im ägyptischen Kloster Tabennisi angelegt hatte, führte allabendlich eine Inventur durch, um sich zu überzeugen, ob alle Schriften zurückgegeben worden waren.[25] Bei ihren Raubzügen im angelsächsischen Britannien stahlen die Wikinger die illuminierten Bücher der Mönche; wahrscheinlich hatten sie es auf das Gold der Einbände abgesehen.

Ein solches prunkvolles Buch, der *Codex aureus*, wurde irgendwann im 11. Jahrhundert gestohlen und mußte gegen ein Lösegeld an die Besitzer zurückgegeben werden, weil die Diebe nirgends einen Käufer für ihre kostbare Beute fanden. Die Bücherdiebe blieben. Auch das Mittelalter und die Renaissance wurden von Bücherdieben heimgesucht; 1752 erließ Papst Benedikt XIV. eine Bulle, in der sie mit Exkommunikation bedroht wurden.

Doch auch handfestere Strafen wurden in Aussicht gestellt, wie die folgende Warnung in einem wertvollen Renaissance-Buch unter Beweis stellt:

My Master's name above you see
Take heede therefore you steale not mee;
For if you doe, without delay
Your necke ... for me shall pay.
Looke doune below and you shall see
The picture of the gallowstree;
Take heede therefore of thys in time,
Lest on this three you highly clime![26]

Oder diese Inschrift in der Bibliothek des Klosters San Pedro in Barcelona:

Wer Bücher stiehlt oder ausgeliehene Bücher zurückbehält, in dessen Hand soll sich das Buch in eine reißende Schlange verwandeln. Der Schlagfluß soll ihn treffen und all seine Glieder lähmen. Laut schreiend soll er um Gnade winseln, und seine Qualen sollen nicht gelindert werden, bis er in Verwesung übergeht. Bücherwürmer sollen in seinen Eingeweiden nagen wie der Totenwurm, der niemals stirbt. Und wenn er die letzte Strafe antritt, soll ihn das Höllenfeuer verzehren auf immer.[27]

Doch kein Bannfluch scheint die Leser abzuschrecken, die sich darauf versteift haben, ein bestimmtes Buch in ihren Besitz zu bringen. Der Drang, ein Buch zu besitzen, der alleinige Eigentümer zu sein, ist eine Art der Begehrlichkeit, der sich nichts Vergleichbares entgegensetzen läßt. »Ein Buch liest sich um so besser«, bekannte Charles Lamb, ein Zeitgenosse des Grafen Libri, »wenn es uns gehört, wenn wir es so lange kennen, daß uns die Topographie der Kleckse, der Eselsohren vertraut ist, und wenn wir die Flecken darin auf den Tee und die Butterbrötchen zurückführen können, die wir beim Lesen zu uns genommen haben.«[28]

Der Akt des Lesens stellt eine intime, körperliche Beziehung zum Buch her, an der alle Sinne teilhaben: Die Augen sammeln die Wörter von der Seite auf, in den Ohren hallen die Geräusche der gelesenen Laute wider, die Nase inhaliert den vertrauten Geruch von Papier, Leim, Tinte, Pappe oder Leder, die Fingerkuppen streichen zärtlich über das rauhe oder glatte Papier, über den harten oder weichen Einband, selbst der Geschmackssinn ist manchmal beteiligt, wenn der Leser den Finger befeuchtet (auf diese Weise vergiftet der Mörder in Umberto Ecos *Der Name der Rose* seine Opfer).

All diese Empfindungen wollen viele Leser nur ungern mit anderen teilen – und wenn das Buch, auf das sie scharf sind, einem anderen gehört, ist das Besitzrecht genauso schwer aufrechtzuerhalten wie die Treue in der Liebe. Auch wird der Besitz eines Buches manchmal gleichbedeutend mit einer geistigen Besitzergreifung. Irgendwann stellt sich das Gefühl ein, daß die Bücher, die uns gehören, auch die Bücher sind, die wir kennen; als wäre der Besitz schon das Entscheidende, das, worauf es vor Gericht wie in der Bibliothek in neun von zehn Fällen ankommt; als würde uns schon ein Blick auf die Rücken der Bücher, die wir unser nennen, die gehorsam aufgereiht unsere Regale bevölkern und uns, nur uns allein, zu Diensten sind, zu der Feststellung berechtigen: All das ist mein. Schon ihre Anwesenheit scheint uns mit ihrer Weisheit anzufüllen, ohne daß wir die Mühen des Lesens auf uns nehmen müssen.

Darin bin ich genauso schuldig geworden wie Graf Libri. Selbst heute, wo wir in Dutzenden von Ausgaben und Tausenden von gleichen Exemplaren eines Titels schier ertrinken, gibt es für mich nur das eine Buch, das ich in der Hand halte. Dieser eine Band, und nur dieser, ist für mich Das Buch. Randbemerkungen, Flecken, Lesezeichen der einen oder anderen Art, ein bestimmter Moment und Ort – all das kennzeichnet mein Buch genauso unverwechselbar, als wäre es ein einzigartiges Manuskript. Wir mögen uns dagegen sträuben, die Diebstähle des Grafen Libri zu rechtfertigen, aber das unterschwellige Verlangen hinter seinen Raubzügen, der Drang, ein Buch unser eigen zu nennen, und sei es nur für einen Moment, ist mehr ehrenwerten Männern und Frauen vertraut, als wir uns womöglich eingestehen wollen.

☙ Der Autor als Leser ☙

Plinius der Jüngere; Skulptur am Dom zu Como

Eines Abends am Ende des 1. Jahrhunderts verließ Gajus Plinius Caecilius Secundus (der Nachwelt als Plinius der Jüngere geläufig – zur Unterscheidung von seinem gelehrten Onkel, Plinius dem Älteren, der beim Ausbruch des Vesuvs im Jahr 79 ums Leben kam) das Haus eines Freundes in rechtschaffenem Zorn. Wütend stapfte er durch die Gassen Roms, um sein Studierzimmer aufzusuchen und seine Gedanken zu ordnen. Wohl mit einem Seitenblick auf die Briefsammlung, die er eines Tages publizieren würde, machte er sich an die Arbeit und schrieb dem Anwalt Claudius Restitutus über die Vorkommnisse des Abends: »Ich habe soeben in Empörung eine Lesung im Haus eines Freundes verlassen und fühlte mich gedrängt, Dir sofort zu schreiben, wenn ich es Dir schon nicht persönlich berichten kann. Der Text, der vorgelesen wurde, war aufs feinste geschliffen in jeder erdenklichen Hinsicht, aber zwei oder drei besonders geistreiche Hörer – so zumindest kamen sie sich und ein paar anderen vor – lauschten ihm, als wären sie taubstumm. Nie machten sie den Mund auf oder rührten auch nur eine Hand, sie streckten nicht einmal die Beine aus, um bequemer zu sitzen. Was ist der Zweck dieses reservierten und hochfahrenden Betragens, um nicht zu sagen, dieser Trägheit und Dünkelhaftigkeit, dieses Mangels an Takt und Gemeinsinn, mit dem sie den ganzen Tag nur Verdruß verbreiten und sich einen Mann zum Feind machen, den man als besten Freund zu hören gekommen war?«[1]

Aus dem Abstand von zwanzig Jahrhunderten ist die Entrüstung des Plinius nur noch schwer nachzuvollziehen. Zu seiner Zeit waren Autorenlesungen ein modisches Gesellschaftsritual[2] geworden, und wie jede Zeremonie unterlag auch diese einer bestimmten Etikette, der sich Vortragende wie Hörer zu fügen hatten. Von den Zuhörern wurden kritische Hinweise erwartet, vom Autor, daß er diese Hinweise beherzigte und seinen Text verbesserte, und aus diesem Grund ließ sich Plinius vom Anblick der reaktionslosen Zuhörer so sehr in Rage versetzen. Er selbst erprobte die erste Fassung seiner Reden gern an einem ausgewählten Freundeskreis und überarbeitete sie dann aufgrund der beobachteten Wirkung.[3]

Von den Zuhörern wurde zudem erwartet, daß sie der ganzen Veranstaltung ungeachtet ihrer Dauer von Anfang bis Ende folgten, damit sie nicht einen Teil des Werks verpaßten, und Plinius war der Ansicht, daß diejenigen, die solche Lesungen nur als gesellige Zerstreuung betrachteten, kaum mehr wert waren als das gewöhnliche Lumpenpack. »Die meisten von ihnen sitzen in den Vorzimmern herum«, wütete er gegenüber einem anderen Freund, »und vergeuden ihre Zeit, statt aufzumerken, und ihren Dienern befehlen sie, Bescheid zu geben, wenn der Autor eingetroffen ist und die Einleitung verlesen hat oder wenn er zum Schluß gekommen ist. Erst dann, und das äußerst widerstrebend, kommen sie hereingetrottet. Aber sie bleiben nicht lange und gehen schon vor dem Ende; manche versuchen sich unbemerkt davonzuschleichen, andere gehen ohne jede Scham hinaus ... Mehr Lob und Ehre gebührt hingegen jenen, deren Liebe zum Schreiben und zum Vorlesen sich durch die schlechten Manieren und die Arroganz des Publikums nicht entmutigen läßt.«[4]

Auch der Autor mußte gewisse Regeln beachten, wenn seine Lesung erfolgreich sein sollte, denn dem stand eine Vielzahl von Hindernissen im Weg. Vor allem galt es, einen angemessenen Leseort zu finden. Reiche Männer betrachteten sich gern als Dichter und gaben ihre Verse mit Vorliebe vor einem großen Freundeskreis zum besten. Eigens zu diesem Zweck gab es in ihren prächtigen Villen einen gesonderten Raum, das *auditorium*. Manche der reichen Dichter, wie etwa Titinius Capito[5], waren so großzügig, ihr Auditorium auch anderen Dichtern zur Verfügung zu stellen, aber gewöhnlich waren diese Lesebühnen allein dem Gebrauch ihrer Eigentümer vorbehalten. Wenn sich die geladenen Freunde am vorbezeichneten Ort eingefunden hatten, nahm der Autor auf dem Podium Platz, angetan mit einer neuen Toga, und las unter Zurschaustellung aller seiner Ringe aus dem Manuskript vor.[6]

Plinius zufolge bedeutete dieser Brauch eine doppelte Behinderung: »Daß er auf einem Stuhl Platz nehmen muß, auch wenn sich seine Begabung wie bei einem Redner erst im Stehen entfaltet, ist bereits ein bedeutender Nachteil«,[7] und er fand »die zwei wichtigsten Hilfsmittel seiner Darbietung, das heißt Augen und Hände«, gebunden, da er den Text halten mußte. Daher kam es vor allem auf die oratorische Gestaltung an. Plinius lobte einen Vorlesenden mit den Worten: »Er zeigte die angemessene Beweglichkeit beim Heben und Senken der Stimme und dasselbe Geschick beim Wechsel von erhabenen Gegenständen zu den geringeren, vom Einfachen zum Komplizierten, von den heiteren Themen zu den ernsteren. Ein weiterer Vorzug war seine auffallend angenehme Stimme, die durch seine Bescheidenheit, seine Nervosität und sein Erröten nur gewann, wie denn jede Lesung dadurch zusätzlichen Zauber erlangt. Ich weiß nicht, warum dies so ist, aber Schüchternheit steht einem Autor weit besser an als Selbstsicherheit.«[8]

All jene, die ihrer Lesebegabung mißtrauten, konnten sich gewisse Tricks einfallen lassen. Plinius selbst, der sich sicher fühlte, wenn er Vorträge hielt, aber an seinem Talent als Gedichtrezitator eher zweifelte, verfiel auf folgende Idee, als er eine Lesung seiner Dichtungen vorbereitete: »Ich plane eine zwanglose Lesung für ein paar Freunde«, schrieb er an Sueton, den Autor der *Zwölf-Cäsaren-Biographien*, »und ich gedenke einen meiner Sklaven dafür zu benutzen. Ich erweise meinen Freunden damit keinen großen Gefallen, denn der Mann, den ich bestimmt habe, ist nicht wirklich ein guter Leser, aber ich glaube, er tut es besser, als ich es könnte, solange er nicht zu nervös wird … Aber die Frage ist: Was soll ich tun, während er liest? Soll ich still und stumm dasitzen wie ein Zuschauer, oder soll ich, wie es mancher andere tut, seine Worte mit den Lippen, mit Augenausdruck und Gestik nachformen?« Wir wissen leider nicht, ob Plinius an jenem Abend eine der frühesten Playback-Vorstellungen der Geschichte gab.

Viele dieser Lesungen müssen den Zuhörern endlos erschienen sein; Plinius berichtet von einer, die drei Tage dauerte. (Doch hat ihm das in jenem Fall wohl kaum mißfallen, denn der Rezitator hatte seinem Publikum verkündet: »Was kümmern mich die Dichter der Vergangenheit, seit ich Plinius kenne!«)[9]

Ob die Lesungen nun mehrere Stunden oder eine halbe Woche dauerten; für einen angehenden Autor, der bekannt werden wollte, waren sie eine unerläßliche Übung. Horaz beklagte sich, daß gebildeten Lesern der Gehalt der Dichtungen offenkundig gleichgültig war, hatten sie doch »das Vergnügen des Hörens verlagert auf die flüchtige und eitle Lust des Auges«[10]. Martial fühlte sich von den Möchtegern-Poeten, die ihre Elaborate unbedingt laut vortragen mußten, so sehr belästigt, daß er sich beklagte:

Ich frag euch, wer erträgt noch diesen Eifer?
Ihr lest mir vor, wenn ich da stehe,
Ihr lest mir vor, wenn ich mich setze,
Ihr lest mir vor, wenn ich euch fliehe,
Ihr lest mir sogar vor beim Scheißen![11]

Plinius hingegen begrüßte diese Lesungen und sah in ihnen die Vorzeichen eines goldenen Zeitalters für die Literatur. »Den ganzen April hindurch verging kaum ein Tag, ohne daß irgendwo eine öffentliche Lesung stattgefunden hätte«, stellte er begeistert fest. »Ich bin entzückt, die Literatur sprießen und die Talente erblühen zu sehen.«[12] Die späteren Generationen folgten ihm freilich darin nicht und vergaßen die meisten jener rezitierenden Poeten nur allzugern.

Und doch: Wenn es den Autoren um Berühmtheit ging, brauchten sie dank dieser Lesungen nicht bis nach ihrem Tod zu warten, um dann endlich gewürdigt zu werden. »Man mag anderer Meinung sein«, schrieb Plinius an seinen Freund Valerius Paulinus, »aber meine Vorstellung von einem wahrhaft glücklichen Mann ist die eines Dichters, der das Vorgefühl seines guten und langdauernden Rufes genießt und, auf das Urteil der Nachwelt vertrauend, in der Gewißheit des kommenden Ruhmes lebt.«[13] Plinius schätzte seinen Ruhm bei den Zeitgenossen sehr. Er war entzückt, wenn der (von ihm verehrte) Schriftsteller Tacitus, wie es beim Wagenrennen geschah, mit ihm verwechselt wurde. »Wenn Demosthenes das Recht hatte, erfreut zu sein, als die alte Frau in Attika ihn mit den Worten ›Das ist Demosthenes!‹ begrüßte, darf sicherlich auch ich Freude darüber empfinden, daß mein Name wohlbekannt ist. Jawohl, ich gestehe es ein, ich freue mich darüber.«[14]

Seine Werke wurden veröffentlicht und gelesen, selbst in so entlegenen Gegenden wie in Lugdunum, dem heutigen Lyon. Einem anderen Freund schrieb er: »Ich hatte gar nicht gewußt, daß es Buchhändler in Lugdunum gibt; um so erfreuter war ich, Deinem Brief zu entnehmen, daß meine Schriften dort Abnehmer finden.

Ich bin froh, daß sie auch in fernen Gegenden die Beliebtheit behalten, die sie sich in Rom erworben haben, und ich beginne zu glauben, daß meine Arbeit in der Tat recht gut sein muß, wenn sich die öffentliche Meinung an so vielen verschiedenen Orten darüber einig ist.«[15] Viel lieber als die schweigende Zustimmung der anonymen Leser war ihm freilich das Lob einer lauschenden Zuhörerschaft.

Plinius nannte eine Reihe von Gründen, warum er im öffentlichen Vortrag eine nutzbringende Übung sah. Das Gefeiertwerden war zweifellos ein wichtiger Faktor, dazu kam noch das Wohlgefallen am Klang der eigenen Stimme. Er rechtfertigte diese Eitelkeit mit der Bemerkung, daß sein Publikum beim Zuhören Lust bekäme, den fraglichen Text zu kaufen, und auf diese Weise eine Nachfrage entstünde, die sowohl den Autor als auch den Verleger und Verkäufer des Buches zufriedenstellte.[16] In der Öffentlichkeit zu lesen war seiner Meinung nach der ideale Weg für einen Autor, sich ein Publikum zu erobern. Ja, das öffentliche Lesen war selbst eine rudimentäre Form von Veröffentlichung.

Wie Plinius richtig bemerkte, war der öffentliche Auftritt eine Darbietung, an der der ganze Körper beteiligt war. Auch heute verleiht der Autor beim Lesen seinen Worten eine gewisse Klangfarbe und unterlegt sie mit Gesten; sein Vortrag gibt dem Text eine Tönung, die (angeblich) derjenigen entspricht, die ihm beim Schreiben vorschwebte; damit vermittelt er den Hörern das Gefühl, den Intentionen des Autors ganz nahe gekommen zu sein, und der Text selbst erhält das Gütesiegel der Authentizität. Aber indem der Autor den Text liest, entstellt er ihn auch schon; durch den interpretierenden Vortrag verbessert (oder verschlechtert) er den Text. Der kanadische Romancier Robertson Davies legte beim Lesen Schicht um Schicht seiner Charaktere bloß; seine Lesung glich eher einem Bühnenauftritt als einem Prosavortrag. Nathalie Sarraute liest hingegen ihre Romane mit einer Monotonie vor, die den poetischen Charakter ihrer Texte beeinträchtigt. Dylan Thomas intonierte seine Gedichte fast wie einen Gesang, ließ die akzentuierten Silben wie Gongs ertönen und machte dazwischen enorm lange Pausen.[17] T. S. Eliot brummelte vor sich hin wie ein mürrischer Pfarrer, der seine Gemeinde tadelt.

Wird ein Text vorgetragen, ist er nicht ausschließlich durch die Beziehung zwischen seiner literarischen Eigenart und dem zufälligen, ständig wechselnden Publikum determiniert, da ein Zuhörer nicht die Möglichkeit hat, wie beim Lesen zurückzublättern, eine Denkpause einzuschieben und dem Text die eigene, subjektive Intonation beizulegen. Der Text bleibt statt dessen an den Autor und Vorleser gebunden, der die verbindliche Lesart vorgibt; alle seine Zuhörer müssen sich ihr widerspruchslos unterwerfen. Autorenlesungen können sehr dogmatisch sein.

Nicht nur in Rom, auch in Griechenland waren öffentliche Lesungen üblich. Fünfhundert Jahre vor Plinius las zum Beispiel Herodot seine Werke zu den Olympischen Spielen vor, anläßlich deren sich eine große, enthusiastische Menschenmenge aus ganz Griechenland einfand, und auf diese Weise ersparte er sich die mühevollen Lesereisen von Stadt zu Stadt. Ein Jahrtausend später, im 6. Jahrhundert, starben die Lesungen praktisch aus, weil es offenbar kein »gebildetes Publikum« mehr gab. Die letzte uns bekannte Schilderung einer öffentlichen Lesung in Rom findet sich in den Briefen des christlichen Dichters Apollinaris Sidonius, die in der zweiten Hälfte des 5. Jahrhunderts geschrieben wurden. In ihnen beklagt sich Sidonius darüber, daß das Latein zu einer Sonder- und Fremdsprache geworden sei, »zur Sprache der Liturgie, der Kanzleien und einiger Gelehrter«[18]. Die Kirche stand vor der paradoxen Tatsache, daß die lateinische Sprache, die sie einst gewählt hatte, um das Evangelium in alle Welt und zu allen Menschen zu tragen, für die große Mehrheit der Gläubigen unverständlich geworden war. Das Latein wurde zum Bestandteil der kirchlichen »Mysterien«, und im 11. Jahrhundert erschienen die ersten Wörterbücher für die Studenten und Novizen, da Latein nicht mehr die Muttersprache war.

Doch die Autoren bedurften nach wie vor der Stimulation durch den direkten Publikumskontakt. Am Ende des 13. Jahrhunderts äußerte Dante die Ansicht, daß die »lingua volgare«, also die gebräuchliche Umgangssprache, vornehmer sei als Latein, und das aus drei Gründen: Erstens sei sie die Sprache von Adam und Eva im Paradies gewesen, zweitens sei sie die »natürliche« Sprache, während Latein »künstlich« sei, da es nur an den Schulen gelehrt werde, und drittens sei sie universell, weil alle Menschen irgendein Volgare sprächen, Latein hingegen nur eine kleine Minderheit.[19] Obwohl Dante dieses Plädoyer für die Volkssprache paradoxerweise auf Latein verfaßte, wird vermutet, daß er später, am Hof des Guido Novello da Polenta in Ravenna, Passagen seiner *Commedia* in der »Vulgärsprache« vortrug, die er so beredt verteidigt hatte.

Verbürgt hingegen ist, daß im 14. und 15. Jahrhundert Autorenlesungen wieder üblich wurden. Aus der geistlichen und aus der weltlichen Literatur finden sich dafür viele Belege. Im Jahr 1309 widmete Jean Sire de Joinville sein *Leben des heiligen Ludwig* »Dir und Deinen Brüdern und allen, denen es vorgelesen wird«.[20]

Gegen Ende des 14. Jahrhunderts trotzte der französische Historiker Froissart für sechs lange Wochen den nächtlichen Winterstürmen, indem er dem unter Schlaflosigkeit leidenden Grafen du Blois seinen Ritterroman *Méliador* vorlas.[21] Der Fürst und Dichter Charles d'Orleans, den die Engländer 1415 bei Agincourt in ihre Gewalt bekommen hatten, schrieb in seiner langen Gefangenschaft eine große Zahl von Versdichtungen. Nach seiner Freilassung 1440 trug er sie am Hof von Blois vor, und zu diesen literarischen Abenden wurden auch andere Dichter wie zum Beispiel François Villon eingeladen. 1499 stellte Fernando de Rojas in der Einleitung zu seinem etwas lang geratenen Drama *La Celestina* (eigentlich ein Roman in Gestalt eines Dramas) klar, daß der Text zum Vortrag bestimmt sei, »sofern sich an die zehn Zuhörer zusammenfinden, um dieser Komödie zu lauschen«[22]; es ist zu vermuten, daß der Autor (von dem wir nur wissen, daß er konvertierter Jude war und kein Bedürfnis verspürte, die Aufmerksamkeit der Inquisition auf sein Stück zu lenken) die »Komödie« zuerst an seinen Freunden erprobte.[23] Im Januar 1507 las Ariost der von einer Krankheit genesenden Isabella Gonzaga aus seinem unvollendeten *Rasenden Roland* vor und »bescherte ihr zwei Tage nicht nur der Kurzweil, sondern des köstlichsten Vergnügens«[24]. Auch Geoffrey Chaucer, aus dessen Büchern häufig vorgelesen wird, hat mit großer Wahrscheinlichkeit seine Verse (vor) einem lauschenden Publikum vorgetragen.[25]

Chaucer, der Sohn eines reichen Weinhändlers, erhielt seine Ausbildung vermutlich in London, wo er die Werke Ovids, Vergils und der französischen Dichter entdeckte. Wie es bei Kindern wohlhabender Eltern üblich war, trat er bei einer adligen Familie in Dienst, und zwar bei der Gräfin Elisabeth von Ulster, die mit dem zweiten Sohn König Eduards III. verheiratet war. Der Überlieferung zufolge verfaßte er in jungen Jahren auf Bitten einer adligen Dame (Blanche of Lancaster, für die er später das *Buch der Herzogin* dichtete) eine Hymne auf die Jungfrau Maria, um sie vor ihr und ihrem Gefolge vorzutragen. Man kann sich den jungen Mann

Chaucer liest
vor König
Richard II.;
Illustration in
der Handschrift
*Troilus und
Criseyde* aus
dem frühen
15. Jh.

vorstellen, der nervös zu lesen beginnt, dann langsam in Fahrt
gerät und ein wenig stotternd seinen Text herunterhaspelt wie ein
heutiger Student eine Seminararbeit. Aber Chaucer muß damit Er-

folg gehabt haben: Eine Handschrift von *Troilus und Criseyde* aus dem Corpus-Christi-College in Cambridge zeigt einen Mann, der von einer Kanzel unter freiem Himmel zu einer Versammlung von Adligen spricht, vor ihm liegt ein aufgeschlagenes Buch. Der Mann ist Geoffrey Chaucer, das Königspaar vor ihm ist Richard II. mit Queen Anne.

Chaucers Stil verbindet Anleihen bei den antiken Rhetorikern mit den umgangssprachlichen Wendungen, Gesprächsformen und Schlagwörtern aus der Tradition des Minnesangs, so daß auch heutige Leser seine Texte sowohl hören *wie* sehen können. Weil Chaucers Publikum seine Gedichte mit den Ohren »las«, wurden Gestaltungsmittel wie Reim, Versmaß, Wiederholung und stimmliche Modulation der Charaktere zu den wesentlichen Dichtungsmerkmalen; beim Vorlesen konnte er den Einsatz dieser Mittel je nach Reaktion des Publikums variieren. Wenn der Text dann niedergeschrieben wurde, um von einem anderen vorgetragen oder nur gelesen zu werden, kam es natürlich darauf an, die akustischen Stilmittel sichtbar zu machen. Aus diesem Grund entstanden nach der inzwischen im Zuge des stillen Lesens eingeführten Punktuation nun auch ähnlich praktische Zeichen für das Vortragen der Verse – zum Beispiel wurde der liegende Pfeil (> und <), den die Schreiber zur Hervorhebung wichtiger Stellen an den Rand setzten, nun zur Markierung der wörtlichen Rede verwendet; später wurden die heute gebräuchlichen Anführungszeichen oder »Gänsefüßchen« daraus. Der Schreiber, der Chaucers *Canterbury Tales* in der Ellesmere-Handschrift des späten 14. Jahrhunderts niederschrieb, verwendete zudem Schrägstriche *(solidus)*, um den Sprechrhythmus der Verse zu verdeutlichen:

In Southwerk / at the Tabard / as I lay
Redy / to wenden on my pilgrimage[26]

Um 1387 jedoch entschied sich Chaucers Zeitgenosse John von Trevisa, der das hochpopuläre Epos *Polychronicon* aus dem Lateinischen ins Englische übersetzte, für eine – zum öffentlichen Vortrag weniger geeignete – Prosafassung anstelle der gewohnten Verse. Trevisa wußte, daß sein Publikum nicht mehr auf die Rezitation des Werkes warten, sondern das Buch still für sich selbst lesen würde. Wenn der Autor nicht mehr am Leben war, so dachte man, gewann man als Leser mehr Freiheiten im Umgang mit dem Text.

Und doch genoß der Autor, der magische Schöpfer des Textes, eine geradezu mystische Verehrung. Die neuen Leser brannten darauf, dem Macher, dem leibhaftigen Menschen, in dem der Geist wohnte, der den Doktor Faustus, Gestalten wie Tom Jones oder Candide erdacht hatte, einmal persönlich zu begegnen. Und die Autoren verfielen einer entgegengesetzten Magie: Sie wollten das Publikum kennenlernen, das für sie doch nur eine literarische Fiktion war, der »teure Leser«, der für Plinius noch eine sichtbare Masse von mehr oder weniger kultivierten Zuhörern gewesen war, doch nun, ein gutes Jahrtausend später, zu einer abstrakten Vorstellung geschrumpft war. »Sieben Exemplare sind verkauft«, reflektiert der Held des 1818 veröffentlichten Romans *Nightmare Abbey* von Thomas Love Peacock. »Sieben ist eine magische Zahl. Das ist ein gutes Omen. Ich muß die sieben Käufer dieser sieben Exemplare aufspüren, und sie werden die sieben goldenen Leuchter sein, die mir die Welt erhellen.«[27] Um die ihnen vergönnten sieben Leser (oder sieben mal sieben – wenn das Glück ihnen hold war) zu finden, gingen die Schriftsteller erneut dazu über, ihre Werke öffentlich vorzutragen.

Plinius hatte erklärt, daß öffentliche Lesungen nicht nur dem Publikum dienten, sondern auch den Autor selbst erneut mit seinem Werk konfrontierten. Ohne Zweifel überarbeitete Chaucer seine *Canterbury Tales*, wenn er sie in öffentlicher Lesung erprobt hatte (indem er etwa die Beschwerden über seine »hochgestochenen Reime« seinen Gestalten in den Mund legte). Molière machte es sich drei Jahrhunderte später zur Gewohnheit, seine Stücke dem Dienstmädchen vorzutragen. »Wenn Molière ihr jemals etwas vorgelesen hat«, schrieb der englische Romancier Samuel Butler in seine *Notebooks*, »dann deshalb, weil ihm allein das laute Lesen seinen Text in einem neuen Licht zeigte und weil die Konzentration auf jede einzelne Zeile ihn zu einem strengeren Richter machte. Ich nehme mir immer vor, alles Geschriebene jemandem laut vorzulesen, und meistens tue ich es auch. Als Zuhörer eignet sich fast jedermann, er darf nur nicht so klug sein, daß ich Scheu vor ihm habe. Schwache Stellen spüre ich beim lauten Lesen sofort auf, auch wenn ich beim stillen Lesen stets glaubte, die Passage wäre in Ordnung.«[28]

Manchmal war es nicht die Selbstvervollkommnung, sondern die Zensur, die den Autor dazu brachte, seine Texte öffentlich vorzutragen. Weil die französischen Behörden den Druck der *Be-*

kenntnisse von Jean-Jacques Rousseau verboten hatten, las der Autor sein Buch während des langen, kalten Winters von 1768 in den verschiedensten Pariser Salons vor. Eine dieser Lesungen dauerte von neun Uhr morgens bis drei Uhr nachmittags. Als Rousseau zu der Passage gelangte, in der er seine Kinder verläßt, waren die Zuhörer, wie ein Teilnehmer berichtete, anfangs entsetzt, dann brachen sie in Tränen aus.[29]

Das 19. Jahrhundert war in ganz Europa das goldene Zeitalter der Autorenlesungen. In England stand Charles Dickens ganz oben in der Gunst des Publikums. Dickens, der eine Schwäche für die Schauspielerei hatte (und tatsächlich etliche Male auf der Bühne stand, namentlich 1857 in dem Stück *The Frozen Deep*, einer Gemeinschaftsproduktion mit Wilkie Collins), nutzte seine darstellerischen Fähigkeiten für den Vortrag seiner Werke. Wie Plinius unterschied er zwei Arten von Lesungen: Die Auftritte im Freundeskreis dienten ihm dazu, seinen Texten den letzten Schliff zu geben und ihre Wirkung auf die breite Leserschaft abzuschätzen; die öffentlichen Lesungen waren hingegen Darbietungen, die ihn in späteren Jahren berühmt machten.

In einem Brief an seine Frau Catherine berichtet er über eine Lesung seiner zweiten Weihnachtsgeschichte *Silvesterglocken*:

»Du hättest gestern abend Macready [einen seiner Freunde] erleben sollen – hemmungslos geschluchzt und geweint hat er auf dem Sofa, während ich las –, dann hättest Du (ebenso wie ich) gespürt, was es bedeutet, eine solche Macht zu haben.« Einer seiner Biographen fügte dem hinzu: »Macht über andere, die Macht, anzurühren und zu bewegen. Die Macht seines Erzählens. Die Macht seiner Stimme.« An Lady Blessington schrieb Dickens im Hinblick auf die *Silvesterglocken*: »Ich hoffe doch sehr, daß ich Sie zum Weinen bringen werde, zu bitterlichem Weinen.«[30]

Etwa um dieselbe Zeit suchte der Dichter Lord Alfred Tennyson die Londoner Salons mit Lesungen seines berühmtesten (und sehr langen) Poems *Maud* heim. Tennyson war es nicht so sehr wie Dickens um die Macht zu tun als vielmehr um fortgesetzten Zuspruch, um die Bestätigung, daß sein Werk wirklich ein Publikum fand. »Allingham, täte es Sie sehr grausen, wenn ich *Maud* lesen würde? Würde Sie das umbringen?« fragte er 1865 bei einem Freund an.[31]

Jane Carlyle erinnerte sich, daß er auf einer Party umherging und die Gäste befragte, ob ihnen *Maud* gefallen habe, daß er laut aus *Maud* vorlas: »immer nur Maud, Maud, Maud«, und dabei »empfindlich für Kritik, als würde sie ihm direkt an die Ehre gehen«.[32] Jane Carlyle war eine geduldige Zuhörerin. In ihrem Haus in Chelsea verlas Tennyson sein Gedicht immer wieder von vorn, um ihr eine lobende Bemerkung abzuringen – was ihm nach dem dritten Durchlauf dann gelang.[33]

Nach Auskunft eines anderen Zeitgenossen, Dante Gabriel Rossetti, legte Tennyson in die Lesung seiner Gedichte die Gefühle hinein, die er von seinen Zuhörern erwartete. Er zerfloß in Tränen und »las mit einer solchen Gefühlsintensität, daß er nach einem großen Brokatkissen griff und es in seinen kräftigen Händen preßte und knetete, ohne dies zu bemerken«.[34] Emerson wurde diese Intensität nicht zuteil, als er sich Tennysons Gedichte laut vorlas. »Es ist eine gute Qualitätsprobe für Balladen und überhaupt alle Dichtung«, vertraute er seinem Notizbuch an, »ob sie sich laut lesen läßt. Sogar bei Tennyson wird die Stimme feierlich und schleppend.«[35]

Dickens ging da als Vortragskünstler weit professioneller vor. Seine Fassung des Textes – der Tonfall, die Stimmführung, selbst die Kürzungen und Änderungen, die er vornahm, um die Geschichte für den mündlichen Vortrag einzurichten – ließ bei niemandem einen Zweifel offen, daß es sich um die einzig mögliche Interpretationsweise handelte. Das zeigte sich vor allem auf seinen gefeierten Lesereisen. Die erste ausgedehnte Tour, die in Clifton begann und in Brighton endete, umfaßte an die achtzig Lesungen in mehr als vierzig Städten. Er las »in Lagerhallen, Versammlungslokalen, Buchgeschäften, Bürohäusern, Sälen, Hotels und Trinkhallen«. Von einem hohen Pult aus, das später abgesenkt wurde, damit man seine Gestik besser verfolgen konnte, bat er sein Publikum eindringlich darum, den Anschein eines vertrauten Freundeskreises zu erzeugen, »der sich versammelt hat, um eine Geschichte zu vernehmen«. Die Leute taten, was Dickens von ihnen erwartete. Ein Mann begann haltlos zu weinen, »bedeckte das Gesicht mit beiden Händen und senkte den Kopf auf die Lehne des Sitzes vor ihm, er zuckte geradezu vor Rührung«. Ein anderer lachte immer, wenn er spürte, daß der Auftritt einer bestimmten Gestalt bevorstand, »er rieb sich jedesmal die Augen, und wenn die Gestalt dann tatsächlich auftrat, stieß er eine Art Schrei aus, als ginge ihm das über den Verstand«. Plinius wäre entzückt gewesen.

Diese Effekte wurden sorgfältig herbeigeführt: Dickens hatte mindestens zwei Monate damit verbracht, den Vortrag und seine Gesten einzustudieren, und entsprechende Vermerke an die Ränder seiner eigens für die Vortragsreise bearbeiteten »Lesetexte« geschrieben: »Fröhlich ... streng ... Pathos ... geheimnisvoll ... mit Tempo«, stand da zu lesen, aber auch die Gesten waren geplant: »zum Publikum nicken ... Finger heben ... schaudern ... entsetzt blicken ...«[36] Manche Passagen wurden aufgrund der Publikumsreaktionen überarbeitet. Aber, so betont einer seiner Biographen, »er hat die Szenen nicht ausgespielt, nur suggeriert, evoziert, angedeutet. In anderen Worten, er blieb ein Vorleser und wurde nicht zum Schauspieler. Keine Manierismen, nichts Gekünsteltes, nichts Affektiertes. Seine verblüffenden Effekte erzielte er mit einer Sparsamkeit der Mittel, die in sich einzigartig war, daher war es wahrhaftig so, als würden die Romane selbst aus ihm sprechen.«[37] Den Applaus nach der Lesung wartete er nie ab. Er verbeugte sich, trat von der Bühne ab und wechselte die durchgeschwitzte Kleidung.

Zum Teil war es das, was sein Publikum anlockte und was auch heute noch die Leser zu Dichterlesungen zieht: Der Schriftsteller soll sich produzieren – nicht als Schauspieler, sondern als Schriftsteller, er soll die Stimme hören lassen, die er sich beim Gestalten der Figur vorstellte, der Text und die Stimme des Dichters sollen eins werden. Manche Leser kommen aus Aberglauben. Sie wollen wissen, wie der Autor aussieht, weil sie glauben, daß Schreiben mit Magie zu tun hat. Das Gesicht des Autors, der einen Roman oder ein Gedicht hervorgebracht hat, fasziniert sie, als wäre er ein kleiner Gott, der Schöpfer eines Miniatur-Universums. Sie erbeuten Autogramme und schieben ihm Bücher unter die Nase, in der Hoffnung, daß er ihnen eine persönliche Widmung hineinschreibt: »Für Polonius, mit besten Wünschen, der Autor.« William Golding als geplagter Teilnehmer des Literaturfests von Toronto 1989 bemerkte dazu: »Eines Tages wird man ein unsigniertes Buch von William Golding finden, und es wird ein Vermögen wert sein.«

Leser werden von derselben Neugier getrieben, die Kinder dazu bringt, hinter den Vorhang des Puppentheaters zu blicken oder eine Uhr auseinanderzunehmen. Sie wollen die Hand küssen, die den *Ulysses* geschrieben hat, obwohl die Hand, wie Joyce feststellte, »auch noch ganz andere Dinge getrieben hat«.[38]

Den spanischen Schriftsteller Dámaso Alonso konnte das alles nicht beeindrucken. Er betrachtete Dichterlesungen als »Ausdruck der snobistischen Heuchelei und der heillosen Oberflächlichkeit unserer Zeit«. Verglichen mit der allmählichen Entdeckung eines Buches in stiller, einsamer Lektüre erschien ihm die flüchtige Begegnung mit einem Autor in einem überfüllten Saal »als die wahre Frucht unserer besinnungslosen Hast, mit anderen Worten: unserer Barbarei. Denn Kultur ist Langsamkeit.«[39]

Bei Autorenlesungen und Literaturfestivals, ob in Toronto, Edinburgh, Melbourne oder Salamanca, hoffen die Besucher, zu Teilnehmern eines künstlerischen Prozesses zu werden. Vielleicht, so hoffen sie, ereignet sich Unerwartetes, das Ungeprobte, das Unvergeßliche genau vor ihren Augen, und sie werden so zu Zeugen des Schöpfungsakts – ein Vergnügen, das selbst Adam verwehrt blieb. Und wenn ihnen dann in hohem Alter die Frage gestellt wird, die Robert Browning einmal ironisch formulierte: »Ach, und Sie haben Shelley tatsächlich noch lebend gesehen?«, dann antworten sie stolz mit ja.

In einem Aufsatz über die Gefährdung des Pandabären schrieb der Biologe Stephen Jay Gould, daß sich die Zoos allmählich »von Tierkäfigen und Menagerien in Schutzräume zur Erhaltung und Fortpflanzung der Arten« verwandeln.[40] Literaturfestivals und Dichterlesungen, die etwas wert sind, dienen ebenfalls der Erhaltung und Fortpflanzung. Die Spezies der Dichter wird erhalten, weil den Autoren das Gefühl vermittelt wird, daß sie (wie schon Plinius bemerkte) ein Publikum haben, das ihrem Tun Bedeutung beimißt. Erhalten auch im platten Sinn, indem man sie (im Unterschied zu Plinius) für ihre Mühe bezahlt. Und die Spezies wird fortgepflanzt, denn Autoren züchten Leser heran, und Leser züchten wieder Autoren heran. Die Zuhörer, die im Anschluß an die Lesung Bücher kaufen, vervielfältigen die Zahl der Leser; der Autor, der auf ein leeres Blatt schreibt, aber wenigstens nicht gegen eine leere Wand spricht, wird aus dieser Erfahrung vielleicht Mut schöpfen und weiterschreiben.

❦ Der Übersetzer als Leser ❧

Rilke im Hotel
Biron, Paris

Ich sitze in einem Café unweit des Rodin-Museums in Paris
und lese in einer Taschenbuchausgabe der von Rilke ins Deutsche übertragenen Sonette von Louise Labé, einer Dichterin
des 16. Jahrhunderts aus Lyon. Rilke arbeitete mehrere Jahre als
Rodins Sekretär, später wurde er sein Freund und schrieb einen bewundernswerten Essay über die Kunst des alten Bildhauers. Eine
Weile wohnte er im heutigen Rodin-Museum, in einem sonnigen
Zimmer mit prächtiger Stuckdecke und mit Blick auf den verwil-
derten Garten. Dort trauerte er um etwas, von dem er meinte, daß
er es nie ergründen würde – einer poetischen Wahrheit, die Generationen von Lesern seither in seinen Gedichten aufzuspüren hoff-
ten. Das Zimmer war eines seiner vielen provisorischen Aufent-
halte; richtig heimisch wurde er, der von Hotel zu Hotel zog, gast-
weise in Villen und Schlössern weilte, nirgends. »Vergessen Sie nie,
daß Einsamkeit mein Los ist«, schrieb er in Rodins Haus an eine
der Geliebten, die für ihn genauso wenig Bestand hatten wie seine
Wohnorte. »Ich flehe die an, die mich lieben, meine Einsamkeit zu
lieben[1]«.

Von meinem Caféhaustisch aus sehe ich das Fenster, das zu Rilkes Zimmer gehört; wäre er dort, könnte er mich hier unten sitzen
und in dem Buch lesen sehen, das er irgendwann später schrieb.
Unter dem wachsamen Auge seiner geistigen Gegenwart lese ich
das Ende des XIII. Sonetts:

> Er küßte mich, es mundete mein Geist
> auf seine Lippen; und der Tod war sicher
> noch süßer als das Dasein, seliglicher.

305

Am letzten Wort bleibe ich hängen. Die ungewöhnliche Steigerung des Wortes *seliglich* verlangt der Zunge vier sanfte Silbensprünge ab, bevor sie aus dem Schlußvers entlassen wird. Das selige Glück, das der Kuß des Geliebten erweckte, scheint, wie der Kuß selbst, länger festgehalten zu werden, bis sich die Lippen mit der ausgehauchten Endsilbe – *er* vom Mund des Geliebten lösen. Alle übrigen Wörter in diesen drei Verszeilen klingen in einem einzigen Vokal aus, allein das seliglicher schwingt weitaus länger nach, als wolle es gar nicht mehr verklingen.

Ich schlage ein weiteres Taschenbuch auf, das die Originalfassung des Sonetts enthält – die *Oeuvres poétiques* der Dichterin Louise Labé[2], die dank dem Wunder der Buchdruckerkunst an meinem Caféhaustisch mit ihrem Nachdichter Rilke zusammentrifft. Ihre Verse lauten so:

> *Lors que souef plus il me baiserait,*
> *Et mon esprit sur les lèvres fuirait,*
> *Bien je mourrais, plus que vivante, heureuse.*

> [Wenn er mich zärtlich weiterküßt
> und meine Seele hinauf seine Lippen flieht
> sterb ich gewiß, doch glücklicher, als wenn ich lebte.]

Das französische Original erscheint mir konventionell, wenn auch angenehm geradlinig in der Diktion. Daß der Liebestod größeres Glück bedeutet als ein erbärmliches Leben, ist ein uralter dichterischer Topos, und daß sich die Seele im Kuß verströmt, ist ein gleichermaßen altes und geläufiges Bild. Was hat Rilke also dazu bewogen, das gewöhnliche Wort *heureuse* in die auffällige Prägung *seliglicher* zu verwandeln? Was befähigte ihn dazu, mich, der ich andernfalls ohne besondere Aufmerksamkeit weitergelesen hätte, mit dieser befremdlichen Lesart zu verstören? Wie weit darf sich die Interpretation eines begabten Nachdichters wie Rilke von der Diktion des Originals entfernen? Und was wird aus dem Anspruch des Lesers auf die getreue Übertragung des Originals? Die Umrisse einer Antwort darauf entwickelte Rilke, so vermute ich, eines Winters in Paris.

Der aus Basel stammende Diplomat und Historiker Carl Jacob Burckhardt – nicht zu verwechseln mit seinem Landsmann Jacob

Burckhardt, dem älteren und berühmteren Autor der *Kultur der Renaissance in Italien* – hielt sich in den frühen zwanziger Jahren zu Studienzwecken in Frankreich auf und arbeitete häufig in der Pariser Nationalbibliothek. Eines Morgens betrat er einen Friseurladen in der Nähe der Madeleine und bat um eine Haarwäsche.[3] Während er sich mit geschlossenen Augen bedienen ließ, erhob sich hinter ihm ein Streit. Jemand rief mit tiefer Stimme:

> »Mein Herr, das könnte jeder sagen!«
> Eine schrille Frauenstimme: »Unglaublich! Und Haarwasser von Houbigant hat er verlangt!«
> »Mein Herr, wir kennen Sie nicht. Sie sind uns gänzlich fremd. Das ist nicht Sitte bei uns!«
> Eine dritte Stimme, schwach und klagend, wie aus einer anderen Welt, mit leicht slawischer Klangfarbe, versuchte zu erklären: »Verzeihen Sie mir, ich hab meine Brieftasche vergessen, ich hole sie aus dem Hotel …«
> Auf die Gefahr hin, daß ihm Seife in die Augen kam, schaute Burckhardt sich um. Drei heftig gestikulierende Friseure und die Kassiererin redeten empört auf einen schmächtigen, unscheinbaren Mann mit Schnurrbart und hoher Stirn ein, der sie beschwor: »Ich gebe Ihnen mein Ehrenwort, Sie können im Hotel anrufen und sich überzeugen. Ich bin … ich bin … der Dichter Rainer Maria Rilke.«
> »Aber natürlich! Das sagen sie alle!« rief ein Friseur. »Wir kennen Sie jedenfalls nicht.«
> Burckhardt sprang mit triefendem Haar aus dem Frisierstuhl, schob die Hand in die Tasche und verkündete laut: »Ich zahle!«

Burckhardt hatte Rilke schon früher einmal kennengelernt, wußte aber nicht, daß der Dichter gerade in Paris lebte. Anfangs erkannte Rilke seinen Retter nicht, dann brach er in Gelächter aus und bot ihm an, zu warten und mit ihm einen Spaziergang ans andere Seineufer zu machen. Burckhardt willigte ein. Nach einer Weile sagte Rilke, er fühle sich müde, und schlug vor, da es zum Mittagessen noch zu früh war, bei einem Antiquar an der Place de l'Odéon vorbeizuschauen. Als die beiden eintraten, erhob sich der alte Buchhändler von seinem Stuhl und winkte ihnen mit einem kleinen Lederbändchen zu, in dem er gerade gelesen hatte. »Dies, meine Herren«, rief er ihnen zu, »ist die Ronsard-Ausgabe von Blanchemin, 1867 erschienen.« Rilke erwiderte erfreut, daß er Ronsards Gedichte sehr schätze. Ein Dichtername gab den anderen, und schließlich zitierte der Antiquar einige Verse von Racine, die er als die wörtliche Übersetzung des 36. Psalms bezeichnete.[4] Rilke stimmte zu. »Sehen Sie, es sind immer dieselben menschlichen Worte, Begriffe, Erfahrungen und Anschauungen.« Dann, als hätte er eine Entdeckung gemacht, fügte er hinzu: »Die Übersetzung des Vorbilds ist ein Vorgang, an dem man das dichterische Können am reinsten erkennt.«

Es war Rilkes letzter Aufenthalt in Paris. Zwei Jahre später, am 29. Dezember 1926, starb er einundfünfzigjährig an einer seltenen Form der Leukämie, die er selbst seinen engsten Vertrauten verheimlichte. (Noch in seinen letzten Lebenstagen versicherte er mit dichterischer Erfindungsgabe, der Dorn einer Rose habe ihm den tödlichen Stich versetzt.) Als er 1902 das erste Mal in Paris lebte, war er jung, mittellos und fast gänzlich unbekannt; inzwischen war er der bekannteste europäische Dichter, gepriesen und berühmt (wenn auch offenbar nicht bei den Barbieren). Mehrmals zwischendurch war er nach Paris zurückgekehrt, jeder Aufenthalt ein »Neubeginn« bei der Suche nach der »ungreifbaren Wahrheit«. »Der Anfang hier ist immer ein Gericht«[5], schrieb er aus Paris an eine Freundin, kurz nach Beendigung seines Romans *Die Aufzeichnungen des Malte Laurids Brigge*, der, wie er fühlte, seine dichterische Kraft erschöpft hatte. Um sein eigenes Schaffen zu beflügeln, versuchte er sich an einigen Übersetzungen: Er übertrug eine romantische Novelle von Maurice de Guérin, eine anonyme Predigt über die Liebe der Maria Magdalena und die Sonette der Louise Labé, die er bei seinen Wanderungen durch die Stadt in einem Buchladen aufgestöbert hatte.

Die Sonette waren in Lyon entstanden, einer Stadt, die im 16. Jahrhundert als kulturelles Zentrum noch mit Paris rivalisierte. Louise Labé – Rilke zog die alte Schreibung Louïze vor – »war weit über die Grenzen Lyons bekannt, und das nicht nur wegen ihrer Schönheit, sondern auch wegen ihrer besonderen Begabungen. Was militärische Spiele und Übungen betraf, war sie ihren Brüdern in jeder Hinsicht gewachsen, und sie ritt mit einer Verwegenheit, die ihr den bewunderungsvollen Spottnamen ›Capitaine Loys‹ einbrachte. Geschätzt wurde auch ihr Lautenspiel und ihr Gesang. Zudem war sie eine Literatin und hinterließ ein Buch, das 1555 von Jean de Tournes gedruckt worden war. Es enthielt neben einer Widmungs-epistel ein Drama, drei Elegien, vierundzwanzig Sonette und dazu Gedichte, welche einige der herausragenden Männer der Zeit ihr zu Ehren verfaßt hatten. Ihre Bibliothek umfaßte Bücher in spanischer, italienischer, latei-nischer und französischer Spra-che.«[6]

Zeitgenössisches Porträt von Louise Labé

Im Alter von sechzehn Jahren verliebte sie sich in einen Solda-ten und ritt an seiner Seite in den Kampf, um in der Armee des Dauphin die Stadt Perpignan zu belagern. Der Legende zufolge entsprangen dieser Liebe die vierundzwanzig Sonette, die sie un-sterblich machten (doch es ist stets gefährlich, die dichterische In-spiration auf konkrete Anlässe zurückzuführen). Den Sonetten vorangestellt war ein aufschlußreicher Widmungstext an Made-moiselle Clémence de Bourges, eine ebenfalls literarisch beschla-gene Lyonerin: »Die Vergangenheit«, so schrieb Louise Labé, »gibt uns Freude und ist uns mehr von Nutzen als die Gegenwart, aber das Glück, das wir einst empfanden, ist verblaßt und kehrt nicht wieder, und die Erinnerung daran ist so bedrückend, wie die Er-eignisse einst ergötzlich waren. Die anderen diesseitigen Sinne sind so stark, daß die Erinnerungen, wie sie auch beschaffen seien, die ursprünglichen Empfindungen nicht mehr erwecken können, daß die Bilder, die wir unserem Geist einprägen, so kräftig sie auch sein mögen, doch nichts weiter sind als Schatten der Vergangen-heit, die uns, wie wir wohl wissen, nur peinigen und zum Narren halten. Doch wenn wir unser Trachten auf das Schreiben richten, wie leichtfüßig eilt unser Verstand dann später durch eine Unzahl von Ereignissen, die ungebrochen fortleben, so daß wir, wenn wir diese Blätter nach langer Zeit in die Hand nehmen, zurückkehren können an den alten Ort und zu der alten Gemütsverfassung, in der wir uns einst befunden haben.«[7] Für Louise Labé besaß der Leser das Vermögen, die Vergangenheit wiederzuerschaffen.

309

Aber wessen Vergangenheit? Rilke gehörte zu den Dichtern, denen beim Lesen ständig die eigene Biographie begegnete: seine bedrückende Kindheit; sein herrischer Vater, der ihn zum Besuch der Kadettenschule zwang; seine snobistische Mutter, die lieber eine Tochter gehabt hätte und den Knaben daher in Mädchenkleider steckte; sein Unvermögen, Liebesbeziehungen über längere Zeit aufrechtzuerhalten; sein Zerrissensein zwischen den Verlockungen der kultivierten Salons und dem Leben eines Eremiten. Auf das Werk der Louise Labé stieß er drei Jahre vor Ausbruch des Ersten Weltkriegs, mitten in einer Schaffenskrise, mit der sich die kommenden Jahre des Grauens und der Verzweiflung bereits anzukündigen schienen.

Denn, wie ich mich in meinem Blick verliere,
ich könnte denken, daß ich tödlich sei.[8]

In einem Brief schrieb er: »Ich denke nicht ans Arbeiten, nur daran, allmählich meine Gesundheit zurückzugewinnen durch Lesen, Wiederlesen, Reflektieren.«[9] Das war eine vielseitige Beschäftigung.

Indem er Lousie Labés Sonette ins Deutsche übertrug, war er in mehrere Lesevorgänge zugleich verwickelt. Er beschwor die Vergangenheit herauf, wie es Louise Labé beschrieben hatte, aber nicht die Vergangenheit der Dichterin, über die er nichts wußte, sondern seine eigene. Mit »denselben menschlichen Worten, denselben Vorstellungen, denselben Erfahrungen und Eingebungen« war er in der Lage, etwas zu lesen, was Louise Labé niemals in ihre Verse hineingelegt hatte.

Er spürte dem Sinn der Worte nach und entzifferte den Text in einer Sprache, die nicht die seine war, die er aber gut genug beherrschte, um eigene Gedichte in ihr zu schreiben. Der Sinn wird oft von der Sprache diktiert, in der man ihn zum Ausdruck bringt. Manche dichterische Formulierung entsteht nicht deshalb, weil der Autor damit etwas Konkretes mitteilen wollte, sondern weil bestimmte Wortfolgen in seiner Sprache vonnöten sind, wenn er einen Sinn erzeugen, wenn er seinen Versen Musikalität verleihen möchte. Andere Konstruktionen werden verworfen, weil sie mißtönend oder doppeldeutig oder auch veraltet sind.

Rilke spürte der Bedeutung nach. Das Übersetzen ist die intensivste Form des Verstehens. Für Rilke ist die Lesehaltung des

Übersetzers das »reinste Verfahren«, sich den Fragen und Antworten zu stellen, mit deren Hilfe die am schwersten zu fassende Dimension des Textes, seine literarische Bedeutung, ergriffen werden kann. Ergriffen, aber nicht begriffen, denn das Besondere an dieser besonderen Art, dieser Alchemie des Lesens, besteht darin, daß die solcherart erfaßte literarische Bedeutung sofort in einen anderen, gleichwertigen Text übertragen wird. Der dichterische Gehalt geht von einer Wortfolge auf eine andere über, verwandelt sich, aus einer Sprache in eine andere.

Rilke las die lange Ahnenreihe des Buches mit, denn die Bücher, die wir lesen, sind stets auch die Bücher, die andere gelesen haben. Ich meine nicht jenes mittelbare Vergnügen, einen Band in der Hand zu halten, der einst einem anderen Leser gehörte, gleich einem Geist heraufbeschworen durch das Geflüster hingekritzelter Bemerkungen am Seitenrand, durch einen Namenszug auf dem Vorsatzblatt, ein trockenes Blatt als Lesezeichen oder einen verräterischen Rotweinfleck. Ich meine vielmehr, daß jedes Buch gezeugt worden ist von einer langen Ahnenreihe anderer Bücher, deren Einbände wir nie sehen und deren Autoren wir nie kennen werden, die aber in jenem Buch in unserer Hand nachklingen. Welche Bücher zierten die stolze Bibliothek der Louise Labé? Genau wissen wir es nicht, aber wir können Vermutungen anstellen. Spanische Ausgaben von Garcilaso de la Vega zum Beipiel, jenem Dichter, der dem italienischen Sonett in ganz Europa zur Verbreitung verhalf, waren ihr ohne Zweifel bekannt, da seine Werke in Lyon übersetzt wurden. Louise Labés Verleger, Jean de Tournes, hatte französische Ausgaben von Hesiod und Äsop herausgebracht, auch Dante- und Petrarca-Editionen auf italienisch, dazu die Werke verschiedener anderer Autoren aus Lyon.[10] Es ist also anzunehmen, daß sie diese Bücher besessen hat. In ihren Sonetten las Rilke auch, was die Dichterin bei Petrarca und bei Garcilaso oder bei ihrem großen Zeitgenossen Ronsard gelesen hatte, über den Rilke eines Winternachmittags mit dem alten Buchhändler am Odéon diskutierte.

Wie jeder Leser las Rilke auch in seinen eigenen Erfahrungen. Jenseits des Wortsinns und der literarischen Bedeutung bietet sich der gelesene Text als Projektionsraum für unsere persönlichen Empfindungen an, als Schattenspiel unseres Selbst. Jener Soldat, der die inbrünstigen Verse der Dichterin möglicherweise inspirierte, ist für Rilke eine fiktive Gestalt wie die Dichterin selbst, deren Verse er vier Jahrhunderte später in seinem Zimmer liest. Über ihre Liebesleidenschaft konnte er nichts wissen; nichts über ihre schlaflosen Nächte, ihr fruchtloses Warten hinter Tür, ihre Illusion des Glücks. Nichts darüber, wie sie zusammenfuhr, wenn sie den Namen des Soldaten hörte, wie sie erschrak, wenn die geliebte Gestalt an ihrem Fenster vorbeiritt und sich einen Augenblick später als Fremder entpuppte, der ihm – dem Unvergleichlichen – nur von ferne ähnlich sah – all das war in dem Buch auf Rilkes Nachttisch nicht zu finden. Alles, was er den gedruckten Worten entgegentragen konnte, die Louise Labé Jahre nach ihrem Erlebnis zu Papier gebracht hatte – als sie längst die glückliche Gattin des im reifen Alter stehenden Seilers Ennemond Perrin geworden war und ihr Soldat höchstens noch eine leicht peinliche Erinnerung darstellte –, war seine eigene Verlassenheit. Das reichte völlig aus, weil wir Leser – wie Narziß – gern glauben, daß der Text uns das eigene Spiegelbild entgegenhält. Noch bevor sich Rilke die Gedichte übersetzend aneignete, muß er sie gelesen haben, als wäre das »Ich«, das die Dichterin aussprach, auch sein eigenes.

In einer Besprechung der Rilkeschen Labé-Übersetzungen tadelte George Steiner den Dichter dafür, daß seine Verse *zu perfekt* ausgefallen seien, und folgte darin der Meinung Samuel Johnsons, der geschrieben hatte: »Ein Übersetzer muß so gut sein wie der Autor, den er übersetzt. Es ist nicht seine Aufgabe, ihn zu übertreffen.« Steiner fügte dem hinzu: »Wenn er es dennoch tut, wird das Original auf subtile Weise beschädigt. Und dem Leser wird der gerechte Eindruck vorenthalten.«[11] Der Kern der Steinerschen Kritik steckt im Wort *gerecht*. Wer die Gedichte heute in der Originalsprache liest, weit entfernt von Zeit und Ort der Dichterin, ist zwangsläufig auf die eigene Perspektive verwiesen. Etymologie, Soziologie, das Studium der Sitten und der Kunst der Entstehungszeit können das Verständnis eines Textes bereichern, aber letztlich hat vieles davon höchstens einen archäologischen Wert. Das zwölfte Sonett der Louise Labé mit der Anfangszeile *Luth, compagnon de ma calamité* (*Laute, Gefährtin meines Unglücks*) richtet sich im zweiten Quatrain mit folgenden Worten an das Zupfinstrument:

Et tant le pleur piteux t'a molesté
Que, commençant quelque son délectable,

Tu le rendais tout soudain lamentable,
Feignant le ton que plain avais chanté.

Ungefähr wörtlich übersetzt:

Und die jammervolle Klage hat dich so gequält,
daß, als ich einen freud'gen Ton anschlug,
du ihn sogleich in einen Klageton verkehrtest,
fälschend [in Moll setzend] die Tonart, die ich als volle [in Dur]
                                  hatt' gesungen.

Im Original bedient sich Louise Labé einer geheimnisvoll-dunklen musikalischen Sprache, die ihr als Lautenspielerin bekannt gewesen ist, die wir aber nicht verstehen, ohne ein historisches Musiklexikon zu Rate zu ziehen. Mit *plein ton* wurde im 16. Jahrhundert die Dur-Tonart bezeichnet, während *ton feint* Moll bedeutete, wobei *feint* wörtlich soviel wie *abgefälscht* heißt, *plein* hingegen *voll.* Die Zeile besagt also, daß die Laute die in Dur gesungene Melodie mit einer Moll-Tonart begleitet. Um das als heutiger Leser zu verstehen, muß man über den Kenntnisstand der Dichterin verfügen, man muß also weitaus informierter sein als die Dichterin selbst, um ihren Zeithorizont in die Lektüre des Gedichts einzubeziehen. Das wäre ein sinnloses Unterfangen, wenn es dem Ziel diente, sich in die Lage des zeitgenössischen Publikums zu versetzen. Wir können nicht die Leser werden, für die das Gedicht ursprünglich geschrieben war. Rilke gelangte also zu einer anderen Lesart:

[…] Ich riß
dich so hinein in diesen Gang der Klagen,
drin ich befangen bin, daß, wo ich je
seligen Ton versuchend angeschlagen,
da unterschlugst du ihn und tontest weg.

Die musikalische Metaphorik ist in dieser Version getreulich ge-wahrt, doch Rilke befrachtet das Quatrain mit einer weiteren Les-art, die in der Sprache des Originals nicht enthalten war. Die Nähe zwischen den Wörtern *anschlagen* und *unterschlagen* dient ihm dazu, die Verhaltensweisen der beiden Liebenden zu vergleichen – den Liebeskummer der Lautenspielerin, die einen *seligen Ton an-zuschlagen versucht,* und die Reaktion der Laute, der treuen Gefährtin und Zeugin ihrer wahren Gefühle, die ihr die »unaufrichtigen«, »falschen« Töne nicht gestatten will und sie *unterschlägt*, um sie zum Verstummen zu bringen.

Rilke wob (wie es jeder Leser unwillkürlich tut) in die Sonette der Louise Labé seine eigenen Lebensprobleme hinein, Bilder des Unbehaustseins, der verkapselten Trauer, des Verstummens, das den unwahren Gefühlsäußerungen vorzuziehen ist, er stellte die unnachgiebige Hoheit des poetischen Instruments über alle gesellschaftlichen Nettigkeiten wie etwa die Behauptung von Glück – allesamt Eigenheiten seines Lebens.

Das Gedicht der Louise Labé hingegen bewegt sich – wie die Dichterin selbst – in einem geschlossenen Rahmen; gleich ihren entfernten Schwestern im Japan der Heian-Epoche ist sie einsam und trauert ihrer Liebe nach. Für Rilke und seine Zeit war dieser der Renaissance sehr geläufige Topos nicht mehr fruchtbar. Rilke brauchte eine Erklärung, *warum* die Lautenspielerin »befangen« war in ihrem Kummer. Etwas von der Einfachheit (oder Einfalt?) der Louise Labé geht verloren, doch ihr Gedicht gewinnt in Rilkes Fassung an Tiefe und Tragik. Rilkes Lesart verzerrt also Louise Labés Gedicht nicht mehr als jedwede andere, außerhalb ihres eigenen Jahrhunderts angesiedelte; es ist eine bessere Lesart, als sie die meisten von uns zuwege brächten, eine, die unser Lesen ermöglicht, denn jede andere Lesart der Dichterin muß für uns, nach all der verflossenen Zeit, auf dem Niveau unserer spärlichen geistigen Fähigkeiten als Individuen verbleiben.

Auf die Frage, warum unter den Dichtern des 20. Jahrhunderts gerade Rilke mit seinen unwägbar schwierigen Versen in der westlichen Welt diese Popularität erlangt hat, antwortete der Kritiker Paul de Man, es hätten ihn möglicherweise »viele so gelesen, als hätte er die abgeschiedensten Bereiche ihres Selbst angesprochen und ungeahnte Tiefen in ihnen eröffnet oder sie teilhaben lassen an Kümmernissen und Qualen, die sie auf diese Weise verstehen und überwinden konnten.«[12] Rilkes Lesart des Sonetts von Louise Labé bietet keine »Auflösung« in dem Sinne, daß die Schlichtheit des Originals noch deutlicher erkennbar würde, vielmehr hat er den von der Dichterin eröffneten poetischen Raum vertieft, ihn weiter ausgeschritten, als sie selbst wollte, er hat in ihren Worten gesehen als sie selbst.

Auch zu Zeiten der Louise Labé war die Autorität des geschriebenen Wortes längst nicht mehr unbestritten. Im 12. Jahrhundert wandte sich Abälard gegen die Gepflogenheit, eigene Meinungen anderen Autoritäten unterzuschieben, etwa Aristoteles oder den arabischen Philosophen, um sich damit gegen kritische Einwände zu wappnen.[13] Mit diesem »Autoritätsargument« – das Abälard mit der Kette verglich, durch die man das Vieh fesselt, um es blinden Auges wegzuführen, konnte man leicht operieren, solange das Gegenüber an die Unfehlbarkeit der klassischen Texte und ihrer Autoren glaubte. Wenn aber nur eine einzige Lesart als verbindlich galt, welcher Raum blieb da noch für die Interpretation?

Selbst die Geschichte des Texts mit der allerhöchsten Autorität, der Bibel nämlich, besteht aus einer langen Kette von Umdeutungen durch seine aufeinanderfolgenden Generationen von Lesern. Vom alttestamentarischen Kanon des Rabbi Akiba Ben Joseph aus dem 2. Jahrhundert bis zur englischen Bibelübersetzung durch John Wycliffe im 14. Jahrhundert existierte das Buch der Bücher in vielerlei Gestalten. Schon aus dem dritten vorchristlichen Jahrhundert stammt die griechiche Bibelversion *Septuaginta*, die zur Grundlage der lateinischen Übersetzung wurde. Aus dieser wiederum ging im späten vierten Jahrhundert die sogenannte Vulgata (die lateinische Fassung des heiligen Hieronymus) hervor sowie alle weiteren Bibeln des Mittelalters: die gotische Ulfila-Übersetzung, die slawische, die armenische, die altenglische, die westsächsische, die anglonormannische, die französische, die friesische, die deutsche, irische, niederländische, mittelitalienische, provenzalische, spanische, katalanische, polnische, walisische, tschechische und ungarische. Jede dieser Versionen war für ihre Leser *die* Bibel, und doch ließ jede von ihnen andere Deutungen zu. Manche sahen in dieser Vielgestaltigkeit der Bibel die Erfüllung eines humanistischen Wunschtraums. Erasmus hatte geschrieben: »Ich wünsche, daß selbst die schwächste Frau die Frohe Botschaft lesen soll, die Episteln des Paulus. Und ich wünsche, daß diese in alle Sprachen übersetzt werden, so daß sie gelesen und verstanden werden können nicht nur von den Schotten und den Iren, sondern auch von den Türken und Sarazenen … Ich ersehne, daß der Landmann die Bibelverse singt, während er dem Pfluge folgt, daß der Weber sie summt nach der Melodie des Weberschiffchens.«[14] Nun endlich war die Zeit dafür gekommen.

Angesichts der plötzlichen Vielfalt möglicher Deutungen strebten die Kirchenoberen danach, die Kontrolle über den Text zu behalten und eine einzige verbindliche Version der Bibel zu schaffen, in der Gottes Wort so geschrieben stand, wie es von Ihm verkündet war.

Am 15. Januar 1604 brachte der englische Puritaner Dr. John Rainolds auf Schloß Hampton Court im Beisein König Jakobs I. den Antrag ein, »daß eine neue Übertragung der Bibel hergestellt werde, dieweil die unter der Herrschaft Heinrichs VIII. und Eduards VI. gebräuchlichen verdorben seien und nicht getreu der Wahrheit des Originals« – worauf der Bischof von London erwiderte: »Folgte man den Einfällen eines jeden, wäre des Übersetzens überhaupt kein Ende mehr.«[15]

Doch der König überhörte den weisen Einwand des Bischofs und beauftragte den Dekan von Westminster und die königlichen Professoren des Hebräischen in Cambridge und Oxford, eine Liste von Gelehrten aufzustellen, die zu einer solchen gewaltigen Aufgabe geeignet seien. Mit der ersten Liste war Jakob unzufrieden, weil viele der vorgeschlagenen Gelehrten »entweder überhaupt keine oder nur sehr geringe kirchliche Ämter innehatten«, und er bat den Erzbischof von Canterbury, andere Vorschläge bei seinen Amtsbrüdern einzuholen. Ein Name jedoch stand auf keiner Liste: Hugh Broughton. Er war ein bedeutender Gelehrter in der hebräischen Sprache, der bereits eine Neuübersetzung der Bibel abgeschlossen hatte, aufgrund seines jähzornigen Temperaments jedoch wenig Freunde besaß. Broughton wartete indes gar nicht auf eine Einladung, sondern schickte dem König seine eigene Empfehlungsliste.

Nach Broughtons Ansicht konnte die Texttreue erzielt werden, indem man die Ausdrücke der schafehütenden Wüstenbewohner, die einst Gottes Wort aufgezeichnet hatten, durch ein präziseres und zeitgemäßeres Vokabular ersetzte. So schlug er vor, als erstes das berufsfachliche Gewebe des Textes exakt wiederzugeben, indem Handwerker zu Rate gezogen werden sollten, um ihre Fachausdrücke einzubringen, wie etwa »Stickerinnen wegen Aarons Priestergewand, Feldmesser, Zimmerleute und Maurer hinsichtlich des Tempels von Salomo und Hesekiel; Gärtner wegen all der Äste und Zweige von Hesekiels Baum«[16]. (Anderthalb Jahrhunderte später gingen Diderot und d'Alembert auf genau dieselbe Weise vor, um sich die technischen Details für ihre große *Enzyklopädie* zu beschaffen.)

Broughton (der, wie erwähnt, die Bibel bereits übersetzt hatte) war überzeugt, daß viele Köpfe gebraucht würden, um die unzähligen Übersetzungsprobleme zu meistern, daß aber zugleich die innere Geschlossenheit des Textes gewahrt bleiben müsse. Um dies zu gewährleisten, schlug er dem König vor, »daß er viele einen Teil übersetzen lassen solle, und wenn sie eine getreue Übertragung in gutem Englisch liefern, sollen andere eine Einheitlichkeit herstellen, auf daß nicht unterschiedliche Wörter verwendet werden, wenn das ursprüngliche Wort ein und dasselbe war[17].« Vielleicht war dies der Beginn der angelsächsischen Editionspraxis, einen Text vor der Drucklegung einer abschließenden Hauptredaktion zu unterziehen.

Ein Mitglied des Gelehrtenkomitees, Bischof Bancroft, stellte für die Übersetzer einen Kanon aus fünfzehn Verhaltensregeln auf. Vor allem sollten sie sich so eng wie möglich an die *Bischofsbibel* von 1568 halten (eine überarbeitete Version der *Großen Bibel*, die wiederum auf der Matthäus-Bibel fußte, einer Kombination aus der unvollständigen Bibelübersetzung des William Tyndale und der ersten, von Miles Coverdale vorgelegten Druckausgabe der kompletten englischen Bibel).

Die Übersetzer breiteten die Bischofsbibel vor sich aus, zogen zwischendurch immer wieder die anderen englischen Versionen sowie eine Vielzahl von fremdsprachigen Bibelübersetzungen zu Rate und arbeiteten alle vorgefundenen Lesarten in ihre Neufassung, die King-James-Bibel, ein.

Tyndales Bibel, die in späteren Editionen verunstaltet worden war, lieferte ihnen viel Material, das sie nicht in Frage stellten. Der Reformator William Tyndale, von Heinrich VIII. als Ketzer verurteilt (mit seiner Kritik an der Scheidung des Königs von Katharina von Aragon hatte er zuvor dessen Unmut erregt), war 1536 wegen seiner Bibelübersetzung aus dem Griechischen und Hebräischen erst stranguliert, dann auf dem Scheiterhaufen verbrannt worden. Bevor er an die Übersetzung ging, hatte Tyndale geschrieben: »Denn ich hatte aus meiner Erfahrung erkannt, wie unmöglich es war, die Laien in den Stand der Wahrheit zu setzen, sofern die Schrift nicht klar erkenntlich in ihrer Muttersprache vor ihnen ausgebreitet wurde, so daß jedermann den Fortgang, die Ordnung und die Bedeutung des Textes ersehen konnte.« Zu diesem Zweck übersetzte er die altertümlichen Texte in ein Englisch, das klar und kunstvoll zugleich war. Er führte neue Wörter in die Sprache ein, zum Beispiel *passover* für das Passahfest, das Wort *peacemaker* (Friedensstifter), *long-suffering* (Langmut, Langmütigkeit) sowie (und das finde ich unglaublich bewegend) das Adjektiv *beautiful* (schön). Er war auch der erste, der in einer englischen Bibel den Namen *Jehovah* verwendete.

Miles Coverdale hatte Tyndales Werk ergänzt und vollendet, als er 1535 seine erste komplette englische Bibel herausbrachte. Er war Augustinermönch und Gelehrter in Cambridge und soll schon Tyandale bei Teilen seiner Übertragung zur Seite gestanden haben. Dann unternahm er mit finanzieller Förderung durch Thomas Cromwell, den Lordkanzler von England, eine Übersetzung ins Englische, die aber nicht auf den hebräischen und griechischen Originalen fußte, sondern auf anderen Übersetzungen. Seine Ausgabe zog sich den Spottnamen »Sirup-Bibel« zu, weil er in Jeremia 8,22 (»Ist denn keine Salbe in Gilead, oder ist kein Arzt da?«) schrieb: »Ist denn kein Sirup in Gilead?« Auch »Wanzenbibel« wurde sie genannt, weil bei ihr der 5. Vers des 91. Psalms (»Du sollst nicht erschrecken vor den Grauen der Nacht«) als »Du sollst nicht erschrecken vor den Wanzen der Nacht« erschien. Von Coverdale entlehnten die neuen Übersetzer auch die schöne Wendung im 23. Psalm *the valley of the shadow of death* (in der deutschen Version: *Und da ich schon wanderte im finstern Tal*).

Aber die Übersetzer der King-James-Bibel schrieben bei weitem nicht die alten Fassungen ab. Bischof Bancroft hatte sie angewiesen, die geläufigen Namen und die religiösen Begriffe selbst dann beizubehalten, wenn der Originalvergleich eine korrektere Übersetzung nahelegte. Mit anderen Worten, der Bischof erkannte, daß eine schon eingeführte Lesart auch die des Autors beiseite schob. Er begriff mit klugem Gespür, daß die Rückkehr zu der Namensform, wie sie im Original stand, eine befremdliche Neuerung sein würde, die dem Original abging. Aus demselben Grund merzte er die Randglossen der alten Fassungen aus und empfahl, daß diese statt dessen »in aller Kürze« in den laufenden Text eingepaßt werden sollten.

Die Übersetzer arbeiteten in sechs Gruppen; zwei in Westminster, zwei in Cambridge und zwei in Oxford. Die insgesamt neunundvierzig Gelehrten gelangten nach Abgleich ihrer persönlichen Deutungen zu einem gut ausbalancierten Kompromiß aus Genauigkeit, Respektierung eingeführter Lesarten und stilistischer Geschlossenheit, so daß sich ihr Werk nicht wie ein neues Buch las, sondern wie ein von alters her vertrauter Text. Das Resultat war so vollendet, daß noch Jahrhunderte später, als die King-James-Bibel als ein Meisterwerk der englischen Prosa gewürdigt wurde, Rudyard Kipling eine Geschichte erdachte, in der Shakespeare und Ben Jonson gemeinsam an der Übersetzung einiger Verse des Buches Jesaja arbeiten, um auch etwas zu dem großen Vorhaben beizutragen.[18] Und ohne Zweifel besitzt die Sprache der King-James-Bibel eine poetische Qualität, die weit mehr zu bieten hat als nur die dürre Übermittlung alter biblischer Texte.

Offiziell war die King-James-Übesetzung dazu bestimmt, die Wortbedeutung der heiligen Schrift zu klären und verbindlich festzulegen. Doch jede erfolgreiche Übersetzung weicht zwangsläufig von der Vorlage ab, da diese dem Übersetzer als ausformulierte und ausgedeutete Fassung begegnet, der die schwebende Ambivalenz eines frischen Textes verlorengegangen ist. Die Übersetzung stellt die verlorene Unschuld und Frische des Textes in anderer Gestalt wieder her; die Leser werden mit einem neuen Text konfrontiert, der seine eigenen Reize und Rätsel offenbart. In diesem unausweichlichen Paradox liegt begründet, daß eine Übersetzung dem Original an Lebendigkeit und Leuchtkraft nicht nachstehen muß.

Jakob I. und seine Übersetzer verbanden mit ihrem Mammutprojekt ein offenkundig politisches Ziel: Sie wollten eine Bibel herausbringen, die jeder für sich lesen konnte, da alle ein und denselben Text in der Hand hielten. Das Zeitalter des Buchdrucks gab ihnen die Illusion ein, sie könnten das gleiche Buch unverändert bis in alle Ewigkeit herstellen; der Akt des Übersetzens steigerte diese Illusion, er schien die verschiedenen Fassungen abzulösen durch eine einheitliche, amtlich genehmigte, staatlich geförderte und für den Kirchengebrauch sanktionierte Fassung. Nach vier Jahren Schwerarbeit erschien 1611 die erste Auflage der »autorisierten« King-James-Bibel in englischer Sprache, und noch heute findet, wer die englischsprachige Welt bereist, diese Fassung in jedem Hotelzimmer vor – Ausdruck eines uralten Bemühens, durch einen einheitlichen Text eine Weltgemeinschaft von Lesern zu erschaffen.

In ihrem Vorwort für die Leser schrieben die Übersetzer der King-James-Bibel: »Die Übersetzung ist es, die ein Fenster öff-

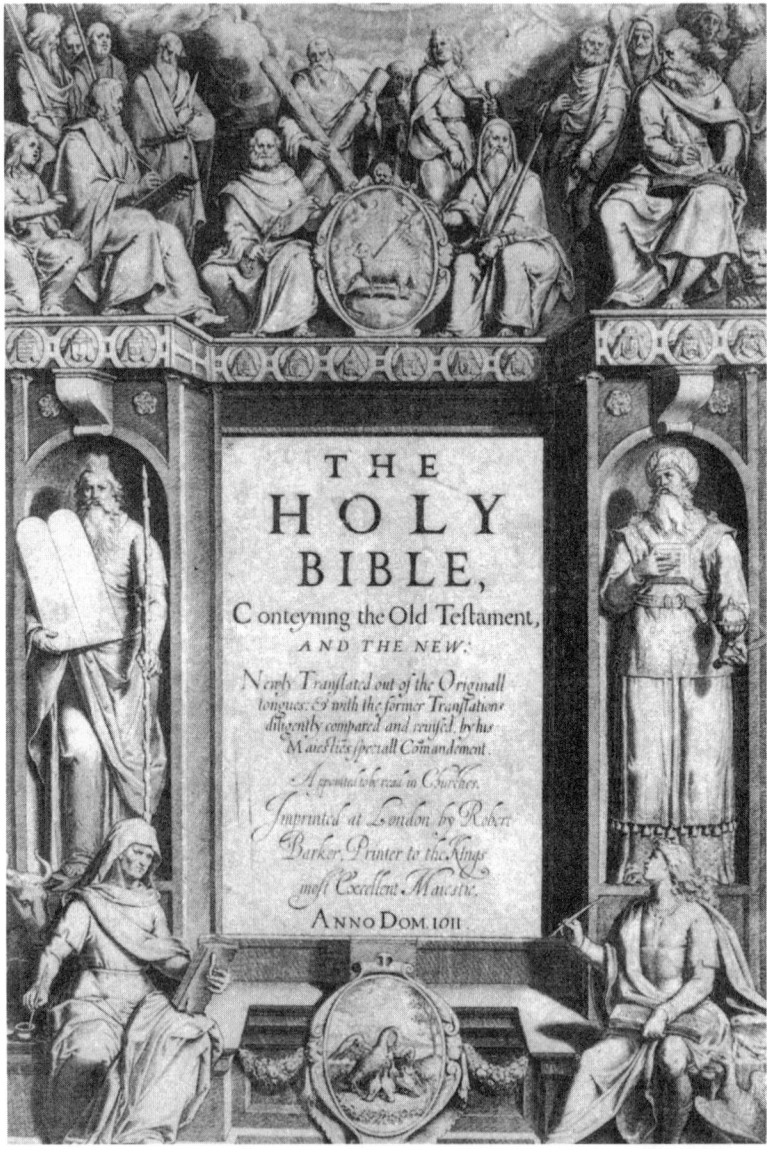

net, um das Licht hereinzulassen; die die Schale bricht, damit wir
den Kern verzehren können; die den Vorhang beiseite zieht, damit wir in das Allerheiligste blicken; die den Brunnen freilegt,
auf daß wir zum Wasser gelangen.« Das war eine Ermutigung,
das »Licht der Schrift« nicht zu fürchten und die Möglichkeit
zur Erleuchtung dem Leser in die eigene Hand zu geben; er
sollte nicht archäologisch schürfen, um den Text auf einen illu-
sorischen Urzustand zurückzuführen, sondern ihn aus den

Zwängen von Raum und Zeit befreien; ihn nicht um einer seichten Erklärung willen vereinfachen, sondern die tieferen Schichten des Sinns ans Licht holen; den Text nicht nach scholastischer Manier kommentieren, sondern sich einen neuen und gleichwertigen Text erschaffen. »Denn hat sich Gottes Reich in Wörter und Silben verwandelt?« fragten die Übersetzer provozierend. »Warum sollen wir uns an sie fesseln, wenn wir frei sein können ...?« – Eine Frage, die ihre Berechtigung bis heute nicht eingebüßt hat.

Als Rilke sich gerade tiefer in das Gespräch mit dem Pariser Antiquar verwickelt hatte – während Burckhardt stumm zuhörte –, betrat ein alter Mann, offenbar ein Stammkunde, den Laden und mischte sich sofort ins Gespräch, wie es Leser immer tun, wenn es um das Thema Bücher geht. Bald gelangten sie zu den dichterischen Verdiensten des Fabeldichters Jean de la Fontaine, den Rilke bewunderte, darauf zu dem alemannischen Schriftsteller Johann Peter Hebel, den der Antiquar als den »jüngeren Bruder« La Fontaines bezeichnete. »Und die Übersetzung«, fragte Rilke hinterhältig, »kann man Hebel auf französisch lesen?« Der Alte riß ihm den Band fast aus der Hand. »Hebel übersetzen«, rief er, »und gar ins Französische! Haben Sie jemals eine französische Übersetzung aus dem Deutschen gesehen, die auch nur erträglich wäre? Die zwei Sprachen stehen sich diametral gegenüber. Der einzige Franzose, der Hebel hätte übersetzen können, vorausgesetzt, er hätte Deutsch gekonnt – und dann wäre er nicht er selbst gewesen –, war eben La Fontaine selbst.«

Der Buchhändler ging schlichtend dazwischen: »Im Paradies sprechen sie bestimmt miteinander, in einer Sprache, die wir vergessen haben.«

»Ach, lassen wir den Himmel!« knurrte der Alte ärgerlich.

Aber Rilke stimmte dem Buchhändler zu. Im 11. Kapitel des 1. Buches Mose stand geschrieben: »Es hatte aber alle Welt einerlei Zunge und Sprache« – bis Gott den Erbauern des Turms zu Babel die Sprache verwirrte und sie in alle Länder zerstreute. Nach dieser Ursprache, in der die Kabbalisten die Sprache des Paradieses vermuteten, wurde immer wieder mit Inbrunst geforscht, doch stets vergeblich.

1836 äußerte Wilhelm von Humboldt die Ansicht, daß jede Sprache eine »innere sprachliche Gestalt«[19] besitze, die das geson-

derte Universum ihrer Sprecher zum Ausdruck bringe. Konse-
quenterweise würde das bedeuten, daß kein Wort einer Sprache
eine völlig identische Entsprechung in einer anderen Sprache fände
und die Übersetzung zu einer unlösbaren Aufgabe würde, gleich
der, das Antlitz des Windes in eine Form zu prägen oder eine
Schnur aus Sandkörnern zu flechten. Die Übersetzung kann nur
bestehen als ein unbeherrschbares, nicht förmliches Bemühen, ver-
mittels der Sprache des Übersetzers das zu verstehen, was doch
unlösbar im Original verborgen ruht.

Wenn wir einen Text in unserer Muttersprache lesen, wird er
selbst zur Barriere Wir können ihn so weit erfassen, wie es die
Wörter erlauben, wenn wir alle ihre möglichen Sinnbestimmungen
einschließen; wir können ihn mit anderen Texten vergleichen und
ihn sich darin brechen lassen, wie in einem Spiegelsaal; wir können
einen anderen, kritischen Text zu dem Text verfassen, durch den
sich der gelesene erweitert und erhellt; aber wir können uns nicht
der Tatsache entziehen, daß seine Sprache unser geistiges Universum umgrenzt. Die Übersetzung eröffnet eine Art Parallel-Uni-
versum, ein anderes Raum-Zeit-Kontinuum, in dem der Text eine
neue Vielzahl möglicher Bedeutungen freigibt. Für diese Bedeutungen extistieren jedoch keine Wörter, da sie sich nur im intuitiven Niemandsland zwischen der Sprache des Originals und der
Sprache der Übersetzung aufhalten.

Nach Ansicht von Paul de Man verheißt Rilkes Dichtung eine
Wahrheit, die sich dann, wie sich der Dichter eingestehen muß, als
Lüge enthüllt. »Rilke kann nur verstanden werden«, schrieb de
Man, »wenn man die Dringlichkeit seines Versprechens mit der
ebenso dringlichen und ebenso poetischen Notwendigkeit zusam-
menbringt, es im selben Moment, wo er es abzugeben scheint, zu
widerrufen.«[20]

An diesem ambivalenten Punkt, zu dem Rilke die Verse der
Louise Labé hinführt, bekommen ihre oder seine Worte (der Urheber ist dann schon gleichgültig) eine solche Leuchtkraft, daß ihre
weitere Übersetzung zur Unmöglichkeit wird. Der Leser (in diesem Fall ich an meinem Caféhaustisch mit den beiden Gedicht-
bänden aufgeschlagen vor mir) muß diese Worte tief in sich aufnehmen, aber nicht als eine Sprache, die etwas Drittes bezeichnet,
sondern als eine überwältigende, unmittelbare, *wortlose* Erfahrung, aus der sich die Welt neu schöpft und neu erklärt, durch die
Buchseite und weit über sie hinaus – Nietzsche bezeichnete dies als

die »Bewegung des Stils« in einem Text. Die Übersetzung mag eine Unmöglichkeit sein, ein Betrug, eine Fälschung, eine Erfindung, eine gutgemeinte Lüge, aber wer diese Stil-Bewegung von einer Sprache in eine andere mitvollzieht, wird ein klügerer, besserer Zuhörer: weniger selbstgewiß, dafür weit empfänglicher, *seliglicher*.

❦ Verbotenes Lesen ❦

Seltenes Dokument: Eine lesende Sklavin; fotografiert etwa 1856 in Aiken, South Carolina

Karl II. von England, der Sohn des bereits erwähnten Karls I., dem das vergilische Orakel Unglück gebracht hatte, hieß im Volk »The Merry Monarch«, weil er als genußfreudig und regierungsfaul galt. 1660 erließ er ein Dekret, dem zufolge die Eingeborenen, Diener und Sklaven der britischen Kolonien im Christentum unterwiesen werden sollten. Der Aufklärer Samuel Johnson, Schöpfer des *Wörterbuchs der englischen Sprache*, lobte – aus dem Abstand von hundert Jahren – das Reformwerk Karls II.: »Es ist sein Verdienst, daß er tätig darum bemüht war, was er für das Seelenheil seiner Untertanen hielt, bis er ein großes Reich verlor.«[1]

Der Historiker Thomas Babington Macauley[2] bewunderte den König, aus nunmehr zweihundert Jahren Abstand, keineswegs und fand für Karl seien »die Liebe zu Gott, die Liebe zum Empire, zu Familie und Freunden nur Phrasen derselben Art gewesen, vornehme und bequeme Umschreibungen für seine Eigenliebe«[3].

Es ist unklar, warum Karl II. dieses Dekret in seinem ersten Regierungsjahr erließ; möglicherweise verstand er es als Beitrag zur Wiederherstellung des Religionsfriedens, gegen den sich das Parlament sträubte. Karl, der sich trotz seiner Hinneigung zum Katholizismus als treuer Protestant bezeichnete, glaubte nach der lutherischen Überlehre, daß jedermann in der Lage sein müßte, die Heilige Schrift zu lesen, wenn er oder sie das Seelenheil erringen wollte.[4] Doch die britischen Sklavenhalter in den Kolonien teilten diese Ansicht nicht. Schon der Gedanke an eine »gebildete schwarze Bevölkerung« weckte in ihnen die Furcht, daß ihre Untertanen auf umstürzlerische Ideen kommen konnten. Auch dem Argument, daß die Lektüre der Bibel den sozialen Zusammenhalt stärken würde, mißtrauten sie, denn wenn die

Sklaven die Bibel lesen konnten, waren sie auch fähig, Pamphlete gegen die Sklaverei zu lesen, und sogar die Heilige Schrift selbst konnte das Verlangen nach Aufruhr und Befreiung schüren.[5]

Der Widerstand gegen Karls Dekret zeigte sich in den amerikanischen Kolonien am stärksten, und in South Carolina wurden hundert Jahre später zudem strenge Gesetze erlassen, die allen Schwarzen, ob versklavt oder frei, das Lesenlernen untersagten. Diese Gesetze blieben bis zur Mitte des 19. Jahrhunderts in Kraft.

Über Jahrhunderte riskierten die afroamerikanischen Sklaven ihr Leben, wenn sie trotz aller Verbote und Schwierigkeiten die Kunst des Lesens erlernen wollten – in aller Heimlichkeit und manchmal in jahrelanger heroischer Anstrengung, wie man vielen Berichten aus dieser Zeit entnehmen kann. Die neunzigjährige Belle Myers Carothers erklärte in den dreißiger Jahren unseres Jahrhunderts vor dem Federal Writers' Project (das unter anderem die Lebensberichte ehemaliger Sklaven sammelte), daß sie lesen lernte, indem sie das mit Buchstabenklötzchen spielende Kind des Plantagenbesitzers beaufsichtigte. Als ihr Herr sie dabei ertappte, trat er sie mit Stiefeln. Doch Belle Myers gab nicht auf. Heimlich lernte sie weiter die Buchstaben auf dem Spielzeug des Kindes entziffern und dann auch die Wörter in einer alten Fibel, die sie irgendwo aufgetrieben hatte. Eines Tages, so berichtete sie, »fand ich ein Gesangbuch und entzifferte die Worte: ›When I Can Read My Title Clear‹. Ich war so glücklich, als ich merkte, daß ich lesen konnte, daß ich gleich losrannte und es allen anderen Sklaven erzählte.«[6]

Der Sklave Leonard Black, ebenfalls beim Lesen ertappt, wurde von seinem Herrn so grausam ausgepeitscht, »daß er meinen Wissensdurst fürs erste zum Erliegen brachte, und ich versagte mir alle weiteren Versuche bis zu meiner Flucht«[7]. Doc Daniel Dowdy berichtete: »Wurde man das erste Mal bei Lese- oder Schreibversuchen erwischt, bekam man den Ochsenziemer zu spüren, beim nächstenmal die neunschwänzige Katze, und beim drittenmal wurde einem das erste Glied des Zeigefingers abgehackt.«[8] Bei den Sklavenhaltern der Südstaaten war es gang und gäbe, Sklaven zu erhängen, wenn sie versuchten, anderen das Lesen und Schreiben beizubringen.[9]

Nur auf Schleichwegen war es unter diesen Bedingungen den Sklaven möglich, das Lesen zu erlernen, entweder bei Mitsklaven, bei menschenfreundlichen Weißen oder unter Anwendung von

Tricks, die das heimliche Lernen erlaubten. Der als Sklave geborene amerikanische Schriftsteller Frederick Douglass, einer der wortgewaltigsten Abolitionisten seiner Zeit, zudem Begründer mehrerer politischer Zeitschriften, erinnerte sich in seiner Autobiographie: »Meine Herrin las sehr oft aus der Bibel vor ... das *Wunder* des Lesens erweckte meine Neugier und schürte in mir den Wunsch, ebenfalls lesen zu lernen. Bis dahin verstand ich nicht das geringste von dieser wunderbaren Kunst, und meine Unwissenheit, meine Arglosigkeit hinsichtlich der möglichen Folgen, aber auch das Zutrauen zu meiner Herrin gaben mir den Mut ein, sie zu bitten, ob sie mir das Lesen beibringen könne ... In kürzester Zeit beherrschte ich dank ihrer Hilfe das Alphabet, und ich konnte Wörter mit drei oder vier Buchstaben entziffern ... [Mein Herr] verbot ihr, mir weiteren Unterricht zu geben ... [aber] die Entschiedenheit, mit der er mich von der Bildung fernhalten wollte, machte mich nur noch wißbegieriger. Daher weiß ich bis heute nicht, wem ich in erster Linie das Lesenlernen verdanke: dem Widerstand meines Herrn oder der Hilfe meiner liebenswürdigen Herrin.«[10]

Der ehemalige Sklave Thomas Johnson, später ein weithin bekannter Missionsprediger in England, lernte lesen, indem er die Buchstaben einer entwendeten Bibel entzifferte. Da sein Herr jeden Abend einen Abschnitt aus dem Neuen Testament vorlas, überredete Johnson ihn dazu, Abend für Abend dieselbe Passage zu wiederholen, bis er sie auswendig konnte. So gelang es ihm, die Worte auf den Seiten seiner gestohlenen Bibel aufzufinden. Wenn der Sohn des Herrn seine Schularbeiten machte, brachte Johnson ihn dazu, seine Texte laut zu lesen. »Gott steh mir bei, aber lies das noch mal«, so spornte er den jungen Herrn an, und der tat es gern, weil er glaubte, daß Johnson ihn für sein Können bewunderte. Dank dieser Wiederholungen lernte er so viel, daß er bei Ausbruch des Bürgerkriegs fähig war, die Zeitungen zu lesen. Später gründete er eine Schule, um anderen das Lesen beizubringen.[11]

Führte das Lesenlernen die Sklaven auch nicht direkt in die Freiheit, so eröffnete es ihnen doch den Zugang zu einem wichtigen Machtinstrument ihrer Unterdrücker – dem Buch. Die Sklavenhalter fürchteten (wie alle Potentaten, Diktatoren, Tyrannen, absolute Monarchen und andere Usurpatoren der Macht) in hohem Maße die Macht des geschriebenen Wortes. Sie wußten, weit besser als manche Leser: Lesen ist eine *Kraft,* wer nur ein paar Worte lesen lernt, der kann bald alle Worte lesen und, schlimmer noch, über diese Worte nachdenken und schließlich seine Gedanken in die Tat umsetzen. »Du kannst dich mit dem Satz dumm stellen«, sagt Peter Handke in seinem Stück *Kaspar.* »Dich mit dem Satz gegen andere Sätze behaupten. Alles bezeichnen, was sich dir in den Weg stellt, und es aus dem Weg räumen. Dir alle Gegenstände vertraut machen. Mit dem Satz alle Gegenstände zu einem Satz machen. Du kannst alle Gegenstände zu deinem Satz machen. Mit diesem Satz gehören alle Gegenstände zu dir. Mit diesem Satz gehören alle Gegenstände dir.«[12] – Alles Gründe, um das Lesen zu verbieten.

Die Diktatoren aller Epochen wußten und wissen, daß eine analphabetische Masse am leichtesten zu lenken ist. Da die Fähigkeit des Lesens, einmal erlernt, nicht rückgängig gemacht werden kann, bleibt ihnen als zweitbeste Lösung die Eindämmung des Lesestoffs. Bücher werden von Diktatoren gefürchtet wie keine andere menschliche Erfindung. Die absolute Macht duldet nur eine offizielle Lesart; statt ganzer Bibliotheken widerstreitender Meinungen soll nur das Wort des Herrschers gelten. In einer satirischen Streitschrift *Über die schrecklichen Gefahren des Lesens* schreibt Voltaire, daß Bücher »die Unwissenheit zerstreuen, diesen Wächter und Büttel der niedergehaltenen Staaten«[13]. Der Macht folgt daher, in welcher Gestalt auch immer, die Zensur auf dem Fuße, und die Geschichte des Lesens wird begleitet von der schier endlosen Geschichte der Bücherverbrennungen, von den ersten Papierrollen bis zu den Büchern unserer Zeit. Im Jahr 411 v. Chr. wurden in Athen die Werke des Protagoras verbrannt, zweihundert Jahre später versuchte der chinesische Kaiser Shihuang-ti das Lesen abzuschaffen, indem er alle Schriften in seinem Herrschaftsbereich verbrennen ließ. 168 v. Chr. wurde die Jerusalemer Bibliothek während des Makkabäeraufstands mit Vorbedacht den Flammen übergeben. Im ersten Jahrhundert unserer Zeitrechnung trieb Kaiser Augustus die Dichter Cornelius Gallus und Ovid ins Exil und verbot ihre Werke; Kaiser Caligula befahl, alle Schriften von Homer, Vergil und Livius zu vernichten (doch wurde dieser Befehl nicht befolgt). Im Jahr 303 verurteilte Kaiser Diokletian alles christliche Schrifttum zum Feuertod. Und das waren nur die Anfänge. Als der junge Goethe in Frankfurt Zeuge einer Bücherverbrennung wurde, kam er sich vor wie bei einer Hinrichtung.

Bücherverbren-
nung unter
Aufsicht des
Kaisers Shi-
huang-ti;
chinesischer
Holzschnitt aus
dem 16. Jh.

»Es hatte wirklich etwas Fürchterliches, eine Strafe an einem leb-
losen Wesen ausgeübt zu sehen. Die Ballen platzten im Feuer und
wurden durch Ofengabeln auseinandergeschürt und mit den

Nationalsozialistische Bücherverbrennung auf dem Berliner Opernplatz am 10. Mai 1933

Flammen mehr in Berührung gebracht. Es dauerte nicht lange, so flogen die angebrannten Blätter in der Luft herum, und die Menge haschte begierig darnach.«[14]

Die Bücherverbrenner erliegen der Illusion, daß sie mit ihrem Tun die Geschichte abschaffen und die Vergangenheit auslöschen können. Am 10. Mai 1933 wurden in Berlin bei laufenden Kameras und begleitet von einer Ansprache des Propagandaministers Goebbels vor mehr als 100 000 Zuschauern über 20 000 Bücher verbrannt. Hunderten von Autoren, unter ihnen Freud, Marx und Zola, Steinbeck, Hemingway, Einstein und Proust, H. G. Wells und Jack London, Heinrich Mann und Bertolt Brecht, wurde die widersinnige Ehre ihrer symbolischen Verbrennung auf dem Scheiterhaufen zuteil – eine Drohung, die sich nicht nur gegen sie selbst richtete, sondern gegen alle, die es wagten, der Haßideologie der Nazis Kritik und eigenes Denken entgegenzusetzen.

Im Jahr 1872 gründete Anthony Comstock – ein treuer Nachkomme der Kolonialherren, die dem bildungsfreundlichen Dekret Karls II. widerstanden hatten – in New York eine machtvolle Zensureinrichtung, die *Gesellschaft zur Bekämpfung des Lasters*. Nach reiflicher Überlegung war Comstock zu dem Schluß gelangt, daß das Lesen am besten gar nicht erst erfunden worden wäre. (»Unser Stammvater Adam im Paradies konnte auch nicht lesen«, führte er einmal zur Begründung an.) Aber da es nun einmal geschehen war, fühlte er sich dazu berufen, den Umgang mit dieser Erfindung zu reglementieren. Comstock betrachtete sich als eine Art »Oberleser«, der darüber zu befinden habe, was gute und was schlechte Literatur sei, und er tat alles, was in seiner Macht stand, um anderen seine Ansichten aufzuzwingen. »Was mich betrifft«, schrieb er ein Jahr vor der Gründung seiner Zensuranstalt ins Tagebuch, »so bin ich entschlossen, daß ich mich mit Gottes Hilfe niemals der Meinung anderer Leute beugen werde, sondern wenn ich fühle und glaube, im Recht zu sein, immer Festigkeit bewahren werde. Jesus wich nie, so schwer es ihm auch fallen mochte, vom Pfad seiner Pflichten ab, um sich der öffentlichen Meinung zu fügen. Warum sollte ich es dann tun?«[15]

Zeitgenössische Karikatur des selbsternannten Zensors Anthony Comstock

Anthony Comstock wurde am 7. März 1844 in New Canaan, Connecticut, geboren. Er war ein wohlbeleibter Herr, und im Laufe seiner Zensorenkarriere setzte er manches Mal das ganze Gewicht seines Körpers ein, um den Widerstand seiner Gegner zu brechen. Ein Zeitgenosse beschrieb ihn mit folgenden Worten: »Um die fünf Fuß hoch, steht er in seinen Schuhen und trägt seine zweihundertzehn Pfund Fleisch und Knochen so gut auf, daß man ihn nicht über hundertachtzig Pfund schätzen würde. Seine wuchtigen Atlasschultern werden von einem Stiernacken überragt und durch außerordentlich umfängliche Arm- und Beinmuskeln von eiserner Festigkeit ergänzt. Seine Beine sind kurz und erinnern irgendwie an Baumstämme.«[16]

Mit 3,45 Dollar in der Tasche kam Comstock als junger Mann nach New York. Er fand einen Job als Kurzwarenvertreter und hatte bald die fünfhundert Dollar zusammengespart, die er für den Kauf eines kleinen Hauses in Brooklyn benötigte. Ein paar Jahre darauf heiratete er die zehn Jahre ältere Tochter eines presbyterianischen Geistlichen. In New York stach ihm so manches Verwerfliche ins Auge, doch 1868, nachdem ein Freund ihm gebeichtet hatte, er sei »verführt, verdorben und krank gemacht worden« von einem gewissen Buch (der Titel des gewaltigen Werkes ist uns lei-

der nicht überliefert), erwarb Comstock ein Exemplar davon und ließ darauf den Buchhändler durch einen Polizisten verhaften und sein Lager beschlagnahmen. Der Erfolg dieses ersten Anschlags ermunterte ihn zu vielen weiteren, die regelmäßig mit der Verhaftung von kleinen Verlegern und Druckern sinnlich aufreizender Bücher endeten.

Unterstützt von Gesinnungsfreunden beim Christlichen Verein Junger Männner, die ihm 8500 Dollar spendeten, gründete Comstock dann seine *Gesellschaft zur Bekämpfung des Lasters*, die ihn zur Berühmtheit machte. Zwei Jahre vor seinem Tod bekannte er einem New Yorker Reporter: »In den 41 Jahren meines Hierseins habe ich so viele Personen überführt, daß sie einen Zug von 61 Waggons füllen, 60 Waggons zu je 60 Personen, der 61. Waggon fast gefüllt. Ich habe 160 Tonnen unsittlicher Literatur vernichtet.«[17]

Comstocks Jagdeifer war auch verantwortlich für mindestens fünfzehn Selbstmorde. Nachdem er den früheren irischen Wundarzt William Haynes »wegen Verbreitung von 165 verschiedenen Arten anstößiger Literatur« ins Gefängnis gebracht hatte, nahm dieser sich das Leben. Kurz darauf wollte Comstock gerade die Brooklyn-Fähre besteigen, als ihm »eine Stimme« befahl (wie er später berichtete), das Haus von Haynes aufzusuchen. Er kam gerade richtig, um die Witwe dabei zu erwischen, daß sie die Druckplatten der verbotenen Bücher aus einem Wagen ins Haus trug. Mit großer Behendigkeit sprang Comstock auf den Kutschbock und lenkte den Wagen zum YMCA, wo die Platten vernichtet wurden.[18]

Welche Bücher las Comstock selbst? folgte ganz unwissentlich dem Scherzwort von Oscar Wilde: »Ich lese nie ein Buch, das ich rezensieren muß. Das macht einen so voreingenommen.« Manchmal jedoch warf er einen Blick in die Bücher, bevor er sie vernichten ließ, und war dann entsetzt über das, was er fand. In der französischen und italienischen Literatur entdeckte er »kaum mehr als Geschichten von Freudenhäusern und Dirnen bei diesen lustbesessenen Völkern. Wie oft findet man in diesen niederträchtigen Geschichten liebliche, vornehme, wohlerzogene und reiche Frauenzimmer, die in jeder Hinsicht bezaubern, aber sich mit verheirateten Männern abgeben oder, nach der Hochzeit, Verehrer um sich scharen und ihnen Vorrechte gewähren, die nur dem Gatten zustehen!« Selbst die Klassiker wurden nicht verschont. »Nehmen Sie zum Beispiel ein wohlbekanntes Buch, das von Boccaccio verfaßt wurde«, schrieb Comstock in seinem Buch *Fallgruben für die Jugend*. Das Buch erschien ihm so schmutzig, daß er zu allem entschlossen war, »um zu verhindern, daß es sich losriß wie eine Bestie, um die Jugend des Landes zu zerstören«[19]. Balzac, Rabelais, Walt Whitman, Bernard Shaw und Tolstoi gehörten zu seinen Opfern. Comstocks tägliche Lektüre war, wie er sagte, die Bibel.

Die Methoden und Maßstäbe, die Comstock anwandte, waren wüst, aber oberflächlich. Ihm fehlte das Sensorium und die Geduld der gebildeteren Zensoren, die einen Text mit aller Sorgfalt nach versteckten Botschaften durchforschen. 1981 ließ die chilenische Militärjunta unter General Pinochet den *Don Quichotte* verbieten, weil der General (völlig zu Recht) argwöhnte, daß das Buch die Freiheitsrechte des Individuums bejahte und die Autorität der Obrigkeit verneinte.

Comstocks Zensoreneifer mußte sich darauf beschränken, die unter Verdacht geratenen Werke auf eine schwarze Liste zu setzen, und der Zugriff unter Mißbrauch der Staatsgewalt wurde ihm erst dann möglich, wenn die Bücher bereits erschienen waren und somit schon eine Reihe von emsigen Lesern gefunden hatten. Die katholische Kirche war ihm da weit überlegen. 1559 veröffentlichte die römische Inquisitionsbehörde den ersten *Index der verbotenen*

INDEX LIBRORUM
PROHIBITORUM

SS.MI D. N. PII PP. XII

IUSSU EDITUS

ANNO MDCCCCXLVIII

TYPIS POLYGLOTTIS VATICANIS
MDCCCCXLVIII

Bücher – eine Aufstellung der Bücher, in denen die Kirche eine Gefährdung des Glaubens und der Moral erblickte. Der Index, der viele Bücher bereits vor ihrer Veröffentlichung erfaßte und auch erschienene Bücher mit dem Kirchenbann belegte, verstand sich nie als eine vollständige Auflistung der vom Vatikan verdammten Werke. Als er im Juni 1966 letztmalig erschien, enthielt er allerdings – neben Hunderten von theologischen Werken – auch viele weltliche Autoren, von Voltaire und Diderot bis zu Colette und Graham Greene. Ohne Zweifel hätte Comstock diese Aufstellung sehr nützlich gefunden.

»Die Kunst steht nicht über der Moral. Die Moral geht vor«, schrieb Comstock. »Danach wirkt das Gesetz als Anwalt der öffentlichen Moral. Die Kunst gerät nur dann in Konflikt mit dem Gesetz, wenn ihre Tendenz obszön, unzüchtig oder unsittlich ist.« Das führte einen Leitartikler der *New York World* zu der Frage: »Ist es wirklich ausgemacht, daß Kunst nur dann zuträglich ist, wenn sie wohlbekleidet ist?«[20] Comstocks Kampf gegen die »amoralische Kunst« beruhte natürlich auf einem Mißverständnis, dem alle Zensoren erliegen. 1917, zwei Jahre nach Comstocks Tod, bezeichnete der amerikanische Essayist H. L. Mencken dessen Kreuzzug als »neuen Puritanismus« … »nicht asketisch, sondern militant. Sein Ziel ist es nicht, die Frommen aufzurichten, sondern die Sünder zu strafen.«[21]

Comstock war überzeugt, daß die Literatur, die er für »unmoralisch« hielt, einen verderblichen Einfluß auf die Jugend ausübte und von der Beschäftigung mit höheren Dingen ablenkte. Diese Sorge ist uralt und nicht auf das Abendland beschränkt. Schon im China des 15. Jahrhunderts trifft man sie an: Eine Sammlung von Erzählungen aus der Ming-Dynastie, *Alte und neue Geschichten*, erwies sich als so beliebt, daß sie verboten werden mußte, damit die jungen Gelehrten nicht das Studium des Konfuzius vernachlässigten.[22] In der abendländischen Welt kam dieselbe Zwangsvor-

stellung in milderer Form zum Ausdruck – als ein grundsätzliches
Mißtrauen gegen alle fiktive Literatur, das zumindest seit Plato
belegt ist; aus seinem Idealstaat sollten die Dichter verbannt werden. Die Schwiegermutter der Madame Bovary befand, daß Romane Gift für Emmas Seele waren, und brachte ihren Sohn dazu,
Emmas Abonnement bei einem Buchverleiher aufzukündigen, um
sie damit noch tiefer in den Sumpf der Langeweile hineinzutrei-
ben.[23]

Die Mutter des englischen Schriftstellers Edmund Gosse dul-
dete in ihrem Haus keinerlei Romane, weder weltliche noch religiöse. Als kleines Mädchen zu Anfang des 19. Jahrhunderts hatte
sie sich selbst und ihre Brüder mit dem Vorlesen und Erfinden von
Geschichten erfreut, bis die calvinistische Gouvernante dahinter-
kam und sie in strengster Form über die Verwerflichkeit ihres
Tuns aufklärte. »Von da an«, schrieb Mrs. Gosse in ihr Tagebuch,
»betrachtete ich das Erfinden von Geschichten in jeder Form als
eine Sünde.« Aber: »Mein Verlangen, Geschichten zu erfinden,
wuchs mit Macht. Alles, was ich hörte oder las, gab dieser
Schwäche neue Nahrung. Die schlichte Wahrheit reichte mir nicht
aus. Ich mußte sie mit meinen Phantasien ausschmücken, und die
Torheit, die Eitelkeit und Schlechtigkeit griffen mir in einer Weise
ans Herz, für die ich keine Worte finde. Selbst jetzt noch, obwohl
ich ständig auf der Hut bin, dagegen bete und ankämpfe, ist das
die Sünde, die am leichtesten Besitz von mir ergreift. Sie drängt
sich in meine Gebete und vereitelt meine Besserung, was mich
sehr stark niederdrückt.«[24] Als sie das schrieb, war sie neunund-
zwanzig Jahre alt.

Ihr Sohn wurde im gleichen Sinne erzogen: »Niemals in meiner
frühen Kindheit hörte ich die lockenden Anfangsworte eines Mär-
chens: ›Es war einmal …‹. Man erzählte mir von Missionaren, aber
nie von Piraten; ich wußte alles über die Kolibris, aber nichts über
die Feen«, erinnerte sich Gosse. »Sie wollten mich zur Ehrlichkeit
erziehen, ich sollte realistisch und skeptisch sein. Hätten sie mich
in die weichen Polster märchenhafter Phantasien gebettet, wäre ich
wahrscheinlich viel länger bereit gewesen, kritiklos ihren Bräuchen zu folgen.«[25]

Den Eltern, die 1980 in Tennessee die Schule ihrer Kinder ver-
klagten, war diese Schlußfolgerung Gosses offenbar unbekannt.
Sie argumentierten, daß das gesamte Lehrprogramm der Grundschule gegen ihre fundamentalistischen Glaubensgrundsätze ver-

stoße, weil die Lehrer den Kindern Märchen wie *Cinderella*, *Goldilocks* und *The Wizard of Oz* erzählt hatten.[26]

Autoritäre Leser, die anderen das Lesenlernen verbieten; fanatisierte Leser, die darüber befinden, was man lesen darf und was nicht; stoische Leser, die sich die Lesefreude versagen und nur Tatsachendarstellungen dulden, die sie selbst für wahr halten – sie alle versuchen, die vielfältigen Potenzen, die das Lesen verleiht, einzudämmen und zu ersticken. Aber Zensoren können auch anders gegen die Literatur vorgehen, ohne Scheiterhaufen und ohne Gerichtsurteile. Sie können Bücher uminterpretieren und sie damit ihren eigenen Zwecken dienstbar machen.

1967, in meinem fünften Oberschuljahr, kam es in Argentinien zu einem Militärputsch unter General Jorge Rafael Videla. Es folgte eine Welle von Menschenrechtsverletzungen, die das Land zuvor nicht gekannt hatte. Die Armee begründete den Terror damit, daß sie einen Krieg gegen die Terroristen führen müsse, und nach der Definition Videlas war Terrorist »nicht nur derjenige, der mit Gewehr oder Bomben bewaffnet ist, sondern auch derjenige, der Ideen verbreitet, die im Widerspruch zur abendländischen und christlichen Zivilisation stehen«[27]. Unter den Tausenden, die entführt und gefoltert wurden, befand sich auch ein Geistlicher, Pater Orlando Virgilio Yorio. Eines Tages wurde dem Pater beim Verhör erklärt, daß sein Verständnis des Evangeliums falsch sei. »Sie haben die Lehre Christi zu wörtlich genommen«, sagte der Offizier. »Christus hat von den Armen gesprochen, aber er meinte mit den Armen die Armen im Geiste, während Sie das wörtlich interpretiert haben und tatsächlich zu den armen Leuten gegangen sind. In Argentinien sind die Armen im Geiste die Reichen, und in Zukunft müssen Sie ausschließlich den Reichen helfen, denn die sind es, die den geistlichen Beistand brauchen.«[28]

Nicht immer also dient das Lesen der inneren Bereicherung und Erleuchtung. Derselbe Vorgang, der einen Text mit Leben erfüllt, ihm Offenbarungen abgewinnt, seine Bedeutungsvielfalt ausschöpft und mehrt, die Vergangenheit, Gegenwart und das Potential der Zukunft in ihm spiegelt, kann auch dazu verwendet werden, den lebendigen Text zu zerstören und abzutöten. Jeder Leser schafft sich seine eigene Lesart, die von der ursprünglichen Intention des Textes abweicht, aber nicht unbedingt eine Verfälschung darstellt. Aber jeder Leser kann den Text bewußt fälschen, indem er ihn in den Dienst einer bestimmten Doktrin stellt, zur Rechtfertigung von Willkür, Unrecht und Gewalt mißbraucht – sei es nur zur Wahrung persönlicher Vorteile oder zur Legitimation von Diktatur und Sklaverei.

⫸ DER BÜCHERNARR ⫷

Vertraute Gesten: Man nimmt die Brille aus dem Etui, reinigt sie mit dem Taschentuch, dem Hemdzipfel oder der Krawatte, setzt sie auf die Nase und klemmt die Bügel hinters Ohr. Es folgt der Blick auf die nun deutlich lesbare Seite, dann wird die Brille ein wenig auf der Nase umhergeschoben, bis die Buchstaben scharf genug zu sehen sind. Nach einer Weile wird die Brille abgenommen, man reibt sich die Nasenwurzel und kneift die Augen zusammen, um die Ermüdung zu verscheuchen. Und dann der Schlußakt vorm Einschlafen: Die Brille wird zusammengeklappt und als Lesezeichen zwischen die Seiten gelegt.

Sebastian Brant, Autor der Satire *Das Narrenschiff*

In der christlichen Ikonographie wird die heilige Lucia mit einem Tablett dargestellt, auf dem zwei Augen liegen. Brillengläser sind ebensolche Augen, die fehlsichtige Leser je nach Bedarf zu Hilfe nehmen können. Sie sind ein ablösbares Sinnesorgan, eine Maske, durch die man die Welt betrachten kann, ein insektenartiges Wesen, gleich einer gezähmten Gottesanbeterin, die man immer bei sich trägt. Brav hockt das Tier mit gekreuzten Beinen auf einem Bücherstapel, oder es wartet geduldig zwischen anderen Schreibtischutensilien – das Signum des Lesers, das Zeichen seiner Anwesenheit, das Symbol seiner Tätigkeit.

Befremdlich ist die Vorstellung, daß die Brille eine relativ neue Erfindung ist und sich die Leser über viele Jahrhunderte mit zusammengekniffenen Augen durch nebelhaft verschwommene Buchstabenwüsten gequält haben. Man stelle sich die Erleichterung vor, als es eines Tages Augengläser gab und man plötzlich die Schrift fast ohne Mühe erkennen konnte. Ein Sechstel der Menschheit ist kurzsichtig[1]; bei den Lesern liegt dieser Anteil erheblich höher und nähert sich vierundzwanzig Prozent. Aristoteles, Luther, Samuel Pepys, Schopenhauer, Goethe, Schiller, Keats, Tennyson, Samuel Johnson, Alexander Pope, Quevedo, Wordsworth, Dante Gabriel Rossetti, Elizabeth Barrett Browning, Kipling, Eduard Lear, Dorothy L. Sayers, Yeats, Unamuno, Rabindranath Tagore, James Joyce – sie alle litten unter schlechten Augen. Bei vielen verschlimmert sich der Zustand im Lauf des Lebens; nicht wenige berühmte Leser – von Homer bis Milton, und näher an unserer Zeit James Thurber bis Jorge Luis Borges – erblindeten im Alter. Borges, dessen Sehkraft in den frühen dreißiger Jahren allmählich erlosch und der 1955, als er bereits blind war, zum Direktor der Argentinischen Nationalbibliothek berufen wurde, sog Verse aus der absonderlichen Laune des Schicksals, ihm, nachdem er erblindet ist, die Schätze der Bücherwelt zu Füßen zu legen.

> Nicht schimpfen noch tränenreich klagen sollt ihr
> über diesen Erweis von Gottes Vermögen,
> der mit so großartiger Ironie
> mir die Finsternis brachte und mit ihr die Bücher.[2]

Borges verglich das Gefangensein des Lesers in einer verschwimmenden Welt aus »fahlen, nebelhaften Aschen, ähnlich Vergessenheit und Schlaf« mit dem Schicksal des Königs Midas, der verhungern und verdursten mußte, obwohl er von Speis und Trank umgeben war. Eine Episode der Fernsehserie *Twilight Zone* handelt von einem solchen Midas, einem unersättlichen Leser, der als einziger Mensch die nukleare Katastrophe überlebt. Alle Bücher der Welt stehen ihm nun zur Verfügung, doch dann zerbricht ihm zufällig die Brille.

Vor der Erfindung der Brille hätte etwa jeder vierte Leser extragroße Schrift benötigt, um einen Text zu entziffern. Die Leser des Mittelalters muteten ihren Augen einiges zu: Die Fenster ihrer Behausungen wurden im Sommer verdunkelt, um sie vor der Sonnenhitze zu schützen; im Winter waren die Räume ohnehin dunkel, da die Fenster klein waren, um den eisigen Wind abzuhalten, und somit nur ein trübes Licht hereinließen. Die Schreiber des Mittelalters stöhnten immer wieder über die schlechten Arbeitsbedingungen und kritzelten ihre Klagen an die Ränder der Bücher – wie zum Beispiel ein gewisser Florencio aus der Mitte des 13. Jahrhunderts, von dem wir nichts kennen außer dem Vornamen und der folgenden Klage: »Es ist eine Quälerei. Es raubt mir das Augenlicht, es krümmt mir den Rücken, es quetscht mir die Eingeweide und die Rippen, es bringt den Nieren Schmerzen und dem ganzen Körper Müdigkeit.«[3] Den Kurzsichtigen muß die Arbeit noch schwerer gefallen sein. Patrick Trevor-Roper meinte, sie würden sich nachts ein wenig wohler fühlen, »denn die Dunkelheit ist ein großer Gleichmacher«[4].

In Babylon, Rom und Griechenland hatten Leser mit Sehschwierigkeiten keine andere Wahl, als sich die Bücher vorlesen zu lassen, gewöhnlich von Sklaven. Manche erkannten, daß der Blick durch eine geschliffene Kristallscheibe ihnen half. In einer Betrachtung über die Eigenschaften der Smaragde[5] erwähnte Plinius der Ältere beiläufig, daß der kurzsichtige Kaiser Nero die Gladiatorenkämpfe durch einen Smaragd hindurch verfolgte. Ob ihm damit die blutrünstigen Details deutlicher vor Augen traten oder nur einen grünlichen Schimmer erhielten, wissen wir nicht, aber die Legende blieb das ganze Mittelalter hindurch unvergessen, und Gelehrte wie Roger Bacon und sein Lehrer Robert Grosseteste äußerten sich zu den wundersamen Eigenschaften jenes Edelsteins.

Doch nur wenige konnten sich die kostbaren Steine beschaffen. Die meisten waren auf Vorleser angewiesen, oder sie mußten sich mühevoll blinzelnd durch die Seiten quälen, bis die Augen schmerzten. Doch dann, irgendwann am Ende des 13. Jahrhunderts, wandelte sich das Geschick der kurzsichtigen Leser.

Der genaue Zeitpunkt dieses Wandels ist unbekannt, jedenfalls hielt am 23. Februar 1306 der Geistliche Giordano da Rivalto aus Pisa eine Predigt in der Kirche Santa Maria Novella zu Florenz und erinnerte bei dieser Gelegenheit die Gemeinde daran, daß die Erfindung des Augenglases, »eines der nützlichsten Hilfsmittel der Welt«, bereits zwanzig Jahre alt sei. »Ich habe den Mann selbst gesehen, der als erster die Augengläser entdeckt und ein Paar hergestellt hat, und ich habe mit ihm gesprochen«[6], versicherte der Prediger.

Über diesen rühmenswerten Erfinder ist nichts bekannt. Vielleicht handelte es sich um den Mönch Spina, einen Zeitgenossen des Predigers, über den berichtet wurde, »er machte Augengläser und gab seine Kunst großzügig an andere weiter«[7]. Vielleicht gehörte der Erfinder auch zur Zunft der venezianischen Glasmacher, denen die Herstellung von Augengläsern schon 1301 geläufig war, denn die Zunftordnung jenes Jahres beschrieb ein Verfahren, das von jedem befolgt werden sollte, »der Augengläser zum Lesen verfertigen will«[8]. Oder der Erfinder hieß Salvino degli Armati.

Seine Grabplatte, noch heute in der Kirche Santa Maria Maggiore zu Florenz zu besichtigen, weist ihn als den »Erfinder des Augenglases« aus und fügt hinzu: »Möge Gott ihm seine Sünden vergeben. AD 1317«.

Ein weiterer Kandidat ist Roger Bacon, der uns schon als Meister des Katalogisierens begegnet ist und den Kipling in einer spä-

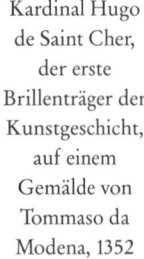

Kardinal Hugo de Saint Cher, der erste Brillenträger der Kunstgeschicht, auf einem Gemälde von Tommaso da Modena, 1352

ten Erzählung mit einem der ersten arabischen Mikroskope konfrontiert, das ein Buchmaler nach England eingeschmuggelt hatte.[9] 1268 hatte Bacon geschrieben: »Wenn man Buchstaben oder kleine Gegenstände durch ein Kristall oder Glas betrachtet, das geformt ist wie das kleinere Segment einer Kugel, und dabei die gewölbte Seite vor das Auge hält, dann sieht man die Buchstaben weit besser und größer. Ein solches Instrument ist nützlich für jedermann.«[10] Vierhundert Jahre später pries Descartes die Erfindung des Augenglases noch immer wie eine Neuigkeit: »Unsere gesamte Lebensgestaltung ist auf die Sinne gestützt, und da der Gesichtssinn der umfassendste und edelste von allen ist, unterliegt es keinem Zweifel, daß Erfindungen, die seine Fähigkeiten steigern, zu den nützlichsten gehören, die es gibt.«[11]

Die älteste bekannte Darstellung einer Brille findet sich auf dem Porträt des Hugo de St. Cher, eines provenzalischen Kardinals, das 1352 von Tommaso da Modena gemalt wurde.[12] Der Kardinal sitzt in vollem Ornat am Schreibpult und schreibt aus einem Buch ab, das rechts neben ihm liegt. Die Brille, eine Art Kneifer, besteht aus zwei runden Glaslinsen, die in dicke Rahmen gefaßt sind und mit einem verstellbaren Scharnier auf dem Nasenrücken festgeklemmt werden.

Bis weit ins 15. Jahrhundert hinein waren Lesebrillen Luxusgegenstände; sie waren teuer und wurden wenig gebraucht, da ohnehin nur eine erlesene Minderheit den Umgang mit Büchern pflegte. Mit der Erfindung der Druckerpresse und der weiteren Verbreitung von Büchern stieg auch die Nachfrage nach Brillen; in

Beweinung der Jungfrau, Gemälde des 11. Jahrhunderts aus dem Kloster Neuberg in Wien. Einer der Doktoren (2. von rechts) trägt eine Brille, die mehr als dreihundert Jahre später hinzugefügt wurde, um ihm Autorität zu verleihen.

England zum Beispiel reisten Hausierer von Ort zu Ort und verkauften »billige kontinentale Brillen«. Aus dem Jahr 1466 sind die ersten Brillenmacher in Straßburg bezeugt, kaum elf Jahre nach dem Erscheinen der ersten Gutenberg-Bibel. Nürnberg folgte 1478, Frankfurt 1540.[13] Möglicherweise lag es daran, daß immer mehr und immer bessere Brillen zur Verfügung standen und somit mehr Leser richtig lesen konnten, daß sie auch immer mehr Bücher kauften und die Brille aus diesem Grunde zum Kennzeichen des Intellektuellen, des Bibliotheksbesitzers, des Gelehrten wurde.

Vom 14. Jahrhundert an tauchten Brillen häufig auf Gemälden

auf, um die Gelehrsamkeit und Klugheit einer Gestalt zu unterstreichen. Auf vielen Darstellungen des Todesschlafs der Jungfrau Maria tragen die sich um das Sterbebett scharenden Doktoren und Weisen Sehhilfen veschiedener Art. Auf einem anonymen Bild vom Tod Mariens aus dem 11. Jahrhundert, das im Kloster Neuburg zu Wien hängt, wurde dem lesenden, weißbärtigen Doktor Jahrhunderte später eine Brille aufgemalt. Offenbar sollte diese Zutat verdeutlichen, daß selbst die klügsten Gelehrten nicht imstande waren, die Jungfrau zu heilen und ihren Tod abzuwenden.

In Griechenland, Rom und Byzanz stand der gelehrte Dichter – der *poeta doctus*, kenntlich an der Schrifttafel oder -rolle, die er in der Hand hielt – in hohem Ansehen, doch war diese Ehre den Sterblichen vorbehalten. Die Götter befaßten sich nicht mit Literatur. Griechische und römische Gottheiten halten niemals Texte in der Hand.[14] Das Christentum war die erste Religion, die ihren Gott mit einem Buch ausstattete, und von der Mitte des 14. Jahrhunderts an kam das Symbol des frommen Buches in Begleitung eines anderen daher: der Brille. Natürlich ging es nicht an, die Vollkommenheit von Gottvater und Sohn durch eine Darstellung als Kurzsichtige zu beeinträchtigen, aber die Kirchenväter – Thomas von Aquin und Augustinus – wurden wie die in den katholischen Kanon aufgenommenen antiken Autoren Cicero und Aristoteles gelegentlich mit gelehrtem Buch und Brille, dem Signum der Weisheit, ausgestattet.

Um das Ende des 15. Jahrhunderts waren Brillen bereits ein so vertrauter Anblick, daß sie nicht nur das Lesen als prestigeträchtige Tätigkeit symbolisierten, sondern hin und wieder auch dessen Mißbrauch. Die meisten Leser, ob damals oder heute, haben schon Demütigungen erfahren müssen, weil ihre Beschäftigung als verwerflich betrachtet wurde. Ich erinnere mich, daß ich in der sechsten oder siebenten Klasse ausgelacht wurde, weil ich während der Pause im Klassenzimmer blieb und las, und wie die Verhöhnung damit endete, daß ich mit dem Gesicht auf dem Boden lag, meine Brille in der einen Ecke, das Buch in einer anderen. Als Cousins von mir mein mit Büchern ausstaffiertes Zimmer gesehen hatten, setzten sie ganz selbstverständlich voraus, daß ich sie nicht begleiten wollte, um einen weiteren Western im Kino zu sehen: »Es würde dir ja doch keinen Spaß machen.« Wenn meine Großmutter mich an Sonntagnachmittagen lesend fand, seufzte sie nur: »Du verträumst den Tag«, denn meine Inaktivität erschien ihr als verderbliche Trägheit und Versündigung an der Lebensfreude. Stubenhocker, Faulpelz, Schwächling, Wichtigtuer, Pedant, abgehobener Sonderling – diese und andere Beinamen wurden im Laufe der Zeit dem zerstreuten Professor, dem kurzsichtigen Leser, dem Bücherwurm, dem Trottel angeheftet. Vergraben in Büchern, abgeschnitten von der Welt der Tatsachen, der Welt aus Fleisch und Blut, ausgestattet mit dem Gefühl der Erhabenheit über die Ignoranten, die das zwischen staubigen Buchdeckeln bewahrte Gut nicht zu schätzen wissen, wurde der bebrillte Leser, der vorgab, ergründet zu haben, was Gott in seiner Weisheit den Menschen verborgen hielt, zur Verkörperung des Narren, die Brille zum Zeichen intellektuellen Hochmuts.

Im Februar 1494, während der Basler Fastnachtszeit, veröffentlichte der junge Doktor der Rechte Sebastian Brant ein Bändchen mit allegorischen Versen unter dem Titel *Das Narrenschiff*. Der Erfolg stellte sich sofort ein. Im selben Jahr noch wurde das Buch dreimal nachgedruckt, und in Brants Geburtsstadt Straßburg betraute ein geschäftstüchtiger Verleger einen unbekannten Dichter mit der Aufgabe, den Text um viertausend Verse zu erweitern. Brant protestierte gegen diese Form der Plagiierung, doch vergebens. Zwei Jahre später bat Brant seinen Freund Jacques Locher, Professor der Poetik an der Universität Freiburg, das *Narrenschiff* ins Lateinische zu übertragen.[15] Locher tat dies, doch änderte er die Kapitelfolge und variierte die Verse nach eigenem Geschmack. Die Buchausgaben, mochten sie noch so sehr vom Original abweichen, eroberten bis ins 17. Jahrhundert hinein eine stets wachsende Lesergemeinde.

Der Erfolg wurde auch befördert durch die beigegebenen Holzschnitte, die zum großen Teil vom zweiundzwanzigjährigen Albrecht Dürer stammten. Doch in der Hauptsache beruhte er auf den Versen Brants, der die Narrheiten und Unsitten seiner Zeitgenossen getreulich beobachtet und festgehalten hatte. Die Mißstände, die er geißelte – von Unkeuschheit und Spielsucht bis zu Unglauben und Undankbarkeit – waren in präzise und zeitgemäße Bilder gefaßt. So wird die Entdeckung Amerikas, keine zwei Jahre alt, von Brant als Beispiel für den Wahnwitz begehrlicher Neugier ausgeführt. Dürer und andere Künstler lieferten den Lesern allgemeingültige Abbilder dieser neuartigen Sünder, wie sie jeder aus dem eigenen Alltag kannte, aber Brant selbst hatte die Gestalten grob skizziert, die dann als Illustrationen sein Werk verzierten.

Der Büchernarr;
Holzschnitt von
Albrecht Dürer
für die erste
Ausgabe des
Narrenschiffs
(1494)

Gleich das erste Bild nach dem Titelblatt zeigt einen närrischen Gelehrten – der Leser, der das Buch aufschlug, wurde sofort mit seinem eigenen Spottbild konfrontiert, einem Mann am Lesepult seines Studierzimmers, umgeben von Büchern. Die Bücher stapeln sich überall: auf den Regalen hinter ihm, zu beiden Seiten seines Lesepults, in den Pultfächern. Er trägt eine Schlafmütze (um die Eselsohren zu verbergen), im Nacken hängt die Narrenkappe, und mit der rechten Hand schwingt er den Staubwedel, um die Fliegen von den Büchern fernzuhalten. Das ist der *Büchernarr*, der sich zwischen Büchern vergräbt.

Die große Brille, die auf seiner Nase thront, entlarvt ihn als einen, der die Welt nicht unmittelbar betrachtet, sondern sich lieber auf die toten Buchstaben verläßt.

> Daß ich sitz vornan in dem Schiff,
> hat wahrlich ein' besondern Griff:
> ohn' Ursach ist das nit getan,
> auf meine Librei kommt mir's an.
> Von Büchern hab ich großen Hort,
> versteh doch drin gar wenig Wort
> und halt sie dennoch so in Ehren –
> ich tu sogar den Fliegen wehren.[16]

Er bekennt, daß er gern in Gesellschaft gelehrter Männer weilt, die aus klugen Büchern zitieren, um dann sagen zu können: »Die habe ich ja alle zu Hause stehen!«
Er vergleicht sich mit Ptolemaios II. von Alexandria, der, statt weiser zu werden, nur immer mehr Bücher anhäufte. Durch Brant wurde das Bild des bebrillten Büchernarren schnell zum gängigen Klischee, und schon 1505 erschien in *De fide concubinarum* von Olearius ein bebrillter Esel, der ebenfalls am Pult die Rute schwenkt und einer Runde gelehriger Tiere aus einem großen Buch vorliest.

Der Esel als Schulmeister, versehen mit Pult, Buch, Rutenbündel und Brille, unterrichtet der Esel eine Schulklasse aus Tieren; Illustration zur Satire *De fide concubinarum* von Olearius, 1505

Brants Buch war so populär, daß 1509 der humanistische Ge-

lehrte und Pfarrer Geiler von Kaysersberg seine Sonntagspredig-
ten auf den Gestalten des *Narrenschiffes* aufbaute.[17] Die erste Predigt handelte folgerichtig vom Büchernarren. Bei Brant hatte sich
der Narr selbst beschrieben; Geiler bediente sich dieser Schilderung, um den Bücherwahn in sieben Arten einzuteilen, und jede
Art wurde mit einer anderen Narrenschelle eingeläutet. Die erste
Schelle kündigte den Narren an, der Bücher sammelt wie kostbare
Möbel, um damit zu protzen. Schon im 1. Jahrhundert war dem römischen Philosophen Seneca (den Geiler mit Vorliebe zitierte)
diese Unsitte wohlvertraut: »Viele Leute ohne jede Schulbildung
benutzen Bücher nicht zum Studieren, sondern um ihren Wohn-
raum damit zu schmücken.«[18] Geiler führt aus: »Wer sich von
Büchern Ruhm erwartet, muß aus ihnen lernen; nicht in der Bibliothek, sondern im Kopf muß er sie ansammeln. Aber dieser erste Narr hat die Bücher in Ketten gelegt und zu seinen Gefange-
nen gemacht. Könnten sie sich befreien und sprechen, würden sie
ihn vor den Richter zerren und fordern, daß nicht sie, sondern er
eingekerkert werde.«

Die zweite Schelle läutet den Narren ein, der im Übermaß liest,
um zur Weisheit zu gelangen. Geiler vergleicht ihn mit einem ver-
dorbenen Magen, in den zuviel hineingestopft wurde, dann mit einem General, der seine Armee nicht mehr befehligen kann, weil sie
zu groß ist. »Was soll ich tun? werdet ihr fragen. Soll ich alle
Bücher fortwerfen?« – und wir können uns Geiler lebhaft vorstellen, wie er mit dem Finger auf ein bestimmtes Gemeindemitglied
zeigt. »Nein, das sollt ihr nicht. Aber ihr sollt die auswählen, die
euch nützlich sind, und im rechten Moment Gebrauch von ihnen
machen.« Mit der dritten Schelle kündigt er den Narren an, der
Bücher sammelt, ohne sie gründlich zu lesen, der nur flüchtig in
ihnen blättert, um seine eitle Neugier zu befriedigen. Geiler vergleicht ihn mit einem Verrückten, der durch die Stadt rennt und
dabei versucht, sich alle Schilder und Wappen an den Häusern einzuprägen. Das, so sagt er, sei unmöglich und ein sinnloser Zeitvertreib.

Die vierte Schelle ruft den Narren auf, der üppig illustrierte
Bücher liebt. »Ist es nicht eine verwerfliche Narretei, die Augen an
Gold und Silber zu weiden, wenn so viele Kinder Gottes darben
müssen?« fragt Geiler. »Sind da nicht Sonne, Mond und Sterne,
Blütenpracht und andere Dinge, die euer Auge erfreuen?« Wozu
brauchen wir Menschen oder Blumenzier in einem Buch? Haben

wir nicht genug an dem, was Gott uns schenkt? Geiler zieht den
Schluß, daß die Liebe zu den Bildern »eine Kränkung der Weisheit« ist. Die fünfte Schelle gilt dem Narren, der seine Bücher in
kostbare Materialien einbindet. (Hier machte Geiler wieder eine
stille Anleihe bei Seneca und seiner Kritik am Sammler, »der seine
Lust an Einbänden und Titeln findet« und in dessen leseunkundi-
gem Haus man »die kompletten Werke der Redner und Historiker
in Regalen bis zur Decke findet, weil die Bibliothek gleich den Ba-
deräumen zur unentbehrlichen Zierde eines wohlhabenden Hauses geworden ist«[19].)

Die sechste Schelle ist dem Narren zugedacht, der schlechte
Bücher schreibt und verfertigt, ohne die Klassiker studiert zu haben, ohne Kenntnis der Orthographie, Grammatik und Rhetorik.
Dieser Büchernarr kann der Verlockung nicht widerstehen, sein
krauses Geschreibsel neben die Werke der Großen zu stellen. Und
schließlich – mit einer überraschenden Volte, die späteren Intelligenzfeinden fremd blieb – wendet sich der Pfarrer gegen die siebente Art des Büchernarren, und das ist derjenige, der die Bücher
von Grund auf haßt und die Weisheit verachtet, die in ihnen enthalten ist.

Dennoch spielte der Intellektuelle Geiler von Kaysersberg mit
der Ausschmückung der Brantschen Satire den Intelligenzfeinden
seiner Zeit reichlich Munition in die Hände, und das in einer Epoche, da die staatlichen und religiösen Strukturen der Gesellschaft
Europas durch dynastische, das Geschichtsbild umstürzende
Kriege zersplitterten, da mit den geographischen Entdeckungen
neue Begriffe von Raum und Handel aufkamen und religiöse Spal-
tungen auf immer die Vorstellungen veränderten, wer und was und
warum die Menschen auf Erden weilten. Geiler lieferte den Verun-
sicherten einen ganzen Katalog von Vorwürfen, der ihnen, als Gesellschaft, half, die Wurzeln des Übels nicht im eigenen Tun zu sehen, sondern in der Kritik an diesem Tun, im Denken und Deuten
der Büchergelehrten in ihrer Lektüre.

Viele Bürger, die Sonntag für Sonntag im Straßburger Münster
den Predigten Geilers folgten, glaubten wahrscheinlich, daß er mit
seinem Geschimpfe auf die Büchernarren lediglich den Volkszorn
auf die Gelehrten wiedergab. Man kann sich vorstellen, daß mancher kurzsichtige Zuhörer verstohlen die Brille von der Nase
nahm, jene bescheidene Sehhilfe, die nun plötzlich zum Schandmal
geworden war. Doch Geilers Attacken waren nicht auf die Leser

und ihre Brillen gerichtet. Als humanistischer Geistlicher wandte er sich vielmehr gegen die im Schwange befindliche Scheingelehrsamkeit und ließ keinen Zweifel daran, daß er Wissen für notwendig und Bücher für wertvoll hielt – ungeachtet des wachsenden Grolls der Bevölkerung auf die Gelehrten, die angeblich unverdiente Privilegien genossen, unter den »Gebrechen der Einsamkeit« litten, wie John Donne es nannte,[20] vor den realen Mühen der Welt flohen und sich in den – Jahrhunderte später von Sainte-Beuve beschworenen – »Elfenbeinturm« zurückzogen, die Zuflucht, »in die wir hinaufklimmen, immer höher und höher, um uns von der Menge zu isolieren«[21], weit fort von der Geschäftigkeit des Herdenviehs, der gewöhnlichen Menschen. Dreihundert Jahre nach Geiler nahm Thomas Carlyle den Typus des lesenden Gelehrten wortgewaltig in Schutz, dabei verlieh er ihm geradezu heroische Züge: »Er, der in einer schäbigen Mansarde hauste, angetan mit einem verschlissenen Mäntelchen, beherrscht (genau das ist das treffende Wort) vom Grabe aus, nach seinem Tode, mit seinem Copyrecht und Copyunrecht ganze Nationen und Generationen, die ihm zu Lebzeiten mit knapper Not Brot spendeten oder es ihm auch verweigerten.«[22] Doch hartnäckig hielt sich das Klischee vom zerstreuten Eierkopf, vom weltfremden Sonderling, vom bebrillten Tagträumer, der sich in einer einsamen Nische durch ein Buch wühlt.

Der spanische Schriftsteller Jorge Manrique, ein Zeitgenosse Geilers, teilte die Menschheit in »jene, die von ihrer Hände Arbeit leben, und jene, die reich sind«[23]. Bald wurde dann der Trennstrich gezogen zwischen denen, »die von ihrer Hände Arbeit leben« und den »bebrillten Büchernarren«.

Seltsamerweise hat die Brille diesen Ruch der Entrücktheit nie ganz verloren. Selbst Leute unserer Zeit, die klug (oder zumindest gebildet) wirken wollen, machen sich dieses Symbol zunutze; eine Brille, ob verordnet oder nicht, untergräbt die sinnliche Fülle eines Gesichts und suggeriert intellektuelle Interessen. In *Manche mögen's heiß* bewaffnet sich Tony Curtis mit einer gestohlenen Brille, um Marilyn Monroe vorzugaukeln, daß er nichts weiter ist als ein harmloser Jungmillionär. Und Dorothy Parker prägte den beliebten Spruch: »Men seldom make passes / At girls who wear glasses.«[24]

Einen Gegensatz zwischen den Kräften des Körpers und den Kräften des Geistes zu konstruieren und somit den Gelehrten vom sinnenfrohen Durchschnittsmenschen zu trennen verlangt eine mühselige Argumentation. Auf der einen Seite stünden die Arbeitssklaven, die muskelbepackte Mehrheit, die vom Umgang mit Büchern ausgeschlossen ist; auf der anderen Seite die Minderheit der Denker, die Elite der Schreiber, die Schicht der Intellektuellen, die sich angeblich mit der Macht verbündet hat. Bei einer Erörterung dessen, was Glück bedeute, sprach Seneca der Minderheit die Krone der Weisheit zu und tat die Meinung der Mehrheiten verächtlich beiseite: »Die Mehrheit sollte sich nach den Besten richten, statt dessen erwählt sich der Pöbel die Schlechtesten ... Nichts ist verderblicher, als auf die Menge zu hören, für recht zu halten, was die meisten denken, und sich das Verhalten der Masse zum Vorbild zu nehmen, die nicht nach dem Verstande lebt, sondern nur danach strebt, es anderen gleichzutun.«[25] Der englische Kulturkritiker John Carey, der das Verhältnis der Intellektuellen zu den Massen um die Jahrhundertwende untersuchte, fand Senecas Ansichten bei vielen hochberühmten britischen Autoren der Spätzeit von Königin Victoria und ihres Nachfolgers Eduard VII. wieder. »Angesichts der Menschenmengen, von denen der einzelne umgeben ist, ist es praktisch unmöglich, allen eine Individualität zuzubilligen, die der eigenen gleichwertig ist. Die Masse als eine reduktionistische und abweisende Vorstellung wurde erfunden, um dieser Schwierigkeit zu entgehen.«[26]

Der Standpunkt, der den einen das Recht zugesteht, sich zu bilden, weil sie »gute Leser« sind (wie es die furchteinflößende Brille anzeigt), den anderen aber dieses Recht abspricht, weil sie »eh nichts begreifen«, hat trotz seines ehrwürdigen Alters nichts an Fragwürdigkeit verloren. »Sobald etwas niedergeschrieben ist«, argumentierte Sokrates,[27] »wird der Text, was immer er enthalte, von Ort zu Ort getragen und *fällt nicht nur den Verständigen in die Hände, sondern auch denen, die nichts mit ihm zu schaffen haben* [Hervorhebung von mir]. Der Text weiß nicht, wie er an die rechten Leute gelangen soll und wie er die falschen meiden kann. Und wird er geschändet und mißbraucht, so kann er sich weder verteidigen noch selbst helfen, sondern ist auf die Hilfe seiner Urheber angewiesen.« Rechte oder falsche Leser: Für Sokrates schien es ein »korrektes« Textverständnis zu geben, das nur ein paar eingeweihten Spezialisten zugänglich war. Im viktorianischen England steigerte Matthew Arnold diese Ansicht zu einer Haltung der stilisierten Arroganz: »Wir ... werden unser Erbe weder den Barbaren noch den Philistern überantworten, auch nicht dem Pöbel«.[28]

Der Frage nachgehend, worin dieses Erbe eigentlich bestehe, definierte Aldous Huxley es als das angehäufte Wissen eines Familienverbands, als gemeinsames Eigentum aller seiner Mitglieder. »Wenn unsere großartige Kulturfamilie zusammenkommt«, schrieb er, »dann erzählen wir uns gegenseitig von Großvater Homer, dem grimmigen alten Doktor Johnson, von Tante Sappho und dem armen Johnny Keats. ›Und erinnert ihr euch noch an diesen absolut köstlichen Spruch von Onkel Vergil? Ihr wißt doch. *Timeo Danaos ...* Köstlich! den vergeß ich nie.‹ Nein, wir werden ihn nie vergessen, mehr noch, wir werden dafür sorgen, daß diese entsetzlichen Leute, die sich bei uns an den Tisch drängen, die bucklige Verwandtschaft, die unseren lieben alten Onkel V. doch gar nicht kannte, ihn ebensowenig vergessen wird. So werden wir sie ständig daran erinnern, daß sie nicht dazugehören.«[29]

Was war zuerst da? Die Erfindung der Masse, bei Thomas Hardy beschrieben als »ein Gedränge von Menschen ... mit einer gewissen Minderheit fühlender Seelen; diese allein und ihre Erscheinungsformen sind der Beachtung wert«[30], oder die Erfindung des bebrillten Büchernarren, der sich über die Welt erhaben dünkt und den die Welt hohnlachend links liegenläßt?

Doch auf die Priorität kommt es kaum an. Beide Klischees sind Fiktionen, und beide sind sie gefährlich, denn unter dem Vorwand der Moral- oder Sozialkritik werden sie dazu benutzt, eine Fähigkeit zu beschneiden, die ihrem Wesen nach weder begrenzt noch exklusiv ist. Die Realität der Lektüre ist anderswo angesiedelt. Auf der Suche nach einer geistig-seelischen Tätigkeit, die bei gewöhnlichen Sterblichen dem Akt der literarischen Schöpfung verwandt ist, stellte Sigmund Freud einen Vergleich mit den Schöpfungen des Tagtraums an, denn beim Lesen gehe »der eigentliche Genuß des Dichtwerks aus der Befreiung von Spannungen in unserer Seele hervor« und ermögliche uns, »unsere eigenen Phantasien nunmehr ohne jeden Vorwurf und ohne Schämen zu genießen«[31]. Doch die meisten Leser werden diese Erfahrung nicht teilen. Je nach Zeit und Ort, Laune und Aufmerksamkeit, Erfahrung und Interesse befördert das Leseerlebnis eher noch die seelischen Spannungen, baut sie auf und bringt sie zum Tanzen; verdeutlicht sie uns eher noch, als daß es uns von ihnen befreit. Wahr ist, daß die fiktive Welt des Buches gelegentlich unsere Wachphantasie erobert – unsere eigenen alltäglichen Bildwelten –, und dann irren wir ziellos und staunend wie Don Quijote durch fiktive Landschaften.[32] Aber meistens bewegen wir uns auf festem Grund. Wir wissen, daß wir lesen, selbst wenn wir unsere Ungläubigkeit aufgeben, die Distanz zum Text verlieren[33]; wir wissen, warum wir lesen, selbst wenn wir nicht wissen wie, wir halten in unserem Verstand zur gleichen Zeit die Scheinwelt des Textes und den Akt des Lesens fest. Wir lesen auf das Ende zu, weil uns die Geschichte lockt. Und wir lesen, um niemals dort anzukommen, weil wir die Lektüre fortsetzen wollen. Wir lesen wie Pfadfinder, die eine Fährte verfolgen und alles um sich herum vergessen. Wir lesen zerstreut und überblättern die Seiten. Wir lesen mit Verachtung, Bewunderung, Langeweile, Ärger, Begeisterung, Neid und Sehnsucht. Manchmal überkommt uns plötzliche Freude, ohne daß wir sagen könnten, was die Ursache ist. »Warum in aller Welt wühlt mich das so auf?« fragte Rebecca West, nachdem sie den *König Lear* gelesen hatte. »Was haben die überragenden Kunstwerke an sich, daß sie diese beglückende Wirkung auf mich ausüben?«[34] Wir wissen es nicht; beim Lesen sind wir naiv. Wir lesen in verlangsamten, gestreckten Zügen, als schwebten wir schwerelos im Raum. Wir sind voller Vorurteile und Mißgunst. Oder wir sind großzügig, verzeihen dem Text, übersehen seine Schwächen und korrigieren seine Fehler. Und manchmal, wenn uns die Sterne günstig sind, lesen wir mit angehaltenem Atem, mit einem Erschaudern, als würde jemand oder etwas »über unser Grab schreiten«, als wäre eine lang verschüttete Erinnerung in uns freigelegt worden – ein Wiedererkennen dessen, was wir nur als flüchtiges Aufflackern, als einen Schatten in uns spüren, dessen schemenhafte Gestalt aufsteigt und wieder in uns versinkt, bevor wir erkennen, worum es sich handelt – danach sind wir älter und klüger geworden.

Für diese Art von Lektüre gibt es ein Bild. Ein Foto von 1940, aufgenommen während der deutschen Bombenangriffe auf London, zeigt die Überreste einer zerstörten Bibliothek. Durch die weggesprengte Decke sieht man die geisterhaften Umrisse anderer Gebäude, in der Mitte des Raums häufen sich Balken und zerbrochene Möbel. Aber die Regale an den Wänden haben standgehalten, die Bücherreihen in ihnen scheinen intakt. Drei Männer stehen mitten im Trümmerschutt. Einer, der noch unentschieden scheint, mustert die Buchrücken, ein anderer, der eine Brille trägt, greift nach einem Band, der dritte liest in einem Buch, das er aufgeschlagen vor sich hält. Keiner von ihnen dreht dem Krieg den Rücken zu oder übersieht die Zerstörungen. Sie ziehen nicht die

Folgende Doppelseite: Leser stöbern in der zerstörten Bibliothek von Holland House, West-London, die am 22. Oktober 1940 von einer Brandbombe getroffen wurde.

Bücher dem Leben vor. Sie versuchen nur dem offenkundigen Chaos zu widerstehen; sie beharren auf ihrem gewohnten Recht, Fragen zu stellen; sie versuchen – inmitten der Trümmer, mit dem staunenden Wiedererkennen, das die Lektüre bisweilen gewährt –, die Welt wieder zu verstehen.

NACHSATZ

Jedesmal, wenn die ersten Nummern einer literarischen Revue er-
schienen, habe ich etwas anderes erträumt und versucht, mit einer
Alchemistengeduld, bereit, jede Eitelkeit und jede Zufriedenheit zu
opfern, wie man einst seine Möbel und Dachbalken verbrannte,
den Ofen des Opus magnum zu heizen. Was für eins? Schwer zu sa-
gen: ganz einfach ein Buch, mehrbändig, ein Buch, das den Namen
verdient, klar gebaut und vorbedacht, keine Sammlung zufälliger
Eingebungen, mögen sie noch so wunderbar sein ... So hier, teurer
Freund, ist das nackte Geständnis dieses Lasters, das ich tausend-
mal abgewehrt habe ... Aber es hält mich in seinem Bann, und es
könnte mir noch immer gelingen – nicht die Vollendung eines sol-
chen Werks im ganzen (dafür müßte man Gott weiß wer sein!),
sondern das Vorzeigen eines erfolgreichen Fragments ... der Beweis
anhand fertiger Passagen, daß dieses Buch existiert und daß mir
klar vor Augen stand, was mir nicht vergönnt war zu vollenden.

Stéphane Mallarmé
Brief an Paul Verlaine, 16. November 1869

Der sterbende Held der berühmten Erzählung *Schnee auf dem Kilimandscharo* von Hemingway denkt an all die Geschichten, die er nicht mehr schreiben wird. »Er kannte zwanzig gute Geschichten aus jener Gegend, und er hatte nie eine geschrieben. Warum?«[1] Ein paar zählt er auf, aber die Liste ist natürlich endlos. Die Reihe der Bücher, die wir nicht geschrieben haben, erstreckt sich wie die der ungelesenen Bücher bis in die hintersten Winkel der Unendlichen Bibliothek. Wir stehen immer an Anfang, bei den ersten Bänden des Buchstabens A.

Zu den Büchern, die ich nicht geschrieben habe –, die ich auch nicht gelesen habe, aber gern lesen möchte –, gehört *DieGeschichte des Lesens*. Ich sehe das Buch dort stehen, genau an der Stelle, wo das Licht des einen Bibliotheksabschnitts endet und die Dunkelheit des nächsten Abschnitts beginnt. Ich weiß genau, wie es aussieht. Ich sehe den Umschlag vor mir und weiß, wie sich das cremefarbene Papier der Seiten anfühlt. Nur zu gut kenne ich den Einband aus sinnlich-dunklem Leinenstoff unter dem Umschlag und die goldenen Prägelettern. Ich kenne das nüchterne Titelblatt, das geistreiche Motto und die bewegende Widmung. Natürlich hat das Buch ein Register mit üppig-bunten Einträgen, die mir immer von neuem Entzücken bereiten – zufällig lande ich beim Buchstaben T: *Tantalus für Leser, Tarzans Bibliothek, Teetrinken und Lesen, Testleser für Gebrauchsanleitungen, Tolstois Lebensregeln, Tornisterbücher, Transmigration oder Seelenwanderung (s. Bücher verborgen), Trottelbücher, Tunika (s. Bücherdiebstahl)*. Im Beschnitt zeichnen sich wie Adern im Marmor die Illustrationen ab, die ich nie gesehen habe: eine Wandmalerei aus dem 7. Jahrhundert mit dem Anblick der Alexandrinischen Bibliothek; ein Foto der Dichterin Sylvia Plath, die bei Regen im Garten steht und aus einem Buch vorliest, eine Skizze von Pascals Studierzimmer in Port-Royal einschließlich der Bücher auf seinem Lesepult; ein Foto der vom Meerwasser durchtränkten Bücher einer Titanic-Passagierin, die sich auf keinen Fall von ihren Schätzen trennen wollte; Greta Garbos eigenhändig geschriebene Einkaufsliste für Weihnachten 1933, auf der auch *Miss Lonelyhearts* von Nathanael West enthalten ist; Emily Dickinson im Bett, mit einer sorgfältig unter dem Kinn verknoteten Rüschenhaube und sechs oder sieben Büchern in Reichweite, deren Titel ich gerade so entziffern kann.

Das Buch liegt aufgeschlagen vor mir auf dem Tisch. Es ist hinreißend geschrieben (ich spüre genau, wie es klingt), der Stil ist verständlich und doch anspruchsvoll, informativ und doch nachdenklich. Der Verfasser, der auf dem hübschen Frontispiz abgebildet ist, lächelt verbindlich (das glatte, bartlose Gesicht könnte einem Mann oder einer Frau gehören, auch die Initialen verraten nicht das Geschlecht), und ich fühle mich in guten Händen. Während ich durch die Kapitel streife, wird mir die uralte Familie der Leser mit ihren vielen berühmten und unberühmten Mitgliedern allmählich vertraut, auch ich zähle zu den letzteren. Ich werde von ihren Bräuchen erfahren, vom Wandel dieser Bräuche und den Metamorphosen, die sich an ihnen selbst vollzogen, weil sie das Geheimnis der Verwandlung toter Zeichen in lebendige Erinnerung mit sich führten, wie einst die Zauberer. Ich werde von ihren Siegen und Niederlagen lesen, von ihren beinahe verborgen gebliebenen Entdeckungen. Und am Ende werde ich besser begreifen, wer ich, der Leser, bin.

Daß ein Buch (noch) nicht existiert, ist kein Grund, es zu ignorieren, wie wir auch Bücher über imaginäre Gegenstände nicht ignorieren. Es gibt Bücher über das Einhorn, über Atlantis, über die Gleichheit der Geschlechter, über die Dunkle Dame aus Shakespeares Sonetten und den nicht minder dunklen Jüngling. Aber die Geschichte, die dieses Buch verzeichnet, ist besonders schwer zu fassen, sie besteht sozusagen aus ihren Abschweifungen. Sie läßt sich von Details leiten, eine Anekdote ruft die nächste herauf, und so schreitet der Autor fort, als würde er die Gesetze der Kausalität und der historischen Kontinuität mit Füßen treten, als wollte er schon beim Schreiben über das Lesen den Freiraum für alle denkbaren Leser abstecken.

Und doch steckt in dieser scheinbaren Zufälligkeit Methode. Das Buch vor mir ist nicht nur eine Geschichte des Lesens, son-

dern auch eine Geschichte der gewöhnlichen Leser, derjenigen
also, die in allen Zeitaltern ihre Vorlieben für die einen oder anderen Bücher hegten, die manchmal dem Verdikt der Älteren folgten,
manchmal aber auch alte Bücher dem Vergessen entrissen oder auf
ihrem Bücherbord die Juwelen der zeitgenössischen Literatur versammelten. Das ist die Geschichte ihrer kleinen Triumphe und
versteckten Leiden, sie sind getreulich verzeichnet in diesem Buch,
Nachrichten aus dem Leben gewöhnlicher Leute, wie sie gelegentlich in den Familien- oder Dorfchroniken festgehalten sind, Berichte vom Leben in fernen Gegenden und fernen Zeiten. Aber immer sind es einzelne Menschen, über die gesprochen wird, keine
Nationen oder Generationen, deren Lesegewohnheiten ein Fall für
die Statistik sind. Rilke fragte einmal: »Ist es möglich, daß die
ganze Weltgeschichte mißverstanden worden ist? Ist es möglich,
daß die Vergangenheit falsch ist, weil man immer von ihren Massen gesprochen hat, gerade, als ob man von einem Zusammenlauf
vieler Menschen erzählte, statt von dem einen zu sagen, um den sie
herumstanden, weil er fremd war und starb? Ja, es ist möglich.«[2]
Dieses Mißverständnis hat der Autor der *Geschichte des Lesens*
mit Sicherheit durchschaut.

Hier nun, im 14. Kapitel, findet sich Richard de Bury, Bischof
von Durham, Kanzler und Schatzmeister Eduards II., der, am 24. Januar 1287 in einem Weiler bei Bury St. Edmund's in Suffolk geboren, an seinem achtundfünfzigsten Geburtstag ein Buch vollendete
und folgendes dazu anmerkte: »Weil es vor allem anderen von der
Liebe zu den Büchern handelt, haben wir uns nach Art der alten Römer kühn dazu entschlossen, ihm einen griechischen Titel zu geben:
Philobiblon«. Vier Monate später starb er. De Bury war ein passionierter Büchersammler gewesen; man sagte, er hätte mehr Bücher
besessen als alle anderen englischen Bischöfe zusammen, und es lagen so viele um sein Bett herum aufgestapelt, daß man sich kaum im
Raum bewegen konnte, ohne auf sie zu treten. De Bury war gottlob
kein Gelehrter, sondern las, wonach ihm der Sinn stand. Er hielt den
Hermes Trismegistos (eine neoplatonische Offenbarungsschrift aus
dem Ägypten des 3. Jahrhunderts) für ein hervorragendes wissen-
schaftliches Werk aus der Zeit vor der Sintflut, schrieb Aristoteles
die falschen Texte zu und zitierte schreckliche Verse, als wären sie
von Ovid. Aber das war nicht wichtig. »In den Büchern«, schrieb er,
»begegne ich den Toten, als wären sie lebendig, in den Büchern
schaue ich die kommenden Dinge, in den Büchern werden Schar-

mützel ausgetragen, aus den Büchern entspringen die Gesetze des Friedens. Alle Dinge verderben und vergehen mit der Zeit; Saturn wird nicht davon ablassen, die eigenen Kinder zu verschlingen, aller Ruhm der Welt würde der Vergessenheit anheimfallen, wenn Gott den Sterblichen nicht das Hilfsmittel des Buches gegeben hätte«. (Unser Autor erwähnt es nicht, aber Virginia Woolf nahm in einem Schulaufsatz eine ganz ähnliche Haltung ein: »Manchmal träume ich vom Tag des Jüngsten Gerichts, an dem die großen Eroberer und Richter und Staatsmänner ihre Belohnungen empfangen – ihre Kronen, ihre Lorbeerkränze, ihre Namen unauslöschlich in unvergänglichen Marmor eingemeißelt –, dann wird sich der Allmächtige zu Petrus wenden und wird, wenn er uns mit unseren Büchern unter dem Arm kommen sieht, nicht ohne einen gewissen Neid sagen, ›Sieh, diese brauchen keinen Lohn. Wir haben ihnen nichts zu geben. Sie haben das Lesen geliebt.‹«[4])

Das 8. Kapitel ist einer fast vergessenen Leserin gewidmet, die von Augustinus in einem Brief als hervorragende Schreiberin gepriesen wurde und der er eines seiner Bücher widmete. Sie hieß Melania die Jüngere (zur Unterscheidung von ihrer Großmutter Melania der Älteren), wurde um 385 geboren, lebte in Rom, Ägypten und Nordafrika und starb 439 in Bethlehem. Sie war eine leidenschaftliche Büchernärrin, schrieb alle Bücher ab, die ihr in die Hände gerieten, und trug auf diese Weise eine bedeutende Bibliothek zusammen. Der Gelehrte Gerontius beschrieb sie im 5. Jahrhundert als »von der Natur beschenkt« und so lesebesessen, daß sie sich »die *Vitae* der Kirchenväter einverleibte wie eine Süßspeise«. »Sie las die Bücher, die sie kaufte oder an die sie gelangte, mit einem solchen Fleiß, daß ihr kein Wort und kein Gedanke verborgen blieb. So überwältigend war ihre Liebe zur Gelehrsamkeit, daß, wenn sie auf Latein las, jeder glaubte, sie könne kein Griechisch, und wenn sie Griechisch las, jeder glaubte, sie könne kein Latein.«[5] Leuchtend, aber flüchtig wie eine Sternschnuppe huscht Melania die Jüngere durch die *Geschichte des Lesens* als eine von vielen, die Trost in den Büchern suchten.

In einem Jahrhundert, das uns näher ist (aber unser Autor schert sich nicht um die Zwänge der Chronologie und befördert ihn ins 6. Kapitel), betritt ein anderer Allesleser die Bühne – der genialische Oscar Wilde. Wir folgen seiner Lektüre von den keltischen Märchen, die ihm seine Mutter schenkte, bis zu den Folianten, die er am Magdalen College von Oxford durchackerte. Hier in

Oxford sollte er bei einer Prüfung die Passionsgeschichte des Neuen Testaments aus dem Griechischen übersetzen, und da es ihm so leicht und so gut von der Hand ging, wollten ihn die Professoren unterbrechen. Wilde übersetzte weiter und wurde erneut gestoppt. »Oh, lassen Sie mich doch weitermachen«, sagte Wilde. »Ich möchte schließlich wissen, wie die Geschichte ausgeht.«

Wilde wußte genau, was er mochte, und genauso gut wußte er, was er nicht mochte. Um den Lesern der von ihm herausgegebenen *Pall Mall Gazette* einen Gefallen zu tun, erteilte er ihnen am 8. Februar 1886 den folgenden Rat unter dem Titel »Lesen oder Nicht-Lesen«:

Bücher, die man überhaupt nicht lesen soll, sind *Seasons* von Thomson, *Italy* von Rogers, *Evidences* von Paley, alle Kirchenväter außer Augustinus, der ganze John Stuart Mill mit Ausnahme des Essays über die Freiheit, ausnahmslos alle Stücke von Voltaire, *Analogy* von Butler, *Aristotle* von Grant, *England* von Hume, die *History of Philosophy* von Lewes, alle Streitschriften und alle Bücher, die etwas beweisen wollen ... Den Leuten zu sagen, was sie lesen sollen, ist in der Regel nutzlos oder schädlich, denn die wahre Wertschätzung der Literatur ist eine Sache des Temperaments und nicht der Belehrung, für den Parnaß gibt es keinen Leitfaden, und nichts, was man lernen kann, ist wert, gelernt zu werden. Aber den Leuten zu sagen, was sie nicht lesen sollen, ist etwas anderes, und ich bin entschlossen zu empfehlen, daß die Volkshochschulen dies in ihr Lehrprogramm aufnehmen.

Persönliche und öffentliche Vorlieben, was Bücher betrifft, werden schon sehr früh in unserem Buch erörtert, nämlich im Kapitel 4. Die Rolle des Lesers als Anthologist wird berücksichtigt, als Sammler von Texten also, die entweder für ihn selbst bestimmt sind (als Beispiel wird das Notizbuch von Jean-Jacques Rousseau angeführt) oder für andere (wie die *Schatztruhe der Poesie* von Palgrave), und unser Autor demonstriert recht unterhaltsam, wie wechselnde Vorstellungen vom Publikum die Auswahlkriterien der Anthologisten beeinflußten. Um seine »Mikrogeschichte der Anthologien« zu untermauern, zitiert der Autor Professor Jonathan Rose, der die »fünf häufigsten Fehlschlüsse im Hinblick auf das Leserverhalten« aufzählt:

1. Alle Literatur ist politisch in dem Sinn, daß sie immer das politische Bewußtsein des Lesers beeinflußt.

2. Die Wirkung eines Textes verhält sich direkt proportional zu seiner Verbreitung.

3. »Populärkultur« hat viel mehr Anhänger als die »Hochkultur«, und daher bringt sie auch die Einstellung der Massen genauer zum Ausdruck.

4. Die »Hochkultur« tendiert dazu, das Einverständnis mit den bestehenden politischen und gesellschaftlichen Verhältnissen zu stärken (eine Annahme, die von Linken und Rechten weitgehend geteilt wird).

5. Welches die »bedeutenden Werke« sind, wird einzig von den gesellschaftlichen Eliten bestimmt. Gewöhnliche Leser ignorieren diese Urteile, oder sie akzeptieren sie nur deshalb, weil sie sich der Meinung der Elite beugen.[6]

Unser Autor läßt keinen Zweifel daran, daß wir Leser uns zumindest ein paar dieser Trugschlüsse, wenn nicht alle, zu eigen gemacht haben. Im selben Kapitel werden auch »Readymade-Anthologien« erwähnt, Textsammlungen also, die durch Zufall auf uns gekommen sind, wie etwa die zehntausend Schriftstücke eines seltsamen jüdischen Archivs in Alt-Kairo, das 1890 in der Rumpelkammer einer mittelalterlichen Synagoge gefunden wurde. Aus Gottesfurcht warfen die Juden kein Papier fort, das möglicherweise Seinen Namen trug, und deshalb war in dieser Sammlung, der Geniza, alles für einen Leser der Zukunft aufbewahrt: von Heiratskontrakten bis zu Einkaufszetteln, von Liebesgedichten bis zu Buchhändlerkatalogen (einer von ihnen enthält den bislang ältesten Hinweis auf *Tausendundeine Nacht*).[7]

Nicht nur eins, sondern drei Kapitel (die Kapitel 31 bis 33) sind dem gewidmet, was der Autor die »Erfindung des Lesers« nennt. Jeder Text setzt einen Leser voraus. Wenn Cervantes seinen Prolog zum *Don Quijote* mit der Anrede »Müßiger Leser!«[8] beginnt, macht er mich, seinen Leser, damit zu einem Teil seiner Erfindung, zu einer Person, die Zeit genug hat, sich auf eine lange Geschichte einzulassen. Cervantes richtet sich mit seinem Buch an mich, mir erläutert er die Umstände der Entstehung, mir gesteht er die Schwächen des Buches. Dem Rat eines Freundes folgend, hat er ein paar Lobesverse auf seinen Roman verfaßt (heute bittet man namhafte Persönlichkeiten um ein paar enthusiastische Worte, die dann auf den Buchumschlag gedruckt werden). Cervantes untergräbt seine eigene Autoriät, indem er mich ins Vertrauen zieht. Ich, der Leser, bin nun auf der Hut, doch zugleich bin ich entwaffnet. Wie kann ich noch zurückweisen, was mir so freundlich erklärt wurde? Ich willige in das Spiel ein, ich bin bereit für die Geschichte, ich werde das Buch nicht zuschlagen.

Die offenkundige Täuschung des Lesers setzt sich fort. Am Ende des Ersten Buches erfahre ich, daß dies alles sei, was der Autor über Don Quijote vorgefunden habe, und alles Folgende eine vom Historiker Cide Hamete Benengeli stammende Übersetzung aus dem Arabischen. Warum dieser Kunstgriff? Weil ich, der Leser, nicht so leicht hinters Licht zu führen bin, und da ich die meisten angeblich wahren Begebenheiten der Geschichte als Schwindeleien entlarve, lasse ich mich gern in dieses Spiel mit den wechselnden Perspektiven hineinziehen. Ich lese einen Roman, ich lese eine wahre Geschichte, ich lese die Übersetzung einer wahren Geschichte, ich lese eine korrigierte Tatsachendarstellung.

Die Geschichte des Lesens ist ein eklektisches Buch. Der Erfindung des Lesers folgt das Kapitel über die Erfindung einer ebenso fiktiven Gestalt – der des Autors. »Ich beging das Mißgeschick, ein Buch mit dem Wort ›ich‹ zu beginnen«, schrieb Proust, »und sofort glaubte man, daß ich nicht versuchen wollte, Gesetzmäßigkeiten allgemeiner Art aufzudecken, sondern daß ich mich selbst zergliederte, und zwar im persönlichsten und abscheulichsten Sinne des Wortes.«[9] Dies führt unseren Autor zur Erörterung über den Gebrauch der ersten Person Singular und zur Feststellung, daß das fiktive Ich den Leser in einen Scheindialog hineinzieht, von dem er jedoch, da sich das Geschehen nur auf dem Papier abspielt, ausgeschlossen bleibt. »Nur wenn der Leser diese Autorenfiktion in Frage stellt, findet ein Dialog statt«, sagt er und beruft sich dabei auf den Nouveau roman, insbesondere auf den Roman *Paris–Rom* von Michel Butor[10], der durchgängig in der zweiten Person geschrieben ist. »Hier liegen die Karten auf dem Tisch«, sagt unser Autor, »und der Verfasser erwartet weder, daß wir an sein ›Ich‹ glauben, noch hängt er uns herablassend die Rolle des ›lieben Lesers‹ an.«

Im Kapitel 40 macht unser Autor ganz nebenbei die hochinteressante Feststellung, daß die Art der Anrede an den Leser zu den drei literarischen Genres hinführt – oder zumindest zur Kategorisierung dieser Genres. 1948 legte Wolfgang Kayser in seinem Buch

Das sprachliche Kunstwerk den Gedanken dar, daß die drei Genres auf den in jeder bekannten Sprache vertretenen drei Personen
basieren: »ich«, »du« und »er, sie, es«. In der Lyrik bringt das Ich
seine Gefühle zum Ausdruck, in der Dramatik verwandelt es sich
in ein Du, das sich in Konflikte mit einem anderen Du verwickelt.
In der Epik schließlich erscheint der Handelnde objektiv dargestellt in der dritten Person, als ein Er, eine Sie oder ein Es. Doch
darüber hinaus verlangt jedes Genre dem Leser drei verschiedene
Haltungen ab: eine lyrische Haltung (die des Liedes), eine dramatische (die bei Kayser »Apostrophe« heißt) und eine epische Haltung, die Bereitschaft, Fakten aufzunehmen.[11] Unser Autor greift
dieses Modell mit Begeisterung auf und veranschaulicht es dann an
drei verschiedenen Lesern: an Éloise Bertrand, einem französischen Schulmädchen, dessen Tagebuch mit den Eindrücken ihrer
Nerval-Lektüre den Deutsch-Französischen Krieg von 1870 über-
stand; an Douglas Hyde, dem Souffleur in einer Aufführung des
Vikar von Wakefield am Londoner Court Theatre, und an Prousts
Haushälterin Céleste, die den ausufernden Roman ihres
Dienstherrn (in Teilen) las.

Im 68. Kapitel (*Die Geschichte des Lesens* ist ein sympathisch-
dicker Wälzer) geht der Autor der Frage nach, wie (und warum)
manche Menschen an Leseeindrücken festhalten, die bei anderen
längst verblaßt sind. Als Beispiel führt er eine Londoner Zei-
tungsmeldung von 1855 an, als sich alle Blätter vor allem mit dem
Krimkrieg befaßten:

> Gegen den 60jährigen John Challis, aufgegriffen im Kostüm ei-
> ner Schäferin aus dem Goldenen Zeitalter, und den vorgebli-
> chen Juristen George Campbell (35), der eine komplette und
> zeitgemäße weibliche Garderobe trug, wurde heute unter Vor-
> sitz von Sir R. W. Carden der Prozeß eröffnet. Die Anklage
> wirft ihnen vor, in weiblicher Verkleidung das unlizensierte
> Tanzlokal Druid's Hall in der Turnagain Lane mit dem Vorsatz
> aufgesucht zu haben, andere zum Begehen widernatürlicher
> Handlungen aufzureizen.[12]

Die »Schäferin aus dem Goldenen Zeitalter«, eine Idealgestalt der
antiken Hirtendichtung, war um 1855 bereits gründlich veraltet.
Nachdem Theokrit sie in seinen *Idyllen* aus dem dritten vorchristlichen Jahrhundert verewigt hatte, reizte sie bis ins 17. Jahrhundert

die Phantasie so verschiedener Autoren wie Milton, Garcilaso de la Vega, Giambattista Marino, Cervantes, Robert Sidney und John Fletcher, doch später fand das Hirtenmotiv einen ganz andersartigen Niederschlag bei Romanautoren wie George Eliot (*Adam Bede*, 1859), Elizabeth Gaskell (*Cranford*, 1853), Émile Zola (*Die Erde*, 1887) und Ramón del Valle Inclán (*Tirano Banderas*, 1926). Sie vermittelten ihren Lesern einen weit weniger sonnigen Eindruck vom Landleben. Selbst diese Umwertungen hatten bereits alte Vorbilder, zum Beispiel den spanischen Erzpriester von Hita, Juan Ruiz, aus dem 14. Jahrhundert. In seinem *Libro de buen amor (Buch der rechten Minne)* kehrt er die Konvention um, wonach ein Dichter oder einsamer Ritter einer schönen Schäferin begegnet, die er mit sanftem Werben verführt: Der Erzähler trifft in den Bergen von Guadarrama auf vier wilde, stämmige Schäferinnen von verwegenem Eigensinn. Die ersten zwei vergewaltigen ihn, der dritten entzieht er sich durch die Abgabe eines Eheversprechens, während ihm die vierte eine Unterkunft im Austausch gegen Kleider, Schmuck, eine Heirat oder Geld anbietet. Zweihundert Jahre später gehörten Männer, die wie der alternde Mr. Challis auf die symbolische Verführungskraft des minnetrunkenen Schäfers mit seiner Schäferin oder des verliebten Edelmanns und der Unschuld vom Lande bauten, zu den seltenen Ausnahmen. Der Autor der *Geschichte des Lesens* sieht darin eine (wenn auch extreme) Form des Festhaltens an den Leseerlebnissen der Vergangenheit.

In etlichen Kapiteln des Buches werden die Aufgaben des Erzählens denen der Faktendarbietung gegenübergestellt, die Kapitel über die Sachliteratur wirken ein wenig trocken, sie erstrecken sich von den Theorien Platos bis zu den kritischen Betrachtungen Hegels und Bergsons; und obwohl in diesen Kapiteln auch Sir John Mandeville vorkommt, ein möglicherweise apokrypher englischer Reiseschriftsteller des 14. Jahrhunderts, sind sie etwas zu komprimiert, um sich für ein Resümee zu eignen. Besser wiedergeben läßt sich, was in den Kapiteln über das Erzählen steht. Zwei entgegengesetzte und gleichermaßen zwingende Auffassungen werden dort vorgetragen. Der ersten zufolge soll der Leser sich mit den literarischen Gestalten eines Romans identifizieren und so denken und handeln wie sie. Die zweite verlangt von ihm, daß er die Gestalten als reine Erfindungen betrachtet, die keinerlei Bezug zur »wirklichen Welt« haben.

Henry Tilney in Jane Austens Roman *Northanger Abbey*

bringt die erste Auffassung zum Ausdruck, als er mit Catherine spricht, die soeben mit Isabella gebrochen hat. Er erwartet von ihr, daß sie in ihren Gefühlen den Konventionen der Romane folgt:

>Dir ist so, vermute ich, als hättest du mit Isabella die Hälfte deiner selbst verloren: Du spürst eine Leere in deinem Herzen, die nichts sonst ausfüllen kann. Geselligkeit wird dir zur Last, und was die Vergnügungen betrifft, die ihr gemeinsam in Bath genossen habt, so ist dir ohne Isabella schon der Gedanke daran ein Greuel. Um nichts in der Welt würdest du jetzt auf einen Ball gehen. Du fühlst, daß du keine Freundin mehr hast, zu der du vorbehaltlos sprechen kannst, auf deren Ansichten du vertrauen, auf deren Rat du in schwierigen Lebenslagen bauen kannst. Fühlst du all das?<

>Nein<, sagte Catherine nach ein paar Sekunden des Nachdenkens. >Sollte ich denn?<[13]

Auf welche Weise der Tonfall des Vorlesenden den Text beeinflußt, wird im 51. Kapitel anhand der Gestalt Robert Louis Stevensons behandelt, der seinen Nachbarn auf Samoa Geschichten vorliest. Stevenson führte die dramatische und musikalische Tönung seiner Prosa auf die Kindheit zurück, und zwar auf die Einschlafgeschichten, die ihm sein Kindermädchen Alison Cunningham, genannt Cummie, vorlas: Gespenstergeschichten, Kirchenlieder, kalvinistische Traktate und schottische Romanzen, die alle irgendwann ihren Niederschlag in seinem Schaffen fanden. >Du hast mir die Leidenschaft für die Dramatik eingepflanzt, Cummie<, gestand er ihr als erwachsener Mann. >Ich, Master Lou? Ich habe zeitlebens keinen Fuß in ein Theater gesetzt.< – >Das stimmt wohl<, erwiderte er. >Aber es war die großartige Dramatik, mit der du deine Verse vorgetragen hast.<[14] Stevenson zögerte das Lesenlernen bis zum siebenten Lebensjahr hinaus, doch nicht aus Faulheit, sondern weil er sich die Lust am Zuhören möglichst lange bewahren wollte. Unser Autor nennt dies das >Scherazade-Syndrom<.[15]

Nicht nur die schöngeistige Literatur findet sein Interesse. Wissenschaftliche Abhandlungen, Wörterbücher, Register, Fußnoten, Widmungen, Landkarten, Zeitungen – all das verdient (und erhält bei ihm) ein eigenes Kapitel. Da findet sich ein kurzes, aber treffendes Porträt des Romanciers Gabriel García Márquez, der jeden Morgen ein paar Seiten irgendeines Lexikons liest (nur das pompöse *Diccionario de la Real Academia Española* meidet er) – eine Gepflogenheit, die unser Autor mit der Gewohnheit Stendhals vergleicht, im *Code Napoléon* zu stöbern, um sich einen knappen und präzisen Stil zuzulegen.

Über den Umgang mit geborgten Büchern berichtet das 15. Kapitel. Jane Carlyle (die Frau von Thomas Carlyle und eine gefeierte Briefschreiberin) erzählt, was einem alles passieren kann, wenn man Bücher liest, die einem nicht gehören, »das ist wie eine illegitime Affäre«, und in welcher Weise Bücher aus Leihbibliotheken dem Ruf schaden können. Eines Nachmittags im Januar 1843 lieh sie in der respektablen Londoner Bibliothek einige anrüchige Romane des französischen Autors Paul de Kock aus, und zum Erstaunen der Bibliothekare besaß sie die Unverfrorenheit, statt ihres eigenen Namens den des sittenstrengen und gebrechlichen Großvaters von Charles Darwin – Erasmus Darwin – ins Ausleihregister einzutragen.[16]

Auch die Lesezeremonien der Gegenwart und der Vergangenheit werden abgehandelt (im 43. und im 45. Kapitel). Hier finden sich die Marathonlesungen des *Ulysses* am Bloomsday, die nostalgischen Rundfunklesungen zur Schlafenszeit, die öffentlichen Schriftstellerlesungen in überfüllten Sälen oder in entlegenen, menschenleeren und eingeschneiten Gegenden, das Vorlesen am Krankenbett, die Gespenstergeschichten am winterlichen Kamin. Erwähnt findet man auch die merkwürdige Wissenschaft der Bibliotherapie (21. Kapitel), in *Webster's Dictionary* definiert als »Einsatz ausgewählter Lesematerialien als therapeutische Hilfsmittel in Medizin und Psychiatrie«, wovon sich gewisse Ärzte heilsame Wirkungen auf Körper und Geist ihrer Patienten versprechen, wenn sie ihnen *Die Schatzinsel* oder Flauberts *Bouvard und Pécuchet* verordnen.[17]

Es kommt die Büchertasche vor, unentbehrliches Requisit einer Reise zu viktorianischer Zeit. Kein Reisender verließ das Haus ohne einen Koffer voll passender Lektüre, egal ob es an die Côte d'Azur ging oder in die Antarktis. (Über den bedauernswerten Amundsen berichtet unser Autor, daß dessen Büchertasche auf dem Weg zum Südpol im Eis versank, so daß er sich über Monate mit einem einzigen Buch bescheiden mußte: *The Portraiture of His Sacred Majesty in His Solitudes and Sufferings* von einem gewissen Dr. John Gauden.)

Eines der letzten (aber nicht das letzte) Kapitel behandelt Autoren, die an die schöpferischen Fähigkeiten ihrer Leser appellieren. Da finden sich die Bücher, die vor uns liegen wie ein Lego-Baukasten: zuerst natürlich *Tristram Shandy* von Laurence Sterne, ein Roman, der sich in jeder beliebigen Weise mit Gewinn lesen läßt, oder der Roman *Himmel und Hölle* von Julio Cortázar, dessen Kapitel austauschbar sind und in immer neuer Reihenfolge gelesen werden können. Sterne und Cortázar führen zwangsläufig zum New-Age-Roman oder zu den Hypertexten. Letzterer Terminus wurde, wie unser Autor versichert, in den siebziger Jahren von dem Computerspezialisten Ted Nelson geprägt, um den vom Computer ermöglichten nichtlinearen Erzählraum zu beschreiben. »Es gibt keine Hierarchien, kein Oben und kein Unten in diesem Netzwerk«, zitiert unser Autor den Romancier Robert Coover aus einem Artikel der *New York Times* zum Thema Hypertext, »da Absätze, Kapitel und andere konventionelle Mittel der Textgliederung ersetzt sind durch gleichwertige und ebenso austauschbare Text- oder Graphikfenster«[18]. Man kann an fast jedem Punkt in die Lektüre des Hypertexts einsteigen, den Ablauf des Erzählens verändern, Einschübe, Korrekturen, Erweiterungen oder Kürzungen vornehmen. Somit sind diese Texte unendlich, denn der Leser (oder Autor) kann ihn beliebig fortsetzen oder umbauen. »Wenn immer alles mittendrin ist, wie soll man wissen, ob als Leser oder Autor, wann man am Ende ist?« fragt Coover. »Wenn der Autor die Freiheit besitzt, eine Geschichte jederzeit überallhin zu bewegen, in so viele Richtungen, wie er oder sie will, erwächst daraus nicht die *Verpflichtung*, es zu tun?« In Klammern meldet unser Autor dann freilich Zweifel an der Freiheit an, die mit dieser Verpflichtung verbunden sein soll.

Die Geschichte des Lesens hat in der Tat kein Ende – zu unserem großen Glück. Nach dem Schlußkapitel und vor dem bereits erwähnten üppigen Register hat der Autor ein paar Seiten für die Notizen der Leser freigelassen, damit sie ihre Gedanken zum Thema Lesen festhalten, vergessene Aspekte würdigen, passende Zitate ergänzen, zukünftige Ereignisse und Gestalten nachtragen können. Darin liegt ein kleiner Trost. Ich stelle mir vor, daß ich das Buch auf dem Nachttisch liegen lasse und daß ich heute oder morgen oder übermorgen abend zu mir sagen kann: »Es ist nicht zu Ende.«

❧ DANKSAGUNG ❧

In den sieben Jahren, die ich auf dieses Buch verwendete, habe ich eine beträchtliche Dankesschuld angehäuft. Am Anfang stand die Absicht, einen Essay über die Geschichte des Lesens zu schreiben; Catherine Yolles überzeugte mich davon, daß dieses Thema ein ganzes Buch verdiente – mein erster Dank gilt ihrem Vertrauen.

Dank auch meinen Lektorinnen und Lektoren – Louise Dennys, der liebenswürdigsten aller Leserinnen, deren Freundschaft mich seit den fernen Tagen des *Dictionary of Imaginary Places* begleitet, Nan Graham, die das Buch am Anfang betreute, und Courtney Hodell, die diese Aufgabe mit Enthusiasmus zu Ende führte, sowie Philip Gwyn Jones, dank dessen Ermutigung ich in schwierigen Phasen schließlich doch weiterlas.

Gewissenhaft und mit detektivischem Spürsinn haben Gena Gorrell und Beverley Beetham Endersby mein Manuskript redigiert, auch ihnen gilt wie immer mein Dank. Paul Hodgson gestaltete das Buch mit kluger Sorgfalt. Meine Agenten Jennifer Barclay und Bruce Westwood beschützten mich vor den Wölfen, Kontoverwaltern und Steuerbehörden.

Viele Freunde gaben mir Anregungen: Marina Warner, Giovanna Franci, Dee Fagin, Ana Becciú, Greg Gatenby, Carmen Criado, Stand Persky und Simone Vauthier. Professor Amos Luzzao, Professor Roch Lecours, M. Hubert Meyer und Fr. F. A. Black waren so freundlich, einzelne Kapitel kritisch zu überprüfen; die verbliebenen Fehler gehen ausschließlich auf mein Konto. Sybel Ayse Tuzlac hat vorbereitende Recherchen angestellt. Mein herzlicher Dank gilt den Bibliothekaren der Metro Toronto Reference Library, der Robarts Library, der Thomas Fisher Rare Book Library – alle in Toronto –, die seltene Bücher für mich aufspürten und meine unfachgemäßen Fragen beantworteten, desgleichen Bob

Folley und den Bibliotheksmitarbeitern des Banff Centre for the Arts, der Bibliothèque Humaniste in Sélestat, der Bibliothèque Nationale in Paris, der Bibliothèque Historique de la Ville de Paris, der American Library in Paris, der Bibliothèque Municipale in Kolmar, der Huntington Library in Pasadena, California, der Biblioteca Ambrosiana in Mailand, der London Library und der Biblioteca Nazionale Marciana in Venedig. Danken möchte ich auch dem Maclean Hunter Arts Journalism Programme und dem Banff Centre for the Arts sowie dem Pages Bookstore in Calgary, wo eine erste Lesung aus dem Buch stattfand.

Ohne die finanzielle Unterstützung durch den früheren Harris Ontario Arts Council, den Canada Council sowie den George Woodcock Fund hätte ich dieses Buch nicht fertigstellen können.

In memoriam Jonathan Warner, dessen Rat und Unterstützung ich sehr vermisse.

Zu den Anmerkungen
Ich füge keine gesonderte Bibliographie bei, weil die meisten Bücher, aus denen ich schöpfte, in den Anmerkungen genannt sind. Auf jeden Fall müßte ein solches Verzeichnis, das unter dem anspruchsvollen Titel »Bibliographie« daherkäme, angesichts der weitgespannten Thematik und der Grenzen des Autors sowohl merkwürdig sprunghaft als auch hoffnungslos unvollständig wirken.

ANHANG

❧ ANMERKUNGEN ❧

DIE LETZTE SEITE

1 Claude Lévi-Strauss: *Tristes Tropiques,* Paris 1955, dt.: *Traurige Tropen,* Ü: Eva Moldenhauer, Frankfurt am Main. 1978. Lévi-Strauss nennt Gesellschaften ohne Schriftkultur »kalte Gesellschaften«, weil ihre Kosmologie die Abfolge der Ereignisse zu annullieren versucht, die unseren Geschichtsbegriff ausmacht.

2 Philippe Descola: *Les Lances du crépuscule,* Paris 1994, dt.: *Leben und Sterben in Amazonien. Bei den Jivaro-Indianern,* Ü: Grete Osterwald, Stuttgart 1996.

3 Miguel de Cervantes Saavedra: *Leben und Taten des scharfsinnigen Edlen Don Quichotte von La Mancha,* Ü: Ludwig Tieck, 2. Buch, Kap. 1.

4 Gershom Scholem: *Kabbalah,* Jerusalem 1974, dt: *Von der mystischen Gestalt der Gottheit. Studien zu den Grundbegriffen der Kabbala,* Frankfurt am Main 1977.

5 Miguel de Unamuno: *Sonett ohne Überschrift,* aus: *Poes'a completa,* Madrid 1979.

6 Virginia Woolf in ihrem Essay »Charlotte Brontë«, in: *The Essays of Virginia Woolf,* Bd. 2, 1912–1918, Hrsg. Andrew McNeillie, London 1987.

7 Jean Paul Sartre: *Les Mots,* Paris 1964, dt.: *Die Wörter,* Ü: Hans Mayer, Reinbek 1965.

8 James Hillman: »A Note on Story«, in: *Children's Literature. The Great Excluded,* Bd. 3, Hrsg. Francelia Butler u. Bennett Brockman, Philadelphia 1974.

9 Robert Louis Stevenson: »My Kingdom«, in: *A Child's Garden of Verses,* London 1885.

10 Michel de Montaigne: »Über die Kinderzucht. An Madame

Diane de Foix, Gräfin de Gurson«, Ü: J. J. C. Bode, in: *Gesammelte Schriften*, München, Leipzig 1908–1915.

11 Walter Benjamin: *Berliner Chronik*, Frankfurt am Main 1970.

12 Kinderbuch von Mary Mapes Dodge.

13 Zweiteiliger Roman aus dem amerikanischen Bürgerkrieg von Louisa May Alcott, 1868/69, dt.: *Ein Mädchen aus der guten alten Schule*, Ü: Mary C. Rothwell, Stuttgart 1880.

14 Samuel Butler: *The Notebooks of Samuel Butler*, London 1912.

15 Jorge Luis Borges: »Pierre Menard, Autor des Quijote«, in: *Fiktionen* (1944), Ü: Karl August Horst, München 1981.

16 Baruch de Spinoza: *Theologisch-politischer Traktat*, 7. Kap., Ü: Carl Gebhardt, Leipzig 1908.

17 Kriminalroman von Cecil Day-Lewis (1904–1974), Dichter irischer Herkunft aus dem Kreis um W. H. Auden, der unter dem Pseudonym N. Blake ca. 20 Kriminalromane schrieb.

18 Lewis Carroll: *Alice's Adventures in Wonderland & Through the Looking Glass*. With an Introduction and Notes by Martin Gardner, New York 1960.

19 Zitiert nach John Willis Clark, *Libraries in the Medieval and Renaissance Periods*, Cambridge 1894.

20 *Traditio Generalis Capituli of the English Benedictines*, Philadelphia 1866.

21 Jamaica Kincaid: *A Small Place*, New York 1988, dt.: *Nur eine kleine Insel*, Ü: Ilona Lauscher, Stuttgart 1990.

22 Betty Smith: *Ein Baum wächst in Brooklyn*, Köln 1992.

23 Fragment einer altenglischen Dichtung, vermutlich aus dem späten 10. Jahrhundert.

24 Damals wußten weder Borges noch ich, daß Kiplings Bündel-Botschaft keine Erfindung war. Ignace J. Gelb berichtet in seinem Buch *A Study of Writing* (Chicago 1952, dt.: *Von der Keilschrift zum Alphabet. Grundlagen einer Sprachwissenschaft*, Ü: Renate Voretzsch, Stuttgart 1958) aus dem östlichen Turkestan, daß eine junge Frau ihrem Geliebten eine Botschaft sandte, die aus einem Klumpen Tee, einem Grashalm, einer roten Frucht, einer gedörrten Aprikose, einem Stück Kohle, einer Blume, einem Stück Zucker, einem Kiesel, einer Falkenfeder und einer Nuß bestand. Die Botschaft lautete: »Ich kann keinen Tee mehr trinken, ich bin blaß wie ein Grashalm ohne Dich, ich erröte, wenn ich an Dich denke, mein Herz brennt wie Kohle, Du bist schön wie eine Blume und süß wie Zucker. Doch ist Dein Herz

aus Stein? Ich würde zu Dir fliegen, wenn ich Flügel hätte, ich bin Dein wie die Nuß in Deiner Hand.«

25 Mit Wilkins' Sprache befaßte sich Borges in einem Essay: »Die analytische Sprache John Wilkins'«, in: *Essays 1952–1979, Gesammelte Werke*, a.a. O.

26 Evelyn Waugh: »Der Mann, der Dickens mochte«, Kapitel in: *Eine Handvoll Staub*, Ü: Lucie von Wangenheim, Reinbek 1952.

27 Ezequiel Martínez Estrada: *Leer y escribir*, México, D. F., 1969.

28 Dante: *Die Göttliche Komödie*, XV,1619, Ü.: Hermann Gmelin, Stuttgart 1949.

29 Jorge Semprún: *L'Écriture ou la vie*, Paris 1994; *Schreiben oder Leben*, Ü: Eva Moldenhauer, Frankfurt am Main 1995.

30 Jorge Luis Borges: Rezension von E. T. Bell: *Men of Mathematics*, in: *El Hogar*, Buenos Aires, 8. Juli 1938.

31 P. K. E. Schmöger: *Das Leben der Gottseligen Anna Katharina Emmerich*, Freiburg 1867.

32 Platon: *Phaidros.*

33 Hans Magnus Enzensberger: »Lob des Analphabetismus«, in: *Die Zeit*, Hamburg, 29. November 1985.

34 Allan Bloom: *The Closing of the American Mind*, New York 1987.

35 Charles Lamb: »Detached Thoughts on Books and Reading«, in: *Essays on Elia*, London 1833.

36 Orhan Pamuk: *Die weiße Festung*, Ü: Ingrid Iren, Frankfurt am Main 1995.

SCHATTEN LESEN

1 Es soll nicht behauptet werden, daß die sumerischen Tontäfelchen den Ursprung aller Schriften bilden. Allgemein wird angenommen, daß die chinesischen und die mittelamerikanischen Schriften unabhängig davon entstanden sind. Vgl. Albertine Gaur: *A History of Writing*, London 1984.

2 »Early Writing Systems«, in: World Acheology 17/3, Henley-on-Thames, Februar 1986.

3 William Wordsworth beschrieb 1819 ein ähnliches Gefühl: »O ye who patiently explore / The wreck of Herculaneum lore, / What rapture! Could ye seize / Some Theban fragment, or unroll/One precious, tender-hearted Scroll / Of pure Simonides.«

4 Cicero: *Vom Redner*, Werke Bd. 2, Berlin und Weimar 1989.

5 Aurelius Augustinus: *Bekenntnisse*, 10. Buch, XXXIV, Ü: Wilhelm Thimme, Zürich 1950.

6 M. D. Chenu: *Grammaire et théologie au XIIe et XIIIe siècles*, Paris 1935/36.

7 Empedokles: »Fragment 84DK«, in: H. Diels, *Die Fragmente der Vorsokratiker*, 3 Bde., Berlin 1952–1954.

8 Epikur: »Brief an Herodot«, in: Diogenes Laërtius, *Über Leben, Ansichten und Aussprüche der berühmten Philosophen*, Bd. 10, dt. Ausg. O. Apelt, 1921.

9 Ebenda.

10 Eine aufschlußreiche Erläuterung dieses komplexen Begriffs findet sich bei Ruth Padel: *In and Out of the Mind. Greek Images of the Tragic Self*, Princeton 1992.

11 Aristoteles: »Über die Seele«, in: *Philosophische Schriften*, Hamburg o. J.

12 Zitiert nach Nancy G. Siraisi: *Medieval & Early Renaissance Medicine*, Chicago u. London 1990.

13 Augustinus: *Bekenntnisse*, 10. Buch, VIII–XI, a. a. O.

14 Nancy G. Siraisi: *Medieval & Early Renaissance Medicine*, a. a. O.

15 Kenneth D. Keele & Carlo Pedretti (Hrsg.): *Leonardo da Vinci. Atlas der anatomischen Studien in der Sammlung Ihrer Majestät Queen Elizabeth II.*, in: *Windsor Castle*, 3 Bde., Ü: Miriam Magal, Gütersloh 1981.

16 Albert Hourani: *Die Geschichte der arabischen Völker*, Ü: Manfred Ohl und Hans Sartorius, Frankfurt am Main 1996.

17 Johannes Pedersen: *The Arabic Book*, Princeton 1984.

18 Sadik A. Assaad: *The Reign of al Hakim bi Amr Allah*, London 1974.

19 Eine Erläuterung dieser ausführlichen Abhandlung bietet Saleh Beshara Omar: *Ibn al Haytham's Optics. A Study of the Origins of Experimental Science*, Minneapolis u. Chicago 1977.

20 David C. Lindberg: *Auge und Licht im Mittelalter. Die Entwicklung der Optik von Al Kindi bis Kepler*, Ü: Matthias Althoff, Frankfurt am Main 1987.

21 Émile Charles: *Rober Bacon, sa vie, ses ouvrages, ses doctrines d'après des textes inédits*, Paris 1861.

22 M. Dax: »Lésions de la moitié gauche de l'encéphale coïncidant avec l'oubli des signes de la pensée«, in: *Gazette hebdomadaire*

de médicine et de chirurgie, 2 (1865) und P. Broca: »Sur le siège de la faculté du langage articulé«, in: *Bulletin de la Societé d'anthropologie*, 6 337–393 (1865), enthalten in: André Roch Lecours et al.: »Illiteracy and Brain Damage (3). A Contribution to the Study of Speech and Language Disorders in Illiterates with Unilateral Brain Damage (Initial Testing)«, in: *Neuropsychologia 26/4*, London 1988.

23 André Roch Lecours: »The Origins and Evolution of Writing«, in: *Origins of the Human Brain*, Cambridge 1993.

24 Daniel N. Stern: *Die Lebenserfahrung des Säuglings*, Ü: Wolfgang Krege, Stuttgart 1993.

25 André Roch Lecours et al.: »Illiteracy and Brain Damage (3)«, a. a. O.

26 Jonathan Swift: *Gullivers Reisen zu mehreren fernen Völkern der Welt*, 3. Buch.

27 Aus einem Gespräch mit André Roch Lecours in Montreal, November 1992.

28 Émile Javal: acht Artikel in den *Annales d'oculistique*, 1878/79, behandelt von Paul A. Kolers in seiner Vorlesung »Reading«, auf der Tagung der Canadian Psychological Association in Toronto 1971.

29 Oliver Sacks: »Die Rede des Präsidenten«, in: *Der Mann, der seine Frau mit seinem Hut verwechselte*, Ü: Dirk von Gunsteren, Reinbek 1995.

30 Merlin C. Wittrock: »Reading Comprehension«, in: *Neuropsychological and Cognitive Processes in Reading*, Oxford 1981.

31 Vgl. D. LaBerge & S. J. Samuels: »Toward a Theory of Automatic Information Processing in Reading«, in: *Cognitive Psychology* 6, London 1974.

32 Merlin C. Wittrock: »Reading Comprehension«, a. a. O.

33 E.B.Huey: *The Psychology an Pedagogy of Reading*, New York 1908, zitiert von Kolers, a. a. O.

34 Zitiert bei David C. Lindberg, a. a. O.

DIE STILLEN LESER

1 Augustinus: *Bekenntnisse*, 5. Buch, XII, a. a. O.

2 Donald Attwater: »Ambrose«, in: *A Dictionary of Saints*, London 1965.

3 Ellwood Post: *Saints, Signs and Symbols*, Harrisburg, Penn., 1962.

4 Augustinus: *Bekenntnisse*, 6. Buch, III, a. a. O.

5 versuchte der ungarische Gelehrte Josef Balogh in seinem Artikel »Voces Paginarum«, (*Philologus 82*) den Nachweis zu führen, daß das stille Lesen in der Antike fast völlig ungebräuchlich war. 41 Jahre später argumentierte Bernard M. W. Knox (»Silent Reading in Antiquity«, in: *Greek, Roman and Byzantine Studies* 9/4, 1968) gegen Balogh: »Antike Bücher wurden normalerweise laut gelesen, aber es gibt keine Hinweise darauf, daß das stille Lesen etwas Außergewöhnliches war.« Doch die Belege, die Knox liefert (und von denen ich einige zitiere), scheinen seine These kaum zu stützen und eher zu belegen, daß das stille Lesen die Ausnahme darstellte.

6 Bernard M. W. Knox: »Silent Reading in Antiquity«, a. a. O.

7 Plutarch: »Über das Geschick des Alexander«, Fragment 340 a, in: *Moralia*, Bd. IV, Hrsg. Frank Cole Babbitt, Cambridge, Mass., & London 1972: »In der Tat wird berichtet, daß einmal, als Alexander das Siegel eines vertraulichen Briefes seiner Mutter erbrochen hatte und den Brief still für sich las, Hephaestion den Kopf neben den seinen schob und den Brief mit ihm las. Alexander mochte ihn nicht daran hindern, aber er zog seinen Ring ab und drückte das Siegel auf Hephaestions Lippen.«

8 Claudius Ptolemäus: *Kriterion*, behandelt in: *The Criterion of Truth*, Hrsg. Pamela Huby u. Gordon Neal, Oxford 1952.

9 Plutarch: »Brutus«, V., in: *Große Griechen und Römer*, Bd. IV., Hrsg. Walter Rüegg, Ü: K. Ziegler, Zürich/Stuttgart 1954. Es ist wohl kaum verwunderlich, daß Caesar diese Botschaft im stillen gelesen hat. Zum einen wollte er beim Lesen des Liebesbriefes nicht belauscht werden, zum anderen könnte das zum Plan gehört haben, seinen Feind Cato zu verwirren und in ihm den Verdacht einer Verschwörung zu nähren – was ihm auch tatsächlich gelang. Plutarch zufolge zwang Cato Caesar, ihm den Brief auszuhändigen, und gab sich damit der Lächerlichkeit preis.

10 Saint Cyril of Jerusalem: *The Works of Saint Cyril of Jerusalem*, Bd. 1, Washington 1968.

11 Seneca: *Epistulae Morales ad Lucilium*, Stuttgart 1996.

12 Der Refrain *tolle, lege* taucht in keinem heute noch bekannten Kindervers der Antike auf. Pierre Courcelle vermutet, daß es

sich um eine Weissagungsformel handelt, und bezieht sich auf Marc le Diacre, Das Leben des Porphyrus, wo die Formel von einer Gestalt im Traum gesprochen wird und eine Aufforderung darstellt, der Weissagung die Bibellektüre zugrunde zu legen. Vergleiche Pierre Courcelle: »L'Enfant et les ›sortes bibliques‹«, in: *Vigiliae Christianae*, Bd. 7, Nîmes 1953.

13 Augustinus: *Bekenntnisse*, 4. Buch, III, a. a. O.

14 Augustinus: *Über den dreieinigen Gott*, XV, 10.19, Ü: Michael Schmaus, Leipzig 1936.

15 Martial: *Epigramme*, I.38, Ü: Rudolf Hehm, Zürich 1957.

16 Vergleiche Henri Jean Martin: »Pour une histoire de la lecture«, in: *Revue française d'histoire du livre*, 46, Paris 1977. Martin zufolge fehlt dem Sumerischen und dem Hebräischen, nicht aber dem Aramäischen ein besonderes Wort für »lesen«.

17 Ilse Lichtenstadter: *Introduction to Classical Arabic Literature*, New York 1974.

18 Zitiert bei Gerald L. Bruns: *Hermeneutics Ancient and Modern*, New Haven u. London 1992.

19 Julian Jaynes: *Der Ursprung des Bewußtseins*, Ü: Kurt Neff, Reinbek 1993.

20 Cicero: *Gespräche in Tusculum*, V. Buch, Hrsg. u. Ü: Olof Gignon, München 1991.

21 Albertine Gaur: *A History of Writing*, London 1984.

22 William Shepard Walsh: *A Handy-Book of Literary Curiosities*, Philadelphia 1892.

23 Zitiert in M. B. Parkes: *Pause and Effect. An Introduction to the History of Punctuation in the West*, Berkeley u. Los Angeles 1993.

24 Gaius Suetonius Tranquillus: *Cäsarenleben*, Ü: Max Heinemann, Stuttgart 1986.

25 T. Birt: *Aus dem Leben der Antike*, Leipzig 1922.

26 Albertine Gaur: *A History of Writing*, London 1984. a.a.O.

27 Pierre Riché: *Les Écoles et l'enseignement dans l'Occident chrétien de la fin du Ve siècle au milieu du XIe siècle*, Paris 1979

28 M. B. Parkes: *Pause and Effect*, a. a. O.

29 Saint Isaac of Syria: »Directions of Spiritual Training«, in: *Early Fathers from the Philokalia*, Hrsg. u. Ü.: E. Kadloubovsky u. G. E. H. Palmer, London u. Boston 1954.

30 Isidoro de Sevilla: *Libri sententiae*, III, 13,9, zitiert in: *Etimologías*, Hrsg. Manuel C. Díaz y Díaz, Madrid 1982/83.

31 Isidoro de Sevilla: *Etimologías,* I, 3,1.

32 David Diringer: *The Hand-Produced Book,* London 1953.

33 Parkes: *Pause and Effect,* a. a. O.

34 Carlo M. Cipolla: *Literacy and Development in the West,* London 1969.

35 Zitiert in: Wilhelm Wattenbach: *Das Schriftwesen im Mittelalter,* Leipzig 1896.

36 Alan G. Thomas: *Great Books and Book Collectors,* London 1975.

37 Augustinus: *Bekenntnisse,* 6. Buch, III, a. a. O.

38 Ebenda.

39 Pslamen, 91,6.

40 David Christie-Murray: *A History of Heresy,* Oxford u. New York 1976.

41 Robert I. Moore: *The Birth of Popular Heresy,* London 1975.

42 Heiko A. Obermann: *Luther. Mensch zwischen Gott und Teufel,* Berlin 1982.

43 E.G.Léonard: *Histoire générale du protestantisme,* Bd.1, Paris 1961–1964.

44 Van Wyck Brooks: *The Flowering of New England, 1815–1865,* New York 1936.

45 Ralph Waldo Emerson: *Society and Solitude,* Cambridge, Mass., 1870.

DAS BUCH DER ERINNERUNG

1 Saint Augustine: »Of the Origin and Nature of the Soul«, IV, 7,9, in: *Basic Writings of Saint Augustine,* Hrsg. Whitney J. Oates, London 1948.

2 Cicero: *Vom Redner,* 2. Buch, a. a. O., 354.

3 Louis Racine: *Mémoires contenant quelques particularités sur la vie et les ouvrages de Jean Racine,* in: Jean Racine: *Œuvres complètes,* Bd. 1, Hrsg. Raymond Picard, Paris 1950.

4 Zitiert nach Plato: *Phaidros,* S. 228 der Editio princeps, Paris 1578.

5 Plato: *Phaidros.* Ü: Kurt Hildebrandt, Stuttgart 1979.

6 Mary J. Carruthers: *The Book of Memory,* Cambridge 1990.

7 Ebenda.

8 Eric G. Turner: »I Libri nell'Atene del V e IV secolo A. C.«, in:

Guglielmo Cavallo, *Libri, editori e pubblico nel mondo antico*, Rom und Bari 1992.

9 Johannesevangelium: 8,8.

10 Mary J. Carruthers: *Gedächtnis und Erinnern. Mnemonik von Aristoteles bis Shakespeare*, Berlin 1994.

11 Ebenda.

12 Aline Rousselle: *Porneia*, Paris 1983.

13 Frances A. Yates: *The Art of Memory*, London 1966.

14 Petrarca: »Das Geheimnis – Gespräche über die Weltverachtung«, II., in: *Dichtung und Prosa*, Hrsg. Horst Heintze, Berlin 1968.

15 Victoria Kahn: »The Figure of the Reader in Petrarch's Secretum«, in: *Petrarch. Modern Critical Views*, Hrsg. Harold Bloom, New York und Philadelphia 1989.

16 Petrarca: »Freundesbriefe«, 2.8.822, in: *Prose,* Hrsg. Guido Martellotti, Mailand 1951.

LESEN LERNEN

1 Claude Lévi-Strauss, *Traurige Tropen*, a. a. O.

2 A. Dorlan: »Casier descriptif et historique des rues & maisons de Sélestat«, (1926), in: *Annuaire de la Société des Amis de la Bibliothéque de Sélestat*, Sélestat 1951.

3 Zitiert bei Paul Adam: *Histoire de l'enseignement secondaire à Sélestat*, Sélestat 1969.

4 Herbert Grundmann: *Vom Ursprung der Universität im Mittelalter*, Frankfurt am Main 1957.

5 Ebenda.

6 Edouard Fick, Vorwort zu: *La Vie de Thomas Platter écrite par lui-même*, Genf 1862.

7 Paul Adam: *Der Humanismus zu Schlettstadt. Die Schule, die Humanisten, die Bibliothek*, Ü: Peter Schäffer, Obernai 1978.

8 Thomas Platter: *La Vie de Thomas Platter écrite par lui-même*, Genf 1862.

9 Israel Abraham: *Jewish Life in the Middle Ages*, London 1896.

10 Ich danke Professor Roy Porter für diesen Hinweis.

11 Matteo Palmieri: *Della vita civile*, Bologna, 1944.

12 Leon Battista Alberti: *I Libri della famiglia*, Hrsg. R. Romano & A. Tenenti, Turin 1969.

13 Quintilian: *Institutio Oratoria*, Ü: Franz Loretto, Stuttgart 1995.

14 Zitiert nach Pierre Riché & Daniele Alexandre-Bidon: *L'Enfance au Moyen Âge*. Ausstellungskatalog der Bibliothèque Nationale, Paris 1995.

15 Ebenda.

16 M.-D. Chenu: *La Théologie comme science au XIIIᵉ siècle*, 3. Aufl., Paris 1969·

17 Dominique Sourdel u. Janine Sourdel-Thomine (Hrsg): *Medieval Education in Islam and the West*, Cambridge, Mass., 1977.

18 Alfonso el Sabio: *Las Siete Partidas*, Hrsg. Ramón Menéndez Pidal, Madrid 1955, 2,31,IV.

19 In einem Brief aus jener Zeit bittet ein Lateinschüler seine Mutter, ihm einige Bücher ohne Rücksicht auf die Kosten zu beschaffen: »Ich wünsche außerdem, daß Paul die *Orationes Demosthenis Olynthiacae* kauft, binden läßt und mir zuschickt.«, Steven Ozment: *Three Behaim Boys: Growing up in Early Modern Germany*, New Haven & London 1990.

20 Adam: *Histoire de l'enseignement secondaire à Sélestat*, a. a. O.

21 Jakob Wimpfeling: *Isidoneus*, XXI, aus: J. Freudgen: *Jakob Wimpfelings pädagogische Schriften*, Paderborn 1892.

22 Isabel Suzeau: »Un Écolier de la fin du XVᵉ siècle: À propos d'un cahier inédit de l'école latine de Sélestat sous Crato Hofman«, aus: *Annuaire de la Societé des Amis de la Bibliothèque de Sélestat*, Sélestat 1991·

23 Jaques Le Goff: *Die Intellektuellen im Mittelalter*, Ü: Christiane Kayser, München 1993.

24 Brief Guidettis an B. Massari vom 25. Okt. 1465, aus: *La critica del Landino*, Hrsg. R. Cardini, Florenz 1973. Zit. nach: Anthony Grafton: *Defenders of the Text. The Traditons of Scholarship in an Age of Science, 1450–1800*, Cambridge, Mass., 1991.

25 Wimpfeling: *Isidoneus*, XXI, a. a. O.

26 Adam: *Der Humanismus zu Schlettstadt*, a. a. O.

27 Ebenda.

28 Später kehrte man zu Dringenbergs *Ausrichtung* zurück: Anfang des 16. Jahrhunderts eliminierten die Lehrer der Lateinschule in Abwehr der Reformation alle heidnischen Autoren, die als »suspekt«, galten und nicht von Autoritäten wie Augustinus »kanonisiert«, waren, und setzten eine streng katholische Erziehung durch.

29 Jakob Spiegel: »Scholia in Reuchlin Scaenica progymnasmata«, in: G. Knod: *Jakob Spiegel aus Schlettstadt. Ein Beitrag zur Geschichte des deutschen Humanismus*, Straßburg 1884.

30 Jakob Wimpfeling: »Diatriba« IV., in: G. Knod, *Aus der Bibliothek des Beatus Rhenanus. Ein Beitrag zur Geschichte des deutschen Humanismus*, Sélestat 1889.

31 Jerôme Gebwiler, zitiert aus: *Schlettstädter Chronik des Schulmeisters Hieronymus Gebwiler*, Hrsg. J. Geny, Sélestat 1890.

32 Nicolas Adam: »Vraie manière d'apprendre une langue quelconque«, in: *Dictionnaire pédagogique*, Paris 1787.

33 Helen Keller, *Die Geschichte meines Lebens*, Ü: P. Seliger, 2. Aufl., Stuttgart 1904.

34 E. P. Goldschmidt: *Medieval Texts and Their first Appearance in Print*, Beilage der Biographical Society Transactions 16, Oxford 1943.

35 Der Bann, mit dem die katholische Kirche die Schriften des Kopernikus belegt hatte, wurde allerdings erst 1758 aufgehoben.

DIE FEHLENDE ERSTE SEITE

1 Franz Kafka: »Von den Gleichnissen«, in: *Erzählungen*, Frankfurt am Main 1972.

2 Umberto Eco: *Die Grenzen der Interpretation*, Ü: Günter Memmert, München 1992.

3 Paul de Man: *Allegorien des Lesens*, Ü: Werner Hamacher und Peter Krumme, Frankfurt am Main 1994.

4 Dante: Brief an Can Grande della Scala, in: *Le Opere di Dante*, Hrsg. M. Barbi et. al., Mailand 1921–1922.

5 Ernst Pawel: *Das Leben Franz Kafkas*, Ü: Michael Müller, München/Wien 1986.

6 Franz Kafka: *Brief an den Vater*, Frankfurt am Main 1975.

7 Zitiert aus Pawel: *Das Leben Franz Kafkas*, a. a. O.

8 Franz Kafka: *Briefe an Felice*, Frankfurt am Main 1967, Postkarte vom 9. Oktober 1916.

9 Gustav Janouch: *Gespräche mit Kafka*, Frankfurt am Main 1968.

10 Nach Martin Buber: *Schriften zum Chassidismus – Die Erzählungen der Chassidim*, München 1963.

11 Marc Alain Ouaknin: *Le Livre brûlé. Philosophie du Talmud*, Paris 1986.

12 Gustav Janouch: *Gespräche mit Kafka,* a. a. O.

13 Ebenda.

14 Walter Benjamin: »Franz Kafka. Zur zehnten Wiederkehr seines Todestages«, in: *Gesammelte Schriften,* Bd. II,2, Frankfurt am Main 1991.

15 Ebenda.

16 So zitiert bei Benjamin a. a. O. nach F. M. Dostojewski: *Die Brüder Karamasow,* Ü: E. K. Rasin, München o. J.

17 Gustav Janouch: *Gespräche mit Kafka,* a. a. O.

18 Judith Krantz: *Prinzessin Daisy,* Köln, Lingen 1993.

19 Elinor Glyn (1864–1943), amerikanische Romanschriftstellerin; ihr Roman *Three Weeks* (1907) war berühmt wegen der erotischen Eskapaden des Helden, die am Ende ihre »gerechte Strafe«, finden.

20 Umberto Eco: *Die Grenzen der Interpretation,* a. a. O.

21 Ernst Pawel: *Das Leben Franz Kafkas,* a. a. O.

22 Gustav Janouch: *Gespräche mit Kafka,* a. a. O.

23 Zitiert bei Gershom Scholem: *Walter Benjamin. Die Geschichte einer Freundschaft,* Frankfurt am Main 1975.

24 Marthe Robert: *La tyrannie de l'imprimé,* Paris 1984.

25 Jorge Luis Borges: »Kafka und seine Vorläufer«, in: *Gesammelte Werke, Essays 1952–1979,* München 1981.

26 Marthe Robert: *La tyrannie de l'imprimé,* a. a. O.

27 Vladimir Nabokov: »Die Verwandlung«, in: *Die Kunst des Lesens,* Frankfurt am Main 1991.

28 Franz Kafka: *Briefe 1902–1924,* Frankfurt am Main 1958.

BILDER LESEN

1 Luigi Serafini: *Codex Seraphinianus,* mit einer Einleitung von Italo Calvino, Milano 1981.

2 John Atwatter: *The Penguin Book of Saints,* London 1965.

3 K. Heussi: »Untersuchungen zu Nilus dem Asketen«, in: *Texte und Untersuchungen,* Bd. XLII, 2. Lieferung, Leipzig 1917.

4 Louis-Sébastian Le Nain de Tillemont: *Mémoires pour servir à l'histoire ecclésiastique des six premiers siècles,* Bd. XIV, Paris 1693–1712.

5 *Dictionnaire de théologie catholique,* Paris 1903–1950.

6 Saint Nilus: »Ad Olympidoro Eparcho«, *Epistula LXI*, in: *Patrologia Graeca*, LXXIX, 1857–1866.

7 Zitiert bei F. Piper: *Über den christlichen Bilderkreis*, Berlin 1852.

8 Zitiert bei Claude Dagens *Saint Grégoire le Grand. Culture et expérience chrétienne*, Paris 1977.

9 Synode von Arras, Kapitel 14, in: *Sacrorum Nova et Amplissima Collectio*, Hrsg. J. D. Mansi, Paris u. Leipzig 1901–1927, zitiert bei Umberto Eco: *Il problema estetico di Tommaso d'Aquino*, Milano 1970.

10 2. Mose, 20,4; 5. Mose, 5,8.

11 1. Könige, Kap. 6 u. 7.

12 André Grabar: *Christian Iconography. A Study of Its Origins*, Princeton 1968.

13 Matthäusevangelium: 1,22; auch 2,5; 2,15; 4,14; 8,17; 13,35; 21,4; 27,35.

14 Lukasevangelium 24,44.

15 *A Cyclopedic Bible Concordance*, Oxford 1952.

16 Johannesevangelium 3,8.

17 Augustinus: »In Exodum«, 73, in: *Quaestiones in Heptateuchum*, II, *Patrologia Latina*, XXXIV, Kap. 625, 1844–1855.

18 Eusebius von Caesarea: *Demonstratio evangelium*, IV, 15, *Patrologia Graece*, XXII, Kap. 296, 1857–1866.

19 Vergleiche Paulus in: 1. Korinther, 10,4: »Und haben alle einerlei geistlichen Trank getrunken; sie tranken aber von dem geistlichen Fels, der mitfolgte, welcher war Christus.«

20 Grabar: *Christian Iconography*, a. a. O.

21 Zitiert in Piper: *Über den christlichen Bilderkreis*, a. a. O.

22 Allan Stevenson: *The Problem of the Missale Speciale*, London 1967.

23 Vergleiche Maurus Berve: *Die Armenbibel*, Beuron 1989. Die Heidelberger Armenbibel wird in der Universitätsbibliothek Heidelberg aufbewahrt.

24 Gerhard Schmidt: *Die Armenbibeln des XIV. Jahrhunderts*, Frankfurt am Main 1959.

25 Karl Gotthelf Lessing: *G.E.Lessings Leben*, Frankfurt am Main 1793–1795.

26 G.E.Lessing: »Ehemalige Fenstergemälde im Kloster Hirschau«, in: *Zur Geschichte und Literatur aus der Herzoglichen Bibliothek zu Wolfenbüttel*, Braunschweig 1773.

27 G. Heider: »Beiträge zur christlichen Typologie«, in: *Jahrbuch der K. K. Central-Commission zur Erforschung der Baudenkmale*, Bd. 6, Wien 1861.

28 Marshall McLuhan: *Die magischen Kanäle.* Ü: Meinrad Amann, Düsseldorf 1992.

29 François Villon: *Das Kleine und das Große Testament*, Ü: K. L. Ammer, Leipzig 1976.

30 Berve: *Die Armenbibel*, a. a. O.

31 Gerhard Schmidt: *Die Armenbibeln des XIV. Jahrhunderts*, a. a. O.; auch Elizabeth L. Eisenstein: *The Printing Revolution in Early Modern Europe*, Cambridge 1983.

VORLESEN

1 Philip S. Foner: *A History of Cuba and Its Relations with the United States*, Bd. II, New York 1963.

2 José Antonio Portuondo: *»La Aurora«, y los comienzos de la prensa y de la organización en Cuba*, Havanna 1961.

3 Ebenda.

4 Foner: *A History of Cuba*, a. a. O.

5 Ebenda.

6 Hugh Thomas: *Castros Cuba*, Ü: Wilm W. Elwenspock, Berlin 1984.

7 L. Glenn Westfall: *Key West. Cigar City U. S. A.*, Key West 1984.

8 Manuel Deulofeu y Lleonart: *Martí, Cayo Hueso y Tampa. La emigración*, Cienfuegos 1905.

9 Kathryn Hall Proby: *Mario Sánchez. Painter of Key West Memories*, Key West 1981; ein persönliches Gespräch mit Sánchez am 20. November 1991.

10 T. F. Lindsay: *St. Benedict, His Life and Work*, London 1949.

11 Die Erzählung »Das Aleph«, von Borges in seinem gleichnamigen Erzählband (*El Aleph*, Buenos Aires 1949), der diese Episode entnommen ist, kreist um eine solche Vision des Universums. Zitiert nach: *Gesammelte Werke, Erzählungen 2, 1949–1970*, Ü: Karl August Horst, München 1981.

12 García Colombas u. Inaki Aranguren: *La regla de San Benito*, Madrid 1979.

13 »So sind da zwei Bücher, aus denen ich die Offenbarung be-

ziehe. Neben dem geschriebenen Wort Gottes gibt es das Buch seiner Dienerin Natur, ein allumfassendes und öffentliches Manuskript, das sich vor unser aller Augen ausbreitet.«, Sir Thomas Browne: *Religio Medici*, London 1642, 1:16.

14 »The Rule of S. Benedict«, in: *Documents of the Christian Church*, Hrsg. Henry Bettenson, Oxford 1963.

15 John de Ford vergleicht in seinem Buch *Life of Wulfric of Haselbury* diese »Liebe zur Stille«, mit der Bitte der Braut um Stille im Hohelied Salomos, 2,7. In: Pauline Matarasso (Hrsg.): *The Cistercian World. Monastic Writings of the Twelfth Century*, London 1993.

16 Ich sage euch, Brüder, kein Unglück kann uns treffen, nichts kann so bitter und betrübend sein, das nicht, sobald Gottes Wort von uns Besitz ergreift, entweder zum Nichts verblaßt oder ertragbar wird.« Aelred of Rievaulx: »The Mirror of Charity«, in: Pauline Matarasso, a. a. O.

17 Cedric E. Pickford: »Fiction and the Reading Public in the Fifteenth Century«, in: *Bulletin of the John Rylands University Library of Manchester*, Bd. 45 II, Manchester, März 1963.

18 Gaston Paris: *La Littérature française au Moyen Age*, Paris 1890

19 Zitiert in Urban Tigner Holmes jr.: *Daily Living in the Twelfth Century*, Madison, Wisc., 1952.

20 Pline le Jeune, *Lettres*, I–IX, Hrsg. A. M. Guillemin, 3 Bde., Paris 1927/28, IX,36.

21 J. M. Richard: *Mahaut, comtesse d'Artois et de Bourgogne*, Paris 1887.

22 Iris Cutting Origo: *Im Namen Gottes und des Geschäfts. Lebensbild eines toskanischen Kaufmanns der Frührenaissance, Franceso di Marco Datini 1335–1410*, Ü: Uta-Elisabeth Trott, München 1985.

23 Emmanuel Leroy Ladurie: *Montaillu. Ein Dorf vor dem Inquisitor 1294–1324*, Ü: Peter Rahlbrock, Berlin 1989.

24 Madeleine Jeay (Hrsg.): *Les Évangiles des quenouilles*, Montreal 1985.

25 Cervantes: *Don Quijote*, IV. Buch, Kap. 1–5.

26 Vierzehn Kapitel zuvor hatte Don Quijote seinen Begleiter Sancho Pansa getadelt, weil der eine Geschichte voller Unterbrechungen und Abschweifungen erzählt habe, statt sie so geradlinig wiederzugeben, wie es der büchergelehrte Ritter erwartete. Sancho rechtfertigte sich: »Gerade so, wie ich sie er-

zähle, [...] werden bei mir zu Hause alle Märlein erzählt, ich kann sie auch nicht anders erzählen, und es ist unrecht, von mir zu verlangen, daß ich neue Sitten aufbringen soll.« Ebenda, III. Buch, Kap. 6.

27 William Chambers: *Memoir of Robert Chambers with Autobiographic Reminiscences*, 10. Aufl., Edinburgh 1880. Diese wundervolle Anekdote verdanke ich einem Hinweis von Larry Pfaff, Bibliothekar der Art Gallery Ontario.

28 Ebenda.

29 Jean Pierre Pinies: »Du choc culturel á l'ethnocide: La Pénétration du livre dans les campagnes languedociennes du XVIIᵉ au XIXᵉ siècles«, in: *Folklore* 44/3, 1981, zitiert bei Martyn Lyons: *Le Triomphe du livre*, Paris 1987.

30 Zitiert bei Amy Cruse: *The Englishman and His Books in the Early Nineteenth Century*, London 1930.

31 Denis Diderot: »An Angélique Vandeul«, 28. Juli 1781, in: *Ästhetische Schriften*, Berlin 1967.

32 Benito Pérez Galdós: »O'Donnell«, in: *Episodios Nacionales, Obras Completas*, Madrid 1952.

33 Jane Austen: *Letters*, Hrsg. R. W. Chapman, London 1952.

34 Denis Diderot: *Essais sur la peinture*, Hrsg. Gita May, Paris 1894.

DIE GESTALT DES BUCHES

1 David Diringer: *The Hand-Produced Book*, London 1953.

2 Plinius der Ältere: *Naturalis Historia*, Hrsg. W. H. S. Jones, Cambridge, Mass., u. London 1968, XIII, 11.

3 Der älteste erhaltene griechische Velinkodex ist eine *Ilias* aus dem 3. Jahrhundert (Biblioteca Ambrosiana, Mailand).

4 Martial, *Epigramme*, XIV:184, in: *Epigramme*, Ü: Rudolf Helm, Zürich und Stuttgart 1957.

5 François I.: *Lettres de François 1ᵉʳ au Pape*, Paris 1527·

6 John Power: *A Handy-Book about Books*, London 1870.

7 Zitiert bei George Haven Putnam: *Books and Their Makers during the Middle Ages*, Bd. 1, New York 1896–1897.

8 Janet Backhouse: *Books of Hours*, London 1985.

9 John Harthan: *Stundenbücher und ihre Eigentümer*, Ü: Regine Klett, Freiburg, Basel, Wien 1977.

10 Aufbewahrt in der Öffentlichen Bibliothek von Sémur-en-Auxois in Frankreich.

11 Johannes Duft: *Stiftsbibliothek Sankt Gallen: Geschichte, Barocksaal, Manuskripte*, St. Gallen 1990. Das Antiphonar ist als Codex 541 katalogisiert: *Antiphonarium officii* (Pergament, 618 Seiten), Stiftsbibliothek St. Gallen.

12 D. J. Gillies: »Engineering Manuals of Coffee-Table Books: The Machine Books of the Renaissance«, in: *Descant* 13, Toronto, Winter 1975.

13 Benjamin Franklin: *Autobiographie*, Ü: Berthold Auerbach, Neuausgabe Leipzig 1983.

14 Elizabeth L. Eisenstein: *The Printing Revolution in Early Modern Europe*, Cambridge 1983.

15 Victor Scholderer: *Johann Gutenberg*, Frankfurt am Main 1963.

16 Zitiert bei Guy Bechtel: *Gutenberg et l'invention de l'imprimerie*, Paris 1992.

17 Paul Needham, Direktor der Abteilung für Bücher und Handschriften bei Sotheby's in New York hat zwei andere denkbare Reaktionen der Öffentlichkeit ins Feld geführt: Überraschung darüber, daß die neue Art zu schreiben anstelle von Feder oder Schilfrohr eine metallurgische Methode verwendete, und darüber, daß diese »heilige Kunst« aus dem barbarischen Deutschland stammte statt aus dem gelehrten Italien. Paul Needham: »Haec sancta ars: Gutenberg's Invention As a Divine Gift«, in: *Gazette of the Grolier Club*, Number 42, 1990, New York 1991.

18 Svend Dahl: *Geschichte des Buches*, Ü: Lina Johnsson, Leipzig 1941.

19 Konrad Haebler: *The Study of Incunabula*, London 1953.

20 Warren Chappel: *A Short History of the Printed Word*, New York 1970.

21 Sven Birkerts: *The Gutenberg Elegies. The Fate of Reading in an Electronic Age*, Boston u. London 1994.

22 *Il Libro della Bibbia, Esposizione di manoscritti e di stampa della Biblioteca Apostolica Vaticana dal Secolo III al Secolo XVI* (Katalog), Vatikanstadt 1972.

23 Alan G. Thomas: *Great Books and Book Collectors*, London 1975.

24 Lucien Febvre und Henri-Jean Martin: *L'Apparition du livre*, Paris 1958.

25 Marino Zorzi in der Einleitung zu: *Aldo Manuzio e l'ambiente*

veneziano 1494–1515, Hrsg. Susy Marcon und Marino Zorzi, Venedig 1994. Auch bei Martin Lowry: *The World of Aldus Manutius*, Oxford 1979.

26 Anthony Grafton: »The Strange Deaths of Hermes and the Sibyls«, in: *Defenders of the Text. The Traditions of Scholarship in an Age of Science, 1450–1800*, Cambridge, Mass., u. London, 1991.

27 *Tarifa delle putane di Venezia*, Vendig 1535.

28 Zitiert nach Alan G. Thomas: *Fine Books*, London 1967.

29 Zitiert bei Elizabeth L. Eisenstein, *The Printing Revolution in Early Modern Europe*, a. a. O.

30 Febvre und Martin: *L'Apparition du livre*, a. a. O.

31 William Shenstone: *The Schoolmistress*, London 1742.

32 Gezeigt auf der Ausstellung »Into the Heart of Africa«, Royal Ontario Museum, Toronto 1992.

33 Shakespeare: *Ein Wintermärchen*, Akt IV, Szene 3, Ü: Dorothea Tieck in: *Sämtliche Dramen*, Bd. I: Komödien, München o. J.

34 Dieses Wort ist offenbar eine Ableitung von »Chapmen«, den fliegenden Händlern, die diese Bücher verkauften, wobei »Chapel« der Ausdruck für sämtliche Händler einer bestimmten Druckerei war.

35 John Ashton: *Chap-books of the Eighteenth Century*, London 1882.

36 Philip Dormer Stanhope, 4th Earl of Chesterfield: »Letter of Feb. 221748«, in: *Letters to His Son, Philip Stanhope, Together with Several Other Pieces on Various Subjects*, London 1774.

37 John Sutherland: »Modes of Production«, in: *The Times Literary Supplement*, London, 19. Nov. 1993.

38 Hans Schmoller: »The Paperback Revolution«, in: *Essays in the History of Publishing in Celebration of the 250th Anniversary of the House of Longman 1724–1974*, Hrsg. Asa Briggs, London 1974.

39 Ebenda.

40 J. E. Morpugo: *Allen Lane, King Penguin*, London 1979.

41 Zitiert bei Schmoller: »The Paperback Revolution«, a. a. O.

42 Anthony J. Mills: »A Penguin in the Sahara«, in: *Archeological Newsletter of the Royal Ontario Museum*, II:37, Toronto, März 1990.

Einsames lesen

1 Colette: *Claudines Mädchenjahre*, München 1991.

2 Claude u. Vincenette Pichois (mit Alain Brunet): *Album Colette*, Paris 1984.

3 Colette: *Claudines Mädchenjahre*, a. a. O.

4 Ebenda.

5 Ebenda.

6 W. H. Auden: »Letter to Lord Byron«, in: *Collected Longer Poems*, London 1968.

7 André Gide: *Voyage au Congo*, Paris 1927, dt. Ausgabe: *Kongo und Tschad*, Stuttgart 1930.

8 Colette: *Claudine erwacht*, Ü: Lina Winiewicz, München 1988.

9 Zitiert nach Gerald Donaldson: *Books. Their History, Art, Power, Glory, Infamy and Suffering According to Their Creators, Friends and Enemies*, New York 1981.

10 Frederic Raphael (Hrsg.): *Bookmarks*, London 1975.

11 Maurice Keen: *English Society in the Later Middle Ages, 1348–1500*, London 1990.

12 Zitiert nach Urban Tigner Holmes, jr.: *Daily Living in the Twelfth Century*, Madison, Wisc., 1952.

13 Henry Miller: *The Books of My Life*, New York 1952.

14 Marcel Proust: *Auf der Suche nach der verlorenen Zeit; In Swanns Welt*, Ü: Eva Rechel-Mertens, Frankfurt am Main 1953.

15 Charles-Augustin Sainte-Beuve: *Critiques et portraits littéraires*, Paris 1836–1939.

16 Zitiert nach N. I. White: *Life of Percy Bysshe Shelley*, 2 Bde., London 1947.

17 Marguerite Duras, Interview in: *Le Magazine littéraire* 158, Paris, März 1980.

18 Marcel Proust: *Journées de lecture*, Hrsg. Alain Coelho, Paris 1993.

19 Marcel Proust: *Auf der Suche nach der verlorenen Zeit; Die wiedergefundene Zeit*, Ü: Eva Rechel-Mertens, Frankfurt am Main 1957.

20 Geoffrey Chaucer: »The Book of the Duchesse«, Verse 45–51, in: *Complete Works*, Hrsg. Walter Skeats, Oxford 1906.

21 Josef Škvorecky: »The Pleasures of the Freedom to Read«, in: *Anteus Nr. 59*, Tanger, London u. New York, Herbst 1987.

22 Annie Dillard: *An American Childhood*, New York 1987.

23 Hollis S. Barker: *Furniture in the Ancient World*, London 1966.

24 Jerôme Carcopino: *La Vie quotidienne à Rome à l'apogée de l'empire*, Paris 1939.

25 Petronius: *Satiricon*, Ü: Fritz Tech, Berlin 1984.

26 *Byzantine Books and Bookmen*, Washington 1975.

27 Pascal Dibie: *Wie man sich bettet. Die Kulturgeschichte des Schlafzimmers*, Stuttgart 1991.

28 C. Gray u. M. Gray: *The Bed*, Philadelphia 1946.

29 Keen: *English Society in the Later Middle Ages*, a. a. O.

30 Margaret Wade Labarge: *A Small Sound of the Trumpet. Women in Medieval Life*, London 1986.

31 Eileen Harris: *Going to Bed*, London 1981.

32 G. Ecke: *Chinese Domestic Furniture*, London 1963.

33 Jean-Baptiste de La Salle: *Les Règles de la bienséance de la civilité chrétienne*, Paris 1703.

34 Jonathan Swift: *Directions to Servants*, Dublin 1746.

35 Van Wyck Brooks: *The Flowering of New England, 1815–1865*, New York 1936.

36 Antoine de Courtin: *Nouveau Traité de la civilité qui se practique en France parmi les honnestes gens*, Paris 1672.

37 Mrs. Haweis: *The Art of Housekeeping*, London 1889, zitiert nach Asa Briggs: *Victorian Things*, Chicago 1988.

38 Leigh Hunt: *Men, Woman and Books. A Selection of Sketches, Essays and Critical Memoirs*, London 1891.

39 Cynthia Ozick: »Justice (Again) to Edith Wharton«, in: *Art & Ardor*, New York 1983.

40 R. B. W. Lewis: *Edith Wharton. A Biography*, New York 1975.

41 Colette: *Lettres à Marguerite Moreno*, Paris 1959.

42 Pichois u. Vincenette: *Album Colette*, a. a. O.

43 Germain Beaumont & André Parinaud: *Colette par elle-même*, Paris 1960.

Metaphern des Lesens

1 *Walt Whitman*, »Gesang von mir selbst«, in: *Grashalme*, in: Walt Whitmans Werk. Ü: Hans Reisiger, München und Zürich 1960.

2 Ebenda.

3 Zusatz in der 3. Auflage der *Grashalme* von 1860; die Erstausgabe erschien 1856.

4 J. W. Goethe: »Sendschreiben«, in: *Gedichte.*

5 Walt Whitman: »Shakespeare – Bacon's Cipher«, in: Leaves of *Grass*, 1892, in: *The Complete Poems*, Hrsg. Francis Murphy, London 1975.

6 Ezra Pound: »Ein Pakt«, in: *Personae. Masken. Der ausgewählten Werke erster Teil*, Ü: Eva Hesse, Zürich 1959.

7 Walt Whitman: »Widmungen« (Ausgabe der *Grashalme* von 1881) in: *Walt Whitmans Werke*, a. a. O.

8 Geoffrey Dutton: *Walt Whitman*, New York 1961.

9 Zitiert nach Philip Callow: *Walt Whitman. From Noon to Starry Night*, London 1992.

10 Walt Whitman: »A Backward Glance O'er Travel'd Roads«, Einleitung zu: *November Boughs*, 1888, in: *The Complete Poems*, a. a. O.

11 Walt Whitman: »Gesang von mir selbst«, in: *Grashalme*, a. a. O.

12 Ebenda.

13 Zitiert nach Thomas L. Brasher: *Whitman As Editor of the Brooklyn »Daily Eagle«*, Detroit 1970.

14 Zitiert nach William Harlan Hale: *Horace Greeley. Voice of the People*, Boston 1942.

15 Zitiert nach Randall Stewart: *Nathaniel Hawthorne*, New York 1948.

16 Zitiert nach Arthur W. Brown: *Margaret Fuller*, New York 1951.

17 Walt Whitman: »My Canary Bird«, in: *November Boughs*, 1888, in: *The Complete Poems*, a. a. O.

18 Hans Blumenberg: *Schiffbruch mit Zuschauer. Paradigma einer Daseinsmetapher*, Frankfurt am Main 1979.

19 E. R. Curtius: *Europäische Literatur und lateinisches Mittelalter*, Bern 1948.

20 Fray Luis de Granada: *Introducción al símbolo de la fé*, Salamanca 1583.

21 Thomas Browne: *Religio Medici*, Hrsg. Sir Geoffrey Keynes, London 1928–1931.

22 George Santayana: *Realms of Being*, Bd. II, New York 1940.

23 Zitiert nach Henri de Lubac: *Augustinisme et théologie moderne*, Paris 1965. Pierre Bersuire weitete in *Repertorium morale* das Bild auf den Gottessohn aus: »Denn Christus ist gewissermaßen ein Buch, das auf die Haut der Jungfrau geschrie-

ben ist ... Dieses Buch wurde in der Vorsehung des Vaters gesprochen, in der Empfängnis der Mutter geschrieben, in der Verklärung der Geburt vorgestellt, in der Passion korrigiert, in der Geißelung gelöscht, im Abdruck der Wunden interpunktiert, in der Kreuzigung über der Kanzel geschmückt, im Ausfluß des Blutes illuminiert, in der Auferstehung gebunden und in der Himmelfahrt geprüft.« Zitiert nach Jesse M. Gellrich: *The Idea of the Book in the Middle Ages. Language Theory, Mythology, and Fiction*, Ithaca und London 1985.

24 William Shakespeare: *Macbeth*, 1. Aufzug, 5. Szene, Ü: Dorothea Tieck, Stuttgart 1970.

25 Henry King: »An Exequy to His Matchlesse Never to Be Forgotten Friend«, in: *Baroque Poetry*, Hrsg. J. P. Hill und E. Caracciolo-Trejo, London 1975.

26 Benjamin Franklin: *The Papers of Benjamin Franklin*, Hrsg. Leonard W. Labaree, New Haven 1959.

27 Francis Bacon: »Über das Studieren«, in: *Essays* (in anderer Ü. von Elisabeth Schücking), Leipzig 1969.

28 Joel Rosenberg: »Jeremiah and Ezekiel«, in: *The Literary Guide to the Bible*, Hrsg. Robert Alter und Frank Kermode, Cambridge, Mass., 1987.

29 Hesekiel: 2, 9.10.

30 Offenbarung: 10, 9–11.

31 Elizabeth I: *A Book of Devotions: Composed by Her Majesty Elizabeth R.*, Hrsg. Adam Fox, London 1970.

32 William Congreve: *Love for Love*, Akt I, Szene 1, in: *The Complete Works*, 4 Bde., Hrsg. Montague Summers, Oxford 1923.

33 James Boswell (Hrsg.): *Dr. Samuel Johnson. Leben und Meinungen. Mit dem Tagebuch einer Reise nach den Hebriden*, Ü: Fritz Güttinger, Zürich 1990.

34 Walt Whitman: »Schließt eure Türen nicht«, in: *Grashalme*, a. a. O.

ANFÄNGE

1 Joan Oates: *Babylon. Stadt und Reich im Brennpunkt des alten Orients*, Ü: Doris und Hans Georg Niemeyer, Herrsching 1986.

2 Georges Roux: *Ancient Iraq*, London 1964.

3 Ebenda.

4 Mark Jones, Hrsg.: *Fake? The Art of Deception*, Berkeley u. Los Angeles 1990.

5 Alan G. Thomas: *Great Books and Book Collectors*, London 1975.

6 A. Parrot: *Mission archéologique à Mari*, Paris 1958/59.

7 C. J. Gadd: *Teachers and Students in the Oldest Schools*, London 1956.

8 C. B. F. Walker: Cuneiform, London 1987.

9 Ebenda.

10 William W. Hallo u. J. J. A. von Dijk: *The Exaltation of Inanna*, New Haven 1968.

11 *Naissance de l'écriture* (Ausstellungskatalog der Bibliothèque Nationale), Paris 1982.

12 M. Lichtheim: *Ancient Egyptian Literature*, Bd. 1, Berkeley 1973–1976.

13 Jacques Derrida, *Grammatologie*, Frankfurt am Main 1990.

14 Roland Barthes: »Schreiber und Schreibende«, in: *Kritische Essays*, Frankfurt am Main 1971.

15 Augustinus, *Bekenntnisse*, 13. Buch, XXIX, a. a. O.

16 Richard Wilbur: *The Mind Reader*, New York 1988 sowie: *New and Collected Poems*, London 1975.

DAS GEORDNETE UNIVERSUM

1 Quintus Curtius Rufus: *Leben und Taten Alexanders des Großen*, Frankfurt am Main 1954, 4.8.1–6.

2 Menander: *Sentenzen*, Ü: Siegfried Jäkel, Leipzig 1986.

3 M. I. Rostovtzeff: *A Large Estate in Egypt in the Third Century B. C.*, Madison 1922, zitiert bei William V. Harris, *Ancient Literacy*, Cambridge, Mass., 1989.

4 *P. Col. Zen.* 3.4, und *P. Cair. Zen.* 4.59687, gleichfalls bei Harris a. a. O.

5 Es erfüllt mich mit einem gewissen Stolz, daß Buenos Aires bis jetzt die einzige Stadt der Welt ist, die mitsamt einer Bibliothek gegründet wurde. 1580, nach einem gescheiterten ersten Gründungsversuch am Ufer des Río de la Plata, wurde eine zweite Stadt erbaut. Die Bücher des Adelantado Pedro de Mendoza wurden zur ersten Bibliothek der neuen Stadt, und diejenigen Siedler, die des Lesens mächtig waren (unter ihnen der jüngere

Bruder der heiligen Teresa, Rodrigo de Ahumada), konnten nun Erasmus und Vergil unter dem Kreuz des Südens lesen. Vergleiche die Einführung von Enrique de Gandia zu: Ruy Díaz de Guzmán: *La Argentina*, Buenos Aires 1990.

6 Plutarch: »Leben des Alexander«, in: *Parallelbiographien.*

7 Ebenda.

8 Athenaeus: *Deipnosophistai*, Bd. 1, zitiert bei Luciano Canfora: *Die verschwundene Bibliothek*, Ü: Andreas und Hugo Beyer, Berlin 1990.

9 Canfora: ebenda.

10 Anthony Hobson: *Great Libraries*, London 1970. Hobson stellt fest, daß der Jahreszugang der Britischen Bibliothek 128 706 Bände betrug.

11 Howard A. Parsons: *The Alexandrian Library. Glory of the Hellenic World*, New York 1967.

12 Ausonius: *Opuscules*, 113, zitiert bei Guglielmo Cavallo: »Libro e pubblico alla fine del mondo antico«, in: *Libri, editori e pubblico nel mondo antico*, Rom und Bari 1992.

13 James W. Thompson: *Ancient Libraries*, Hamden, Connecticut, 1940.

14 P. M. Fraser: *Ptolemaic Alexandria*, Oxford 1972.

15 David Diringer: *The Alphabet. A Key to the History of Mankind*, 2 Bde., London 1968.

16 Christian Jacob: »La Leçon d'Alexandrie«, in: *Autrement*, Nr. 121, Paris, April 1993.

17 Prosper Alfaric: *L'Évolution intellectuelle de Saint Augustin*, Tours 1918.

18 Sidonius: *Epistulae*, II: 9.4, zitiert bei Cavallo, a. a. O.

19 Edward G. Browne: *A Literary History of Persia*, 4 Bde., London 1902–1924.

20 Alain Besson: *Medieval Classification and Cataloguing. Classification Practices and Cataloguing Methods in France from the 12th to 15th Centuries*, Biggleswade, Beds., 1980.

21 Ebenda.

22 Fast fünfzehn Jahrhunderte später verdreifachte der amerikanische Bibliothekar Melvil Dewey die Zahl der Kategorien, teilte alles Wissen in zehn Gruppen ein und wies jeder Gruppe hundert Zahlen zu, mit deren Hilfe jedes Buch klassifiziert werden konnte.

23 Titus Burckhardt: *Die maurische Kultur in Spanien*, München 1970.

24 Johannes Pedersen: *The Arabic Book*, Ü: Geoffrey French, Princeton 1984. Pedersen stellt fest, daß Al Ma'mun nicht der erste war, der eine Bibliothek der Übersetzungen gründete. Er soll einen Vorgänger gehabt haben in Khalid ibn Jazid ibn Mu'awija, dem Sohn eines omaijadischen Kalifen.

25 Jonathan Berkey: *The Transmission of Knowledge in Medieval Cairo. A Social History of Islamic Education*, Princeton 1992.

26 T. Burckhardt: *Die maurische Kultur in Spanien*, a. a. O.

27 Hobson: a. a. O.

28 Colette: *Meine Lehrjahre*, Reinbek 1980.

29 Jorge Luis Borges: »Die Bibliothek von Babel«, in: *Gesammelte Erzählungen*, Bd. 1, a. a. O.

DAS LESEN DER ZUKUNFT.

1 Michel Memoine: »L'Œuvre encyclopédique de Vincent de Beauvais«, in: Maurice de Gandillac et al.: *La Pensée encyclopédique au Moyen Age*, Paris 1966.

2 *Voluspa*, Hrsg. Sigurdur Nordal, Oxford 1980.

3 Vergil: *Aeneas* VI, 48–50.

4 Petronius: *Satyricon*, XV. 48, a. a. O.

5 Aulus Gellius: *Attische Nächte. Aus einem Lesebuch der Zeit des Kaisers Marc Aurel*, Hrsg. Heinz Berthold, Leipzig 1987.

6 Pausanias: *Beschreibung Griechenlands*, Hrsg. u. Ü: Ernst Meyer, München 1972.

7 Robert von Ranke-Graves stellt fest, daß der Sitz der Erytheia, auch Erythrea oder Erythria, umstritten ist. Graves zufolge konnte es sich auch um eine Insel jenseits des Ozeans oder vor der lusitanischen Küste handeln, oder es konnte ein Name der Insel sein, auf der die erste Ansiedlung der Stadt Gades entstand. Robert von Ranke-Graves: *Griechische Mythologie. Quellen und Deutungen*, Reinbek 1984, II. 132,5,.

8 Pausanias, a. a. O., X. 12.4–8.

9 Aurelianus: *Scriptores Historiae Augustae*, 25, 4–6, zitiert bei John Ferguson: *Utopias of the Classical World*, London 1975.

10 Eusebius Pamphilis: *Ecclesiastical History. The Life of the Blessed Emperor Constantine, in Four Books*, London 1845, Kap. 18.

11 Ferguson, a. a. O.

12 Bernard Botte: *Les Origines de la Noël et de l'Épiphanie*, Paris

1932. Trotz eines Hinweises im *Liber pontificalis*, daß Papst Te-lesphorus das Weihnachtsfest in Rom zwischen 127 und 136 einführte, ist die erste gesicherte Nennung des 25. Dezember als Christi Geburtstag im Deposito martyrum des Philokali-schen Kalenders von 354 zu finden.

13 Das Edikt von Mailand, in: Henry Bettenson, Hrsg.: *Docu-ments of the Christian Church*, Oxford 1943.

14 Der englische Romancier Charles Kingsley machte die neopla-tonische Philosophin zur Heldin seines Romans *Hypatia, or New Foes with an Old Face*, London 1853.

15 Jacques Lacarrière: *Die Gott-Trunkenen*, Wiesbaden 1967.

16 C. Baur: *Der heilige Johannes Chrysostomos und seine Zeit*, 2 Bde., Frankfurt am Main 1929/30.

17 Garth Fowden: *Empire to Commonwealth: Consequences of Monotheism in Late Antiquity*, Princeton 1993. Vergleiche auch den lesenswerten Katalog der Ausstellung im Pariser Grand Pa-lais: Jacques Giès u. Monique Cohen: *Sérinde, Terre de Bouddha. Dix siècles d'arts sur la Route de la Soie*, Paris 1996.

18 J. Danéliou & H. I. Marrou: *The Christian Centuries*, Bd. 1, London 1964.

19 Eusebius, a. a. O.

20 Cicero: *Über die Wahrsagung*, Ü: Christoph Schäublin, Mün-chen 1991.

21 Augustinus: *Der Gottesstaat*, Bd. VI, Hrsg. Karl Völker, Jena 1924.

22 Lucien Broche: *La Cathédrale de Laon*, Paris 1926.

23 Vergil: »Hirtengedichte« IV, Ü: Dietrich Ebener, in: *Werke*, Berlin und Weimar 1983.

24 So zitiert bei Eusebius: *Ecclesiastical History*, a. a. O.

25 Salman Rushdie: *The Wizard of Oz*. British Film Institute Film Classics, London 1992.

26 Anita Desai, »A Reading Rat on the Moors«, in: *Soho Square III*, Hrsg. Alberto Manguel, London 1990.

27 Aelius Lampridius: *Vita Severi Alexandri*, 4.6, 14.5, zitiert bei L. P. Wilkinson: *Rom und die Römer. Porträt einer Kultur*, Pawlak 1979.

28 Vergleiche Helen A. Loane: »The Sortes Vergilianae«, in: *The Classical Weekly*, 21/24, New York, 30. April 1928. Loane zi-tiert De Quincey, der Überlieferung zufolge habe der Name des Großvaters Vergils mütterlicherseits Magus gelautet. Die Ein-

wohner von Neapel, meint De Quincey, verwechselten den Namen mit einer Berufsbezeichnung und waren überzeugt, Vergil
sei »durch bloße Erbfolge an die infernalischen Kräfte und an
das Wissen seines bösen Großvaters gelangt, welch beide er
über die Jahrhunderte ohne Makel zum Wohle der Gläubigen
ausübte.« Thomas de Quincey: *Collected Writings*, London
1896, III, 251–269.

29 Aelius Spartianus: *Vita Hadriani*, 2.8, in: *Scriptores Historiae
Augustae*, zitiert bei Loane, a. a. O. Nicht nur Vergil wurde auf
diese Weise befragt. Cicero, der im ersten vorchristlichen Jahrhundert wirkte (De Natura Deorum, II.2), erzählt von dem
Auguren Tiberius Sempronius Gracchus, der im Jahr 162 v. Chr.
»den Rücktritt der Konsuln bewirkte, deren Wahl er im vorangegangenen Jahr vorgestanden hatte. Und er stützte seinen Ent-
schluß auf einen Fehler in den Auspizien, der ihm erst
nachträglich ›beim Lesen der Bücher‹ aufgefallen war.«
30 William V. Harris: *Ancient Literacy*, Cambridge 1989.
31 »Daß nicht jemand unter dir gefunden werde, der seinen Sohn
oder Tochter durch Feuer gehen lasse, oder ein Weissager oder
ein Tagewähler oder der auf Vogelgeschrei achte oder ein Zauberer oder Beschwörer oder Wahrsager oder Zeichendeuter,
oder der die Toten frage. Denn wer solches tut, der ist dem
Herrn ein Greuel…« 5. Buch Mose, 18. 10–12.
32 Gaspar Peucer: *Les Devins ou Commentaire des principales sortes de devinations*, Sens [?] 1434.
33 Rabelais: *Gargantua*, 10–12, Stuttgart 1992.
34 Manuel Mujica Láinez: *Bomarzo*, Buenos Aires 1979, 2. Kap.
35 William Dunn Macray: *Annals of the Bodleian Library, A. D.
1598 to A. D. 1867*, London 1868.
36 Daniel Defoe: *Robinson Crusoe*.
37 Thomas Hardy: *Am grünen Rand der Welt*, München 1992.
38 Robert Louis Stevenson (mit Lloyd Osbourne): *The Ebb Tide*,
London 1894.

DER SYMBOLISCHE LESER

1 André Kertész: *On Reading*, New York 1971.
2 Michael Olmert: *The Smithsonian Book of Books*, Washington
1992.

3 Beverly Smith: »Homes of the 1990s to stress substance«, in: *The Globe and Mail*, Toronto, 13. Januar 1990.

4 Andrew Martindale: *Gothic Art from the Twelfth to Fifteenth Centuries*, London 1967.

5 Zitiert in: Louis Réau: *Iconographie de l'art chrétien*, Bd. 2, Paris 1957.

6 *Das Marienbild in Rheinland und Westfalen* (Katalog einer Ausstellung in der Villa Hügel), Essen 1968.

7 George Ferguson: *Signs and Symbols in Christian Art*, Oxford 1954.

8 *De Madonna in de Kunst* (Ausstellungskatalog), Antwerpen 1954.

9 *The Lost Books of the Bible and the Forgotten Books of Eden*, Einleitung von Frank Crane, New York 1974.

10 *Protoevangelion*, ebenda, IX, 1–9.

11 Maria am Brunnen und Maria am Spinnrad – das sind die häufigsten Motive der Verkündigungsszenen in der frühen christlichen Kunst, vor allem in byzantinischen Darstellungen seit dem 5. Jahrhundert. Davor waren Verkündigungsdarstellungen selten und folgten einem Schema. Die früheste Darstellung Marias mit dem Engel ist tausend Jahre älter als Martinis Bild und findet sich als Fresko in der Katakombe von S. Priscilla am Stadtrand von Rom. In verwaschenen Farben sieht man eine Maria ohne erkennbare Merkmale sitzen, die einem stehenden Mann zuhört, einem Engel ohne Flügel und Krone.

12 Johannesevangelium: 1, 14.

13 Robin Lane Fox: *Pagans and Christians*, New York 1986.

14 *The Letters of Peter Abelard*: Hrsg. Betty Radice, London 1974.

15 Hildegard von Bingen, *Opera omnia*, in: *Patrologia Latina*, Bd. LXXII, Paris 1844–1855.

16 Zitiert in Carol Ochs: *Behind the Sex of God. Toward a New Consciouness – Transcending Matriarchy and Patriarchy*, Boston 1977.

17 San Bernardino: *Prediche volgari*, in: Creighton E. Gilbert, *Italian Art, 1400–1500. Sources and Documents*, Evanston 1980.

18 Victor Cousin (Hrsg.): *Petri Abaelardi Opera*, 2 Bde., London 1849–1859.

19 Auch fünfhundert Jahre später schien sich nicht viel daran geändert zu haben, wie die Predigt des Theologen J. W. Burgon bezeugt, mit der er sich 1884 in Oxford gegen die Zulassung von

Frauen zum Studium wandte: »Will denn niemand von Ihnen die Großmut oder die Offenherzigkeit aufbringen, ihr [der Frau] begreiflich zu machen, daß sie sich in den Augen des Mannes unweigerlich in ein höchst mangelhaftes Geschöpf verwandeln wird? Wenn sie erfolgreich mit den Männern um akademische ›Würden‹ konkurrieren will, muß man ihr zwangsläufig und ohne Einschränkung die antiken Klassiker an die Hand geben – mit anderen Worten, sie in die Obszönitäten der griechischen und römischen Literatur einführen. Können Sie das allen Ernstes wollen? … Ich werde mich mit einer kurzen Ermahnung an die Adresse des anderen Geschlechts von diesem Thema verabschieden … Gott machte euch dem Manne untertan, und untertan werdet ihr bleiben bis ans Ende der Tage.« Zitiert bei Jan Morris (Hrsg.): *The Oxford Book of Oxford*, Oxford 1978.

20 S. Harksen: *Women in the Middle Ages*, New York 1976.

21 Margaret Wade Labarge: *A Small Sound of the Trumpet. Women in Medieval Life*, London 1986.

22 Janet Backhouse: *Books of Hours*, London 1958.

23 Paul J. Achtemeier (Hrsg.): *Harper's Bible Dictionary*, San Francisco 1985.

24 Jesaja: 7,14.

25 Anna Jameson: *Legends of the Madonna*, Boston & New York 1898.

26 *Sprüche* 9,1–5.

27 Martin Buber: *Erzählungen der Chassidim*, Berlin 1947.

28 E. P. Spencer: »L'Horloge de Sapience« (Königliche Bibliothek Brüssel, Ms. IV 111) in: *Scriptorium*, 1963, XVII.

29 C. G. Jung: »Antwort auf Hiob«, in: *Zur Psychologie westlicher und östlicher Religion*, Solothurn und Düsseldorf 1995.

30 Merlin Stone: *The Paradise Papers. The Suppression of Women's Rites*, New York 1976.

31 Carolyne Walker Bynum: *Jesus As Mother. Studies in the Spirituality of the High Middle Ages*, Berkeley & London 1982.

32 St. Grégoire de Tours: *L'Histoire des Rois Francs* (Hrsg.): J. J. E. Roy, Vorwort von Erich Auerbach, Paris 1990.

33 Heinz Kahlen u. Cyril Mango: *Hagia Sophia*, Berlin 1967.

34 In »The Fourteenth Century Common Reader«, einem unveröffentlichten Beitrag der Kalamazoo Confrerence von 1992, der sich mit dem Motiv der lesenden Madonna in den Stunden-

büchern des 14. Jahrhunderts befaßt, gelangt Daniel Williman zu der Auffassung, »das Stundenbuch verkörpert ohne Zweifel die weibliche Aneignung des *opus Dei* und der Lesefähigkeit«.

35 Ferdinando Bologna: *Gli affreschi di Simone Martini ad Assisi*, Mailand 1965.

36 Giovanni Paccagnini: *Simone Martini*, Mailand 1957.

37 Colyn de Coter: *Virgin and Child Crowned bei Angels* (1490–1510), im Chicago Art Institute, *Madonna auf der Rasenbank* (etwa 1470–1480) von einem unbekannten oberrheinischen Meister, Augustinermuseum Freiburg, und viele andere.

38 Plutarch: *Große Griechen und Römer*, 327:4, Ü: Konrad Ziegler, München 1979.

39 2. Akt, 2. Szene, Ü: A. W. Schlegel. George Steiner hat die Vermutung aufgestellt, daß es sich bei Hamlets Lektüre um die Montaigne-*Essays* in der Übersetzung von John Florio gehandelt haben könnte (»Le trope du livre-monde dans Shakespeare«, Beitrag auf einer Tagung der Bibliothèque Nationale, Paris, 23. März 1995).

40 Miguel de Cervantes, Don Quijote, a. a. O., 1. Buch, 6. Kapitel.

41 Martin Bormann: *Hitler's Table Talk*, Vorwort von Hugh Trevor-Roper, London 1953.

LESEN HINTER MAUERN

1 Thomas Hägg: *Eros und Tyche. Der Roman in der antiken Welt*, Mainz 1987.

2 Platon: *Nomoi*, VII, 804 c–e.

3 William C. Harris: *Ancient Literacy*, Cambridge, Mass., 1989.

4 Ebenda.

5 Bryan P. Reardon: *The Form of Greek Romance*, Princeton 1991.

6 C. Ruiz Montero: »Una observación para la cronología de Caritón de Afrodisias«, in: *Estudios Clásicos 24*, Madrid 1980.

7 Santa Teresa de Jesús: *Libro de la Vida*, II:1, in: *Obras Completas*, Biblioteca de Autores Cristianos, Madrid 1967.

8 Kate Flint: *The Woman Reader, 1837–1914*, Oxford 1993.

9 Ivan Morris: *The World of the Shining Prince. Court Life in Ancient Japan*, Oxford 1964.

10 »Die weitaus meisten Frauen in der Epoche Murasakis schufte-

ten auf den Feldern, wurden von ihren Männern umherge-
stoßen, gebaren früh und häufig und starben in jungem Alter,
der Gedanke an materielle Unabhängigkeit oder kulturelle
Genüsse lag ihnen ebenso fern wie die Möglichkeit einer Reise
zum Mond.« Ebenda.

11 Ebenda.

12 Zitiert nach Morris, a. a. O.

13 Walter Benjamin: »Ich packe meine Bibliothek aus. Eine Rede
über das Sammeln«, in: *Die Literarische Welt*, Berlin, 7. Jg., Nr.
29 u. 30, 17. u. 24. 7. 1931.

14 Ivan Morris: *Introduction to Sei Shonagon, The Pillow Book of
Sei Shonagon*, Oxford u. London 1967.

15 Zitiert bei Morris: *The World of the Shining Prince*, a. a. O.

16 Lady Sarashina: *As I Crossed A Bridge of Dreams*, Hrsg. Ivan
Morris, London 1971.

17 Sei Shonagon: *Das Kopfkissenbuch der Dame Sei Shonagon*,
Hrsg. Helmut Bode, München 1961.

18 Zitiert bei Morris.: *The World of the Shining Prince*, a. a. O.

19 George Eliot: »Silly Novels by Lady Novelists«, in: *Selected
Critical Writings*, Hrsg. Rosemary Ashton, Oxford 1992.

20 Rose Hempel: *Japan zur Heian-Zeit. Kunst und Kultur*, Freiburg 1983.

21 Carolyn G. Heilbrun: *Writing a Woman's Life*, New York 1989.

22 Edmund White: *The Faber Book of Gay Short Stories* (Vorwort), London 1991.

23 Oscar Wilde: *The Importance of Being Earnest*, 2. Akt.

BÜCHER STEHLEN

1 Walter Benjamin: »Paris, Hauptstadt des neunzehnten Jahrhunderts«, in: *Gesammelte Schriften*, Bd. V,2, Frankfurt am
Main 1982.

2 François-René de Chateaubriand: *Mémoires d'outre-tombe*,
Paris 1849/50.

3 Jean Viardot: »Livres rares et pratiques bibliophilques«, in: *Histoire de l'édition française*, Bd. II, Paris 1948.

4 Michael Olmert: *The Smithsonian Book of Books*, Washington
1992.

5 George Haven Putnam: *Books and Their Makers during the Middle Ages*, Bd. I, New York 1896/97.

6 Ebenda.

7 P. Riberette: *Les Bibliothèques françaises pendant la Révolution*, Paris 1970.

8 Bibliothèque Nationale: *Le Livre dans la vie quotidienne*, Paris 1975.

9 Simone Balayé: *La Bibliothèque Nationale des origines à 1800*, Genf 1988.

10 Madeleine B. Stern u. Leona Rostenberg: »A Study in ›Bibliokleptomania‹«, in: *Bookman's Weekly*, Nr. 67, New York, 22. Juni 1981.

11 Zitiert bei A. N. L. Munby: »The Earl and the Thief: Lord Ashburnham and Count Libri«, in: *Harvard Literary Bulletin*, Bd. XVII, Cambridge, Mass., 1969.

12 Gédéon Tallemant des Réaux: *Historiettes*, Paris 1834.

13 Albert Cim: *Amateurs et Voleurs de Livres*, Paris 1903.

14 Ebenda.

15 Léopold Delisle: *Les Manuscrits des Fonds Libri et Barrois*, Paris 1888.

16 Marcel Proust: *Tage der Freuden*, Ü: Ernst Weiß, Berlin 1926.

17 Munby, a. a. O.

18 Philippe Vigier: »Paris pendant la monarchie de juillet 1830–1848«, in: *Nouvelle Histoire de Paris*, Paris 1991.

19 Jean Freustié: *Prosper Mérimée. 1803–1870*, Paris 1982.

20 Prosper Mérimée: *Correspondance*, Bd. V: 1847–1849, Paris 1946.

21 Prosper Mérimée: »Le Procès de M. Libri«, in: *Revue des Deux Mondes*, Paris, 15. April 1852.

22 Delisle, a. a. O.

23 Cim, a. a. O.

24 Lawrence S. Thompson: »Notes on Bibliokleptomania«, in: *The Bulletin of the New York Public Library*, New York, September 1944.

25 Rudolf Buchner: *Bücher und Menschen*, Berlin 1976.

26 Thompson, a. a. O. Sinngemäße Übersetzung: Meines Herren Namen siehst du oben, drum nimm dich in acht, und stiehl mich nicht. Denn wenn du's tust, wirst du unverzüglich mit deinem Hals für mich bezahlen. Schaust du nach unten, siehst du das Bild des Galgenbaums. Drum hüte dich davor beizeiten, sonst wirst du bald hoch oben baumeln!

27 Cim, a. a. O.

28 Charles Lamb: *Essays on Elia,* 2. Serie, London 1833.

DER AUTOR ALS LESER

1 Plinius der Jüngere: *Des C. Plinius Cäcilius' Briefe,* I–IX, VI:7, Hrsg. Ernst Klußmann und Wilhelm Binder, Berlin 1918.

2 Selbst Kaiser Augustus besuchte diese Lesungen »sowohl mit Wohlwollen als auch Geduld«. Sueton: »Augustus«, 89:3, in: *Cäsarenleben,* Stuttgart 1951.

3 Plinius der Jüngere, a. a. O, V:12, VII:17.

4 Ebenda, I:3.

5 Ebenda, VIII:12.

6 Juvenal: *Werke* VII:39–47.

7 Plinius der Jüngere, a. a. O., II:19.

8 Ebenda, V:17.

9 Ebenda, IV:27.

10 Horaz: »Ein Brief an Augustus«, in: *Werke,* F. Klingner, 1970.

11 Martial: *Epigramme,* III:44.

12 Plinius der Jüngere, a. a. O., I:13.

13 Ebenda, IX:3.

14 Ebenda, IX:23.

15 Ebenda, IX:11.

16 Ebenda, VI:21.

17 Der Dichter Louis MacNeice berichtet von einer Dylan-Thomas-Lesung: »Ein Schauspieler, der tiefbeeindruckt in den Kulissen gestanden hatte, sagte verwundert zu ihm: ›Mr. Thomas, eine Ihrer Pausen hat fünfzig Sekunden gedauert!‹ Dylan warf sich entrüstet in die Brust (darin war er gut): ›Hab so schnell gelesen, wie ich konnte‹, erwiderte er herablassend.« John Berryman: »After Many A Summer. Memories of Dylan Thomas«, in: *The Times Literary Supplement,* London, 3. September 1993.

18 Erich Auerbach: *Literatursprache und Publikum in der lateinischen Spätantike und im Mittelalter,* Bern 1958.

19 Dante: *De vulgare eloquentia,* Ü. u. Hrsg. Vittorio Coletti, Mailand 1991.

20 Jean de Joinville: *Histoire de Saint Louis,* Hrsg. Noël Corbett, Paris 1977.

21 William Nelson: »From ›Listen Lordings‹ to ›Dear Reader‹«, in: *University of Toronto Quarterly* 47/2, Winter 1976–77.

22 Fernando de Rojas: *La Celestina. Tragicomedia de Calisto y Melibea,* Hrsg. Dorothy S. Severin, Madrid 1969.

23 María Rosa Lida de Malkiel: *La originalidad art'stica de La Celestina,* Buenos Aires 1967.

24 Zitiert bei Nelson, a. a. O.

25 Ruth Crosby: »Chaucer and the Custom of Oral Delivery«, in: *Speculum. A Journal of Medieval Studies* 13, Cambridge, Mass., 1938.

26 Zitiert in: M. B. Parks: *Pause and Effect. An Introduction to the History of Punctuation in the West,* Berkeley u. Los Angeles 1993.

27 Thomas Love Peacock: *Nightmare Abbey,* London 1818, dt. Ü.: Die Nachtmahr-Abtei, 1913.

28 Samuel Butler: *The Notebooks of Samuel Butler,* Hrsg. Henry Festing Jones, London 1921.

29 P. N. Furbank: *Diderot,* London 1992.

30 Peter Ackroyd: *Dickens,* London 1991.

31 Paul Turner: *Tennyson,* London 1976.

32 Charles R. Saunders: »Carlyle and Tennyson«, in: *PMLA* 76, London, März 1961.

33 Ralph Wilson Rader: *Tennyson's Maud. The Biographical Genesis,* Berkeley u. Los Angeles 1963.

34 Charles Tennyson: *Alfred Tennyson, London 1950.*

35 Ralph Waldo Emerson: *The Topical Notebooks,* Hrsg. Ronald A. Bosco, New York u. London 1993.

36 Kevin Jackson: Rezensionen des Vortrags »London Luminaries and Cockney Visionaries« von Peter Ackroyd im Victoria and Albert Museum, in: *The Independent,* London, 9. Dezember 1993.

37 Ackroyd: *Dickens,* a. a. O.

38 Richard Ellman: *James Joyce,* Frankfurt am Main 1994.

39 Dámaso Alonso: »Las conferencias«, in: *Insula* 75, Madrid, 15. März 1952.

40 Stephen Jay Gould: *Der Daumen des Panda. Betrachtungen zur Naturgeschichte,* Basel 1987.

DER ÜBERSETZER ALS LESER

1 Rainer Maria Rilke, Brief an Mimi Romanelli vom 11. Mai 1911, in: *Briefe aus den Jahren 1907–1914*, Frankfurt am Main/Leipzig 1933.

2 Louise Labé: *Oeuvres poétiques*, Hrsg. Françoise Charpentier, Paris 1983.

3 Carl Jacob Burckhardt, *Ein Vormittag beim Buchhändler*, Basel 1944. Die nachfolgenden Passagen sind hier gekürzt wiedergegeben.

4 Racines Gedicht, eine Übersetzung der zweiten Hälfte des 36. Psalms, beginnt mit den Worten: »Grand Dieu, qui vis les cieux se former sans matière«.

5 Brief an Mathilde Vollmoeller vom 25. 4. 1991, zitiert bei Donald Prater: *Ein klingendes Glas. Das Leben Rainer Maria Rilkes*, München 1986.

6 Alta Lind Cook: *Sonnets of Louise Labé*, Toronto 1950.

7 Labé, a. a. O.

8 Rainer Maria Rilke, »Narcissus« in: *Gesammelte Gedichte*, Bd. 4, Leipzig 1933.

9 Zitiert bei Prater, a. a. O.

10 Natalie Zemon Davis: »Le Monde de l'imprimerie humaniste: Lyon«, in: *Histoire de l'édition française* I, Paris 1982.

11 George Steiner: *After Babel*, Oxford 1973.

12 Paul de Man: *Allegories of Reading. Figural Language in Rousseau, Nietzsche, Rilke, and Proust*, New Haven und London 1979.

13 D. E. Luscombe: *The School of Peter Abelard. The Influence of Abelard's Thought in the Early Scholastic Period*, Cambridge 1969.

14 Zitiert bei Olga S. Opfell: *The King James Bible Translators*, Jefferson, North Carolina, 1982.

15 Ebenda.

16 Ebenda.

17 Ebenda.

18 Rudyard Kipling: »Proofs of Holy Writ« in: *The Complete Works of Rudyard Kipling*, Bd. XXX, London 1939.

19 Wilhelm von Humboldt: *Über die Verschiedenheit des menschlichen Sprachbaues und ihren Einfluß auf die geistige Entwicklung des Menschengeschlechts*, zit. bei Umberto Eco: *Die Suche nach der vollkommenen Sprache*, München 1994.

20 Paul de Man, a. a. O.

VERBOTENES LESEN

1 James Boswell: *The Life of Samuel Johnson,* Hrsg. John Wain, London 1973.

2 T. B. Macauley: *The History of England,* 5 Bde., London 1849–1861.

3 Karl II. war trotzdem ein populärer König, und es hieß, daß seine kleinen Schwächen die Auswirkungen seiner großen Schwächen korrigierten. John Aubrey berichtet von einem gewissen Arise Evans, »der an einer Schwammnase litt und behauptete, ihm sei offenbart worden, daß die Hand des Königs ihn heilen könne. Und beim ersten Erscheinen Karls II. im St. James's Park küßte er dem König die Hand und rieb seine Nase an ihr, was den König verärgerte, ihn aber heilte.« John Aubrey: *Miscellanies,* in: *Three Prose Works,* Hrsg. John Buchanan-Brown, Oxford 1972.

4 Antonia Fraser: *Royal Charles: Charles II. and the Restoration,* London 1972.

5 Janet Duitsman Cornelius: *When I Can Read My Title Clear. Literacy, Slavery, and Religion in the Antebellum South,* Columbia, South Carolina, 1991.

6 Zitiert ebenda.

7 Ebenda.

8 Ebenda.

9 Ebenda.

10 Frederick Douglass: *The Life and Times of Frederick Douglass,* Hartford, Connecticut, 1881.

11 Zitiert bei Duitsman Cornelius, a. a. O.

12 Peter Handke: *Kaspar,* Frankfurt am Main 1967.

13 Voltaire: »Über die schrecklichen Gefahren des Lesens«, in: *Voltaires sämtliche Schriften,* 29 Bde., Hrsg. u. Ü: Wilhelm Christhelf Siegmund Mylius, Berlin 1786-1797.

14 Johann Wolfgang Goethe: *Dichtung und Wahrheit,* Viertes Buch.

15 Zitiert bei Heywood Broun u. Margaret Leech: *Anthony Comstock. Roundsman of the Lord,* New York 1927.

16 Charles Gallaudet Trumbull: Anthony Comstock, Fighter, New York 1913.

17 Zitiert bei Broun und Leech, a. a. O.

18 Ebenda.

19 Ebenda.

20 Ebenda.

21 H. L. Mencken: »Puritanism as a Literary Force«, in: *A Book of Prefaces,* New York 1917.

22 Jacques Dars: *En Mouchant la chandelle* (Einführung), Paris 1986.

23 Gustave Flaubert: *Madame Bovary,* II, 7.

24 Edmund Gosse: *Father and Son,* London 1907.

25 Ebenda.

26 Joan DelFattore: *What Johnny Shouldn't Read. Textbook Censorship in America,* New Haven und London 1992.

27 Zitiert nach *The Times,* London, 4. Jan. 1978, nachrsgedruckt im Vorwort von Nick Caistor zu *Nunca Más: A Report by Argentina's National Commission on Disappeared People,* London 1986.

28 Nunca Más, a. a. O.

Der Büchernarr

1 Patrick Trevor-Roper: *The World through Blunted Sight,* London 1988.

2 Jorge Luis Borges: »Poema de los dones« (Gedicht von den Gaben) in: *El Hacedor,* Buenos Aires 1960.

3 Royal Ontario Museum: *Books of the Middle Ages,* Toronto 1950.

4 Trevor-Roper, a. a. O.

5 Plinius der Ältere: *Naturgeschichte,* Buch XXXVII, 16, Hrsg. G. Ch. Wittstein, Leipzig 1881/82.

6 A. Bourgeois: *Les Bésicles de nos ancêtres,* Paris 1923 (Bourgeois nennt kein Datum und ein falsches Jahr). Siehe auch Edward Rosen: »The Invention of Eyeglasses«, in: *The Journal of the History of Medicine and Allied Sciences 11,* 1956.

7 Redi: *Lettera sopra l'invenzione degli occhiali di nazo,* Florenz 1648.

8 Rosen: a. a. O.

9 Rudyard Kipling: »Das Auge Allahs«, in: *Unheimliche Geschichten,* Ü: Friedrich Polakovics, Frankfurt am Main 1991.

10 Roger Bacon: *Opus maius,* Hrsg. S. Jebb, London 1750.

11 René Descartes: *Traité des Passions* (1649), dt: *Traktat über die Leidenschaften,* in: *Werke,* Leipzig 1904/05.

12 W. Poulet: *Atlas on the History of Spectacles*, Bd. II, Godesberg 1980.

13 Hugh Orr: *An Illustrated History of Early Antique Spectacles*, Kent 1985.

14 E. R. Curtius hingegen stellt fest – unter Berufung auf F. Messerschmidt, *Archiv für Religionswissenschaft*, Berlin 1931 –, daß die Etrusker einige ihrer Götter als Schreiber oder Lesende darstellten.

15 Charles Schmidt: *Histoire littéraire de l'Alsace*, Straßburg 1879

16 Sebastian Brant: *Das Narrenschiff*, Leipzig 1979.

17 Geiler von Kaysersberg: *Nauicula siue speculum fatuorum*, Straßburg 1510.

18 Seneca: *De tranquillitate animi*, dt: *Von der Seelenruhe*, 1979.

19 Ebenda.

20 John Donne: »The Extasie«, in: *The Complete English Poems*, Hrsg. C. A. Patrides, New York 1985.

21 Gérard Nerval: »Angélique«, in: *Les Filles du feu*, Hrsg. Béatrice Didier, Paris 1972.

22 Thomas Carlyle: »The Hero As Man of Letters«, in: *Selected Writings*, Hrsg. Alan Shelston, London 1971.

23 Jorge Manrique: »Coplas a la muerte de su padre«, in: *Poesías*, Hrsg. F. Benelcarría, Madrid 1952.

24 Etwa: »Trägt das Mädel eine Brille, fehlt dem Manne meist der Wille«.

25 Seneca: *De vita beata*, dt: *Vom glücklichen Leben*.

26 John Carey: *The Intellectuals and the Masses. Pride and Prejudice among the Literary Intelligentsia*, 1880–1939, London 1992.

27 Platon: *Phaidros*, a. a. O.

28 Matthew Arnold: *Culture and Anarchy*, London 1932. Fairerweise sei hinzugefügt, daß Arnold seinen Satz folgendermaßen fortsetzt: »aber wir sind für die Umwandlung eines jeden und aller gemäß dem Gesetz der Vervollkommnung«.

29 Aldous Huxley: »On the Charms of History«. in: *Music at Night*, London 1931.

30 Thomas Hardy (aus dem Jahr 1887) zitiert bei John Carey, a. a. O.

31 Sigmund Freud: »Der Dichter und das Phantasieren« in: *Gesammelte Werke*, Bd. 7, Frankfurt am Main 1976.

32 Selbst Don Quijote verliert sich nicht gänzlich in seinen Fiktionen. Als er mit Sancho Pansa das hölzerne Pferd besteigt, in

der Annahme, es sei das fliegende Streitroß Clavileño, und der ungläubige Sancho die Augenbinde abnehmen will, um zu sehen, ob sie wirklich fliegen, verbietet ihm Don Quijote dies. Die prosaische Nachprüfung würde die Fiktion zerstören. (*Don Quijote*, II, 41).

33 Das Aufgeben der Distanz muß willentlich geschehen, wie Coleridge richtig bemerkte, andernfalls führt es in den Wahnsinn.

34 Rebecca West: »The Strange Necessity«, in: *Rebecca West – A Celebration*, New York 1978.

NACHSATZ

1 Ernest Hemingway: »Schnee auf dem Kilimandscharo«, in: *49 stories*, Ü: Annemarie Horschitz-Horst, Reinbek 1966.

2 Rainer Maria Rilke: *Die Aufzeichnungen des Malte Laurids Brigge*, Hrsg. Rilke-Archiv Weimar, Leipzig 1962, S. 22 f.

3 Richard de Bury: *The Philobiblon*, Hrsg. und Ü: Ernest C. Thomas, London 1988.

4 Virginia Woolf: »How Should One Read a Book?«, in: *The Common Reader*, second series, London 1932.

5 Gerontius: *Vita Melaniae Janioris*, Hrsg. und Ü: Elizabeth A. Clark, New York und Toronto 1984.

6 Jonathan Rose: »Rereading the English Common Reader. A preface to a History of Audiences«, in: *Journal of the History of Ideas*, 1992.

7 Robert Irwin: *The Arabian Nights. A Companion*, London 1994.

8 Cervantes, *Don Quijote*, a. a. O.

9 Marcel Proust: *Journées de lecture*, Hrsg. Alain Coelho, Paris 1993.

10 Michel Butor: *Paris-Rom oder Die Modifikation*, München 1957.

11 Wolfgang Kayser: *Das sprachliche Kunstwerk*, Leipzig 1948.

12 Zitiert bei Thomas Boyle: *Black Swine in the Sewers of Hampstead. Beneath the Surface of Victorian Sensationalism*, New York 1989.

13 Jane Austen: *Northanger Abbey*, London 1818, XXV.

14 Graham Balfour: *The Life of Robert Louis Stevenson*, 2 Bde., London 1901.

15 »Möglicherweise zu Unrecht«, merkt Professorin Simone Vauthier von der Universität Straßburg in einer Rezension zu dem
Buch an. »Man hätte eher ›König-Schahryar-Syndrom‹ erwartet oder, wenn man dem amerikanischen Romancier John Barth
folgt und das Augenmerk auf die andere Zuhörerin Schehere-
zades, ihre jüngere Schwester, richtet, ein ›Dunyazade‹-Syn-
drom.«

16 John Wells: *Rude Words. A Discursive History of the London
Library*, London 1991.

17 Marc-Alain Ouaknin: *Bibliothérapie. Lire, c'est guérir*, Paris
1994.

18 Robert Coover: »The End of Books«, in: *The New York Times*,
21. Juni 1992

⤟ Register ⤞

Abälard, Peter (Petrus Abaelardus, *frz.:* Pierre Abélard) 253f., 315

Adam, Nicolas 98

Aischylos 114, 196, 220

à Kempis, Thomas *siehe* Thomas à Kempis

Ahmad ibn Muhammad ibn Hanbal 60

Ahmad ibn Jafar 45

Akiba Ben Joseph (Rabbi) 315

Alabaret, Céleste (Prousts Haushälterin) 366

Alberti, Leon Battista 90

Albert der Große (Albertus Magnus) 230

Alcott, Louisa May 263

Aldus Manutius *siehe* Manutius, Aldus

Alembert, Jean Baptiste le Rond d' 316

Alexander der Große 57, 208, 219f., 241, 260

Alexandre de Villedieu 95

Alfons der Weise (Alfons X.; König von Spanien, *span.:* Alfonso el Sabio) 93

Alfred der Große (König der Angelsachsen) 93

Al Ghazali, Abu Hamid Muhammed 61

Al Hakam II. (omaijadischer Kalif von Córdoba, Spanien) 229

Al Hakim; al-H. bi-amr Allah (fadimidischer Kalif) 45, 51

Al Haytham; Abu Ali al-Hasan ibn al Hasan ibn al-H. (*latinisiert:* Alhazen) 44-47, 49, 51, 53, 230

Al Maímun; Abd Allah al-M. (abbasidischer Kalif) 229

Alonso, Dámaso 302

Alypius 58f.

Ambrosius (Bischof von Mailand) 55ff., 59, 66f., 69, 72, 122

Amicis, Edmondo de 19

Amundsen, Roald 369

Andorran, Guillaume 142

Angelico, Fra A. (*eigtl.* Giovanni da Fièsole) 11

Anna von Bretagne 156

Anne (Gemahlin Richards II. von England) 297

Antyllus 77

Apellicon von Teos 284

Apollinaris, Sidonius *siehe* Sidonius Apollinaris

Apollonios von Rhodos 223

Apollonius (ägyptischer Finanzminister) 220

Aquino, Thomas von *siehe* Thomas von Aquino

Ardaschir (sassanischer König) 241

Ariosto (Ariost), Ludovico 295

Aristophanes 57

Aristophanes von Byzanz 63

Aristoteles 11, 31, 41-44, 51, 55, 59, 76, 93, 96, 98, 163, 220-222, 225, 228f., 228ff., 315, 339, 344, 361

Arnold, Matthew 351

Ashburnham, Bertram Ashburnham (4. Earl of) 283

Äsop 220, 311

Assurbanipal (assyrischer König) 58
Athenagoras (Richter) 264
Athenaios von Naukratis 220
Auden, W. H. 31, 179
Audubon, John James 174
Augustinus 40, 42, 55, 56-59, 61-64,
    66f., 71ff., 79f, 122, 200, 215,
    225f., 235, 240, 344, 362f.
Augustus (römischer Kaiser) 246, 328
Ausonius, Decimus Magnus 222
Austen, Jane 31, 148, 266, 367
Averroës (Ibn Ruschd; Abul Walid Mo-
    hammed ibn Ahmad ibn Mohammed
    ibn R., *latinisiert:* Averroës) 229
Avicenna (Ibn Sina; Abu Ali al-Husain
    ibn Abd Allah ibn S., *latinisiert:* Avi-
    cenna) 229
Aymé, Marcel 31

Babington, Thomas, Baron Macaulay
    of Rothley *siehe* Thomas Babington
Bacon, Francis 201
Bacon, Roger 46f., 229f., 232, 341f.
Balbiani, Valentina 11
Balzac, Honoré de 272, 333
Banchs, Enrique 28
Bancroft, Richard (Erzbischof von
    Canterbury) 317f.
Barrois, Joseph 283
Barthes, Roland 215
Basilides 232
Bauer, Felice 109
Beatus Rhenanus 86f., 89, 95, 98-103
Beauvais, Vincent de 235
Becker, Mary Lamberton 22f.
Beda (Beda Venerabilis) 232
Bellini, Giovanni 11
Bellow, Saul 26
Belsazar (König von Babylon) 208
Benedikt von Anan 256
Benedikt von Nursia 25, 139f., 146
Benedikt XIV. (Papst) 284
Benengeli, Cide Hamete 365
Benjamin, Walter 21, 113, 269, 278
Benner, Emmanuel 12
Bergson, Henri 367
Bernhardin von Siena 254f.

Bertran de Born, Vicomte díHautefort
    (Troubadour) 141
Bertrand, Éloise 366
Berve, Maurus 130
Birkerts, Sven 162
Bjørnson, Bjørnstjerne 170
Black, Leonard 326
Blake, Nicholas 25
Blake, William 34
Blanche of Lancaster 295
Blessington, Marguerite Gardiner
    (Countess of) 300
Blois, Graf du 295
Bloom, Allan 34
Blumenberg, Hans 199
Blyton, Enid 19, 23
Boccaccio, Giovanni 240, 333
Boethius, Anicius Manlius Torquatus
    Severinus 93
Boileau-Despréaux, Nicolas 179
Borch, Gerard ter 13
Borges, Jorge Luis 13, 23, 27-31, 33, 114,
    232, 250, 340
Boswell, James 204
Bourges, Clémence de 309
Bradbury, Ray 34, 82
Brant, Sebastian 339, 345, 347, 349
Brecht, Bertolt 114, 330
Broca, Paul 47
Broch, Hermann 27
Brod, Max 109, 112f.
Brontë, Anne und Charlotte 266
Brontë, Emily 243f., 266
Broughton, Hugh 316
Browne, Thomas (Sir) 139, 200
Browning, Elizabeth Barret 340
Browning, Robert 302
Bunyan, John 24
Burckhardt, Jacob 306
Burckhardt, Carl Jacob 306f., 321
Burton, Robert 24
Bury, Richard de (Bischof von Dur-
    ham) 361
Butler, Samuel 24, 298, 363
Butor, Michel 366

Caesar, Gaius Iulius 57, 63, 284
Caligula (Gaius Iulius Caesar Germa-
    nicus; römischer Kaiser) 328
Callow, Philip 195
Calvin, Johannes 69
Calvino, Italo 37, 117
Calw, Johann von (Abt) 127
Campbell, George 366
Camus, Albert 250
Canfora, Luciano 221
Capella, Martianus *siehe* Martianus
    Capella
Capito, Titinius 290
Carden, R. W. (Sir) 366
Carey, John 351
Carlyle, Jane Welsh 114, 300, 369
Carlyle, Thomas 350, 369
Carothers, Belle Myers 326
Carr, John Dickson 182, 263
Carrol, Lewis (Charles Lutwidge
    Dodgson) 23, 31
Cars, Guy des 22
Casares, Adolfo Bioy 28
Caspari, Vera 250
Cato (Marcus Porcius Cato Censorius,
    später: Cato Maior) 57
Catull (Gaius Valerius Catallus) 223
Céleste (Prousts Haushälterin) *siehe*
    Alabaret, Céleste
Cervantes Saavedra, Miguel de 16, 32,
    145, 364f., 367
Céspedes, Carlos Manuel de 137
Challis, John 366f.
Chambers, Robert 145
Chambers, William 145
Chariton von Aphrodisias 264
Charles díOrléans 295
Chasles, Michel 284
Chateaubriand, François-René Vi-
    comte de 135, 278, 279
Chaucer, Geoffrey 182, 186, 295ff., 298
Chesterfield, Philip Dormer Stanhope
    (4. Earl of) 167
Chesterton, Gilbert Keith 31
Chlodwig I. (König der Franken) 258
Christie, Agatha 170f., 250
Christine de Pisan 255

Chrysippos 91
Cicero, Marcus Tullius 40, 55, 61-64,
    73, 78f., 97, 160, 240, 279, 284, 344
Clark, Edward 196
Clark, James B. 196
Claudius (Tiberius C. Nero Germani-
    cus; römischer Kaiser) 219
Clemens IV. (Papst) 230
Clemens V. (Papst) 79
Clergue, Pierre 142
Colette, Sidonie-Gabrielle 177ff.,
    189ff., 231, 334
Colines, Simon de 165
Collins, Wilkie 299
ComesaÒa, Eduardo 13
Comstock, Anthony 330-334
Congreve, William 203
Cooper, James Fenimore 196
Coover, Robert 370
Corneille, Pierre 249
Cortázar, Julio 370
Corey, William 223
Cowper, William 148
Courtin, Antoine de 188
Cousin, Gilbert 12
Coverdale, Miles 317f.
Cranach, Lucas, der Ältere 68
Cratippus 222
Cromwell, Thomas 318
Cronin, Archibald Joseph 250
Cunningham, Alison 368
Curtis, Tony 350
Curtius, Ernst Robert 199

Damasus I. (Papst) 225
Dante Alighieri 31, 34, 79, 106ff., 163,
    196, 245, 294, 311
Darnton, Robert 7
Darwin, Charles 369
Darwin, Erasmus 369
Datini, Francesco di Marco 142
Davies, Robertson 293
Dax, Michel 47
de Amicis, Edmondo *siehe* Amicis, Ed-
    mondo de
de Man, Paul *siehe* Man, Paul de
Degeorge, Charles 11

Delessert, Edouard 283
Delisle, Léopold 283
Delphinus, Petrus 279
della Scala, Cangrande *siehe* Scala,
    Cangrande della
del Valle-Inclán, Ramón *siehe* Valle-In-
    clán, Ramón del
Demetrios von Phaleron 220
Demosthenes 57, 64, 292
Derrida, Jacques 214
Desai, Anita 243
des Cars, Guy *siehe* Cars, Guy des
Descartes, René 342
Descola, Philippe 16
Dickens, Catherine 299
Dickens, Charles 12f., 23, 30, 112, 169,
    299ff.
Dickinson, Emily 27, 360
Diderot, Denis 7, 146, 149, 316, 334
Diderot, Nanette 146
Dillard, Annie 183
Diokletian (Aurelius Valerius Dio-
    cletianus; römischer Kaiser) 237,
    328
Dominikus (Gründer des Dominika-
    nerordens, Heiliger) 11
Domitian (Titus Flavius Domitianus;
    römischer Kaiser) 91
Donat (Aelius Donatus) 63, 89, 95, 97
Donne, John 350
Doré, Gustave 167f.
Dostojewski, Fjodor 112f.
Douglass, Frederick 327
Dowdy, Doc Daniel 326
Doyle, Arthur Conan 23f.
Dringenberg, Louis 97, 102
Duccio di Buoninsegna 258f.
Dudu (sumerischer Schreiber) 207
Dumas, Alexandre 137
Duras, Marguerite 181
Dürer, Albrecht 345f.
Dutton, Geoffrey 195

Eakins, Thomas 193
Eco, Umberto 114, 286
Eduard II. (König von England) 361

Eduard III. (König von England) 180,
    295
Eduard VI. (König von England) 316
Eduard VII. (König von England) 351
Einstein, Albert 330
Eleonore von Aquitanien (Gemahlin
    Heinrichs II.) 178
Eliot, George 272, 274, 367
Eliot, T. S. 293
Elisabeth I. (Königin von England) 202
Elzevier (holländische Drucker- und
    Buchbinderfamilie) 165, 167
Emerson, Ralph Waldo 69, 198, 205,
    300
Emmerson, Anna Katharina 34
Empedokles 40
Enheduanna (Prinzessin von Akkad)
    213
Enzensberger, Hans Magnus 34
Epikur 40f., 44
Erasmus von Rotterdam 12, 86, 163,
    315
Ertz, Susan 171
Estienne, Robert 165
Euklid 40f., 44
Eumenes 152
Euripides 57, 82, 220
Eusebius von Caesarea 122
Eutyches 67
Eyck, Hubert & Jan van 121

Falkland, Lucius Cary (2. Viscount)
    245
Fernández y González 135
Feuerbach, Anselm 11
Fielding, Henry 148
Filla, Emil 113
Flaubert, Gustave 9, 112, 369
Fleck, Tam 145
Fletcher, John 367
Flint, Kate 266
Florencio (Schreiber) 340
Flórez y Estrada 135
Foligno, Gentile da 42
Fournival, Richard de 75-78, 226ff.
Franklin, Benjamin 158f., 201
Franz I. (König von Frankreich) 47, 153

Freud, Sigmund 330, 352
Friedrich I. (Barbarossa; Kaiser des Heiligen Römischen Reiches) 88
Friedrich II. (Kaiser des Heiligen Römischen Reiches) 68
Froissart, Jean 295
Frost, Robert 5
Frye, Northrop 34
Fujiwara no Michinaga 267
Fuller, Margaret 198

Galen (Claudius Galenus) 41f., 44, 49
Gallus, Gaius Cornelius 328
Garbo, Greta 360
García Márquez, Gabriel 368
Garcilaso de la Vega 32, 311, 367
Gardner, Martin 25
Gaskell, Elizabeth 367
Gauden, John 369
Geiler von Kaysersberg, Johann 348ff.
Genlis, Madame de 148
Gerontius 362
Ghazali siehe Al Ghazali
Gide, André 179
Gilbert, Anthony 182
Giordano da Rivalto 341
Giotto (G. di Bondone) 255, 259
Gisenheim, Guillaume 86f., 98, 101
Glyn, Elinor 114
Goebbels, Joseph 330
Goethe, Johann Wolfgang von 81, 112, 170, 194, 328, 339
Gogol, Nikolai 114, 170
Golding, William 302
Gonzaga, Isabella 295
Gorki, Maxim 32
Gosse, Edmund (Sir) 193, 335
Gould, Stephen Jay 302
Grafton, Anthony 163
Granada, Luis de siehe Luis de Granada
Gratian (Rechtslehrer) 228
Green, Graham 250, 334
Gregor I. (der Große, Papst) 119
Gregor von Nyssa (Heiliger) 122, 154, 158
Griffo, Francesco 164

Grimm, Jacob und Wilhelm 133
Grosseteste, Robert (seit 1235 Bischof von Lincoln) 341
Gryphius, Andreas 165
Guérin, Maurice de 308
Guidetti, Lorenzo 96f.
Guizot, François Pierre Guillaume (französischer Außen- und Premieminister) 282
Gutenberg, Johannes 99, 159-162, 165

Hadrian (Publius Aelius Hadrianus, römischer Kaiser) 244
Hammurapi (König von Babylon) 207
Hanani (Talmud-Gelehrter) 18
Handke, Peter 328
Hardy, Thomas 246, 352
Harris, William V. 264
Harun Al Raschid (abbasidischer Kalif) 229
Hathaway, Anne 186
Haweis, Mrs. 189
Hawthorne, Nathaniel 198
Haynes, William 332
Hebel, Johann Peter 321
Hegel, Georg Wilhelm Friedrich 367
Heilbrun, Carolyn G. 273
Heine, Heinrich 28, 81
Heine, Maurice 34
Heinrich III. (König von England) 88
Heinrich VIII. (König von England) 316f.
Heinrich, Helmut 5
Helena (Heilige) 236
Heloise (Geliebte Abälards) 253
Helst, Bartholomäus van der 172, 174
Hemingway, Ernest 171, 330, 359
Heraklit von Halikarnassos 223
Hermannus Alemannus 228
Herodot 180, 294
Herzog von Braunschweig siehe Karl I. (Herzog von Braunschweig)
Hesiod 311
Hesse, Hermann 112
Hieronymus, Sophronius Eusebius (Heiliger) 64, 315
Hildegard von Bingen 253

Hillman, James 20
Hilton, Joanna 186
Hitler, Adolf 260
Hofman, Crato 97-102
Holbein, Ambrosius 95
Homer 153, 164, 196, 220, 260, 328, 340, 352
Hopkins, Gerard Manley 27
Horaz (Quintus Horatius Flaccus) 163, 291
Hoshaiah (Talmud-Gelehrter) 18
Hoym, Charles Henri (Count dí) 279
Huey, E. B. 52
Hugo de Saint Cher (Kardinal) 342
Hugo von Sankt Viktor 177
Humboldt, Wilhelm von 321
Hume, David 363
Hunt, Leigh 189
Huxley, Aldous 352
Hyde, Douglas 366
Hypathia (griechische Mathematikerin und Philosophin) 238

Ibsen, Henrik 170
Igmil-Sin (Schulmeister) 211
Innes, John 182, 261
Innozenz II. (Papst) 253
Isaak von Syrien (auch: I. von Ninive; Heiliger und Schriftsteller) 64
Isidor von Sevilla 64, 101
Ismael, Abdul Kassem (Großwesir von Persien) 226
Isokrates 175

Jacob, Christian 224
Jakob I. (seit 1603: König von England; seit 1567: Jakob VI., König von Schottland) 316, 319
Jakobus (der Jüngere) 252
James, Henry 28
Janouch, Gustav 112ff.
Javal, Émile 50
Jaynes, Julian 61
Jefferies, Richard 179
Jefferson, Thomas 188
Jiménez, Juan Ramón 32
Johann vom Kreuz 31

Johannes (Abt) 138
Johannes (Heiliger) 203, 208
Johannes Chrysostomos (Heiliger) 118, 238
John of Gorce 229
Johnson, Samuel 203f., 312, 325, 339, 352
Johnson, Thomas 327
Joinville, Jean Sire de 295
Jonson, Ben (Benjamin) 319
Joseph II. (Kaiser von Österreich) 108
Joyce, James 24, 30, 302, 340
Juliana von Norwich 255
Jung, Carl Gustav 257
Justina (Gemahlin von Theodosius I.) 56
Justinian I. (der Große; römischer Kaiser) 258

Kafka, Franz 105, 108-115
Kallimachos von Kyrene 222-226
Kandel, Jörg, von Biberach 130
Kant, Immanuel 170
Karl der Große 93, 102
Karl I. (Herzog von Braunschweig) 126
Karl I. (König von England) 245, 325
Karl II. (König von England) 325f., 330
Karl V. (Kaiser des Heiligen Römischen Reiches) 68
Katharina (Heilige) 128, 161, 165, 237
Katharina II. (die Große; Zarin von Rußland) 250
Katharina von Aragon (Gemahlin Heinrichs VIII.) 317
Kayser, Wolfgang 365f.
Keats, John 29, 339, 352
Keller, Helen 99
Kempis, Thomas à siehe Thomas à Kempis
Kertész, André 249
Keynes, Geoffrey (Sir) 34
Kierkegaard, Sören 112
Kincaid, Jamaica 26
King, Henry 200
Kipling, Rudyard 23, 26, 28ff., 319, 340, 342
Kleopatra 284

Kock, Paul de 369
Koldewey, Robert 207
Konfuzius 334
Konstantin I. (der Große, Flavius Vale-
    rius Constantinus; römischer Kai-
    ser) 55, 235ff., 239-244, 246
Konstantin V. (Kaiser von Byzanz) 120
Konstantius (römischer Kaiser) 239
Kopernikus, Nikolaus 102
Krantz, Judith 114
Kyrill von Jerusalem 57
Kyrillos (Patriarch von Alexandria)
    238

La Fayette, Marie-Madeleine Comtesse
    de 266
La Fontaine, Jean de 321
La Salle, Jean Baptiste de (Heiliger) 187
La Tour Landry, Geoffroy (Chevalier
    de) 92
Labé, Louise 305f., 308-314, 322
Lactantius (Lucius Caecilius Firminia-
    nus; Kirchenschriftsteller) 235
Lagerkvist, Pär 27
Láinez, Manuel Mujica 245
Lamb, Charles 34, 285
Lancaster, Joseph 195
Lane, Allen 170-173
Lear, Edward 340
Lebach, Lily 25f.
Lecours, André Roch 48ff.
Lennox, Charlotte Ramsay 148
Lenoir, Alexandre 279
Leon III. (Kaiser von Byzanz) 120
Leonardo da Vinci 43f., 47
Lessing, Gotthold Ephraim 126f.
Lester, Richard 158
Lévi-Strauss, Claude 85
Lewes, George Henry 363
Lewis, Matthew Gregory 148
Lewis, Sinclair 22
Libri, Guglielmo (Graf) 277, 280-286
Licinius (Valerius Licinianus; römi-
    scher Kaiser) 237, 239
Livius, Titus (Historiker) 114, 328
Locher, Jacques 345
Lombard, Peter 228

London, Jack 330
Lovecraft, Howard Philips 29
Lucia (Heilige) 339
Ludger tom Ring d. Ä. 11
Ludwig XI. (König von Frankreich)
    129
Ludwig XIV. (König von Frankreich)
    87, 188
Luis da Granada (spanischer Mystiker)
    199
Lukács, Georg 114
Luther, Martin 68f., 87, 339
Lysias (attischer Rhetor) 74, 106

Macaulay of Rothley, Thomas Babing-
    ton, Baron siehe Thomas Babington
Macready, William Charles 300
Madden, Frederic (Sir) 281
Mahaut, Gräfin von Artois 142
Mallarmé, Stéphane 357
Man, Paul de 106, 314, 322
Mandeville, John (Sir) 367
Manischtuschu (König von Akkad)
    211
Mann, Heinrich 330
Mann, Thomas 26, 31, 112
Manrique, Jorge 350
Manutius, Aldus 162-165, 168
Margarete von Navarra 266
Maria I. (Maria Tudor, Königin von
    England) 158
Marie de France (französische Dichte-
    rin des 12. Jahrhunderts) 255
Marillier (Kupferstecher) 133
Marino, Giambattista 28, 367
Mark Aurel (Marcus Aurelius Antoni-
    nus; römischer Kaiser) 138, 236f.
Martial (Marcus Valerius Martialis; rö-
    mischer Dichter) 59, 153, 292
Martianus Capella 228
Martineau, Harriet 146
Martínez Estrada, Ezequiel 31
Martínez, Saturnino 134f.
Martini, Simone (Simone di Martino;
    ital. Maler) 251-256, 258f.
Martorell, Joanot (Joan Martorell) 260
Marx, Karl 225, 330

Masson, Paul 231
Maurois, André 171
Mauthner, Fritz 109
Maximus, Valerius *siehe* Valerius Maximus
Maxentius, Marcus Aurelius Varelius (römischer Kaiser) 237
May, Karl 23, 260
Mazzei, Ser Lapo 142
McLuhan, Marshall 128
Meister des Jean Rolin (Künstler) 257
Melania die Ältere 362
Melania die Jüngere 362
Menander (griechischer Dichter) 219
Mencken, H. L. 334
Mérimée, Prosper 283
Merlin, Jacques-Simon 280
Metalious, Grace 22
Meynell, Francis (Sir) 164
Michael Scotus (Michael Scot) 228
Michelangelo (M. Buonarroti) 241
Michelet, Jules 179
Michelino, Domenico di 107
Mill, John Stuart 363
Miller, Henry 180
Milton, John 29, 340, 367
Mithridates von Pontus 284
Mitsuyoshi, Tosa 268
Modena, Tommaso da *siehe* Tommaso da Modena
Molière, Jean Baptiste Poquelin 298
Monika (Heilige, Mutter des Augustinus) 55
Monroe, Marilyn 350
Montaigne, Michel Eyquem de 21
Montchenu, Jean de 174
Moorhouse, William Sefton 24
Moravia, Alberto 22
Moronobu, Hishikawa 263
Morris, William 168
Muhammad Ali 12
Murasaki, Shikibu (Hofdame, Dichterin) 34, 267, 269, 271, 273f.
Mutter von Michitsuna (Hofdame, Dichterin) 273

Nabokov, Vladimir 22, 114
Napoleon I. (Kaiser der Franzosen) 278
Nebukadnezar (König von Babylon) 208
Neleus von Skepsis 221
Nelson, Ted 370
Nero (römischer Kaiser) 284, 341
Neruda, Pablo 32
Nietzsche, Friedrich 322
Nilus von Ankyra (Heiliger) 118f., 121-124
Novare, Philippe de 92

Olearius, Adam 347
Olympiodorus 119
Omar-e Chajjam 180
Onganía, Juan Carlos (General) 32
Origenes 122
Orwell, George 172
Ovid (Publius Ovidius Naso) 24, 97, 100, 163, 295, 328, 361
Ozick, Cynthia 189

Pachomius der Ältere (koptischer Mönch) 284
Paine, Thomas 196
Paley, William 363
Palgrave, Francis Turner 363
Pamuk, Orhan 34
Papini, Giovanni 29
Parker, Dorothy 350
Pascal, Blaise 69, 360
Paulinus, Valerius 292
Paulus (Apostel) 246
Pawel, Ernst 114
Peacock, Thomas Love 298
Pepys, Samuel 339
Pérez Galdós, Benito 147
Perón, Juan Domingo 33
Perrin, Ennemond 312
Persky, Stan 19
Petrarca, Francesco 71f., 78-81, 163f., 311
Petronius, Gaius 184
Petrus Hispanus 95
Petrus (Peter) Pictor 141
Peucer, Kaspar 244

Philipp II. (König von Mazedonien) 220

Philipp II. August (König von Frankreich) 88

Philistus 220

Phillatius 63

Philon von Alexandria 122

Philoxenos 220

Piccolomini, Enea Silvio (Papst Pius II.) 160

Pickering, William 167

Pico della Mirandola, Giovanni 162

Pilon, Germain 11

Pinochet, Augusto (General) 333

Pinter, Harold 32

Piranesi, Giovanni Battista 28

Pius II. (Papst) *siehe* Piccolomini, Enea Silvio

Plantin, Christophe 165

Plath, Sylvia 359

Platon 69, 76, 106, 163, 170, 264, 335, 367

Platter, Thomas 89

Plinius der Ältere (Gaius Plinius Secundas) 152, 289, 341

Plinius der Jüngere (Gaius Plinius Caecilius Secundas) 35, 142, 288, 290-294, 298f., 301, 303

Plotin 255

Plutarch 57

Polenta, Guido Novello da 294

Polignac, Jeanne (Prinzessin von) 190

Pollak, Oscar 115

Pollio, Gaius Asinius 241

Pope, Alexander 223, 339

Pound, Ezra 27, 194

Prescott, Clifford 171

Prierias, Silvester 68

Protagoras 330

Proust, Marcel 180ff., 191, 282, 330, 366f.

Ptolemaios I. (König von Ägypten) 152f., 219f.

Ptolemaios II. (König von Ägypten) 221, 347

Ptolemaios III. 221

Ptolemäus, Claudius 47, 57, 102

Puschkin, Alexander 170

Pythagoras 284

Queen, Ellery 250

Quevedo y Villegas, Francisco Gómez de 340

Quiroga, Horacio 283

Quintilian (Marcus Fabius Quintilianus) 91

Rabelais, François 147, 245, 333

Racine, Jean 73, 249, 308

Rainolds, John 316

Ramelli, Agostino 157f.

Raschi *Akronym für Rabbi Schlomo Yitzhak, siehe* Yitzhak, Schlomo

Réaux, Tallemant des 281

Reclam, Philipp 170

Read, Herbert 27

Restitutus, Claudius 289

Reynolds, Joshua (Sir) 204

Rhenanus, Beatus *siehe* Beatus Rhenanus

Ricci, Franco Maria 117

Richard II. (König von England) 296f.

Rilke, Rainer Maria 27, 305-308, 310-314, 321f., 361

Robert, Marthe 114

Rodin, Auguste 305

Rogers, Bruce 175, 363

Rojas, Fernando de 295

Rolin, Jean *siehe* Meister des Jean Rolin

Rolland, Romain 250

Ronsard, Pierre de 308, 311

Rose, Jonathan 363

Rossetti, Dante Gabriel 300, 340

Rousseau, Jean-Jacques 299, 363

Rufus, Quintus Curtius 219

Ruiz, Juan (*genannt:* Arcipreste de Hita) 367

Rushdie, Salman 243, 260f.

Sabellicus, Antonius 97

Sacks, Oliver 50

Sade, Donatien Alphonse Françoise Marquis de 34

Sainte-Beuve, Charles-Augustin 33, 180, 350

Salgari, Emilio 23, 263

Salinger, J. D. 27, 32

Salvino degli Armati 341

Sánchez, Mario 137f.

Santayana, George 200

Sappho 352

Sarashina (japanische Schriftstellerin) 270

Sargon von Akkad (Sargon I., König von Akkad) 213

Sarraute, Nathalie 293

Sayers, Dorothy L. 171, 340

Sartre, Jean-Paul 19

Scala, Cangrande della (Francesco Scaliger) 106

Scaliger, Francesco *siehe* Scala, Cangrande della

Scarron, Paul 147, 280

Schiller, Friedrich 81, 135, 339

Schopenhauer, Arthur 339

Schwab, Gustav 81

Scotus (Scot), Michael *siehe* Michael Scotus

Scott, Walter 148, 196

Ségur, Comtesse de 263

Sei Shonagon 270f., 273f.

Sempr'n, Jorge 31

Seneca, Lucius Annaeus 58, 348f., 351

Serafini, Luigi 117f., 123

Servius Marius Honoratus 63

Seuse, Heinrich (*latinisiert:* Henricus Suso) 257

Sforza, Francesco Maria (Herzog von Mailand) 155

Sforza, Gian Galeazzo (Herzog von Mailand) 155

Shakespeare, William 19, 29, 77f., 167, 170, 186, 196, 202, 319, 360

Shaw, George Bernhard 333

Shelley, Percy Bysshe 180, 302

Shenstone, William 166

Shihuang-ti (Kaiser von China) 328f.

Sidney, Robert 367

Sidonius Apollinaris, Gaius Sollius

Modestus (Bischof von Clermont [Auvergne]) 155f., 255, 294

Sillitoe, Alan 180

Skeat, Walter William (Philologe, Lexikograph) 27

Škvorecký, Josef 182

Smith, Henry Walton & Anna 169

Smith, W. H. & Son 169

Sokrates 34, 71, 74-77, 106, 351

Sophokles 163, 196, 220

Sordello (italienischer Troubadour) 141

Sothey, Robert 148

Spartianus, Aelius 244

Spina (Mönch) 341

Spinoza, Baruch de 24

Squarzia, Lucrezia 164

Staël, Madame de (Germaine de Staël-Holstein) 180

Steinbeck, John 330

Steiner, George 312

Stendhal (Marie Henri Beyle) 369

Sterne, Laurence 370

Stevenson, Robert Louis 20, 23, 28, 30, 246, 368

Strabo (griechischer Geograph und Historiker) 221

Sueton (Gaius Suetonius Tranquillus) 63, 97, 291

Suso, Henricus *siehe* Seuse, Heinrich

Svevo, Italo 27

Swift, Jonathan 188, 232

Tacitus, Cornelius 232, 292

Tagore, Rabindranath 340

Tarquinius Superbus, Lucius (König von Rom) 235

Tauchnitz, Christian Bernhard 170

Telestes 220

Tennyson, Alfred (Alfred Lord Tennyson) 300, 339

Tertullian (Quintus Septimius Florens Tertullianus) 122

Theodosius I. (der Große, Kaiser von Rom und Byzanz) 55, 118

Theodulus (Sohn des Hl. Nilus) 118f.

Theophilos (Kaiser von Byzanz) 120

Theophilos (Patriarch von Alexandria) 237

Theophrast 220f., 264

Theresia (Theresia von Ávila, Heilige) 264

Thessalonike, Eustathios von 185

Thoma, Hans 13

Thomas à Kempis 24f., 179

Thomas Babington, Baron Macaulay of Rothley (Thomas Babington Macaulay) 325

Thomas von Aquino (Thomas von Aquin) 40, 78f., 108, 129, 230, 254, 344

Thomas, Alan G. 162

Thomas, Dylan 27, 293

Thompson, Lawrence S. 284, 363

Thukydides 163, 222

Thurbes, James 340

Tolstoi, Lew 333

Tommaso da Modena 342

Toulmouche, Auguste 265

Tournes, Jean de 309, 311

Trajan (Marcus Ulpius Traianus, römischer Kaiser) 244

Trevisa, John 297

Trevor-Roper, Patrick 341

Tronchin (Arzt der Familie Diderot) 147

Tschechow, Anton 23

Tyndale, William 87, 317f.

Ulster, Elizabeth (Gräfin von) 295

Unamuno y Jugo, Miguel de 18, 340

Valerius Maximus (Schriftsteller) 97

Valéry, Paul 113

Valle-Inclán, Ramón del 367

Van der Weyden, Rogier siehe Weyden, Rogier van der

Van Eyck, Hubert & Jan siehe Eyck, Hubert & Jan van

Vega, Garcilaso de la siehe Garcilaso de la Vega

Vergil (Publius Vergilius Maro) 11, 33, 63, 73, 82, 100, 163, 164, 225, 241-246, 295, 328, 352

Verlaine, Paul 357

Verne, Jules 23

Verus, Lucius Aurelius (römischer Kaiser) 236

Victoria (Königin von Großbritannien) 351

Videla, Jorge Rafael (General) 336

Vigil, Constancio C. 263

Villon, François 129, 131, 295

Voltaire, François-Marie Arouet 225, 250, 328, 334, 363

Volnay, Constantin François Comte du 196

Vrain-Lucas (Fälscher; *bürgerlicher Name:* Lucas Vrain-Denis) 284

Wagner, Richard 260

Waley, Arthur 270

Walton, Izaak 12

Warner, Sylvia Townsend 31

Waugh, Evelyn 30

Webster, John 29

Wells, H. G. 19, 330

West, Nathanael 360

West, Rebecca 353

Westhus, Jean de 96

Weyden, Rogier van der 259

Wharton, Edith 189

White, Edmund 274

Whitman, Walt 193-200, 204, 333

Wilbur, Richard 216

Wilde, Oscar 198, 274, 333, 362f.

Wilhelm von Aquitanien 141

Wilkins, John 29

Wimpfeling, Jakob 95

Wright, Frances 196

Wittrock, Merlin C. 52

Woolf, Virginia 7, 19, 362

Wordsworth, William 340

Wycliffe, John 315

Xenophon 76

Yeats, William Butler 340

Yitzhak, Schlomo (Rabbi Schlomo Yitzhak; auch: Raschi) 111

Yitzhak, von Berditschew, Levi

(Rabbi Levi Yitzhak von Berdit-
schew) 111
Yorio, Orlando Virgilio (Pater) 336
Young, E. M. 171

Zarathustra (*griech.:* Zoroaster) 241
Zimrilim (König von Mari) 211
Zola, Émile 330, 367

❧ BILDNACHWEIS ❧

Seite 10, *oben links:* Musée d'Orsay, Paris. © Foto R.M.N.; *oben Mitte:* Westfälisches Landesmuseum für Kunst und Kulturgeschichte, Münster Wakonigg. Dauerleihgabe der Gesellschaft für westfälische Kulturarbeit; *oben rechts:* Museo S. Marco, Florenz; Foto Scala, Florenz; *Mitte links:* Bayer. Staatsgemäldesammlungen – Schack-Galerie München; *Mitte:* Library of the Topkapi Sarayi Muzesi, Istanbul; *Mitte rechts:* Musée de Unterlinden, Colmar. Foto O. Zimmermann; *unten links:* Musée du Louvre, Paris. © Foto R.M.N.; *unten Mitte:* reproduziert mit Genehmigung: Trustees, The National Gallery, London (Ausschnitt); *unten rechts:* Öffentliche Bibliothek der Universität Basel. Seite 12, *oben links:* Francis Bartlett Stiftung von 1912 und Bild-Fond. Genehmigung: Museum of Fine Arts, Boston (Ausschnitt); *oben Mitte:* mit Genehmigung der Korea National Tourism Corporation, London Office; *oben rechts:* Winchester Cathedral, © Farbfotografie von Judges Postcards Ltd, Hastings; *unten links:* Musée de la Ville de Strasbourg; *unten Mitte:* Dickens House Museum, London; *unten rechts:* Sammlung des Autors. Seite 13, *links:* Musée du Louvre, Paris. © Foto R.M.N.; *Mitte:* Foto von Eduardo Comesaña; *rechts:* Staatliche Kunsthalle, Karlsruhe (Ausschnitt). Seite 15, mit Genehmigung des Institute of History and Philology, Academia Sinica, Taiwan. Seite 17, Jewish National & University Library, Jerusalem. Seite 38, Bibliothèque Universitaire d'Istanbul; Foto © Roland Michaud von der John Hillelson Agentur. Seite 39, British Museum. Fotografie J. Oates. Seite 42, Wellcome Institute Library, London. Seite 43, The Royal Collection, Windsor © 1995 Her Majesty Queen Elizabeth II.. Seite 45, Suleymaniye Library, Istanbul. Seite 51, Marcus E. Raichle MD, Washington University School of Medicine. Seite 54, © Bibliothèque Royale Albert ler, Brüssel, Ms 10791 fol.2r.. Seite 56, S. Ambrogio, Milan. Foto Scala, Florenz. Seite 63, National Archaeological Museum, Athen, Nr. 1260 (Ausschnitt). Seite 68, Mary Evans Picture Library. Seite 70, Louvre, Paris. © Foto R.M.N.. Seite 72-73, Cino de Pistoia's grave, Duomo, Pistoia. Foto Scala, Florenz. Seite 77, Chadwyck-Healey Ltd, Cambridge. Seite 79, © Bibliothèque National de France, Paris. Seite 84, Bibliothèque Humanist, Sélestat. Seite 91, *links:* Eglise de Luat, Fresnay le Luat (Oise) © Collection Viollet; *rechts:* Musée Lorrain, Nancy, Mangin. Seite 92, Bibliothèque Humanist, Sélestat. Seite 94, *oben:* Musée de Cluny, Paris, © Foto R.M.N.; *unten:* Musée de Cluny, Paris, © Foto R.M.N.. Seite 95, Öffentliche Kunstsammlung Basel, Kunstmuseum, Foto: Öffentliche Kunstsammlung Basel, Martin Bühler (Ausschnitt). Seite 96, © Bibliothèque Nationale de France, Paris.

Seite 99, Library of Congress LC-USZ 62-78985. Seite 100, Bibliothèque Humanist, Sélestat. Seite 104, Bildarchiv Preußischer Kulturbesitz, Berlin. Seite 107, Foto Scala, Florenz. Seite 113, Nationalgalerie Prag. Seite 116, Franco Maria Ricci. Seite 120, Israel Museum, Jerusalem. Seite 121, St. Bavon, Ghent, Foto Copyright IRPA-KIK, Brüssel (Ausschnitt). Seite 123, S. Sabina, Rome, Fotografie Alinari-Giraudon. Seite 125, Universitätsbibliothek Heidelberg. Seite 127, Das Gleimhaus, Halberstadt, Deutschland. Seite 128, TBWA/V & S Vin & Sprit AB. Seite 130, Schweizer Nationalmuseum, Zürich. Inv. Nr. LM7211, Neg Nr.11308. Seite 131, Schnütgen-Museum, Köln Rheinisches Bildarchiv, Köln. Seite 132, © Bibliothèque Nationale, Paris/Achives Seuil. Seite 136, Library of Congress LC-USZ 65011. Seite 138, Key West Art & Historical Society. Seite 139, Archiv der Abtei von Monte-Cassino, Italien/G. Dagli Orti, Paris. Seite 143, Musée Condé, Chantilly/Lauros-Giraudon. Seite 150, Biblioteca Nazionale Marciana, Venice. Foto Toso. Seite 154, Sammlung des Autors. Seite 155, mit Genehmigung der British Library Add Ms. 63493, f.112v. Seite 156, *links:* Stiftsbibliothek St. Gallen, Schweiz; *rechts:* mit Genehmigung: Bord of Trustees of the Victoria & Albert Museum. Seite 157, Mary Evans Picture Library/Institution of Civil Engineers. Seite 159, mit Genehmigung: Bord of Trustees of the Victoria & Albert Museum. Seite 161, Sammlung des Autors. Seite 163, mit Genehmigung der British Library G.9260. Seite 164, mit Genehmigung der British Library IB24504. Seite 166, links: mit Genehmigung der Folger Shakespeare Library; rechts: Genehmigung des Royal Ontario Museum. Seite 167, © Bibliothèque Nationale de France, Paris. Seite 168, Mary Evans Picture Library. Seite 169, WH Smith Ltd. Seite 171, *links:* Penguin Books; *rechts:* © Bibliothèque Nationale de France, Paris. Seite 172, Genehmigung des Fogg Art Museum. Harvard University Art Museums, Bequest of James P. Warburg. Seite 173, Beinecke Rare Book and Manuscript Library, Yale University. Seite 174, *oben:* mit Genehmigung der British Library, NL.Tab.2; *unten links:* Associated Press; *unten rechts:* © The Dakhleh Oasis Project. Foto Alan Hollet. Seite 176, Foto Jean-Loup Charmet. Seite 178, Fonterrault, France. Foto AKG, London/Erich Lessing. Seite 183, National Museum of Antiquities, Leiden. Seite 185, Bibliothèque Mazarine, Paris. Foto Jean-Loup Charmet. Seite 186, mit Genehmigung der Bord of Trustees of the Victoria & Albert Museum. Seite 190, Paris-Match/Walter Carone. Seite 192, Yale Collection of American Literature, Beinecke Rare Book and Manuscript Library, Yale University. Seite 198, Library of Congress LC-USZ62-70956. Seite 203, mit Genehmigung der British Library LR413G1 798(31). Seite 204, Mary Evans Picture Library. Seite 206 © Iraq Museum, Baghdad; Genehmigung J. Oates. Seite 214, copyright British Museum. Seite 218, Bibliothèque Nationale, Foto © Collection Viollet. Seite 223, Mary Evans Picture Library. Seite 226, Sammlung des Autors. Seite 230, © Bibliothèque Nationale de France, Paris. Seite 196, Mary Evans Picture Library. Seite 197, Chartres. Foto Giraudon. Seite 234, AKG, London. Seite 240, mit Genehmigung der British Library IB9110. Seite 248, © Estate of André Kertész. Seite 251, Galleria degli Uffizi, Florenz. Foto Scala, Florenz. Seite 255, Arena de Padua. Foto Scala, Florenz. Seite 257, © Bibliothèque Royale Albert Ier, Brüssel. Ms IV.111 fol.13r. Seite 259, Museo del Prado, Madrid. Seite 260, Sygma. Seite 262, Copyright British Museum. Seite 265, Bibliothèque des Arts Decoratifs, Paris/Jean-Loup Charmet. Seite 268, Kyoto National Museum. Seite 276, Éditions Tallandier Fotothèque, Paris. Seite 288, Como. Foto AKG, London. Seite 296, The

❧ INHALT ❧

DIE LETZTE SEITE

Die letzte Seite   *11*

AKTE DES LESENS

Schatten lesen   *39*
Die stillen Leser   *55*
Das Buch der Erinnerung   *71*
Lesen lernen   *85*
Die fehlende erste Seite   *105*
Bilder lesen   *117*
Vorlesen   *133*
Die Gestalt des Buches   *151*
Einsames Lesen   *177*
Metaphern des Lesens   *193*

DIE MACHT DES LESERS

Anfänge   *207*
Das geordnete Universum   *219*
Das Lesen der Zukunft   *235*
Der symbolische Leser   *249*
Lesen hinter Mauern   *263*
Bücher stehlen   *277*
Der Autor als Leser   *289*
Der Übersetzer als Leser   *305*

Verbotenes Lesen *325*
Der Büchernarr *339*

NACHSATZ

Nachsatz *359*
Danksagung *371*

ANHANG

Anmerkungen *375*
Register *415*
Bildnachweis *427*